北大汇丰现代金融丛书
PKU-HSBC Finance Series

丛书主编：海　闻

丛书副主编：宋　敏　　平新乔

北京大学汇丰金融研究院学术顾问
（按姓氏笔划排序）
成思危	朱　民	刘明康
吴晓灵	沈联涛	易　纲
郑海泉	谢　平	樊　纲

中国资本账户开放问题研究

Study on China's Capital Account Opening

施建淮 等著

北京大学出版社
PEKING UNIVERSITY PRESS

图书在版编目(CIP)数据

中国资本账户开放问题研究/施建淮等著. —北京:北京大学出版社,2017.4
(北大汇丰现代金融丛书)
ISBN 978-7-301-28073-7

Ⅰ.①中… Ⅱ.①施… Ⅲ.①资本—金融开放—研究—中国 Ⅳ.①F832.21

中国版本图书馆 CIP 数据核字(2017)第 024364 号

书　　　名	中国资本账户开放问题研究 ZHONGGUO ZIBEN ZHANGHU KAIFANG WENTI YANJIU
著作责任者	施建淮　等著
策划编辑	张　燕
责任编辑	王　晶
标准书号	ISBN 978-7-301-28073-7
出版发行	北京大学出版社
地　　　址	北京市海淀区成府路 205 号　100871
网　　　址	http://www.pup.cn
电子信箱	em@pup.cn　　QQ:552063295
新浪微博	@北京大学出版社　@北京大学出版社经管图书
电　　　话	邮购部 62752015　发行部 62750672　编辑部 62752926
印　刷　者	北京宏伟双华印刷有限公司
经销者	新华书店 730 毫米×1020 毫米　16 开本　18.25 印张　347 千字 2017 年 4 月第 1 版　2017 年 4 月第 1 次印刷
印　　　数	0001—3000 册
定　　　价	48.00 元

未经许可,不得以任何方式复制或抄袭本书之部分或全部内容。
版权所有,侵权必究
举报电话:010-62752024　电子信箱:fd@pup.pku.edu.cn
图书如有印装质量问题,请与出版部联系,电话:010-62756370

总　序

随着经济的发展和全球化的加深，金融业的改革和发展越来越成为中国以及世界关注的焦点。许多危机是由金融引发的，不少国际冲突是围绕金融的；推动一些国家发展的是金融，阻碍一些经济发展的也是金融。世界金融体系如何改革？中国金融行业如何发展？怎样开发和管制好金融衍生工具？如何推动人民币的国际化进程？越来越多的金融问题摆到了我们面前。

为推动对中国与世界金融问题的研究，在汇丰慈善基金的支持下，北京大学于2008年12月成立了"汇丰金融研究院"（Peking University HSBC Finance Research Institute，简写HFRI）。作为北大汇丰商学院的重要组成部分，金融研究院旨在加强国内外著名高校、研究机构、政府部门以及知名学者之间在金融研究方面的交流，构建开放的学术交流平台，促进金融研究的发展，为政府决策提供理论与实证依据。

除了举办"北京大学汇丰金融系列讲座"，召开每年一度的"北京大学汇丰金融论坛"，资助学者开展相关的金融研究项目以外，汇丰金融研究院还组织出版了"北大汇丰现代金融丛书"。丛书主要收录研究院的优秀研究成果，也包括其他学者撰写的优秀金融学术专著。在当前中国改革与发展进入深层次的阶段，衷心希望这些专著的出版，能为中国学界的金融研究做出贡献。

前　言

资本账户开放[①]是中国面临的一个非常重要的问题。早在 1996 年,中国就实现了经常项目可自由兑换。多年来,中国在贸易自由化方面的努力,特别是 2001 年加入世界贸易组织,极大地推动了中国的对外贸易和跨境资本流动,促进并加快了中国实体经济与世界经济的一体化。目前中国已发展成为全球第一大货物贸易国。对外贸易日益自由和跨境资本流动规模不断扩大对中国的资本管制体制产生了巨大的冲击和进一步开放的客观要求。中国"十二五"规划中,已明确将"加速资本账户开放"提上日程,近年来中国在资本账户开放方面已经取得了显著的进展。

在经济学界,资本账户开放一直是一个具有争议的论题。资本账户开放的理论基础源于这样一些观点:资本的自由流动能够促进储蓄在全球范围的有效配置和更好的风险分散,从而促进经济增长和福利提高;资本账户开放提供了国内金融领域加快改革的激励,从而有助于提高国内金融机构的国际竞争力和改善国内金融体系的效率;此外,由于国际资本流动对宏观经济政策,以及经济和政治发展高度敏感,资本账户开放能够强化开放国宏观经济政策执行的纪律。而相反的一种观点则认为,在国际金融市场上,信息不对称相当严重,所以资本的自由流动并不必然导致资源的最优配置;由于存在各种各样的道德风险问题,资本账户开放往往导致银行信贷扩张、私人部门过度负债,货币错配和资产负债表恶化,使得爆发金融危机的风险增大;还有一种观点则强调资本账户开放条件下,投资者的从众行为(羊群效应)引起的跨境资本流动的突然逆转,会加剧经济的波动。

事实上,资本账户开放的收益与风险并存,一国在资本账户开放的过程中需要在两者之间进行权衡。一种假说认为,只有超过制度发展的阈值水平,资本账户开放带来的收益才会大于成本,制度发展水平越高,资本账户开放的好处越大,同时,相关的成本和风险也越低。这一假说可以解释为什么实证研究中经济增长和净外部融资之间在工业化国家存在显著正相关性,而在低收入国家则并非如此。已有的研究表明,资本账户开放的积极影响仅限于那些具有相对发达的金融体系、良好的会计准则、债权人的权利受到强有力保护的法治国家。因此,只有在制度和经济

[①]　资本账户开放也称为资本项目开放、资本项目可自由兑换或资本账户自由化,本书不加区别地使用这些术语。

发展达到一定的水平时,一国才可以期望从资本账户开放中获益。

　　资本账户开放与中国金融领域的其他改革密切相关。在推进资本账户开放的同时,中国也一直在有序推进利率市场化和人民币汇率形成机制的改革。利率市场化不仅能够提高国内资金配置的效率,而且通过市场机制的自发调节,利率可以发挥抑制资本大量流入和阻止资本外逃的作用,从而提高金融体系的抗风险能力,为资本账户开放提供良好的环境。随着中国经济日益融入全球经济,其面临的外部冲击在不断增加;同时,经历了 30 多年的高速增长,中国已经发展成为全球第二大经济体。这些因素都提高了中国拥有货币政策独立性的重要性。货币政策的独立性使得中国央行能够不受外部约束,自主地利用市场化的手段,如利率变动来控制经济活动。如果人民币汇率缺乏弹性,其形成机制不完全由市场决定,那么在资本自由跨境流动的情况下,不仅会使爆发金融危机的风险增大,而且使得央行保持货币政策的独立性变得困难。市场化的人民币汇率形成机制改革将使得跨境资本流动的自我调节能力增强,央行货币政策的独立性提高,从而为中国资本账户开放添加一道保障,使资本跨境流动对宏观经济稳定的破坏作用减少到最低程度。

　　值得注意的是,2008 年的全球金融危机引发了新一轮有关资本账户自由化的收益和风险的辩论。这一次,国际货币基金组织(IMF)摒弃了反对资本管制的立场,主张部分已经实施适当宏观经济政策的新兴市场国家可以实施审慎性的资本管制措施,以应对大规模资本流动对金融和宏观经济稳定造成的威胁。具体而言,IMF 提出一个"宏观经济政策第一"的方针:因为对资本流入或流出实施管制的代价昂贵,而且可能无效,因此,政策制定者在诉诸资本管制之前应按以下顺序实施宏观经济政策:为应对大量资本流入,首先让汇率升值到均衡水平;然后,在经济没有过热威胁的情况下降低国内政策利率,或者对外汇市场进行冲销性干预;再次,考虑紧缩财政政策以应对信贷扩张。换句话说,资本管制是上述宏观经济政策手段用尽后,才加以考虑的工具。此外,IMF 所言的资本管制措施更倾向于诸如托宾税、特别存款准备金、无息准备金等影响跨境资本流动成本的间接管理措施,这些措施并不会影响资本账户开放的性质。传统的对资本账户交易进行直接限制的资本管制措施只能在万不得已的情况下,作为一时性的工具加以使用。

　　应该认识到,对于加快推进资本账户开放,中国已经没有选择的余地。一方面,从务实的角度看,不断增长的贸易一体化和跨国公司经营活动以及金融创新开辟了很多规避现有管制的方法,中国现有资本管制的有效性在不断下降,但管制的存在会产生可能进一步强化管制的不确定性,因而会阻止正常的资本流入和诱导超出政策当局设想水平的资本流出。另一方面,作为人民币国际化战略的一个重要步骤,人民币将于 2016 年 10 月正式被纳入 IMF 的特别提款权货币篮子,这意味着人民币将成为可自由兑换的货币,这要求中国资本账户进一步开放直至实现完全开放。事实上，加入特别提款权货币篮子后的国家无一例外地完全开放了其资本账户。因此，我们需要做的是加强中国资本账户开放问题的研究，推进相关的各项金融改革和制度建设，为中国资本账户进一步开放创造条件。

本书的写作正是在这一背景下展开的。本书分十章对中国资本账户开放的相关问题进行了研究。第一章从成本收益的角度对资本账户开放的学术文献进行了较全面的综述，包括最新的基于微观视角的资本账户开放研究文献；第二章对中国资本管制是否有效这一具有争议的问题进行了实证研究；接着，本书分两章分析了资本账户开放对中国证券市场的影响，第三章分析了资本账户开放对中国债券市场的短期影响和在债券市场长期建设方面发挥的作用，第四章从中国证券市场工具、主体、结构和监管方式等视角考察了资本账户开放的影响，并对资本账户开放对中国股票价格传导机制的影响进行了实证分析；银行体系的效率和稳定对于经济良好运行和金融稳定至关重要；第五章探讨了资本账户开放下中国银行业面临的机遇和挑战，并实证分析了资本账户开放对中国银行业效率的影响；第六章和第七章转向资本账户开放的宏观层面问题，第六章探讨了资本管制程度与包含汇率稳定目标的货币政策框架的绩效之间的关系，第七章从理论和实证上探讨了资本管制对通货膨胀和产出的影响；第八章梳理了金融危机文献，并对资本账户开放下我国金融安全问题进行了分析；第九章介绍了亚洲新兴市场国家和地区资本账户开放的经验；人民币国际化已经取得了一定进展，但进一步能走多远，一个决定因素是资本账户自由化的程度，本书最后一章，第十章，分析了资本账户开放对人民币国际化的影响。

本书的写作由施建淮主持，北京大学经济学院的部分教师和研究生参与，各章的作者依次是：第一章，施建淮、杨镇瑀；第二章，宋芳秀、施建淮、闫欣、吴琼；第三章，王一鸣、郑文璪；第四章，吕随启、江舟；第五章，刘宇飞、刘宇；第六章，李连发；第七章，李连发、赵康；第八章，何小锋、雷滔；第九章，胡坚、肖润华、王堃、游丽萍；第十章，宋敏、赵廷辰。

本书系北京大学汇丰金融研究院资助的研究课题"中国资本账户开放问题研究"的研究成果，得到北京大学汇丰金融研究院的大力支持和赞助，北京大学经济学院金融系主任、香港大学经济金融学院中国金融研究中心主任宋敏教授对本书的框架和写作提出了许多宝贵意见，北京大学出版社张燕编辑和王晶编辑为本书的出版付出了辛勤劳动，在此一并表示诚挚的谢意！由于作者水平有限，书中难免存在疏漏和错误，欢迎读者批评指正！

施建淮

2016年6月于北京大学

目 录

第一章 资本账户开放的收益与成本 / 1
  第一节 资本账户开放的收益 / 1
  第二节 资本账户开放的成本 / 11
  第三节 资本账户开放的"临界"条件 / 17
  第四节 资本账户开放的类型及其次序 / 21
  第五节 银行部门对外开放的条件性 / 24
  第六节 总结 / 26

第二章 中国资本管制的有效性 / 33
  第一节 资本管制的概念及衡量 / 33
  第二节 中国资本管制的历史沿革及现状 / 37
  第三节 资本管制有效性的衡量 / 42
  第四节 中国资本管制有效性:基于利率平价理论的实证检验 / 48
  第五节 中国资本管制有效性的分阶段检验:1999.1—2013.1 / 61

第三章 资本账户开放对中国债券市场的影响 / 77
  第一节 中国债券市场的历史和现状 / 77
  第二节 资本账户开放对中国债券市场的短期影响分析 / 81
  第三节 资本账户开放对中国债券市场的长期影响分析 / 84

第四章　资本账户开放与中国证券市场发展 / 103

　　第一节　中国资本账户开放的现状 / 103

　　第二节　资本账户开放对中国证券市场的影响——证券市场
　　　　　　对象的视角 / 104

　　第三节　资本账户开放对证券市场的影响——汇率市场化
　　　　　　与利率市场化视角 / 110

　　第四节　资本账户开放对中国股票价格影响的传导机制的
　　　　　　分析 / 114

第五章　资本账户开放与中国银行业发展 / 116

　　第一节　资本账户开放下中国银行业面临的机遇 / 116

　　第二节　资本账户开放下中国银行业面临的挑战 / 118

　　第三节　资本账户开放对中国银行业影响的计量分析 / 119

　　第四节　总结 / 125

第六章　资本管制、货币政策与汇率稳定 / 127

　　第一节　引言 / 127

　　第二节　我国实际有效汇率、通胀率与产出缺口关系的
　　　　　　数据特征 / 130

　　第三节　关于实际汇率、资本流动与经济周期的动态模型 / 132

　　第四节　最优"双目标、双工具"政策的福利分析 / 133

　　第五节　放松资本管制与最优政策估计 / 141

　　第六节　结论与政策建议 / 148

第七章　资本管制的价格效应与产出效应 / 151

　　第一节　引言 / 151

　　第二节　模型结构 / 154

　　第三节　模型分析 / 156

　　第四节　实证研究 / 159

第五节 结论及政策建议 / 162

第八章 资本账户开放下的中国金融安全 / 165

第一节 金融危机的发生机制 / 165

第二节 全球资本流动下的宏观审慎监管体系 / 171

第三节 审核监管制度——《巴塞尔协议》/ 175

第四节 风险预警机制——基于横截面维度的审慎监管 / 179

第五节 逆周期的监管——基于时间维度的审慎监管 / 185

第六节 国际审慎监管的组织架构 / 189

第七节 国际宏观审慎监管对我国的启示 / 191

第八节 总结 / 196

第九章 资本账户开放：亚洲新兴市场经济国家和地区的经验及启示 / 204

第一节 资本账户自由化概述及一般经验 / 204

第二节 资本账户自由化的全面推进与配套措施——韩国的经验和启示 / 207

第三节 开放直接投资和合格境外机构投资者的引进——中国台湾地区的经验和启示 / 216

第四节 国际短期资本流动的规模和影响因素分析——泰国的情况和启示 / 232

第十章 资本项目开放与人民币国际化 / 246

第一节 引言 / 246

第二节 资本项目开放是推动人民币国际化的关键因素 / 254

第三节 货币国际化历史经验 / 264

第四节 总结 / 276

第一章

资本账户开放的收益与成本

本章导读

"资本账户开放"是一个具有重要现实意义的问题,尤其是对发展中国家来说。从"有效市场理论"出发,资本管制会造成经济的扭曲,而资本账户开放能消除这些扭曲,是发展中国家获得增长源泉的重要途径之一。但同时,资本账户开放是一个"收益—成本"之间的权衡,资本账户开放能够带来实实在在的收益,但同时也会带来成本,净收益既取决于制度、金融、经济政策的发展,也与资本开放的类型和次序密切相关。本章重点综述了资本账户开放能带来收益的若干微观证据、危机与资本账户开放之间的关系、资本账户开放的"临界"条件、资本账户开放的类型及其次序、银行部门对外开放的条件性等方面的文献。

第一节 资本账户开放的收益

贸易自由化能够促进经济增长、增进社会福利,这一主张已获得广泛的认可。但"资本账户自由化能够促进经济增长"这一命题却相对缺乏共识,尤其是危机的频繁发生使关于这一问题的认识分歧加深。

按照索洛的新古典增长模型,资本账户自由化能够促进资源在国际范围内得到更有效的配置。资本账户自由化后,资本会从资本充裕的、回报率低的发达国家向资本匮乏的、回报率高的发展中国家流动,发展中国家因而得以降低资本成本,增加投资和促进经济增长,提高人均收入水平。

在 20 世纪 80、90 年代,很多发展中国家相继开放本国资本账户,希望以此提高本国经济增长水平。但随后危机的发生让更多的人对资本账户自由化的收益产生怀疑,建立在多国宏观表现基础上的回归分析也并没有得到稳健的、一致的结果,让争议更加明显。Rodrik(1998)利用包括发达国家和发展中国家在内的将近 100 个国家或地区在 1975—1989 年期间的宏观数据进行分析研究,最终的结论是经济增长与资本账户开放之间并没有显著的关系。与此同时,Quinn(1997)改进了资本账户开放度量指标，同样利用多国宏观变量回归分析框架，得出资本账户开放对经济增长有正向促进作用的结论。在相同的回归分析框架下，不同学者的结论也并没有取得完全的"一致性"①，似乎说明资本账户开放对经济增长的作用具有"偶然性"。

关于结论不一致的原因，学者们进行了探讨。其中，Quinn 和 Toyoda(2008)认为不一致性的原因有度量误差、自变量的共线性以及样本差异。比如，Rodrik(1998)使用的资本账户开放指标是基于一个二元虚拟变量计算而来，包含的信息过少，并不能准确地衡量资本账户开放程度，因而回归结果具有系统性偏差。回归方程中使用的资本账户开放指标与其他自变量存在共线性，当把这些具有共线性的变量共同放在回归方程的右边时，资本账户开放指标系数估计值可能就会变得不显著。

Forbes(2004，2005)、Kose(2009)等学者认为不一致的原因除了度量误差等因素外，还与国内金融市场运行效率、国内制度质量、政府监管能力、资本账户开放类型、资本账户开放次序等因素有关。例如，只有当一国金融市场运行效率、制度质量、政府监管能力这些因素发展到一定程度以后，资本账户自由化可能才会在整体上促进该国经济的增长；外商直接投资(foreign direct investment，FDI)和证券组合的开放对经济增长的促进作用可能高于银行借贷尤其是短期银行借贷的自由流动；对资本流入控制的效果可能要好于对资本流出的控制；在开放本国股票市场之前允许银行部门进入境外市场进行借贷可能更容易引起一国经济的不稳定；等等。

方法上的修正或改变，使结论不一致性得到了一定程度的协调。Quinn 和 Toyoda(2008)编制了度量更精细的资本账户开放指标和使用更长时段的数据，分别重复了 Grilli 等(1995)、Quinn(1997)、Rodrik(1998)、Edwards(2001)、Arteta 等(2001)、Edison(2004)、Bekaert 等(2005)的工作，发现当用新的指标和时间更长的数据代替后，无论是在发达国家还是在发展中国家，回归结果均显示资本账户开放对经济增长存在一个显著的正向促进作用：新的资本账户开放指标对应的系数估计值最小为 0.02，最大为 0.051，平均值为 0.035，表示新指标衡量的资本账户开放度提高 28%，经济增长率大致提高 1 个百分点。

Henry(2007)则认为，按照索洛新古典经济增长模型，资本账户自由化是暂时性地促进经济增长，而不是永久性地提高经济增长率，即资本账户自由化对经济增

---

① Kose 等(2009)汇总了 26 篇此类文献并总结到，有 4 篇得出"资本账户开放对经济增长没有显著影响"的否定性结论，4 篇得出"资本账户开放与经济增长呈现显著正向关系"的肯定性结论，18 篇得出"资本账户对经济增长的正向作用取决于其他因素(如金融发展水平、人力资本、研究样本)或者不稳健"的模糊性结论。该汇总结果似乎更倾向于认为资本账户开放对经济增长的促进作用是有条件的。

长的作用更多的是水平效应,而非增长效应。而已有文献中多国宏观变量回归分析框架实际上是在检验资本账户开放对经济增长率具有永久性作用,与模型本身的含义并不一致。因此,为了检测到这种暂时性效应,应该考虑采用其他的分析方法,例如政策实验的方法,或者利用微观数据。

Henry(2003,2007)就采用政策实验的方法,比较20世纪80、90年代期间18个发展中国家或地区在股票市场自由化前后一段时间的表现,认为至少在中短期内,股票市场自由化能够促进经济的增长:第一,平均股息率下降240个基点——从自由化前五年5.0%的平均水平下降到自由化后五年2.6%的平均值;第二,资本存量增长率上升1.1个百分点——从自由化前的年平均增长5.4%上升到自由化后的年平均增长6.5%;第三,人均产出增长率上升2.3个百分点——从自由化前的年平均增长1.4%上升到自由化后的年平均增长3.7%。

Mitton(2006)利用来自28个国家的1 141家企业的微观数据研究了股票市场自由化对企业经营业绩的影响,发现在股票市场自由化时期,可投资股票的企业的经营业绩要显著好于不可投资股票的企业[1];相对于不可投资股票企业,可投资股票企业的销售规模增长率平均高2.3%左右,投资率平均高2.2%左右,息税前利润率平均高2.4%左右,经营效率水平(每雇员销售额)高9.9%左右以及杠杆率平均低2.2%左右,说明股票市场自由化能够显著提高企业的经营业绩,降低企业负债水平。除此之外,微观数据的运用在很多具体方面也取得了较为一致的结论(详细内容在下一部分陈述),认为资本管制会增加资本成本、减少投资、损害资源配置效率、弱化市场约束,进而损害经济,而资本账户开放则有助于消除这些扭曲行为。

一、资本账户开放促进经济增长的微观机制

根据经济增长会计方程式,人均产出的增长来自人均资本存量的增加和全要素生产率的提高两个方面。根据Henry(2003)的估算结果,资本存量的增长不足以全部解释同时期的经济增长[2],不能解释的部分则要归功于全要素生产率的提高。全要素生产率的提高既可来自技术的进步,也可来自资源配置效率的提高。资本积累通常被视为资本账户开放促进经济增长的一条重要途径,但除了会通过资本积累,资本账户开放也有可能(至少在中短期内)会通过提高国内资源配置效率或者(间接)推动技术进步来影响经济增长。

---

[1] 可投资股票指股票市场自由化后,可以被国外投资者购买的那部分上市企业股票,不可投资股票则是仍旧受到限制而不能被国外投资者购买的股票。

[2] 产出对资本的弹性通常取0.33,资本存量增长1.1个百分点,那么资本对人均产出增长的贡献是0.33×1.1=0.363个百分点,远远小于人均产出增长率2.3%的估计值(Henry,2003)。

(一)资本管制会抑制跨国公司在东道国的直接投资活动

Desai、Foley 和 Hines(2006)研究了资本管制和跨国公司行为之间的关系,发现资本管制会从以下几个方面影响跨国公司的活动:

第一,资本管制会使东道国本地借贷成本上升,而跨国公司有很大一部分信贷来自东道国当地,因此在资本管制下,跨国公司总的借贷成本会上升。利用美国跨国公司的微观数据进行回归,其结果显示,在其他条件相同情况下,资本管制会使跨国公司总的借贷成本上升 5.25%,而且,当跨国公司债务有更大比例来自东道国时,其借贷成本上升更快,间接证明了资本管制会使东道国借贷成本上升这一假定。

第二,资本管制下,跨国公司会更倾向于少报利润以及增加向母公司返还股利的频率,而这些规避行为会产生组织成本、监管成本等成本,会致使跨国公司减少在东道国的投资活动。首先,通过转移定价、母子公司内部借贷等多种转移利润的手段,跨国公司可以达到少报在东道国的利润的目的。一般地,东道国对跨国公司征收高税率也会导致跨国公司少报当地利润的行为增加,而资本管制在此方面起到了与征税相似的作用。根据回归结果粗略估计,资本管制对跨国公司少报利润行为的影响程度相当于对公司多征收 26.6% 的税收的效果,意味着资本管制对跨国公司行为造成的扭曲程度很大。其次,在资本管制下,跨国公司在东道国的留存收益的效用会较低,跨国公司将股利返回母公司的概率会因此增加 9.8%。同样地,东道国税率越高,跨国公司返回股利的可能性就越大。再次,以回归结果为参考依据,资本管制对跨国公司返回股利倾向的影响程度相当于东道国向跨国公司多征收 35% 的税收的效果,再次证明资本管制对公司行为的扭曲程度之大。

第三,在资本管制下,由于借贷成本上升以及规避行为产生的多种成本,跨国公司在东道国的投资意愿会减少。相应的回归结果也表明,资本管制对跨国公司资产规模、销售规模、在东道国的净财富、工厂、设备以及各自的增长率均产生了负向作用,意味着资本管制会抑制跨国公司在东道国的直接投资活动。

(二)资本管制会增加企业尤其是中小企业的融资约束[①]

Forbes(2007)认为资本管制会带来"增加中小企业融资约束,进而减少有利投资"的成本,这种成本在新兴市场国家可能会显得很重要,因为在新兴市场,中小企业和新建企业往往充当就业创造和经济增长的引擎。Forbes 在欧拉方程框架基础上实证研究了智利不同时期企业面临的融资约束和企业规模之间的关系,得出如下结论:在智利实行资本流入管制(encaje 计划)期间[②],国内中小上市企业遭受

---

① 此处融资约束是指"企业投资对企业现金流的敏感性"。
② 为了应对资本流入的激增,智利政府在 1991 年开始实行一系列的资本账户管制。其中的关键措施之一是实行无息存款准备金制度(un-remunerated reserve requirement,URR),要求某些类型的资本流入必须有一定的比例在智利央行的无息存款账户中存放固定期限。然而,在 1998 年,由于流入新兴市场的资本规模缩减,该制度停止实行。

了显著的融资约束,并且融资约束程度随着上市企业规模的增大而减小;然而,在资本流入管制措施实施之前和停止实施之后的时期,中小企业并没有受到明显的融资约束,而且融资约束程度和企业规模之间也不具有关系。Forbes 指出,资本流入管制会增加中小企业融资约束的原因有如下四点:第一,在智利对资本流入征税后,国内企业会寻求其他不受征税覆盖的融资资源,一方面这些融资资源的成本要比征税前高,另一方面中小企业也往往因自身信誉缺乏而无法获得这些资源。第二,资本流入管制存在数量众多的漏洞,发现并利用这些漏洞需要预付一定的固定成本,大企业因为较大的融资数量而能够更好地分摊这些固定成本,因而发现和利用漏洞的回报会更高。因此,大企业更有可能去搜寻并利用资本管制漏洞,从而获得成本相对较低的资本。第三,由于银行受到政府监控的程度较高,银行规避资本管制的灵活性往往较小。结果造成银行的借贷成本上升程度要高于能够更容易规避资本管制的机构的借贷成本。因为中小企业的融资往往比大企业更依赖于银行信贷,所以银行上升的额外借贷成本会更多地落在中小企业身上,特别是在中小企业获得其他融资资源的可能性减少时。第四,对资本流入征税会导致资本流入期限延长。而中小企业融入长期资金时会比大企业面临更多的困难,因而资本流入期限的延长会更多地影响中小企业融资的能力。

相应地,Harrison、Love、McMillan(2004)和 Mitton(2006)利用企业微观数据获得了企业融资约束在资本账户开放后会得到减轻的证据。Harrison、Love 和 McMillan(2004)利用 38 个国家的 7000 多家企业数据研究了全球资本流动对企业融资约束的影响,最终发现:无论是外资管制的企业,还是非外资管制的企业,外商直接投资的流动均降低了这些企业的融资约束;外商直接投资的流动让高收入水平和低收入水平国家的企业的融资约束都得到降低,其中低收入水平国家的降低程度更大。Mitton(2006)发现,当企业股票成为可供国外投资者投资的股票后,股息支付率低的企业的经营业绩会增长更快。由于支付高股息的企业不大可能会遭受严重的融资约束,因此,Mitton(2006)的发现意味着融资约束大的企业在股票市场自由化后表现更好,即股票市场自由化会通过降低企业融资约束而让企业有更好的发展。

(三)股票市场自由化可以通过增加风险分担来降低企业股票的风险溢价

Chari 和 Henry(2004)认为股票市场自由化可以增加企业股票的风险分担,降低股票的风险溢价和必要收益率(或者说,提高股票价格),进而降低资本成本和增加企业投资。一国股票市场自由化后,其股票必要收益率一般会下降,促其下降的因素可能来自无风险利率的下降,也有可能来自风险分担的增加,或者来自二者的共同作用。具体来说,根据资本资产定价模型,股票必要收益率由无风险利率和风险溢价两部分组成,其中风险溢价由股票和市场组合二者收益率的协方差决定。

当一国股票市场自由化后,由于国外投资者可以投资该国股票以及该国投资者可以投资海外股票市场,因此本国产生的风险就会由国外投资者和国内投资者共同承担。此时在资本资产定价方程中使用的无风险利率和市场组合由自由化前的本国无风险利率和本国市场组合转变为自由化后的世界无风险利率和世界市场组合。一般来说,封闭经济的无风险利率要高于世界无风险利率,世界市场组合会比本国市场组合更为分散,因此平均来说,股票收益率与世界市场组合的协方差要小于其与国内市场组合的协方差。[1] 无风险利率下降对所有企业股票来说是相同的,可以视为共同冲击;而股票收益率与世界市场组合的协方差则因企业的不同而不同,可以视为企业特定冲击。

Chari 和 Henry(2004)利用 11 个新兴市场国家或地区的企业数据来识别这两种冲击带来的效应。Chari 和 Henry(2004)将企业股票分为两类,即可投资股票和不可投资股票,前者是指股票市场自由化后,可以被国外投资者购买的那部分上市企业股票,后者则是仍旧受到限制而不能被国外投资者购买的股票。由于可投资股票能够被国外投资者购买,能更好地融入世界股票市场,因此,相对于不可投资股票来说,可投资股票风险被分担的程度就会更大,其价格修复程度与 DIFCOV[2] 之间的关系也就更紧密(更进一步讲,由于不可投资股票不能被国外投资者购买,因此意味着它们没有国际风险分担,其股票价格修复程度与 DIFCOV 无关)。也就是说,如果证明了在股票市场自由化时期,可投资股票的价格修复程度与 DIFCOV 之间的关系更紧密,那么意味着股票市场自由化会通过风险分担机制降低股票必要收益率,即降低资本成本。

实证结果表明,在各种回归方程设定中,DIFCOV 对可投资股票价格修复程度具有显著的正边际效应,而对不可投资股票价格修复程度没有显著的边际效应,这意味着股票市场自由化确实通过风险分担机制影响了可投资股票的必要收益率。同时,Chari 和 Henry 也识别出了无风险利率对两类股票的共同冲击作用,验证无风险利率变化对两类股票价格修复程度的作用不存在显著差异,表明模型可以成功分离出无风险利率和风险分担各自对股票价格的影响,进一步验证了风险分担机制[3]的存在。根据回归结果,经粗略计算,在股票市场自由化时期,可投资股票的价格平均向上修复 15.1%,其中通过风险分担机制而向上修复的部分大约为 6.8%,占总修复程度的五分之二左右。

---

[1] Chari 和 Henry(2004)统计出,可投资股票平均收益率与国内市场组合的协方差大约是其与世界市场组合的协方差的 185 倍,而不可投资股票对应的倍数则仅为 10 倍。

[2] DIFCOV 定义为企业股票收益率与本国市场组合协方差减去其与世界市场组合协方差。DIFCOV 越大,意味着股票市场自由化使企业风险被分担的程度越大。

[3] 衡量风险分担程度的 DIFCOV 会体现在企业股票价格中,但 Chari 和 Henry(2004)却发现,虽然企业投资与企业效益、无风险利率、股价显著相关,但并没有得到企业投资与 DIFCOV 显著相关的证据。

（四）股票市场自由化可以提高股票市场定价的有效性

Li、Morck、Yang 和 Yeung(2004)认为资本账户开放与一国股票市场定价的有效性有关。个股收益总波动可以分解为特异性波动和系统性波动两部分[①]，其中特异性波动与总波动之比可以用来衡量股票市场定价的有效程度，该比值越高，说明市场定价有效性越高。换句话说，当股票价格变化更多地由企业特有的因素和信息驱动，而不是由总体的、国家层面的事件和信息来驱动时，股票价格会更多地包含了企业特有信息，意味着市场定价更有效。此外，系统性波动可能会与泡沫或羊群行为有关，因此从这个角度来说，系统性波动成分越小，也意味着市场有效性越高。Li、Morck 等人利用 1990—2001 年 17 个新兴市场国家或地区的数据研究了资本账户开放与股票特异性波动成分大小（或系统性波动成分大小）之间的关系，发现当一国或地区的制度质量（例如政府对法律法规的尊重程度、法律体系的有效性、腐败等）提高到一定程度时，资本账户开放程度越高，股票特异性波动成分比例会越高，意味着一国或地区资本账户开放程度越高，该国股票市场定价的有效性越高。

（五）资本管制会强化国内的"关系资本主义"

Johnson 和 Mitton(2003)认为资本管制会导致政府"任人唯亲"这种低效率行为的增加。他们以马来西亚为例，研究了资本管制和政府"任人唯亲"行为之间的关系，推断"资本管制会增加政府'任人唯亲'行为"的结论在企业层面会表现出如下可检测的现象：第一，考虑到宏观冲击会减少政府为企业提供特权和补贴的能力，与政府联系更强的企业在宏观冲击时遭受的损失就会更大；第二，资本管制的强制实施会使补贴水平增加，从而，与政府联系更强的企业就会受益较多。

基于上述两点推断，Johnson 和 Mitton(2003)利用马来西亚的企业层面数据进行实证分析，结果显示，相对于没有政治联系的企业来说，具有政治联系的企业的市场价值（股票价格）在亚洲金融危机早期遭受了更大的损失，然而在资本管制措施实施之后，这些具有政治联系的企业的市场价值则具有更好的表现。该实证结果与上述两点推论一致，验证了"资本管制会导致政府'任人唯亲'行为增加"的观点。并且，在他们的实证结果中，具有政治联系的企业内部也存在显著差异：实施资本管制之后，与 Mahathir 相联系的企业的股票价格恢复程度要远远高于与 Anwar 相联系的企业[②]，进一步说明了资本管制会导致政府更多地为他们青睐的企业提供补贴等方式的支持，甚至会对那些与失败的竞争势力相联系的企业给予惩罚。

[①] 特异性波动指与个股特性相关的那部分波动，属于个股特有的；而系统性波动则是指可以用市场组合收益来解释的那部分波动。

[②] 当时马来西亚国内经历了重大的政治调整，Mahathir 是政治调整中获胜的一方，而 Anwar 则是失败的一方。

（六）资本账户开放会对宏观经济政策形成约束

投资行为受到宏观经济政策的高度影响，资本跨境自由流动会通过投资行为"奖赏"好政策，而"惩罚"坏政策，因此，在资本账户自由化下，政府由于担忧国际资本市场的"惩罚"以及为了尽可能地获取收益，会倾向于采取好的政策。Tytell 和 Wei（2004）构建了一个简单的两阶段最优模型。在该模型中，当政府采取好政策时，国外投资收益为正，并随资本数量增加而增加，而当政府采取坏政策时，国外投资收益为零。政府先行动，会以一定的概率实施好政策，国外投资者随后行动，选择是否进入以及进入后投资的数量。模型的均衡解显示，政府采取好政策的概率随着金融全球化的增加而增加（称之为"约束效应"）。即使在模型中引入"情绪波动"变量（资本流入突然停止的概率），"约束效应"也仍旧存在。不过，随着资本流入突然停止概率的增加和政府实施好政策的成本（负效用）的增加，"约束效应"会减弱。

在资本账户自由化下，政府会严格管制自身的财政赤字，最终结果是资本账户开放有利于政府赤字的减少。Kim（2003）利用 54 个工业化国家和发展中国家的数据检测到资本跨境自由流动能够显著地降低政府赤字占 GDP 的比例，并且发现，资本账户自由化对政府赤字的"约束效应"的大小与汇率制度、央行的独立性以及全球资本市场一体化程度相关：固定汇率（或者汇率弹性小）制度下资本账户自由化一般难以维系且容易遭受危机，政府会收紧更易导致危机的赤字政策，因而固定汇率制度下"约束效应"会更强；同样，资本账户自由化情况下央行独立性越弱，赤字政策对危机更加敏感，资本账户自由化的"约束效应"也会越强；全球资本市场一体化程度高的时期（如 20 世纪 90 年代），这种"约束效应"也有更强的表现。Furceri 和 Zdzienicka（2012）则利用 31 个 OECD 国家 1970—2009 年期间的数据证明资本自由流动对财政政策的"约束效应"，资本账户开放不仅能够显著降低财政赤字，还能降低总的和自由支配的财政支出的波动性[①]，同时会增加公共债务中外债的比重。

资本账户开放对一国货币政策同样具有"约束效应"。在国际资本可自由流动的情况下，国际资产之间的替代性增强，一国央行利用通胀实现提高产出、增加政府收益等目的的有效性会因此减弱，央行会更多地将目标放在稳定通货膨胀上来，结果是在其他条件相同的情况下，资本账户开放的国家倾向于拥有较低的通胀水平。Tytell 和 Wei（2004）利用 22 个工业化国家和 40 个发展中国家的数据，通过线性模型和非线性模型的多种设定，并选取合理的金融一体化的工具变量，有效识别

---

① 自由支配的财政支出是指不是对当前经济状况做出反应的那部分政府支出，其实施的原因不是基于当前宏观经济情况，而是基于其他原因。

出金融一体化的增强能够显著降低一国的通货膨胀率。① Spiegel(2009)利用多国宏观数据,将"金融距离"作为金融开放的工具变量,发现金融开放和通胀之间存在负相关关系,说明资本账户开放对货币政策"约束效应"实际存在的可能性。

(七) 资本管制会扭曲居民的投资行为,破坏市场效率

2001年年末,阿根廷经历了严重的经济危机,固定汇率制度崩溃,全国范围内银行破产,大量债务违约,经济混乱,社会动荡,但与此同时,阿根廷的股票市场却一反常态,当地股票指数在几个月内急剧上升两倍以上(Melvin,2003)。Melvin(2003)认为产生这种反常现象的原因是居民利用股票市场来规避期间阿根廷当局采取的"corralito"措施(限制资本流出和从银行提取现金),将资金从阿根廷转移到美国。其具体的途径是美国存托凭证(American Depository Receipes,ADRs),阿根廷居民利用比索存款购买本国某些特定的股票(这些阿根廷股票能够以 ADRs 的形式在美国证券市场交易),然后通过银行或经纪商将这些阿根廷股票转换为在美国证券市场交易的相应的 ADRs,最后将这些 ADRs 在美国市场上出售获得美元,并以美元存款的形式存放在美国,成功实现比索存款向美元存款的转变。居民转换资产的过程会导致本国股票上升,ADRs 价格下降,二者价格会出现对"一价定律"的巨大背离。

Auguste、Dominguez、Kamil 和 Tesar(2006)以阿根廷和委内瑞拉为案例研究对象②,同样指出在资本管制下,居民会通过 ADRs 渠道转换资产,规避本国资本管制。在资本管制未实施之前,本国股票和相应的 ADRs 之间的差价在零附近波动,但在资本管制下,二者之间的差价出现严重的背离。ADRs 折价率包含本国居民对本国货币贬值的预期和规避资本管制的成本两部分,其中在资本管制时期规避资本管制的成本大约有 3% 左右。而且,在资本管制时期,即使国内股票和相应的 ADRs 之间仍旧能够转换,影响股票(与 ADRs 相联系的股票)价格的因素的重要性也会发生改变:在资本管制时期,国内因素对国内股票价格的影响力增加,而全球因素的影响力降低;同时,国内因素和全球因素对相应 ADRs 价格的影响力均有所下降。从 Melvin(2003)和 Auguste 等(2006)的分析中至少可以看到:第一,规避资本管制的方法会降低资本管制实施的效果和增加资本管制实施的成本③;第二,规避资本管制的方法本身会存在成本,这些成本可能是"无谓的损失";第三,资本管制会改变居民的投资行为,造成市场的分割,破坏原有市场的效率。

---

① Tytell 和 Wei(2004)同时考察了金融开放对财政赤字的影响,却并没有发现对财政政策"约束效应"存在的显著证据。其中可能的原因在于,相对于货币政策,财政政策的调整通常面临很大的成本(负效用)。

② 2001年12月,阿根廷开始实施包含资本管制在内的一些列金融市场限制措施,但未能阻止危机的发生。2003年年初,面对本国货币 20% 的贬值,委内瑞拉开始实施资本管制。

③ Auguste 等(2006)认为,一旦建立了 ADRs 或其他跨市场的合同安排,资本市场一体化的逆行就会变得异常困难。

(八) 其他影响机制

Prati、Schindler 和 Valenzuela(2012)利用多个国家的企业层面数据发现,资本管制会显著影响企业的长期外币信用评级,并且,其影响程度与企业是否参与国际贸易密切相关:资本管制对非贸易部门企业的信用评级有很强的负向作用,而对贸易部门企业的影响则相对较小。产生这种差异的机制在于,在资本管制下,贸易部门企业仍旧可以通过对外贸易获得外币[①],而非贸易部门企业缺乏这种能力。由于获取外币的能力较弱,非贸易部门企业偿还外币债务的风险自然会增加,因而其长期外币信用评级相对较低,对应的结果是在资本管制下,非贸易部门企业在国际信贷市场上融资的能力下降更大、成本上升更多。这意味着资本管制带来的成本更多地落在了非贸易部门的企业身上,而资本账户开放会使这些企业受益更大。

Cifuentes、Desormeaux 和 González(2002)指出,智利于 1995 年对 ADRs 二次发行进行的征税大幅降低了智利国内股票市场的流动性,智利股票市场年成交额占 GDP 的比重从 17.5% 的高点连续数年下滑至 6.2% 的低水平,直到浮动汇率制度的采用和资本管制的彻底撤出才逐渐得以改善。而且,大企业发行 ADRs 受限迫使大企业股票更多地参与国内股票市场,进一步加剧了智利中小企业参与国内股票市场的困难程度。Forbes(2007)也指出,智利实行 encaje 资本管制前期,并没有对 ADRs 征税,此期间 ADRs 发行和交易量活跃,而在对 ADRs 实行管制之后,ADRs 发行急剧下降,交易活跃度也随之下降。

Gallego 和 Hernandez(2003)同样以智利为研究对象,以 73 家智利企业的财务报表数据为样本进行回归分析,回归结果显示,智利的资本管制,尤其是无息准备金制度,显著地影响了企业的融资方式和融资成本,并且这种影响会随着企业类型的不同而有所差异:资本管制使企业杠杆率和实收资本占总资产比例降低,而使留存收益占总资产比例增加,表明资本管制使企业更倾向于使用留存收益融资;资本管制改变了企业债务的期限结构,缩短了企业债务的期限;资本管制降低了企业短期金融负债占总资产的比例,表明资本管制期间,企业更倾向于使用非金融负债方式(例如供应商的信用支持、税收和股利的延迟支付);资本管制增加了企业外部融资成本,特别是使小型企业的外部融资成本上升幅度更大;等等。也就是说,资本管制不仅扭曲了经济中不同融资方式的相对价格,改变了企业的融资行为,而且带来了"不公平",即不同的企业承担了不同的经济负担。

[①] 文章指出,在没有完全的强制结汇要求下,贸易部门企业获取外币的能力相对较强。而在完全的强制结汇要求下,贸易部门和非贸易部门企业在获取外币能力方面不存在显著差异,因而资本管制对二者信用评级的影响程度差异也会相应变得不显著。

二、小结

从微观证据看,无论是在增加投资,还是在提高全要素生产率方面,资本账户开放都有可能起到积极的作用。

资本积累方面:在资本账户开放下,无风险利率下降、股票风险溢价下降、融资约束下降、跨国公司少报利润和返还股利倾向减弱、低赤字财政政策和低通胀货币政策、企业信用评级上升等因素均会促使企业投资增加。

全要素生产率方面:股票市场自由化提高股票市场定价的有效性,有利于市场更好地发挥资源配置功能。资本账户开放下,风险分担的增加有可能促使企业更愿意进行高风险的研发活动,进而促进技术进步。资本账户开放下,融资约束的减轻有利于企业采用之前因融资困难而无法采用的技术。资本管制下,"关系资本主义"以及政府配置资源的权力和能力强化,长远来看,不利于市场更好地发挥资源配置的功能。资本管制下,企业不得不更多地依赖内部筹资,金融市场的作用会因此减弱。资本管制下,中小企业融资更加困难,会影响就业和经济活力。资本管制下,不同类型的经济行为主体会受到不同的约束,会更加偏离市场经济下的公平竞争状态。资本管制下,外商直接投资会减少,会通过溢出效应、干中学等途径影响技术进步;等等。总而言之,资本账户开放会通过上述机制提升资源配置效率或者推动技术进步,最终提高全要素生产率。[①]

第二节 资本账户开放的成本

资本管制会给经济带来各种各样的成本,资本账户开放可以消除这些成本,为一国经济带来很多实实在在的收益。然而,支持资本管制的人认为,虽然资本账户开放可以带来各种的收益,但资本账户开放也会带来成本,这些成本有可能会超过开放带来的收益,尤其是20世纪90年代东亚、俄罗斯和拉丁美洲这些此前提高资本账户开放度的国家或地区相继发生了货币危机或金融危机,让更多的人逐渐对资本账户自由化带来的净收益产生质疑。

资本跨境自由流动带来的主要成本可以大致分为两类:第一类成本是资本频繁跨境流动会对经济造成扰动,增加经济的不稳定性,尤其是资本流入反转会在短

[①] Bonfiglioli(2008)利用多国数据从宏观上证明资本账户开放能显著提高全要素生产率。Henry和Sasson(2008)则检测到制造业部门的劳动生产率在股票市场自由化后得到显著增加,并且超过了该部门实际工资的上升幅度。Kose、Prasad和Terrones(2009)显示出"法律上"测量的资本账户开放能够显著促进全要素生产率的提高,同时指出,不同的资本流入类型(FDI、证券投资组合和外部债务)对全要素生产率的作用并不相同。Bekaert、Harvey和Lundblad(2011)发现资本账户开放能够显著促进全要素生产率的提高,并且其重要性高于对投资的促进作用。

时期内对经济造成巨大扰动,有可能引发债务危机、货币危机等形式的金融危机。第二类成本是资本跨境自由流动会放大经济原有的扭曲行为。例如,在对某些行业(尤其是资本密集型行业)存在过度保护的国家,开放资本账户可能会让更多的国外资本流入这些被保护的行业,结果会加重资源在这些行业过度配置的非效率状态;再如,一个缺乏监管或者存在隐性信贷保证的银行体系通常会存在"信贷繁荣"这样的非效率现象,而资本跨境自由流动可能会加重这种非效率行为;等等(Reisen & Soto,2001)。

第一类成本通常通过危机表现,被视为资本账户自由化成本最直接的表现形式,也是近年来讨论的比较多的问题。第二类成本与其说是资本账户开放的成本,不如说是资本账户开放获得净收益的前提是国内不存在经济扭曲现象或者扭曲现象并不严重。制度、金融发展、宏观经济政策都有可能影响一国经济的效率,一国经济的扭曲程度通常与这些因素相关,只有这些因素发展到一定程度后,一国经济的非效率现象才会不那么严重,此时资本账户开放的成本超过收益的可能性逐渐降低。此外,资本账户有不同的组成部分,各组成部分的性质存在差异,各自表现出的成本和收益大小自然也不大可能相同,在分析资本账户开放的成本和收益时应该对各组成部分及其各自的开放次序加以区分。

一、资本账户开放容易引发危机的论据

资本账户开放容易引发金融、经济危机是资本管制支持者通常援引的论据之一,也是资本账户开放最具有争议的地方。Stiglitz(2000)提出,过去世界范围内,金融和经济危机发生频率的增加与资本和金融市场的自由化有关,认为资本账户自由化会增加一国经济衰退的可能性,增加一国经济的不稳定性。而且,在发展中国家,由于社会安全网不完善或者根本不存在,经济的不稳定会造成很大的经济和社会负担,并且这种负担会更多地由穷人来承担。因此,国际资本自由流动尤其是短期资本自由流动不仅不会带来经济增长,反而造成经济的不稳定,更容易触发危机的产生。Stiglitz(2000)进一步指出,资本账户自由化没有起到促进经济增长并稳定经济的作用的原因有如下几点:第一,(发展中国家)资本和金融市场充斥着信息不完全,市场通常会呈现出非有效状态,大量的资本自由流动可能会放大这种非有效状态,反而削减福利水平。第二,资本流动具有明显的顺周期性,会加剧经济的波动,削弱国内整个金融体系的生存能力。第三,从发展的角度来看,资本自由流出会对一国经济的规模报酬效应、网络外部性以及其他各种溢出效应形成不利,而这些外部性效应对处于发展初期的国家来说尤其重要。第四,短期资本并不会引起投资的增加,对短期资本的限制也并不会抑制 FDI 和其他长期资本投资,相反,短期资本自由流动却具有很大的不稳定性。第五,很多发展中国家开放资本账户的初衷是为了促进资本流入,但很多时候面临的却是资本外流情况,而开放资本账户无疑增加了资本外逃的便利性,反而会削弱一国的经济。第六,开放资本账户会对一国施加更多的约束。例如,资本自由流动下,一国在稳定汇率和货币政策独立性之间面临选择。再者,发展中国家很多债务以美元计价,为了预防国际资本市场的波动,这些国家不得不积累足够数量的外汇储备,这相当于以低利率提供资金给美国等发达国家的同时向这些国家借入利率更高的资金,承担了无谓的损失。

在理论上,Park 和 Sachs(1996)提出了资本管制会使危机延迟的机制,认为在资本管制下,私人部门在国际资本市场的交易受到限制,央行将本国货币换成外币的目的仅限于私人部门的商品交易,经济仅能通过经常项目盈余或赤字来将真实货币持有量调整到长期均衡水平。因地,从货币持有量角度来说,资本管制放慢了经济的调整过程,延缓了危机。Auernheimer(1987)则认为,在资本管制下,国际储备会短暂性提高,也能起到延缓危机的作用。Singh 和 Subramanian(2008)认为当政府采取某些暂时性政策造成经济扭曲时,恰当的数量型资本管制可以实现"次优"结果。具体而言,在一个小国开放经济中,政府实行暂时性的以汇率为基础的通胀稳定(exchange rate based inflation stabilization,ERBS)计划(即暂时性地降低名义汇率贬值速率),在资本账户完全自由下,ERBS 计划会扭曲消费的跨期相对价格(改变国内名义利率),影响消费波动和福利水平,而恰当的数量型资本管制则可以降低消费的波动和提高福利水平。

在设定的模型中,数量型资本管制有两个政策变量——私人部门外债上限和资本管制终止时间(其中私人部门外债上限内生决定资本管制开始时间,即当私人部门外债水平触及上限时,资本管制开始实施;而资本管制终止时间不早于稳定计划终止时间)。在实行暂时性的稳定计划期间,通过合理地选择上限值和终止时间,资本管制可以获得更高的福利水平。具体来讲,当资本管制终止时间与稳定计划终止时间相同时,资本管制能够减少消费波动,获得比完全资本流动情形更高的福利水平。当资本管制终止时间在稳定计划终止时间之后,且私人部门外债上限低于(或高于)某一个关键值时,福利水平会提升(或下降)。而对于给定的上限值,资本管制终止时间越往后延迟,福利水平会越低。

Devereux 和 Yu(2014)则通过构建一个两国模型,在无限期随机一般均衡框架下证明开放的资本市场会增加金融危机发生的概率以及危机在国家间的蔓延,原因是金融一体化会通过提高资产抵押价值和减少预防性储蓄来增加投资者的杠杆比率和冒险行为。但同时,金融一体化会减少危机发生时产出和消费的损失程度,危机发生概率与危机损失程度之间存在一个权衡,而净福利则取决于全球风险总体水平。当全球风险水平高时,收益大于成本,借贷双方福利得到提高;当全球风险低时,收益小于成本,投资者福利要比封闭经济情况下差。

二、资本账户开放不是危机起因的论据

Eichengreen(2001)提出,资本账户自由化或资本管制对危机频率的影响可能存在反向因果关系。经历金融动荡的国家可能会实施资本管制或强化资本管制,或者放松资本管制是为了恢复投资者的信心。放松资本管制不一定会增加危机发生的风险,反而有可能是危机的风险促使资本账户管理制度发生改变。资本管制和危机的发生可能存在正相关关系,资本管制也会影响一国政府和央行成功应对本国货币遭受攻击的可能性。其中可能的原因是一国保持或实施资本管制会向市场传递负面信号,投资者可能怀疑诉诸于资本管制的政府并不情愿采取很严厉的财政和货币政策去维持稳定,并且投资者可能担心倾向于采取资本管制的政府会特别情愿侵犯投资者权利。如果资本管制不能做到"滴水不漏"(通常情况是资本管制存在很多漏洞),上述负面效应就可能引发投资者外逃。

Kitano(2007)在固定汇率的小国开放经济框架下分析研究了资本管制反而会导致货币危机的可能性,认为资本管制可能会增加政府预算的负担,进而引发货币危机的发生。在资本管制下,国内利率会偏离世界利率,较高的国内利率会加大国内未偿公共债务的成本,恶化政府预算状况,从而加速货币危机的发生。另外,即使政府能够通过资本管制成功推迟货币危机的发生(资本管制下国内利率低于世界利率的情景),资本管制也会通过扭曲居民的跨期消费路径来使福利恶化。而且,资本管制延迟危机的时间越长,危机发生时货币贬值的幅度反而会越大。由于发展中国家倾向于遭受高水平公共债务的困扰,因此,发展中国家在尝试通过资本管制延迟货币危机的时候需要考虑到,在高利率水平下,本国未偿公共债务会加速货币危机发生的可能。

Henry(2007)认为在讨论"资本账户自由化是否更容易引发危机"时应该注意到三点:第一,危机不仅发生在资本账户自由化的国家或地区,也同样会发生在实施资本管制的国家或地区,至少已有部分证据表明导致危机发生的原因在于不当的宏观经济政策,而非资本账户自由化。第二,股票市场自由化时间一般在危机之前的几年甚至十几年,虽然时间的滞后并不能排除自由化引发危机的可能性,但相隔时间之长可能意味着二者之间的因果关系并不显著。实际上,造成危机发生的最可能原因源自固定汇率和短期外币计价债务不断堆积之间的相互作用。第三,股票和债务在自由化过程中会扮演不同的角色,区分二者很有必要(详细内容见本章第四节"资本账户开放的类型及其次序")。

从实证的角度看,"资本账户开放容易造成巨大的危机成本"的担忧似乎有点过度,资本账户开放(或者资本管制)与危机之间的关系在现实中的表现似乎并不支持资本管制支持者所宣称的"资本管制能减小一国经济对危机的脆弱性以及能

降低危机对经济造成的损失"。

　　Edwards(2005)利用多国数据探讨了资本账户开放与"资本流入突然中断""经常项目反转"这两种外部危机形式①之间的关系。首先,Edwards(2005)将样本中包含的国家分成6类②,在非参数分析中,发现"资本流入突然中断""经常项目反转"这两种外部危机形式发生的概率和资本账户开放度之间并不存在一个一致的关系,而是存在类别差异:资本账户开放和"经常项目反转"二者在工业化国家表现出负向关系,在亚洲国家则表现出正向关系,在其他组则关系不显著;资本账户开放和"资本流入突然中断"二者在工业化国家表现出负向关系,在亚洲和东欧国家则表现出正向关系,剩余组则没有表现出显著的关系。然后,Edwards在参数分析中控制其他变量的影响后发现,资本账户开放度对"经常项目反转"发生概率的影响也并不显著,能显著引起"反转"概率上升的因素是经常项目赤字增加、对外负债增加、国际储备降低、资本流入锐减、美元计价外债扩大等,这些因素往往与同一国的制度和宏观经济政策直接相联系,而并不必然与资本账户自由化相关。也就是说,至少从平均意义上来说,资本账户自由化并不必然导致"经常项目反转"这类外部危机发生概率的上升,资本管制也并不会降低危机风险。资本管制之所以不能降低危机风险,Edwards(2004)认为其原因可能在于公众规避资本管制的方法很多,而且在资本管制下,政府当局有可能过度自信,会倾向于实施"冒险"的宏观经济政策,这样反而会表现出资本账户开放度越低的国家发生"反转"的概率越高的现象。最后,Edwards(2005)指出,"经常项目反转"一旦发生,通常会引起经济增速的暂时性下滑,而资本账户自由化则可能会影响经济下滑程度。回归分析结果显示,在其他条件给定时,资本账户开放度越高的国家暂时性下滑的程度会越大。换句话说,一旦"经常项目反转"这类危机发生,资本账户自由化会加深危机带来的成本,即短期内会加剧经济增速下滑的程度。

　　Edwards(2008)还利用多国数据研究了资本管制与货币危机之间的关系,其中集中讨论的货币危机采用两种定义:(1)以名义汇率变动和国际储备存量变动(减少)的加权平均计算的宏观经济稳定性指数大幅变动(为方便标记,记为A类货币危机);(2)名义汇率显著变动,但并不伴随着国际储备的大幅变动(同样为方便标记,记为B类货币危机)。采用的方法与前面分析"经常项目反转"时基本相似。在非参数分析中发现,在全部样本中,A类货币危机在高资本流动的国家发生的频率最低,这种关系在子样本中只有中东才是例外;在全样本中,B类货币危机

---

　　① "资本流入突然中断"指在很短的时期内资本流入数量急剧下降,"经常项目反转"指在一两年时间内经常项目赤字大幅减少,历史数据显示这两种外部危机的发生显著相关(Edwards, 2005)。

　　② Edwards(2005)将样本中的国家或地区分为工业化国家、拉丁美洲和加勒比海地区、亚洲、非洲、中东和北非、东欧6大类。

发生的频率在不同程度的资本流动国家之间没有显著区别,但在工业化国家、拉丁美洲和中东这三个子样本中,B 类货币危机在高资本流动的国家发生的频率最低。在非参数的初步分析中,短期(1 年)内,货币危机造成人均 GDP 增长率显著下降,但在更长时期(3 年)内,货币危机对人均 GDP 增长率没有显著影响;无论是在短期还是更长时期,高资本流动的国家人均 GDP 增长率下降幅度更大。然而,在引入其他因素的回归分析中,货币危机在短期内会造成人均 GDP 增长率明显下滑,但下滑程度与资本流动程度之间并不存在显著的关系,意味着资本管制并不能降低货币危机发生时其对经济增长造成的损失。

Glick 和 Hutchison(2005)则利用包含 69 个发展中国家在内的、时间跨度为 1975—1997 年的一个面板数据研究了"对国际资本流动的限制是否会提高货币的稳定性"这一问题。在控制了宏观经济变量、政治变量、制度特征变量等会影响危机发生可能性的变量后,回归结果显示,对资本流动的限制越小,货币危机发生的概率反而越小,而并不是资本账户开放度越高的国家越容易遭受投机攻击。Glick、Guo 和 Hutchison(2006)进一步指出,在回答"放松资本管制的国家是否更容易遭受危机"时要考虑"自我选择"问题。宏观经济失衡、金融体系脆弱、政治环境不稳定、存在制度问题的国家更容易选择维持资本管制,用来避开艰难的经济改革或者防止资本外流;相反,宏观经济良好、金融体系稳健、政治环境稳定、制度问题较少的国家不仅不易遭受危机,也更加不可能去采取资本管制而放弃资本自由流动带来的好处。Glick 等人采用倾向分值匹配法来解决估计过程中的"自我选择"问题,最终结果仍旧显示,即使在控制了"自我选择"效应和其他变量后,至少从平均意义上来说,资本账户开放与货币危机发生的概率存在负向关系。Glick 等人认为负相关关系产生的可能原因之一是资本管制的信号效应:资本管制会向外界传递出未来政府政策的不一致性和糟糕规划的信号,降低投资者信心,反而促进资本外流;相反,放松资本管制则传递出政府支持投资的政策信号,以及增加政府未来会进行更深层次改革的可信性。

Edwards 和 Rigobon(2009)则考察了智利资本流入管制对汇率的影响。智利在实施资本流入管制的同时也采用了规定汇率变动幅度的汇率政策,通过估算"影子汇率"的方式,Edwards 和 Rigobon(2009)将汇率政策对汇率的影响分离出来,因而得以单独检验资本流入管制对汇率水平和波动的影响。其最终的结果表明,资本流入管制会降低本国名义汇率对外部冲击的敏感性,但同时也会提高名义汇率的总体波动性(无条件方差)。

Desai、Foley 和 Hines(2006)认为,如果资本管制能够提高一国经济的稳定性,那么在实施资本管制的东道国,跨国公司的收益会由于东道国更稳定的经济环境而具有较小的波动性。但利用美国跨国公司的历史数据进行实证研究的结果表明,相对于没有资本管制的情况而言,在资本管制下,跨国公司的收益具有更小的波动性特点并不显著,意味着资本管制并不具备更好地稳定东道国经济环境的功能。

Forbes(2004)认为,即使危机在短时期内会给经济带来创伤,但从长期来看,资本账户自由化提高经济增长率的长期效应会弥补危机造成的短期损失。通过比较韩国、泰国和印度三个国家人均实际GDP的增长情况(其中韩国和泰国相继于1990年左右开始资本账户自由化,而同时期印度实行严格的资本管制),发现资本账户开放后,韩国和泰国的经济增长速度明显快于印度,尽管之后韩国和泰国遭受了严重的金融危机,但二者从危机恢复之后的人均收入增长经调整后仍旧要好于印度,这意味着,虽然危机在短期会带来严重的经济损失,但这种短期损失相对于高经济增长带来的长期收益来说,就可能显得不大。Bonfiglioli(2008)利用多国宏观数据检测到,虽然资本账户开放会造成银行危机、货币危机等金融危机发生概率的上升(有些甚至是引起下降),但上升的幅度很小,并不足以完全抵销资本账户开放带来的收益,平均来说,资本账户开放的净收益显著为正。

三、小结

从上面的实证结果可以看出,至少在历史的表现上,第一,资本账户开放程度高的国家发生危机的概率并不一定高;第二,资本管制并不一定能降低危机对经济的损伤程度;第三,危机造成经济下滑的时间并不长(例如一年内),经济从危机中恢复的时间并不需要很久,从长期来看,即使资本账户开放更容易造成危机,但资本账户开放带来的长期收益也可能会足以弥补危机造成的短期损失。更可能的情况是,资本账户开放带来了外部冲击,在其他条件不变的情况下有可能会增加危机发生的概率,但在现实中影响危机发生的因素却不仅仅只是资本账户开放这一个因素,影响危机发生的其他因素有很多(如制度质量低、宏观经济失衡、政策失误、外债积累过多),甚至很有可能是这些因素主导着危机发生的可能性,而资本账户开放只是作为这些因素不当发展的"替罪羊"。

第三节 资本账户开放的"临界"条件

成本收益分析中存在一个交点,在交点以后收益会大于成本而表现出正的净收益,而在交点之前收益则会小于成本。一个稍微极端(在交点之前)但现实的例子可以说明资本账户开放同样具有这种成本收益特性。常规的新古典经济理论预测,放松资本管制会使资本从"资本充裕"的富国向"资本匮乏"的穷国流动,资本流入会为"资本匮乏"的穷国带来很多实实在在的收益,但现实中却出现了资本更多地从发展中国家向发达国家流动或者在发达国家之间流动的情况①。发生"逆向流动"的原因有:第一,在大多数发展中国家,产权保护力度不够;第二,在大多数发展中国家,存在许多非正常的行政障碍,例如腐败问题严重、缺乏透明的投资规则、缺乏专业训练的公务员等;第三,在大多数发展中国家,人力资本水平低下;第四,在大多数发展中国家,存在违约历史和较高的信用风险。上述因素会造成风险调整后的预期收益率偏低,如果此时发展中国家开放资本账户,面临更多的是资本流出,而非资本流入(Forbes, 2005)。

这个例子告诉我们,为获得资本账户自由化会带来资本流入的好处,在开放之前,一国至少需要在产权保护、政府管理水平、人力资本积累等方面有所发展。Stiglitz(2000)也认为在发展中国家,短期资本流动带来的负外部性要远远高于发达国家,发展中国家需要加强在制度、政策、监管等方面的建设,才有可能减少负外部性带来的成本。短期资本自由流动会容易引发经济的不稳定性,具有很大的负外部性②,而且这种负外部性的大小会因国家环境的不同而有所差异:大多数发达国家具有自动稳定机制和完善的社会安全网,能够很好地吸收冲击;而不发达的国家却并不具备这样的条件,不能够很好地吸收冲击,反而会因自身某些政策特征(如发达国家的财政政策具有典型的逆周期性,而发展中国家的财政政策具有典型的顺周期性)加剧经济的波动。因此,在发展中国家,短期资本流动具有很大的负外部性,在考虑资本账户自由化时要充分考虑到自身金融机构、监管制度、宏观经济政策体系对短期资本频繁流动的脆弱性。在自身发展程度不够的情况下贸然开放短期资本账户不但不会获取经济增长的好处,反而使自身更易遭受危机的冲击。

"资本流入突然中断"是资本账户自由化后一国需要面临的很重要的一类外部冲击风险,发展中国家具有的大量外币计价负债在催生这类风险过程中曾扮演重要的角色。Caballero 和 Krishnamurthy(2003, 2004)从理论上证明了金融市场的不发达是发展中国家具有大量外币计价债务的重要因素,金融市场的发展可以放松国内机构融资约束,会减少机构对本币计价债务具有的对冲汇率风险的保险价值的低估程度,因而会降低国内私人部门借入外币计价债务的动机,进而会减少"资本流入中断"的危险。而且,发展中国家股票市场不发达也会造成外国投资者不愿意以股票等形式而以借贷形式向发展中国家提供资金(Henry, 2007)。

对于发展中国家来说,推进资本账户自由化不仅需要考虑自身制度建设和金融市场发展状况,还需要考虑现有国际规则和经济金融体系对本国资本账户开放

---

① 更详细的内容可以参考"卢卡斯悖论"的相关讨论。
② 这种负外部性表现为:在经济危机发生时,不仅借款者和贷款者会面临损失,那些没有参与资本借贷的工人和中小企业也要因此承担失业、收入下滑和利息上升等带来的损失;为了预防短期资本流动突然逆转,国家需要积累足够数量的外汇储备,而持有这些外汇储备具有机会成本;在浮动汇率下,短期资本的频繁流动会给宏观政策的操作带来很大的困扰;等等。

效果的约束。过度短期借贷,尤其是外币计价的短期借贷被认为是可能引发危机的重要直接原因。过去,发展中国家在资本账户自由化后,向外短期借贷过多,其中可能的原因之一是现有的国际金融体系本身会产生这种扭曲动机(Henry 2007)。例如,在计算银行资本充足率时,巴塞尔协议Ⅰ对风险资产权重比例的规定会造成对发展中国家的国际贷款倾向于短期形式:巴塞尔协议Ⅰ规定,不论贷款期限,提供给 OECD 国家的贷款均采用 20% 的风险权重,而对非 OECD 国家来说,短期贷款风险权重为 20%,长期贷款风险权重为 100%,因此,国外贷款者在给发展中国家发放贷款时会倾向于采用短期形式,因为其需要的资本金数量可以减少五分之四。同时,国际金融体系对 G7 债权人的保护更为严格,一旦发生债务纠纷,G7 债权人可以求助于 G7 法院,这自然会进一步增加其进行贷款而非持有股票的动机。

再者,发展中国家在国际借贷市场进行借贷时,其债务基本上是以美元、欧元或日元等国际货币计价(原罪),而美国、欧洲、日本这些国家或地区的债务却大多以本国货币计价。借来的外币资金会贷给国内企业购买本币计价的资产,因而在借贷资本自由流动下,发展中国家的资产和债务往往还会额外面临货币错配问题,货币错配会对发展中国家的金融体系造成进一步的威胁。而且,债务以外币计价会让发展中国家在汇率波动面前面临两难的困境,即通常所说的"浮动恐惧症"——本国货币升值会不利于出口,本国货币贬值却会增加本国对外债务的负担。由此可见,现有的国际经济金融体系可能会增加发展中国家开放短期银行借贷的成本,发展中国家需要额外考虑这个因素,这可能会对发展中国家的制度建设和经济金融体系提出更高的要求。

确实,发展中国家在制度、金融、宏观经济政策等方面都存在着"先天缺陷",经济会因为这些"先天缺陷"而出现很多扭曲的或者非效率的状态,自身抵御风险的能力也较低。在制度、金融、政策发展不足的情况下,资本账户开放带来的第一类成本和第二类成本可能都会扩大,最终超过收益(关于银行部门对外开放的详细内容可以参考本章第五节"银行部门对外开放的条件性")。发展中国家需要在制度、金融和宏观经济政策方面不断发展,努力减少或消除国内经济的扭曲程度,增强自身对外部冲击的抵抗能力,这样才会在最大化资本账户开放的收益的同时最小化资本账户开放的成本。

在实证方面,已有相当数量的文献相继指出,只有当一国金融发展、制度建设、宏观政策等因素发展到一定程度之后,资本账户开放在整体上才会表现出对经济增长的促进作用。Edwards(2001)利用多国宏观数据进行回归分析,通过在回归方程中引入交叉项,发现资本账户开放系数为负,而交叉项系数为正,意味着只有当一国经济发展到一定程度后资本账户开放才会获得正的净收益。Durham

(2004)同样利用80个国家1979—1998年时期的宏观面板数据研究了外商直接投资和国外股票组合投资对经济增长的作用,结果发现二者对经济增长的作用是有条件的,依赖于一国的制度建设、金融发展和贸易开放水平。Klein和Olivei(2008)利用67个国家1976—1995年的宏观数据研究了资本账户开放、金融深化和经济增长的关系,发现资本账户开放与金融深化、经济增长之间的正向关系集中在OECD成员国内,而在非OECD国家,正向关系并不存在。这意味着资本账户自由化能否取得满意的结果与一国政策、制度及宏观经济环境有关。

Li、Morck、Yang和Yeung(2004)利用17个新兴市场的数据进行研究并发现,股票市场自由化会提高市场定价的有效性,但这需要在"一国的制度质量(例如政府对法律法规的尊重程度、法律体系的有效性、腐败问题等)提高到一定程度"的情况下才会得以体现。Chinn和Ito(2006)利用包含108个国家在内的1980—2000年的宏观面板数据来研究法律或制度因素对资本账户开放效果的约束,结论是只有当法律和制度的发展水平高于某一"阈值"时,资本账户开放才能有利于金融发展,同时指出,资本账户开放的法律和制度前提不仅仅是对诸如投资者保护、契约强制执行的有效性、公司报表的综合性要求等与金融相关的法律和制度要求,更是对包括腐败问题、法律秩序、官僚体系质量等在内的总的法律和制度要求。

Alfaro和Sebnem等(2008)利用81个国家1970—2000年期间的数据证明了制度因素在决定资本流动方面会起到主要作用,肯定了制度质量的提高能够促进资本的流入,并且在稳健性分析中进一步细化制度因素,认为在改善资本流入状况时,政府能力、内部冲突、腐败、法律和秩序、官僚质量、投资保护这些制度因素显得相对重要,而外部冲突、军事政府、宗教政策的影响则并不显著。Klein(2005)更是从理论上指出,资本账户自由化对经济增长的作用程度随着制度质量水平的变化而变化,具体而言,资本账户自由化对经济增长的正向作用大小与制度质量的关系是一个"先升后缓降"的非线性关系。在理论模型的基础上,Klein利用71个国家1976—1995年的宏观面板数据证明了这种非线性关系的存在。其实证结果显示,样本中有四分之一左右的国家被发现存在资本自由化的正向作用,这些国家大多拥有较好(虽然不是最好)的制度质量,也大多是上中等收入国家。Chen和Quang(2014)使用包含23个发达国家和57个新兴市场国家或发展中国家的面板数据样本证明,资本账户开放获取正的净收益需要满足某些临界性条件,这些具体的条件包括收入水平、制度质量、金融发展水平和政府支出,并且指出不同的资本流动类型(外商直接投资、股票投资组合和其他资本流入)会面临不同的临界性条件。

正如Kose、Prasad、Rogoff和Wei(2009)所言,有大量的证据表明,在一个没有成熟且受到充分监管的金融体系、良好的制度和合理的宏观政策下实施资本账户自由化会造成资本流入结构不合理以及国家易遭受资本流动突然中断或反转的攻击的局面。正是金融全球化与初始条件之间的相互作用决定了资本账户自由化对经济增长和波动作用的最终结果，也是资本账户自由化增长效应的宏观证据模糊而微观证据相对肯定的原因所在。资本账户自由化具有许多重要的收益，但如果初始条件不足，资本账户自由化也会大幅提高风险收益比。这并不是说在"临界"条件之上时资本账户自由化的风险会被完全消除，或者说在"临界"条件尚未达到之前资本账户自由化注定失败，但可以明确的是，如果这些初始条件尚未满足，资本账户自由化就需要更加谨慎操作。

第四节 资本账户开放的类型及其次序

Reisen 和 Soto(2001)在讨论资本账户开放的收益成本时，将国际收支账户资本账户细分为外商直接投资、股票、债券、银行长期信贷、银行短期信贷五大类，认为它们各自带来的收益和成本存在区别：第一，外商直接投资投入的沉没成本大，供需双方之间的信息不对称问题低，发生流入反转的可能性小，即使在危机爆发时也能表现净流入，因而开放 FDI 在触发危机方面的成本小；同时，FDI 能为东道国带来生产性资本，并通过溢出效应、干中学等途径提高东道国技术进步，因而开放 FDI 带来的收益明显。第二，股票市场自由化能够降低企业股权融资成本，促使资本从回报率低的企业向回报率高的企业流动，促进新企业的成立，提高市场定价的有效性，因而也会带来相当可观的收益；但高流动性和低交易费用会使股票资本流入反转的可能性较高。第三，相对于股票市场自由化，债务尤其是短期银行信贷项目的自由化带来的反转风险可能会更大，引发的相关成本更容易超过收益。

Henry 和 Lorentzen(2003)认为，银行信贷资金的自由流入会使一国经济容易遭受因投资者情绪突然转变带来的危机风险。尤其是在发展中国家，银行信贷占社会总融资比重大，信息不对称问题比较严重，大量银行资金的流入会放大银行部门的信息不对称问题，会加重过度借贷问题，银行借入资金的外币计价方式也让发展中国家的银行部门遭受"期限错配"和"货币错配"的双重错配问题，一旦流入发生反转，流动性问题会很严重，因而银行体系的脆弱性会更加突出。相比之下，股票资金自由化不存在期限错配问题，货币错配问题也没那么严重，即使遭遇流入反转，股票市场也不太会陷入流动性危机中。因此，Henry 和 Lorentzen 建议，发展中国家开放以外币计价的债务资金自由流动的过程应该慢速并谨慎地进行，而股票市场自由化是替代债务依赖的一种安全而稳健的选择。当然，要吸引国外投资者投资本国股票市场，一国需要恰当解决或减轻股票市场中存在的信息不对称问题等制度性问题，其中保护股票持有者权益、完善信息披露制度是有效而相对简单的方式。

Henry(2007)也认为在讨论资本账户开放时,我们很有必要对股票和债务在资本账户自由化中的角色进行严格的区分。股票具有风险分担特性,其支付具有顺周期性,能够平滑国际收支;而债务并不具有风险分担特性,其支付具有反周期性,在情况变坏时,债权人会尽可能要求收回资金,加剧国际收支波动。正是由于上述特性,过度依赖债务有可能会导致金融危机的发生。Henry(2007)进一步指出,区分债券和银行信贷也十分必要。通常,国内银行在"国外贷款者将会展期"的预期下从国际银行间市场上借入短期资金[1],但这会带来两方面的问题:首先,国外贷款者收回贷款以及将贷款展期的决定并不取决于个别借款者的特异性冲击,而是来自国内经济的共同冲击;其次,在发展中国家,通常是共同冲击占据主导地位,而特异性冲击处于次要地位。

　　因此,这两个问题有可能会共同导致发展中国家在短时期内面临着规模巨大的银行间短期信贷的逆转。结合以上两个问题,银行"借短贷长"的特性就有可能使国内经济遭受重创,当国外贷款者不再愿意提供新的贷款或将贷款展期时,借款者所在国就会面临流动性问题。在面临冲击时,债券尤其是股票资产组合可以通过价格变化对冲击做出调整,而短期银行信贷却是通过数量做出调整,这意味着,提供给发展中国家的银行信贷数量的波动性要远远高于债券或股票的证券组合投资。[2]

　　Henry(2007)还对"过去发展中国家过度短期借贷"的原因进行了探讨,认为过度短期借贷的一个明显的国内因素在于20世纪80年代后半期,发展中国家大多禁止国外投资者持有国内股份,即发展中国家开放国内信贷市场的同时却限制股票市场的自由化。发展中国家当时之所以选择这样的开放次序,可能的原因在于,虽然股票市场自由化会增进社会整体福利,但也会存在潜在的受损者。例如,在股票市场自由化情况下,由于国内企业融资渠道增加,国内银行会因此失去垄断租金。再如,在股票市场自由化情况下,非金融部门大企业的福利也有可能恶化,因为同行中更加受金融约束的较小企业在新的融资渠道下会更具有竞争力。[3]

　　不同类型的资本账户因各自不同的特征,其对外开放会具有不同的收益和成本,因而需要区别对待。Reisen和Soto(2001)曾对不同类型的资本流动的收益和成本的相对大小做了一个大致的设定和总结(如表1-1所示)。从表1-1可以看出,

---

　　[1]　国际银行在借款给发展中国时,绝大多数采取的是短期信贷(贷款期限小于一年)方式。例如,在1997年年末,世界范围内国外银行贷款中,短期信贷的比例高达55%。并且,发展中国家借入贷款时通常是采用外币(例如美元)计价的方式。

　　[2]　正是由于上述提到的原因,在资本流入"由正变负"时,短期债务与国际储备之比可以用来预测危机的发生,该比值越高,危机发生的可能性越大,损失程度也可能越严重。

　　[3]　关于发展中国家过度短期借贷的可能原因还有国际金融体系本身的扭曲行为,该内容详见本章第三节"资本账户开放的'临界'条件"。

外商直接投资的收益覆盖范围大,容易超过其成本而表现正的净收益,而短期银行借贷的成本涉及面多,成本会相对较大。根据各自类型的收益和成本的相对大小,资本账户开放次序遵循"先直接投资、再间接投资;先证券组合投资、再银行借贷;先长期、再短期"的思路是值得借鉴的。实际上,Chen和Quang(2014)已经利用多国数据检测到,不同类型的资本账户对外开放获取正的净收益的临界性条件存在差异,外商直接投资和股票投资组合对制度质量、金融发展、政府政策等的要求要低于债务资本流入,这意味着外商直接投资和股票市场自由化可以在自由化过程中较早发生,与上述的成本收益排序结果一致。

表1-1 不同类型的资本流入的收益和成本

	收益			成本	
	增加国内投资	提高效率	平滑消费	放大扭曲行为	高流入反转可能性
外商直接投资	X	X	X	(X)	
股票组合投资	(X)	X		(X)	X
债券组合投资		X		(X)	X
银行长期借贷	(X)	(X)		X	
银行短期借贷		(X)	(X)	X	X

注:X表示较强,(X)表示较弱。
资料来源:Reisen & Soto,2001。

此外,从一些已有的实证文献来看,不同类型的资本在开放中确实发挥着不同的作用,表现出的净收益存在明显的差异,有选择、循序渐进地开放不同类型的资本账户有可能取得预期的效果。Bosworth和Collins(1999)利用58个发展中国家的宏观数据发现,外商直接投资、证券组合资本流动、银行借贷资本三者之间的关联性很低,三者对国内投资的影响也存在显著差异,说明不同类型的资本流动之间并不具有完全的替代性。Reisen和Soto(2001)曾利用44个国家1986—1997年的宏观面板数据,考察不同类型的资本流动对经济增长的作用,最终的结果显示,外商直接投资和股票组合投资自由化能够显著地促进经济增长和提高人均收入水平,而银行借贷只有在银行资本金比例(银行资本金与银行债权之比)足够大时才会使收益大于成本。回归结果估计的"阈值"很高(长期银行信贷和短期银行信贷估计的资本金比例分别为21%和14%),意味着银行借贷自由化获取正的净收益需要满足的条件更为严格。Harrison、Love和McMillan(2004)利用企业层面的微观数据研究了不同资本流动对企业融资约束的影响,发现外商直接投资资本流动会显著降低企业的融资约束,而股票投资组合和商业银行信贷资本流动对企业融资约束的降低作用就没有外商直接投资那样显著。

第五节 银行部门对外开放的条件性

在资本账户开放类型中,学者对银行借贷资本进行了特别的强调,认为其成本超过收益的可能性相对较高,危机的发生也与银行借贷有着直接的关系,值得再次关注。按照常规的(完全竞争市场)经济理论,银行部门对外开放能够增加企业信贷的可获得性。这种正向作用确实在有些国家已经观察到,但在有些国家实际情况却是,尽管大企业获得信贷的条件得到改善,但对中小企业的信贷的作用却是混乱不清或者具有负向效果。Detragiache、Tressel 和 Gupta(2008)构建了一个银行部门处于充分竞争、但银行和企业之间存在信息不对称的 Cream Skimming 模型,提出国外银行的进入有可能引起部分企业信贷条件恶化的一条机制:在信息不对称的环境下,国外银行甄别企业"硬信息"(如会计信息、抵押品价值)的成本较小,而国内银行甄别企业"软信息"(如企业家能力、诚信)的成本较小,相应地,企业分为"硬信息企业""软信息企业"和"坏企业"三类,银行识别三种不同的企业需要付出不同的成本。国外银行进入前,国内银行部门信贷市场存在四种可能的均衡,其中,在一定的参数条件下,国内银行发现为三类企业提供相同的信贷合约(即混合均衡,国内银行可以节省监管成本)是合适的,这其实相当于为实力较弱的借款者提供一种补贴。但国外银行的进入会从国内银行的手中抢夺实力强的借款者,会降低国内银行借款者混合池的平均质量,这有可能使得国内银行为不同类型的企业提供相同合约的方式不再有利可图,实力较弱的借款者的信贷成本反而变得更加高昂或者被排除在信贷市场之外,最终的结果可能是整体信贷数量减少,净产出下降,福利水平降低。

Gormley(2014)进一步指出,由于国内银行实施混合均衡的策略不再可行,如果银行筛选企业的成本很高,有些银行就会退出市场,实力弱小的企业得到的信贷数量会进一步减少。而且,国外银行进入对信贷和净产出的影响随着企业分布、银行资金的相对成本、获取信息进行甄别的成本的变化而变化,因而能够解释为什么国外银行的进入在不同的国家会有不同的影响。国内经济生产信息的成本越大,国外银行进入后信贷和净产出发生减少的可能性就越大,这也是一国当地制度质量(制度质量能够影响银行的甄别成本)能够影响资本账户开放效果的原因所在。同样,国外银行进入的方式也有可能会影响其效果,国外银行通过联合当地银行进入东道国的方式可能会降低净产出下降的可能性,因为这有可能会提高国外银行识别当地企业信息的能力。

在实证方面,Detragiache、Tressel 和 Gupta(2008)使用 62 个低收入国家的银行部门数据,证明国外银行渗透率的增加与私人部门信贷减少以及国外银行有风险更低、安全性更高的信贷组合密切相关,与理论模型预测的结果一致。在Detragiache等人(2008)和Gormley(2014)的基础上,Balmaceda、Fischer和Ramirez(2014)指出,产生"有的国家信贷增加,有的国家信贷减少"现象的一个原因在于"银行部门对外开放的效果取决于开放前国内银行体系市场结构"。

Balmaceda等人(2014)将金融自由化定义为国外银行的进入许可以及国内经济主体进入国际资本市场的改善,通过构建模型证明:如果国内银行体系充分竞争,那么金融自由化可以促进信贷的增加;如果国内银行体系缺乏竞争性,那么金融自由化会将小企业或弱企业排除在信贷市场之外,强势企业反而会得到国际银行的服务,整体上甚至会出现信贷减少。其背后的经济逻辑在于,在信息不对称的银行体系内,国外银行和国内银行在信贷提供成本和面临的"企业家租金"(entrepreneurial rents)方面存在差异。国外银行通常具有更好的信贷服务和管理技术以及更低的信贷初始成本,能够提供成本更低的资金,而国内银行通常面临较低的"企业家租金",即能够更好地了解当地法律制度,更好地与当地企业进行沟通联系或者游说,更好地对当地企业进行甄别和监督,面对的信息不对称成本要更低。国外银行由于甄别和监督当地企业的成本高,会倾向于选择财务状况良好、违约率低的大企业,国外银行由于在服务、管理技术和资金成本上具有相对优势,能够从国内银行手中夺取大企业这类客户,而那些更具风险、信息不透明的企业则由面临较低的"企业家租金"的国内银行来提供信贷。在这种情况下,不同的银行发挥了各自的比较优势,能够促进有效信贷的增加。然而,上述结论依赖于国外银行的进入会降低或者没有改变国内银行的资金成本的假设。这个假设在开放前国内银行体系充分竞争的环境下容易满足,但在非完全竞争的银行部门,由于国内银行的垄断地位以及国内储蓄者缺乏储蓄替代品(存在金融压抑),国内银行的资金成本在金融开放之前被人为地压得很低,金融开放反而会造成国内银行筹集资金的成本上升,有可能导致国内银行向风险大的企业提供的信贷数量发生减少的现象。

与该模型的含义和预测相一致,Rashid(2011)利用81个发展中国家和新兴市场国家1995—2009年的数据检测到,国外银行的竞争使这些国家的国内银行对成本更高的非存款类资金(通常这类资金的波动性也更大)的依赖性增加,并且国外银行存款份额的增加会导致私人部门信贷的减少。Fischer和Valenzuela(2013)在Balmaceda等(2014)的基础上,使用105个国家1990—2009年的数据证明了资本账户开放对私人信贷的作用与开放前银行部门的竞争程度确实存在密切的关系:开放前银行部门的竞争越充分,资本账户开放对私人信贷的正向作用越大,反之,正向作用越小甚至变为负向作用。

Balmaceda等(2014)还利用所设定的模型进行比较静态分析,指出随着"企业家租金"的减少(国内法律体系的有效性越高,企业家租金越低),无论是在充分竞争的市场,还是在非竞争市场,信贷的可得性均会增加,各类企业的福利水平都会因此得到提高。该结论与 Maurer(2008)的研究结果一致:Maurer(2008)利用包含 22 个转型国家的 6 000 多家企业的样本研究了国外银行进入对信贷可得的作用结果是否会受到债权人权益保护制度的影响,发现破产程序越缺乏效率,国外银行的进入越有可能会将规模小的和信息不透明的企业挤出信贷市场。相反,随着债权人权益保护制度的改善,国外银行的进入对这些企业信贷约束的正向关系逐渐减小,这能够解释在一个债权人权益保护充分的国家,国外银行的进入能够使所有企业受益,而在一个债权人权益保护制度不健全的国家,国外银行的进入反而会造成信贷紧缩,再次证明了银行部门对外开放对本国经济产生正向作用的条件性。

在发展中国家,银行部门信息不对称问题一般比较严重,银行甄别企业信息的成本一般较高,银行部门竞争程度一般也不高,在这种情况下允许国外银行进入有可能造成国内信贷的萎缩和净产出的下降,因此发展中国家在考虑对外开放本国银行部门时需要谨慎,认真考虑本国银行部门发展现状和本国制度建设情况这些条件。在允许外国银行进入之前,发展中国家需要加强本国制度建设(如信息披露制度、债权人权益保护制度、银行监管制度等),减轻银行甄别企业的成本以及银行部门信息不对称问题;同时逐步降低本国银行进入门槛,积极促进本国利率市场化,增加本国银行部门的有效竞争。

第六节 总 结

尽管宏观层面的研究结果并没有一致地支持资本账户开放对经济增长的促进作用,但微观层面的研究结果看上去似乎倾向于支持资本账户开放的积极影响。资本账户开放不仅会通过资本积累机制支持经济的增长,而且会通过提升效率、促进技术进步的途径提高全要素生产率,进而促进经济增长,为经济带来实实在在的收益。

资本账户自由化能带来实实在在的收益很符合"市场是有效率的"的概念,不过,在现实中资本账户开放也存在大大小小的成本,这些成本通常与"市场的不完全"密切相关,尤其是在金融市场,信息不对称的问题更严重,市场容易出现非效率或者低效率的状态,这使得相对于贸易自由化,资本账户自由化实施起来会面临更多的困难。当国内经济扭曲程度比较严重时,资本账户自由化可能会面临很大的成本,此时考虑资本账户开放可能出现成本超过收益的现象。相反,此时需要考虑通过制度的、经济的、金融的改革来消除或者减轻经济的扭曲,降低资本账户开放的成本,既可以获得国内改革的收益,又可以获得资本账户自由化正的净收益。

资本账户开放会为经济带来新的问题和新的挑战，会对一国制度、金融、政策提出更高的要求，但这并不是资本管制的理由。正确的做法应该是提高制度质量、促进金融发展、增强政策制定的合理性和灵活性，努力消除或减轻资本账户自由化的障碍，获取资本账户自由化的长期收益，而不是采用资本管制这种"因噎废食"的做法。

危机与资本账户自由化也可能并不具备必然的联系，危机更多的应该与制度、金融、政策密切相关，制度不完善、金融发展不足、政策不当才最有可能是危机爆发的深层次原因。在资本管制和资本账户自由化两种情况下，要求的正确合适的制度、金融、政策有可能会发生变化，在资本管制下合适的制度、金融和政策在资本账户自由化情况下却未必合适，因此，更需要关注的应该是在从资本管制向资本开放的过程中，制度、金融、政策应该如何进行相应的变化。

同时也应该注意到资本账户不同的组成部分在资本账户自由化过程中会发挥不同的功能。外商直接投资、股票组合、债券组合、银行长期信贷和银行短期信贷因为自身特征的不同，在市场上表现出的行为也会大相径庭。在一定的市场环境下，外商直接投资和股票组合对经济的扰动会相对小，而银行短期信贷资本有可能会放大金融市场不完全的特性，对经济的扰动会较大。因此，研究资本账户的各个组成部分也很有必要。

资本流动的特征可能是现实市场的均衡结果，在不同的市场环境下，不同类型的资本流动会表现出不同的均衡特征。将不同资本的性质同市场的具体环境结合起来，有可能证明现实中资本流动的特征是市场的均衡结果，而不是对市场均衡的偏离。例如，银行短期信贷资本过度借贷可能源于国际和国内金融体系的设定或者市场的不完善，为了克服不利的资本流动特征，应该从这些市场具体环境出发，通过修正这些市场环境来减轻不利的资本流动结构。

在技术上，可以更加注重微观数据的运用和研究。宏观数据普遍存在加总问题，是多种因素作用的综合结果，往往会掩盖或丧失很多重要的信息，仅仅依靠宏观数据往往很难识别出资本账户作用于经济增长的多种机制，而行业或企业层面的微观数据则不同，它们能够提供多维度的信息，能够在管制其他因素的同时更好地识别出特定微观因素的作用机制。这也是宏观数据的研究通常得到模糊性结论，而微观数据的研究倾向于得到肯定性结论的原因所在。

参 考 文 献

[1] Agenor, Pierre-Richard. Benefits and Costs of International Financial Integration: Theory and Facts. *World Economy*, 2003 (26.8): 1089—1118.

[2] Alfaro, Laura; Kalemli-Ozcan, Sebnem; Volosovych, Vadym. Why Doesn't Capital Flow from Rich to Poor Countries? An Empirical Investigation. *Review of Economics and Statis-*

tics,2008(90.2):347—368.

[3] Arteta, Carlos; Eichengreen, Barry; Wyplosz, Charles. When Does Capital Account Liberalization Help More than It Hurts? National Bureau of Economic Research Working Paper, 2001 (No. 8414).

[4] Auguste, Sebastian; Dominguez, Kathryn M. E. ; Kamil, Herman; Tesar, Linda L. Cross-Border Trading as a Mechanism for Implicit Capital Flight: ADRs and the Argentine Crisis. *Journal of Monetary Economics*, 2006(53.7):1259—1295.

[5] Auernheimer, L. On the Outcome of Inconsistent Programs under Exchange Rate and Monetary Rules. *Journal of Monetary Economics*,1987(19):279—305.

[6] Balmaceda, Felipe; Fischer, Ronald D; Ramirez, Felipe. Financial Liberalization, Market Structure and Credit Penetration. *Journal of Financial Intermediation*, 2014 (23.1): 47—75.

[7] Bartolini, Leonardo; Drazen, Allan. Capital-Account Liberalization as a Signal. *American Economic Review*, 1997(87.1): 138—154.

[8] Bekaert, Geert; Harvey, Campbell R. ; Lundblad, Christian. Does Financial Liberalization Spur Growth? *Journal of Financial Economics*, 2005(77.1):3—55.

[9] Bekaert, Geert; Harvey, Campbell R. ; Lundblad, Christian. Financial Openness and Productivity. *World Development*,2011(39.1):1—19.

[10] Bonfiglioli, Alessandra. Financial Integration, Productivity and Capital Accumulation. *Journal of International Economics*,2008(76.2):337—355.

[11] Bordo, Michael D. ; Meissner, Christopher M. Growing Up to Stability? Financial Globalization, Financial Development and Financial Crises. *National Bureau of Economic Research Working Paper*, 2015(No. 21287).

[12] Bosworth, Barry P. ; Collins, Susan M. Capital Flows to Developing Economies: Implications for Saving and Investment. *Brookings Papers on Economic Activity*, 1999 (1): 143—169.

[13] Brecher, Richard A. ; Diaz-Alejandro, Carlos F. Tariffs, Foreign Capital and Immiserizing Growth. *Journal of International Economics*,1977(7.4):317—322.

[14] Caballero, Ricardo J. ; Krishnamurthy, Arvind. Excessive Dollar Debt: Financial Development and Underinsurance. *Journal of Finance*,2003(58.2):867—893.

[15] Caballero, Ricardo J. ; Krishnamurthy, Arvind. Smoothing Sudden Stops. *Journal of Economic Theory*,2004(119.1):104—127.

[16] Chari, Anusha; Henry, Peter Blair. Risk Sharing and Asset Prices: Evidence from a Natural Experiment. *Journal of Finance*,2004(59.3):1295—1324.

[17] Chari, Anusha; Henry, Peter Blair. Firm-Specific Information and the Efficiency of Investment. *Journal of Financial Economics*, 2008(87.3):636—655.

[18] Chen Jinzhao; Quang Thérèse. The Impact of International Financial Integration on Economic Growth: New Evidence on Threshold Effects. *Economic Modelling*, 2014 (42):

475—489.

[19] Chinn, Menzie D.; Ito, Hiro. What Matters for Financial Development? Capital Controls, Institutions, and Interactions. *Journal of Development Economics*, 2006 (81. 1): 163—192.

[20] Cifuentes, Rodrigo; Desormeaux, Jorge; and González, Claudio. Capital Markets in Chile: from Financial Repression to Financial Deepening. Central Bank of Chile. Mimeo.

[21] Desai, Mihir A.; Foley, C. Fritz; Hines, James R., Jr. Capital Controls, Liberalizations, and Foreign Direct Investment. *Review of Financial Studies*, 2006(19.4): 1433—1464.

[22] Detragiache, Enrica; Tressel, Thierry; Gupta, Poonam. Foreign Banks in Poor Countries: Theory and Evidence. *Journal of Finance*, 2008(63.5): 2123—2160.

[23] Devereux, Michael B.; Yu, Changhua. International Financial Integration and Crisis Contagion. *National Bureau of Economic Research Working Paper*, 2014(No. 20525).

[24] Durham, J. Benson. Absorptive Capacity and the Effects of Foreign Direct Investment and Equity Foreign Portfolio Investment on Economic Growth. *European Economic Review*, 2004 (48. 2): 285—306.

[25] Edwards, Sebastian. How Effective Are Capital Controls? *Journal of Economic Perspectives*, 1999(13.4): 65—84.

[26] Edwards, Sebastian. Capital Mobility and Economic Performance: Are Emerging Economies Different? *National Bureau of Economic Research Working Paper*, 2001(No. 8076).

[27] Edwards, Sebastian. Financial Openness, Sudden Stops, and Current Account Reversals. *American Economic Review*, 2004(94. 2): 59—64.

[28] Edwards, Sebastian. Capital Controls, Sudden Stops, and Current Account Reversals. *National Bureau of Economic Research Working Paper*, 2005(No. 11170).

[29] Edwards, Sebastian. Financial Openness, Currency Crises and Output Losses, in *Financial Markets Volatility and Performance in Emerging Markets*, edited by Sebastian Edwards and Marcio García, University of Chicago Press, 2008.

[30] Edwards, Sebastian; Rigobon, Roberto. Capital Controls on Inflows, Exchange Rate Volatility and External Vulnerability. *Journal of International Economics*, 2009(78): 256—267.

[31] Egbuna, Ngozi E.; Oniwoduokit, Emmanuel; Mansaray, Kemoh et al. Capital Account Liberalization and Growth in the WAMZ: An Empirical Analysis. *International Journal of Economics and Finance*, 2013(5. 12): 40—62.

[32] Eichengreen, Barry. Capital Account Liberalization: What Do Cross-Country Studies Tell Us? *World Bank Economic Review*, 2001, (15.3): 341—365.

[33] Eichengreen, Barry; Leblang, David. Capital Account Liberalization and Growth: Was Mr. Mahathir Right? *International Journal of Finance and Economics*, 2003(8.3): 205—224.

[34] Edison, Hali J. Capital Account Liberalization and Economic Performance: Survey and Synthesis. *IMF Staff Papers*, 2004(51. 2): 220—256.

[35] Fischer, S. Globalization and Its Challenges. *American Economic Review*, 2003(93.

2): 1—30.

[36] Fischer, Ronald; Valenzuela, Patricio. Financial Openness, Market Structure and Private Credit: An Empirical Investigation. *Economics Letters*, 2013(121.3): 478—481.

[37] Forbes, Kristin J. Capital Controls: Mud in the Wheels of Market Discipline. National Bureau of Economic Research Working Paper, 2004(No. 10284).

[38] Forbes, Kristin J. The Microeconomic Evidence on Capital Controls: No Free Lunch. *National Bureau of Economic Research Working Paper*, 2005(No. 11375).

[39] Forbes, Kristin J. One Cost of the Chilean Capital Controls: Increased Financial Constraints for Smaller Traded Firms. *Journal of International Economics*, 2007(71): 294—323.

[40] Fratzscher, Marcel. Capital Flows, Push versus Pull Factors and the Global Financial Crisis. *Journal of International Economics*, 2012(88.2): 341—356.

[41] Furceri, Davide; Zdzienicka, Aleksandra. Financial Integration and Fiscal Policy. *Open Economies Review*, 2012(23.5): 805—822.

[42] Galindo, Arturo; Schiantarelli, Fabio; Weiss, Andrew. Does Financial Liberalization Improve the Allocation of Investment? Micro-evidence from Developing Countries. *Journal of Development Economics*, 2007(83.2): 562—587.

[43] Gallego, Francisco A.; Hernandez, F. Leonardo. Microeconomic Effects of Capital Controls: The Chilean Experience During the 1990s. *International Journal of Finance and Economics*, 2003(8.3): 225—253.

[44] Glick, Reuven; Hutchison, Michael. Capital Controls and Exchange Rate Instability in Developing Economies. *Journal of International Money and Finance*, 2005(24.3): 387—412.

[45] Glick, Reuven; Guo, Xueyan; Hutchison, Michael. Currency Crises, Capital-Account Liberalization, and Selection Bias. *Review of Economics and Statistics*, 2006(88.4): 698—714.

[46] Gourinchas, Pierre-Olivier; Jeanne, Olivier. The Elusive Gains from International Financial Integration. *Review of Economic Studies*, 2006(73.3): 715—741.

[47] Gormley, Todd A. Costly Information, Entry, and Credit Access. *Journal of Economic Theory*, 2014(154): 633—667.

[48] Grilli, Vittorio; Milesi-Ferretti, Gian Maria. Economic Effects and Structural Determinants of Capital Controls. *IMF Staff Papers*, 1995(42.3): 517—551.

[49] Gupta, Nandini; Yuan, Kathy. On the Growth Effect of Stock Market Liberalizations. *Review of Financial Studies*, 2009(22.11): 4715—4752.

[50] Harrison, Ann E.; Love, Inessa; McMillan, Margaret S. Global Capital Flows and Financing Constraints. *Journal of Development Economics*, 2004(75.1): 269—301.

[51] Henry, Peter Blair. Do Stock Market Liberalizations Cause Investment Booms? *Journal of Financial Economics*, 2000(58): 301—334.

[52] Henry, Peter Blair. Stock Market Liberalization, Economic Reform, and Emerging Market Equity Prices. *Journal of Finance*, 2000(55): 529—564.

[53] Henry, Peter Blair. Capital Account Liberalization, the Cost of Capital, and Economic

Growth. *American Economic Review*, 2003(93.2): 91—96.

[54] Henry, Peter Blair. Capital Account Liberalization: Theory, Evidence, and Speculation. *Journal of Economic Literature*, 2007(45.4): 887—935.

[55] Henry, Peter Blair; Lorentzen, Peter Lombard. Domestic Capital Market Reform and Access to Global Finance: Making Markets Work. *National Bureau of Economic Research Working Paper*, 2003(No. 10064).

[56] Henry, Peter Blair; Sasson, Diego. Capital Account Liberalization, Real Wages, and Productivity. *National Bureau of Economic Research Working Paper*, 2008(No. 13880).

[57] Johnson, Simon; Mitton, Todd. Cronyism and Capital Controls: Evidence from Malaysia. *Journal of Financial Economics*, 2003(67.2): 351—382.

[58] Kim, Woochan. Does Capital Account Liberalization Discipline Budget Deficit? *Review of International Economics*, 2003(11.5): 830—844.

[59] Kitano, Shigeto. Capital Controls, Public Debt and Currency Crises. *Journal of Economics*, 2007(90.2): 117—142.

[60] Klein, Michael W. Capital Account Liberalization, Institutional Quality and Economic Growth: Theory and Evidence. *National Bureau of Economic Research Working Paper*, 2005 (No. 11112).

[61] Klein, Michael W.; Olivei, Giovanni P. Capital Account Liberalization, Financial Depth, and Economic Growth. *Journal of International Money and Finance*, 2008(27.6): 861—875.

[62] Kose, M. Ayhan; Prasad, Eswar; Rogoff, Kenneth; Wei, Shang-Jin. Financial Globalization: A Reappraisal. *IMF Staff Papers*, 2009(56.1): 8—62.

[63] Kose, M. Ayhan; Prasad, Eswar S.; Terrones, Marco E. Does Openness to International Financial Flows Raise Productivity Growth? *Journal of International Money and Finance*, 2009(28.4): 554—580.

[64] Levine, Ross; Zervos, Sara. Stock Markets, Banks, and Economic Growth. *American Economic Review*, 1998(88.3): 537—558.

[65] Li, Kan; Morck, Randall; Yang, Fan; Yeung, Bernard. Firm-Specific Variation and Openness in Emerging Markets. *Review of Economics and Statistics*, 2004(86.3): 658—669.

[66] Melvin, Michael. A Stock Market Boom during a Financial Crisis? ADRs and Capital Outflows in Argentina. *Economics Letters*, 2003(81.1): 129—136.

[67] Mitton, Todd. Stock Market Liberalization and Operating Performance at the Firm Level. *Journal of Financial Economics*, 2006(81.3): 625—647.

[68] Noy, Ilan; Vu, Tam B. Capital Account Liberalization and Foreign Direct Investment. *North American Journal of Economics and Finance*, 2007(18.2): 175—194.

[69] Obstfeld, Maurice. International Finance and Growth in Developing Countries: What Have We Learned? *IMF Staff Papers*, 2009(56.1): 63—111.

[70] Park, Daekeun; Sachs, Jeffrey D. Capital Controls and the Timing of Exchange Re-

gime Collapse. *International Economic Journal*, 1996(10.4): 123—141.

[71] Prasad, Eswar S.; Rajan, Raghuram G. A Pragmatic Approach to Capital Account Liberalization. *Journal of Economic Perspectives*, 2008(22.3): 149—172.

[72] Prati, Alessandro; Schindler, Martin; Valenzuela, Patricio. Who Benefits from Capital Account Liberalization? Evidence from Firm-Level Credit Ratings Data. *Journal of International Money and Finance*, 2012(31.6): 1649—1673.

[73] Quinn, Dennis. The Correlates of Change in International Financial Regulation. *American Political Science Review*, 1997(91.3): 531—551.

[74] Quinn, Dennis P; Toyoda, A. Maria. Does Capital Account Liberalization Lead to Growth? *Review of Financial Studies*, 2008(21.3): 1403—1449.

[75] Rashid, Hamid. Credit to Private Sector, Interest Spread and Volatility in Credit-Flows: Do Bank Ownership and Deposits Matter? Working Paper 105, Department of Economic and Social Affairs, UN, 2011.

[76] Reisen, Helmut; Soto, Marcelo. Which Types of Capital Inflows Foster Developing-Country Growth? *International Finance*, 2001(4.1): 1—14.

[77] Rodrik, Dani. Who Needs Capital-Account Convertibility? Essays in International Finance. Princeton University, Department of Economics, International Finance Section. 1998 (No. 207).

[78] Rodrik, Dani; Subramanian, Arvind. Why Did Financial Globalization Disappoint? *IMF Staff Papers*, 2009(56.1): 112—138.

[79] Rueda Maurer, Maria Clara. Foreign Bank Entry, Institutional Development and Credit Access: Firm-level Evidence from 22 Transition Countries. Swiss National Bank, 2008(working paper 4).

[80] Saidi, Hichem; Aloui, Chaker. Capital Account Liberalization and Economic Growth: GMM System Analysis. *International Journal of Economics and Finance*, 2010(2.5): 122—131.

[81] Schmukler, Sergio; Vesperoni, Esteban. Globalization and Firms' Financing Choices: Evidence from Emerging Economies. Unpublished working paper, World Bank, 2001.

[82] Singh, Rajesh; Subramanian, Chetan. Temporary Stabilization with Capital Controls. *Economic Theory*, 2008(34.3): 545—574.

[83] Spiegel, Mark M. Financial Globalization and Monetary Policy Discipline: A Survey with New Evidence from Financial Remoteness. *IMF Staff Papers*, 2009(56.1): 198—221.

[84] Stiglitz, Joseph E. Capital Market Liberalization, Economic Growth, and Instability. *World Development*, 2000(28.6): 1075—1086.

[85] Stiglitz, Joseph E. Capital-Market Liberalization, Globalization, and the IMF. *Oxford Review of Economic Policy*, 2004(20.1): 57—71.

[86] Stulz, Rene M. The Limits of Financial Globalization. *Journal of Finance*, 2005(60.4): 1595—1638.

[87] Tytell, Irina; Wei, Shang-Jin. Does Financial Globalization Induce Better Macroeconomic Policies? IMF Working Paper, 2004(04/84).

第二章

中国资本管制的有效性

本章导读

中国资本管制的有效性评价是一个既有理论价值又有现实意义的研究课题。对此问题的研究不仅有助于理解中国人民银行在维持币值稳定和货币政策独立性方面所面临的形势和挑战,还能够为我国资本账户开放政策的制定提供有益借鉴。本章首先界定了资本管制的内涵,综述了资本管制强度和资本管制有效性的衡量方法,然后梳理了中国资本管制的历史,阐述了资本管制的现状。本章还主要基于利率平价理论对不同时期我国资本管制的有效性进行了实证分析,并在此基础上提出了关于资本账户开放的政策建议。

第一节 资本管制的概念及衡量

一、资本管制概述

(一) 资本管制的概念

资本账户开放与资本管制实际上是资本账户问题的两个相互对立的概念。根据国际货币基金组织《汇兑安排和汇兑限制年报》的定义,资本管制是指影响国际资本流动的各种措施,包括禁止资本流动,需要事先批准、授权和通知,多重货币做法,歧视性税收,准备金要求或当局征收的罚息等。资本管制包括两大方面:一是对国际资产交易(包括转移支付)本身的管制,二是与国际资产交易相伴随的外汇管制。

事实上,任何一个国家的资本账户都不是完全开放的,每个国家在不同的阶段都有不同的资本管制手段和目标,无论资本管制的多少,它最终都服务于其目标。这些目标一般包括维持国际收支平衡、缓解汇率压力、保持货币政策独立性、防止资本流动对本国经济稳定和结构改革造成的冲击等。

(二) 资本管制的历史

从历史角度看,资本管制并不是一个国家必然存在的经济特征,但其作为一种调节经济、稳定金融、防范风险的手段却由来已久,并且为绝大多数国家暂时或长期使用。在布雷顿森林体系建立初期,除少数国家(美国和德国作为主要储备货币国家管制较少,瑞士和加拿大信守自由机制未施行管制)之外,绝大多数非储备货币国家都在不同时期不同程度地将汇兑管制作为其主要的经济工具。[①]

各国对经常项目的汇兑管制持续时间并不长。20世纪60年代之后,工业化国家相继取消了经常项目的汇兑管制,但对资本项目的管制却被延续下来。20世纪70年代,随着布雷顿森林体系的崩溃,货币汇率自由浮动合法化,西方主要工业化国家相继解除对跨境资本流动的控制,大幅度提升了国际资本流动的速度和数量。但同时,当时的石油危机和货币秩序的失调使得大多数国家尤其是欠发达国家仍旧保持着管制,并将其视为维持本国货币政策独立性的重要途径。

20世纪80年代之后特别是苏联解体后,随着全球经济一体化程度加深,资本的全球配置成为必然趋势,此时资本管制的成本不断上升,有效性却逐渐下降,大多数发达国家放弃了资本项目的汇兑管制,实现了资本项目的可兑换。与此同时,金融自由化的浪潮席卷全球,经济自由主义的拥护者认为国际资本的自由流动能提高资本配置的效率、分散风险并且促进金融发展,许多发展中国家纷纷采取了资本项目开放的措施,解除了对资本项目的管制。

但是,对新兴市场国家和发展中国家而言,资本账户是否开放及开放的时间表仍然存在争议。如果没有完善的制度环境和健康的金融体系,迅速放开管制会带来巨大的风险。例如,20世纪70年代大量国际资本涌入拉美国家引发的债务危机导致了拉美国家长达6年的经济衰退。90年代末亚洲金融危机的爆发也使得各国不得不重新审视金融自由化——过快的金融自由化使新兴市场国家丧失了防护,暴露在风险之中。因此,在危机之后,许多国家(尤其是发展中国家)选择性地重启了资本管制措施,并辅之以其他宏观经济政策和审慎监管措施,以实现国内金融体系稳定和货币政策独立。即便如此,亚洲金融危机过后不久,国际资本流动规模仍旧迅速攀升,私人资本以及机构投资者日渐成为国际资本流动的主导力量,高流动性和高趋利性的短期资本在国际资本市场相当活跃。

2008年的次贷危机再次对全球金融市场的统一有效监管和制度约束提出新的要求,有些国家对国际资本的流动不得不考虑适度管制。国际货币基金组织都表示并不反对发展中国家在一定情况下对国际资金流入实施管制。因此我们也有必要重新审视资本管制,谨慎对待资本账户的开放。

[①] 金荦. 资本管制与资本项目自由化[M]. 中信出版社,2006.

(三) 资本管制强度的度量

关于资本管制强度的衡量[①]，大致可以分为两类。一种是名义资本管制指标，又称为基于法规(de jure)的资本管制衡量，既包括是或否的简单分类，也包括一些更为具体的资本管制衡量强度指标，它们一般都是基于 IMF 的《汇兑安排和汇兑限制年报》中的基础数据。常见的指标如前文所述，包括 IMF 的二元变量指标、衡量一定时期内资本账户开放程度的 share 指标、Quinn 建立的 Quinn 指标、Chinn 和 Ito 建立的 Chinn-Ito 指标等。

另一种是实际(de facto)资本管制指标，它利用实际可得的数据来反映一国资本流动实际受到限制的情况。这类方法又可以具体分为价格(price-based)方法和流量(volume-based)方法。最常见的价格方法就是利用在岸利率和离岸利率数据研究它们的差额，或者来研究对利率平价理论的偏离程度。而流量方法的指标相对较多，比如实际的资本流入和流出与 GDP 之比、证券投资与直接投资的年度余额与 GDP 之比、投资储蓄回归中的回归系数。

名义资本管制指标反映了一国行政当局通过颁布的政策法规对资本项目交易进行管制的情况；而实际资本管制指标则反映了一国实际的资本流动情况。研究我国的资本流动程度可以对当前我国资本流动性管理的现状及绩效进行准确评价，并有助于分析资本账户开放程度对一国财政和货币政策效果的影响。

二、规避资本管制的渠道

(一) 经由经常项目实现的资本转移

首先，中国早就实现了经常项目的开放，贸易开放程度很高，因而很多企业和个人可能利用经常项目可兑换的便利来实现资本的转移并进行资本交易。常用的方法有如下几种。

1. 进出口单据误报

进出口单据误报是相互信任的进出口双方通过协商来转移资本的形式。经济主体会采用出口低报和进口高报两种类型来实现资本外逃的目的，前者是指在出口时，由本国的供应商开出低于实际货值的单据，再由进口商将实际应付货值和单据货值的差额部分转存入出口商在国外的账户；后者是指在进口时，由国外的供应商开出高于货值的单据，进口商将收到的外汇和实际应收货值的差额转存入进口商在国外的账户。此外，经济主体也可以采用出口高报和进口低报的形式实现资本向境内的转移。

[①] 实际也是资本账户开放程度的衡量。

2. 内部转移定价

内部转移定价是跨国公司或关联企业转移资本的一种重要手段。企业可以通过制定高于或低于实际成本的内部价格,如高报进口原材料和设备的价格,低报出口制成品的价格来向境外转移资本,也可以制定相反的策略来实现资本向境内的转移。

3. 预收货款和延期付款

进出口的预收货款和延期付款增多,相当于更多的短期资本流入本国;延期收款或预付付款则相当于短期资本的流出。少数企业可能以预收货款名义代其他公司收取境外资金,其主要表现为:一是企业无实际出口但有预收货款;二是出口量少,但预收货款多;三是预收货款长期占用;四是预收一定时间后又全额退还等。

4. 经由投资收益转移

投资收益账户反映了居民与外国居民之间的关于金融资产与负债的收入与支出。增加或减少投资收益支付、改变投资收益支付的时间等都可以实现资金的转移。

5. 服务贸易和经常转移

广告、咨询、会展、法律、旅游等服务贸易也为资本隐蔽流动提供了重要的渠道。此外,经常转移也可能成为"资本转移"的藏身之地。境内居民不仅可以向国外汇款,还可以持境内银行发行的外币卡在境外消费或透支,比如在境外刷信用卡购物等,持卡人可以到银行购汇偿还,规避每年购汇上限。

(二)经由资本与金融项目实现的资本转移

正常的资本交易背后可能也会有非法资本的流动,外商直接投资、证券投资、外汇贷款和短期外债等都可能成为热钱流动的渠道。

1. 外商直接投资项目

众所周知,我国改革开放之后为吸引外商直接投资,推出了很多优惠政策,从而使得外商直接投资账户成为开放程度较高的项目。虽然我国外汇管理部门加强了外商投资企业资本金结汇和对外借款管理以控制通过外商直接投资渠道的资本流入,但是仍有大量资本打着外商直接投资的旗号进入中国的资本市场和房地产市场牟利。在此账户下,外商可以通过提前注资或虚假投资结汇套利的方式实现资金的流入,也可以通过各种方式如未来的股利分红、转股、撤资等实现资金的流出。

2. 证券投资项目

目前我国对跨国证券投资实施管制,如对国内证券进行投资的渠道——合格境外机构投资者制度(qualified foreign institutional investor,QFII)和对国外证券进行投资的渠道——合格境内机构投资者制度（qualified domestic institutional investor,QDII）的额度受到严格控制。由于证券投资项的绝对规模比较小,受到的管制比较严格,其包含的异动资本也较少。

3. 其他投资项目

受短期不稳定因素影响的外汇流动的异动主要体现在金融账户下的其他投资项目。在此项目下,经济主体可以通过若干方式来调动资金,经济主体外汇贷款和贸易融资的变化、金融机构之间的贷款和拆放、资金存放、外汇现金库存及其他资产负债的变化都是资金异动的重要实现方式。例如,2003 年我国外债的差额由净流出转为净流入、外债净流入的规模增大、短期外债的占比升高、外债结汇后资金的去向异常（如投资风险较高的房地产市场）等现象都在一定程度上说明其他投资项目下流入的资金中有相当一部分是具有投机性质的资本。

（三）经由隐蔽渠道转移

资本除了经由经常项目和资本与金融项目渠道流动以规避管制外,还可能通过货币走私、地下钱庄、离岸银行业务等渠道进出境,这些交易可在国际收支平衡表的"净误差与遗漏"项目中得到一定程度的反映。

当经常项目、资本与金融项目记录的外汇净流入量大于国际储备增加量时,净误差与遗漏项为负值,在不考虑纯统计因素的情况下,这表明经济活动本应发生的外汇流入没有实现,实际上就是资本外逃。反之,该项为正值则表明资本的非正常渠道流入,这些流入的资本并没有进入统计记录。某些资本外逃方式（如假借贸易支付和非贸易支付、以偿还外债的名义转移资本）会造成净误差与遗漏负值的增加（或正值的减少）,因为这些经济活动会被记入资本与金融项目的贷方,而没有记入相应的经常项目借方。

第二节 中国资本管制的历史沿革及现状

一、中国资本管制的历史沿革

改革开放以来,中国一直施行长期而广泛的资本管制,以屏蔽国际资本市场的影响,保障国内经济发展战略的良好环境。自 1978 年以来,我国资本管制的目标随着国际资本市场环境和国内经济战略不断发生变化和调整,逐渐形成了一个较为严格的管制体系。我国目前的资本管制是按照国际收支平衡表中资本与金融账户的分类项目进行的。其中资本账户包括涉及资本转移或支付,以及非生产、非金融资产的收买或放弃的所有交易;金融账户包括涉及一国经济体对外资产和负债所有权变更的所有交易,分为直接投资、证券投资、其他投资三类。[①] 与此同时,资本管制的范围和严苛程度也不断调整,以实现相对应的管制目标。

综合我国外汇管理体制改革与资本管制目标,可以将改革开放以来的资本管制政策分为以下三个阶段。

(一) 双重汇率时期(1978—1993年)

在新中国成立后的三十年之内,我国没有资本交易,只将外汇流动分为贸易类和非贸易类。[②] 而从1978年开始,在改革发展的背景下,我国开始放松在吸引和利用外资上的管制,实质上启动了渐进谨慎的资本账户开放进程。在这一阶段,中国资本管制的目标在于为对外贸易的开放和利用外资提供保障,同时防范外部风险对于国内相对脆弱的经济体的负面影响,资本管制谨慎而严苛。

在改革开放之后,中国放弃了计划经济下的单一固定汇率制,但是外汇的管制十分严格,实行双轨制汇率,即官方汇率与市场汇率并存,形成了资本管制的重要基础。1979年8月,国务院决定改革中国汇率制度,除继续保留公布牌价外,另外制定内部结算汇率。[③] 1980年10月,中国建立了外汇调剂市场,并于1981年正式实行贸易外汇的内部结算价。1981年至1993年期间,由于官方汇率与市场汇率存在偏差并且幅度较大,中国多次调整官方汇率,官方汇率不断上升,从1985年1月1日的1美元兑2.8人民币至1993年年底的1美元兑5.72人民币,但此时外汇调剂市场汇率已经上升为1美元兑8.72人民币。[④]

这一时期,对于经常项目,实行双重汇率下的外汇留成和强制结汇制度。外汇留成制度对中资出口企业形成了有效的激励,而强制结汇保障了出口企业的外汇收入能够及时且全额地汇入国家外汇储备。由于这一阶段的外汇储备少,而进口需求相对较高,因此对外汇的需求相对较大,这两项制度为我国积累了大量的外汇储备,促进了国内经济增长。

资本项目中,对直接投资的管制相对较松,且呈现重流出、轻流入的现象,即严格控制直接投资的流出,鼓励直接投资的流入;对证券投资和金融信贷的流动则严格管制。这样的政策倾向是与引入外资以带动经济发展和保护国内脆弱的金融市场的目标相一致的。

(二) 汇率并轨时期(1994—2004年)

这一阶段根据国内外宏观环境和资本管制强度的不同,又可以分为三个阶段,下面对这三个阶段做具体的讨论。

---

① 黄益平,王勋.中国资本项目管制有效性分析[J].金融发展评论,2010(6):107—134.
② 郑峻.中国资本项目开放的理论思考与实践建议[D].厦门大学硕士学位论文,2008.
③ 吴念鲁,陈全庚.人民币汇率研究[M].中国金融出版社,2002(80).
④ 肖凤娟.资本管制政策研究[M].经济科学出版社,2011(68).

1. 1994—1996年

总的来讲,这三年的资本管制强度逐年下降,其目标主要是维持国际收支平衡。1994年中国解除了汇率的双轨制,实现了人民币汇率的并轨,意味着中国资本管制进入了一个新的阶段。1996年12月,中国取消了对经常项目下的所有外汇管制,实现了经常项目的可兑换,中国资本管制的内容由先前的严格审批外汇收支范围转向审核实际交易的真实性,管制的方式由直接审批转向间接监督。同时,银行结售汇制度取代了强行结售汇制度:对中资企业的经常项目交易强制限额结售汇制度于1996年年底被解除,对外资企业的意愿结汇制度由只能在外汇调剂中心转变为外汇调剂中心与指定银行皆可;1996年6月18日颁布了《外资银行结汇、售汇及付汇业务实施细则》,拓宽并完善了结售汇制度。至1996年12月1日,中国解除了对经常性国际交易支付和转移的限制,只对经常性国际交易外汇收入的结汇实行限制。

这一时期,我国延续了对资本项目的管制,在鼓励外商直接投资流入的同时,严格限制证券投资和金融信贷。1995年3月29日,国家外汇管理局禁止国内金融机构投资于投机性境外衍生工具交易,避险性衍生工具须经国管局核准方可。1996年12月,禁止非金融企业之间进行外汇借贷。1997年4月,对境外进行的项目融资进行规范,加强了对外债的管理。

2. 1997—2000年

1997年亚洲金融危机无疑对中国资本账户自由化进程产生了巨大影响,不仅使中国在经常项目实现可兑换后5年内实现人民币资本账户完全可兑换的目标搁浅,而且使中国政府进一步加强了资本管制,尤其是对资本流出的管制。中国在危机中受到相对较小的冲击,也证明了资本管制对防范国际金融风险的重要性。

中国在这一时期的管制目标是防止危机的蔓延,维护人民币汇率稳定和国际收支平衡。因此这一阶段的资本管制是审慎严格的,重点是控制资本流出:1997年9月对境内机构借用国际商业贷款出台管理办法,12月对境内机构对外担保行为进行了规范;1998年7月,要求各中资外汇指定银行加强对所属海外分支机构管理,8月出台了禁止企业通过各种方式套取人民币贷款、购买外汇提前偿还外币债务的规定,9月规范了中资银行利用外汇质押及外资银行提供外汇担保而获得境内中资银行人民币贷款的行为;1999年1月,提出完善资本管理项目外汇管理的办法,对偿还境内中资金融机构自营外汇贷款、信用证及信用证项下的外汇垫款、资本项目结汇备案和结汇审批、外汇账户内外汇资金转为定期存款问题等内容作出规定;2000年2月,进一步加强了对外发债的管理。

3. 2001—2004年

危机过后,经济增长仍然是第一要务。2001年至2002年,随着经济形势的好转和加入 WTO，中国与世界各国的贸易往来日渐频繁，这对资本管制政策提出了新的要求。管理当局于 2001 年提出将资本管制的方式"由直接管理向间接管理过渡，由事前管理向事后监管过渡"的思路，出台了一系列放松管制的措施，实行有选择、相对精准的管制。

2001 年 2 月，境内上市外资股(B 股)开始对境内居民个人开放，境内居民可以按规定开立 B 股资金账户和股票账户，从事 B 股的交易；几乎在同时，符合条件的证券公司和信托投资公司及其证券营业部也被允许从事 B 股业务。同年 9 月，对国有企业境外期货套期保值业务予以肯定和规范；中国人民银行和外汇管理局对资本项下部分购汇业务作出调整：取消对购汇偿还逾期国内外汇贷款的限制，放宽对购汇提前偿还国内外汇贷款、外债转贷款及外债的限制，同时放宽对购汇进行境外投资的限制。

2002 年 8 月，对境外上市有关的外汇收支行为进行规范，加强对上市所筹资金的调回及结售汇的外汇管理；同年 11 月出台《合格境外机构投资者境内证券投资管理暂行办法》，允许合格境外机构投资者投资境内证券市场的股票、债券、基金等人民币计价工具，为境内市场引入了新的投资主体。与此同时，出台了一系列放松管制的措施，如关于利用外资改组国有企业的暂行办法，引导和规范外资的利用；取消了部分资本项目外汇管理的行政审批；简化境外加工贸易项目审批程序；允许中国外汇交易中心开办外币拆借中介业务；进一步深化境外投资外汇管理改革。2002 年 11 月，出台了《外汇指定银行办理结汇、售汇业务管理暂行办法》，规范了银行结售汇制度，保障外汇市场的平稳。2003 年 4 月 28 日，中国外汇管理局对个人外汇预结汇汇款做出相关规定，允许银行为个人办理经常项目下外汇汇款（单笔等值 5 万美元以内），但不得办理资本项目下外汇汇款。同年 8 月，放宽了对携带外币现钞出入境的限制额度。同年 9 月，为增强保险公司的外汇资金的流动性，提高保险公司外汇偿付能力，中国保险监督管理委员会、国家外汇管理局经商决定允许保险公司开办境内外汇同业拆借业务。2003 年 11 月 1 日起，实施《外币代兑机构管理暂行办法》，以规范外币代兑机构经营外币兑换业务行为，维护市场秩序。

(三)汇率市场化改革时期(2005 年至今)

2005 年 7 月 21 日，中国人民银行发布了《关于完善人民币汇率形成机制改革的公告》，以期充分发挥市场在价格形成和资源配置中的作用，建立健全以市场供求为基础的、有管理的浮动汇率制度。中国人民银行将根据市场发育状况和经济金融形势，适时调整汇率浮动区间，并相应地改善银行间外汇市场交易价和外汇指定银行挂牌价的管理，颁布了一系列加快发展外汇市场的措施：扩大即期外汇市场的交易主体；增加外汇市场询价交易方式；开办银行间远期外汇交易；加强外汇市场的监督管理。中国人民银行负责根据国内外经济金融形势，以市场供求为基础，参考篮子货币汇率变动,对人民币汇率进行管理和调节,维护人民币汇率的正常浮动,保持人民币汇率在合理、均衡水平上的基本稳定,促进国际收支基本平衡,维护宏观经济和金融市场的稳定。

2005年至今,汇率决定的市场化改革不断深化,辅之以相机变化的资本管制政策,维持汇率的稳定和保障货币政策的独立性。2001年之后,经常项目和资本项目的双顺差使得外汇大量流入国内,外汇储备节节攀升,逐渐成为基础货币投放的主要原因,出现输入性通货膨胀。

资本流入过量的负面影响由此受到重视,这也决定了这一阶段资本管制的主要目标调整为对跨境资本流动实行均衡管理,维持国际收支平衡,控制资本流入对汇率和货币政策独立性的影响,逐步建立合理、可控的流出机制。因此,一系列鼓励境内资本"走出去"的措施应运而生:(1) 2005年8月,中国人民银行决定扩大外汇指定银行远期结售汇业务和开办人民币与外币掉期业务,以满足国内经济主体规避汇率风险的需要;(2) 2006年4月,中国人民银行推出合格境内机构投资者制度;(3) 2006年8月,外汇管理局放松了境内基金管理公司境外证券投资业务的限制;(4) 2007年8月,国家外汇管理局发布了关于允许境内机构可根据经营需要自行保留其经常项目外汇收入的通知,境内机构持有和使用外汇更加便捷,同年放松了境内保险资金的境外投资,并展开境内个人直接投资境外证券市场试点工作;(5) 2008年9月,国家外汇管理局进一步放宽对个人外币兑换业务的管理,满足个人对本外币兑换的需求;(6) 2009年6月,鼓励和规范了境内企业的境外放款,促进境内企业"走出去"发展,放松境内机构境外直接投资的管制;(7) 2010年7月,鼓励和规范了境内银行的境外直接投资;(8) 为进一步简化行政审批程序,促进投资贸易便利化,国家外汇管理局于2009年和2010年连续调整部分资本项目外汇业务审批权限,2011年12月16日,中国证券监督管理委员会、中国人民银行、国家外汇管理局令第76号公布《基金管理公司、证券公司人民币合格境外机构投资者境内证券投资试点办法》,国家外汇管理局对投资额度实行余额管理;(9) 2012年6月,进一步贯彻落实鼓励和引导民间的境外投资的健康发展;(10) 2013年2月,进一步规范和完善境外上市外汇管理;(11) 2013年3月,中国证监会、中国人民银行、国家外汇管理局共同通过了《人民币合格境外机构投资者境内证券投资试点办法》,人民币合格境外机构投资者可以在批准的额度内投资人民币金融工具。

二、中国资本管制的现状

进入21世纪之后,我国加入了WTO,为适应经济全球化的趋势,我国在资本账户开放方面开始了新的探索,开放的步伐也逐步加快。新时期的资本账户管理有两个特点:

一是开放重点有所变化,开放领域逐步放宽。除了不断完善外商直接投资外汇管理、实现直接投资领域的基本开放外,政府也在证券投资领域逐步放开管制,使中国更有效参与国际金融市场的发展。如推出了合格境外机构投资者制度[①],允许境外投资者投资于我国资本市场,放宽银行、证券、保险等金融机构以自有资本或代客从事境外证券投资等。

二是管制思想由宽进严出向均衡管理转变。2002年以来,我国几乎年年持续保持经常、资本项目双顺差,外汇储备因而迅猛增长。这种情况下,资本项目管理开始注重资金的有序流出和投机性资金的流入,以尽可能促进国际收支平衡。比如开展境外投资外汇管理改革,将货物贸易外汇管理改革推广至全国,鼓励中国企业走出去;向部分外资开放国内人民币融资,放松外汇携带与汇兑限制;允许个人合法财产对外转移等。

从改革进程来看,我国资本项目可兑换已完成了四分之三的进程。根据 IMF 对资本项目交易分类的标准,资本项目共有七大类共 40 项,目前人民币资本项目实现部分可兑换的项目有 17 项,基本可兑换的有 8 项,完全可兑现的有 5 项,这三项占了全部资本交易项目的 75%。[②] 而央行认为中国的资本账户开放程度更高。据央行"协调推进利率汇率改革和资本账户开放"的报告,中国目前基本可兑换的有 14 项,部分可兑换的有 22 项,不可兑换的仅为 4 项(主要集中于资本与货币市场工具交易以及衍生品交易)。但是,这并不代表我国资本项目已经处于开放程度很高的状态。具体而言,一方面,基本可兑换的项目是指不对其进行过多的限制,只需经核准或登记即可,而部分可兑换的项目是指得到审批后仍然只能进行部分交易。[③] 从实质上讲,这两种状态仍然属于资本管制的范畴。而另一方面,虽然从资本账户的各项目来看,部分、基本、完全可兑换已经占到了 75%,但是从定量的角度来分析,资本交易项目开放的程度还是很低的,因为交易量比较大的市场,如股票、债券、衍生工具等资本项目还没有开放或没有基本开放。因此,总体来看,我国资本项目的管制程度仍较高。

第三节　资本管制有效性的衡量

目前,无论国内还是国外,资本管制有效性都还没有一个被普遍接受的定义,尽管如此,学术界比较认同的是,管制的有效性要结合管制的目标来具体分析。

---

① 当然,这本质上仍是资本管制的手段。
② 引自第一财经日报.央行首提 QDII2 试点准备,资本账户开放有望提速.中国资本证券网.2013 年 1 月 14 日.
③ 国家外汇管理局.外汇管理概览,2009.

资本管制本身是一套庞大复杂的法规体系,是管制的实施国根据本国的经济发展水平、金融市场发育程度、宏观调控能力和金融监管能力等制定和不断调整的动态体系,因此,资本管制的目标是沿着时间轴动态变迁的。从大多数国家的经验来看,资本管制的目标一般有维护国际收支平衡、维持汇率稳定、保持本国货币政策的独立性、防范国际金融风险、维护国内金融稳定等。

鉴于资本管制目标的多样性,而对资本管制有效性的评价是基于管制效果与预期目标的一致性和实现效果,因此资本管制有效性的衡量方法各异。总结学者对资本管制有效性的研究方法,大致分为定性分析法和定量分析法。

一、定性分析法

所谓定性分析法,就是结合一国资本管制的具体目标,分析所采取的管制措施是否促成了该目标的实现,以及管制对资本流动产生了怎样的影响,故而也可以将此类方法归为经验分析方法。资本管制是一套庞大复杂的法规体系,用定量的方法对管制有效性进行衡量存在着一定的障碍,因此,定性分析是研究资本管制有效性的重要方法(特别是在资本管制研究的初期)。这种方法被称作是"叙事性方法"。

Johnston 等(1994)运用叙事性方法对智利、印度尼西亚、韩国和泰国四国1987—1997年资本管制的情况进行了分析,结论是资本管制只有短时期的效果,资本项目可兑换应融入结构改革及宏观政策的规划制定中。Ariyoshi 等(2000)运用定性方法研究了巴西、智利、泰国等14个样本国家的资本管制的有效性,他们发现:实施资本流入管制的国家,管制在短期内能产生一定的效力,但是长期内很难既能维持国内外利差又能减少汇率压力;尽管管制在减少资本净流入总量方面并不有效,但在减少短期资本流入方面还是有一定的效果。

二、定量分析法

所谓定量分析法,就是通过分析资本管制对相关的经济变量产生的可衡量的影响,来确定资本管制是否有效。从量的角度对资本管制的有效性进行评判具有一定的操作难度:(1)变量的选择具有一定的随意性,如哪些变量、变量的哪种变化可以反映政策的有效性,即管制是否达到预期目标,实现的效果如何;(2)变量如何量化,如果无法量化,那么替代变量如何选择也具有一定的难度;(3)仅仅从一个或一些变量的角度对一个法规体系做出评判不免偏颇。

尽管如此,定量分析的优越性仍然很突出:(1)在政策目标非常清晰时,能够更加精准地判断管制目标的实现情况,例如对于稳定汇率的管制措施,如果管制使得汇率的波动性很小,那么可以认为管制是有效的;(2)可以选择多个相关变量、多种方法进行多角度分析,通过它们之间相互支持或者矛盾的结果对管制进行较为全面的评价。

常见的衡量资本管制有效性的方法主要有以下几种：

（一）投资储蓄相关法

这种方法由 Feldstein 和 Horioka(1980)最先提出，以投资与储蓄之间的相关关系衡量资本流动的程度。其后在一些学者的不断完善下，该方法也可以从长期和短期两个角度对资本管制的有效性进行全面的分析。

（二）价格框架下的利率平价法

如果国内外同种金融资产的收益率在长期内持续偏离利率平价，则该国的资本管制是有效的。如 Dooley 和 Isard(1980)利用德国在岸和离岸的存款利率研究发现资本管制可能会加剧风险。Gros(1987)研究了 1979—1986 年意大利和法国的利差，发现短期内管制有效，但长期内管制趋于无效。Obstfeld（1995）对亚洲发展中国家和工业化国家在岸和离岸利率差异的研究表明，资本管制在短时期内能保持利率的差异，但是长期内随着私人部门的规避行为，利率差异越来越小。

（三）Edwards-Kahn 法

这是由 Edwards 和 Kahn(1985)依据利率形成机制，发展出的检验发展中国家资本管制有效性的一种方法。在这种方法中，半开放国家的利率是由国内外因素综合决定，可以表示为完全开放下的国际利率经汇率风险调整后的值和资本账户完全封闭时国内利率的加权平均值。Haque、Lahiri 和 Motiel（1990）对此框架进行了改进，并对 1969—1987 年的印度尼西亚和马来西亚的开放度分别进行了估计。

（四）抵消系数检验法

该方法的前提是克鲁格曼"三元悖论"的成立：当存在资本管制时，央行可实行固定汇率制度并保持货币政策的独立性。抵消系数可用于衡量国际资本流动对国内货币政策的抵消效应，因此，通过检验一国央行国外净资产的变动是否能够抵消国内资产的变动，就可以判断该国的资本流动情况。Kouri 和 Porter(1974)提出了"抵消系数模型"，估算简约方程中央行国内资产净额的抵消系数，度量国际资本流动对国内货币政策的影响。Obstfeld(1982)通过使用工具变量和 2SLS 方法，解决了央行实行冲销政策所带来的内生性问题，对该方法做出了进一步完善。

三、不同政策目标下的定量研究

资本管制的政策目标有多种类型，如保持货币政策独立性，引导健康、合理、可控的跨境资本流动等。大多数文献是从一个或多个政策目标入手。下面根据资本管制目标的不同，对相应的定量分析方法的文献进行分类综述。

(一) 跨境资本流动

资本管制的直接目标是使资本的跨境流动,特别是短期资本的跨境流动维持在合理的、可控的范围内,同时调整跨境资本的结构,使其有利于本国整体经济的发展。因此,从跨境资本流动方面考察资本管制有效性大多是从流量和结构两个角度进行衡量,有代表性的是 Bernardo(2008)和 Chikako(2011)的两篇文章,它们分别以 20 世纪 90 年代巴西和 21 世纪最初 10 年巴西、哥伦比亚、韩国和泰国为对象,研究了流入管制措施在限制短期资本流动和调整资本流入结构方面的有效性。两者的共同点还体现在都使用 VAR 模型进行分析,分析的结果也是类似的,前者结果表明巴西在 90 年代限制资本流入方面的管制仅仅在 2—6 个月之间有效,后者认为管制政策对降低资本流入和延长境内停留期限方面有一定影响,但这种影响是暂时的而且在所有的国家都是统计上不显著的,管制措施虽为货币当局提供了货币政策空间,在抑制货币升值压力方面的作用较小。

(二) 货币政策独立性

货币政策是一国调节宏观经济的重要途径,独立有效的货币政策意味着货币当局可以充分应对来自外部的冲击,避免或降低冲击对国内宏观经济的不利影响。国内外通过货币政策是否独立对管制效果进行评价的研究较多,概括来讲主要从两个方面考察货币政策是否独立:流量的角度和价格的角度。

1. 流量的角度

从流量的角度进行考察,是以货币当局通过冲销外汇干预对本国基础货币的影响作为衡量标准,主要是冲销系数和抵消系数法。Takagi 和 Taro Esaka(2001)考察了印度尼西亚、韩国、马来西亚、菲律宾和泰国五个东亚国家在 1997 年亚洲金融危机爆发之前十年的资本流入问题,通过检验冲销对基础货币的影响间接地评判高利率的从紧政策是否带来更多的资本流入。针对中国资本管制的情况,Ouyang 等(2007)利用 1999 年至 2005 年的月度数据考察中国的实际冲销效果,结果显示绝大部分储备增加被有效冲销,但是对抵消系数的递归估计表明流动资本的增加将会削弱中国持续冲销的能力。Wang(2009)作了进一步研究,发现外汇冲销干预对中国基础货币的影响是非常小的,但是由于中国频繁使用调整法定准备金率、发行央票等其他手段,冲销对于 M2 的影响是显著的(约为 57%),从这个结果上讲,中国的货币政策独立性不强。

以上文献表明,持续性的外汇冲销干预效果会随着时间衰减,货币政策的自主性不可避免地会受到资本流动性管制的影响。

2. 价格的角度

从价格的角度进行考察,是以本国利率与可比的国际利率之间的相关性作为衡量标准。Hutchison 等(2011)运用"自激"门阈自回归(SETAR)模型分析人民币无本金交割远期外汇(non-deliverable forwards,NDF)市场的日利差,由此评判印度资本管制的有效性。他们利用3个月期的离岸无本金交割远期市场的数据计算了抛补利率平价下的国内外收益率差异,由SETAR估计出由交易成本和资本管制决定的无套利边界,同时将资本管制不同强度时期进行分段,分别研究了不同时期的收益率差异,由此评判政策的有效性。研究的结果是资本管制对于资本的流入和流出的效果是不对称的,套利活动缩小了对抛补利率平价的偏离。Ma和McCauley(2007)比较了在岸人民币资产收益率和相对应的由美元伦敦同业拆借利率(LIBOR)、人民币汇率和人民币无本金交割远期汇率计算出的隐含人民币资产收益率,认为中国的资本管制能够有效地维持两者之间的差异,政策效果是显著的。以上结果均显示,中国资本管制是有效的,但是黄益平、王勋(2010)利用抛补利率平价理论对四对3个月期的利率分别做了协整检验和VECM模型下的Granger因果分析,认为中国的资本管制至少是部分失效的。

(三)综合目标

资本管制的目标往往不是单一的,从多个政策目标的实现情况对政策效果进行多角度的评价是相对合理和客观的,这一类的文献数量也最多,并且大多以国别研究为主。

智利中央银行在1999年的研究表明,智利的资本管制措施能够在不明显地改变真实汇率的情况下增大并维持国内与国际利率的差异,降低净资本流入,以及改变外债的结构和期限,管制政策在这些层面上是有效的。Edwards(1999)从历史展望的角度对新兴市场国家的托宾税、资本流出和流入等管制措施进行了研究,得出的结论是管制对于资本流出很难有理想的效果,并且会带来扭曲、滋生腐败。类似智利实施的市场化的流入管制可能会延长外债期限,但是对于提升货币政策独立性的目标并不有效。

Clements和Kamil(2009)对2007年哥伦比亚在汇率动态和资本流动方面的管制的有效性进行了研究,得出了相似的结论:管制措施可以减少外国借款,但是对非外商直接投资量的影响在统计上不显著,没有证据表明资本流动性方面的限制对货币升值压力有所缓和,货币政策独立性并没有因此得到提升。与此同时,管制还显著地加剧了汇率的波动。

对于亚洲新兴市场,Watanabe(2002)通过资本管制下的外汇交易、外汇市场交投总额、在岸—离岸利率差异、汇率波动性、新兴债券的波动性等得出结论:这些国家政策的有效性是不明确的。

四、对中国资本管制有效性的研究

中国的资本管制一直存在。现有文献关于中国资本管制效果的一般结论为:

短期有效性强于长期有效性，流入管制效果强于流出管制效果，资本管制的有效性呈下降趋势。

从研究方法上看，在定性分析方面，张斌(2003)结合资本管制的价格稳定、产出稳定、国际收支平衡和经济增长四个目标提出了评价资本管制有效性的指标体系，并认为中国过去几十年的资本管制十分成功。金荦和李子奈(2005)利用克鲁格曼的"三元悖论"理论，从货币政策的独立性和国际收支平衡角度入手，分析亚洲金融危机时人民币的贬值压力和2002年以来的大量资本流入，结论是中国的资本管制在国际资本流动出现异常变动时，并没有很好地维护货币政策的独立性，因而资本管制的有效性是值得怀疑的。

在定量分析方面，学者的研究更为丰富。早期的定量分析一般是从外逃资本数额的估算、热钱的流入规模等入手。后来，学者们又使用其他定量方法进行了研究。如王晓春(2001)以实际汇率变化代替预期汇率变化，应用未抵补利率平价来分析1980—1998年经汇率调整后的中国利率与国际利率，发现二者存在明显差异。于洋、杨海珍(2005)通过分析中国1983年至2002年的投资与储蓄率之间的关系，认为中国资本管制在短期的有效性要强于长期的有效性。金荦、李子奈(2005)从货币政策的独立性、资本流动及国际收支三个方面对中国资本管制的有效性作出分析，认为资本管制对控制短期资本流动效果并不理想，对短期资本流出的管制较流入的管制更为有效，资本管制有效地维持了国内外美元利差。白晓燕、王培杰(2008)采用了分析金融资产国内外收益率的差异、检验未抛补利率平价理论偏差的平稳性两种方法进行分析。结果表明，中国的资本管制基本有效，尽管有效性随时间推移而有所下降。徐明东、解学成(2009)利用投资储蓄相关性检验法、Edwards-Kahn模型法、资本管制强度测度法以及抵补利率平价法4种方法对1982—2008年间我国资本管制的有效性进行了评估，发现自1982年以来我国的资本管制政策短期内基本有效，但资本管制的有效性呈下降趋势。黄益平、王勋(2010)在抛补的利率平价的分析框架下对中国资本管制的有效性进行检验，他们的结论是长期内中国资本管制的措施已经基本失效，而短期内管制部分失效。温建东、赵玉超、汪军红(2010)通过实证研究发现境内外存在显著的利差，外汇净流入与本外币利差、人民币升值预期不存在显著的关系，跨境资本流动也未受到境内外股票市场收益率差异的影响，得出中国资本管制总体上是有效的结论。

上述研究有助于我们深入理解中国资本管制的有效性这一问题。但是值得注意的是，很多定量分析都存在一些不足。就利率平价法的分析框架而言，利率的选择对于研究结果具有决定性的作用，利用能够反映和影响中国金融市场利率的利率指标才能得到更有说服力的结论。此外，实证分析结果固然能够提供一定的信息，但合理的结论应该是在分析实证结果与事实的基础得出的。第四节的研究将试图突破以上两点局限。

第四节 中国资本管制有效性:基于利率平价理论的实证检验

根据克鲁格曼的"三元悖论",一个国家货币政策的独立、汇率的稳定和资本的自由流动不可能同时实现,这三个政策目标最多只能实现两个。长久以来,我国追求汇率稳定的政策倾向是很明显的,这就决定了我国只能在货币政策的独立和资本的自由流动之间选择一个。从总体上讲,我国舍弃了后者,目前资本管制政策目标是保障汇率在目标周围波动,维护货币政策独立性,以及控制跨境资本特别是短期资本的流动在合理、可控范围内。

下文试图通过分析国内外可比利率之间的关系反映中国货币政策的独立程度,对管制政策的有效性做出侧面评价。与之前文献不同的是,我们选择并创设了新的利率指标进行实证分析,并结合 2008 年金融危机的具体情况来分析离岸和在岸收益率的变化情况,使得分析结果更为可靠和有说服力。

一、利率平价理论

根据利率平价理论,不同国家的资产在经过汇率的调整之后,应该具有相同的收益率,否则就存在套利空间。如果国内外同种金融资产的收益率持续偏离利率平价,说明国内与国外的金融资产并不是完全替代的,套利活动在国与国之间受到了阻碍,套利资本不能实现充分自由的流动,从而可以认定该国存在有效的资本管制。因而,利率平价法是一种检验资本管制有效性的比较直接的方法。

我们尝试采用抛补的利率平价对我国资本管制的有效程度进行考察和分析。假设国内金融资产的收益率为 r_d,国外同种金融资产的收益率为 r_f,人民币的即期汇率为 E_s[①],人民币的远期汇率为 E_f。如果利率平价成立,则国内的相应的金融资产的收益率 r_d^* 应该满足:

$$1 + r_\mathrm{d}^* = \frac{E_\mathrm{f}}{E_\mathrm{s}}(1 + r_\mathrm{f}) \tag{2-1}$$

其中 r_d^* 是隐含的国内相应金融资产的收益率,我们称之为离岸收益率。如果资本是完全流动的,即资本管制是完全无效的,同时不存在任何交易成本和信息不对称,则离岸收益率与在岸收益率即国内的金融资产的收益率 r_d 相同,或者二者的差额应该是一个均值为零的随机序列(或者认为是白噪声过程)。但是一般而言,这样的前提条件过于苛刻,即使在资本账户完全开放的国家也是不可能实现的,因为 Frankel(1992)指出,抛补的利率平价成立的条件是,政治或国家风险溢价

---

① 即期汇率、远期汇率均使用直接标价法,即 1 单位外币等于一定数额的本币。

为零,而政治或国家风险包含了资本管制、交易成本、信息成本、税法等在内的所有影响金融一体化的因素,故而利率平价本身不可能完全成立,离岸与在岸收益率的差额在一定的范围内并且是一个平稳过程也是可以接受的。

在上述理论的基础上,我们将着重考察我国资本管制是否部分失效,并从长期和短期两个角度来衡量近年来我国资本管制的有效性。在长期内,如果资本管制是完全有效的,跨国资本流动将会受到有效控制,任一套利活动都不可能实现,离岸收益率和在岸收益率就会相互独立,差额序列是不平稳过程,二者之间存在显著的差异,不存在长期均衡的关系;如果资本管制完全无效,则跨国资本可以实现自由流动,离岸与在岸收益率之间有很强的相关性,二者的差额应该是一个平稳过程[①];因而,如果离岸与在岸收益率的差额是显著的,并且是一个不平稳过程,且离岸与在岸收益率之间存在长期的均衡关系,则我们认为资本管制是部分有效的。在短期内,如果资本管制完全有效,则资本流动受限就不能保证一种收益率的变动会影响另一种收益率,即一种收益率的在先变动不能作为另一种收益率变动的预测因素。

我们的研究思路如下:首先对离岸与在岸收益率的差额进行显著性和平稳性分析;然后使用Johansen协整理论探究离岸收益率和在岸收益率是否存在长期稳定关系,如果长期稳定关系存在,我们将在此基础上建立向量误差修正模型(VECM),并用Granger因果关系检验两种收益率之间的短期关系。

二、变量选取及数据描述

我们选择香港人民币无本金交割远期外汇交易作为远期汇率。虽然抛补的利率平价的条件较其他利率平价的条件更为宽松,是衡量资本流动性与资本管制有效性更为合适的方法,但是它的前提是有一个流动性非常好的远期外汇市场。对于人民币而言,它仍然没有实现完全自由兑换,这就给持有人民币的外国投资者带来了风险敞口。而具有良好流动性且具备一定规模的NDF市场的存在恰恰为这些投资者提供了对冲风险的工具,同时也为想参与人民币投资的投资者提供了机遇。当完全不存在资本管制并且可以自由借贷时,NDF的市场价格与国内远期价格应该是一致的;相应地,NDF隐含的离岸收益率与国内的在岸收益率应该是一致的。因此,我们通过比较NDF隐含的离岸收益率与国内的在岸收益率之间的差异,便可以了解我国资本管制的有效程度。在实证过程中,我们将利用香港人民币NDF市场3个月期NDF的历史数据,数据来源于Bloomberg。

合适的收益率指标应该是一种市场基准利率,除了是由市场决定这一条件外,

---

① 当然,如上文所言,考虑到交易成本、信息成本等因素,并不要求差额序列是一个白噪声过程。

其还需要具有一种基准作用,即其本身的变化会引起金融市场中其他利率的相应变动,对于金融机构产品定价、企业居民投融资行为具有参照意义。对于国内的在岸收益率,我们选择了上海银行间拆借利率(SHIBOR)、银行间质押式回购利率(REPO)、银行1年期存款利率(deposit)本身或者其组合。因为比较而言,中国的货币市场较早地实现了利率市场化,并且在过去十几年中得到了不断的完善和发展。因此,不少文献将银行间同业拆借利率和银行间回购利率作为中国金融市场的基准利率。[1] 但是,我们应该意识到,虽然这两种利率满足市场化这一条件,但是它们对于中国金融市场信息的传递作用、对其他利率的影响作用,却存在一定的"折扣"。具体而言,中国的利率体系并没有完全实现市场化,部分利率还处于管制的状态,比如存款利率还存在严格的上限管理。在这种情况下,我们所谓的"基准利率"并没有成为真正的"价格中枢",其本身的变化并不一定会在资本市场、信贷市场中金融产品的收益率或者价格上反映出来,特别是其并不能引导存贷款利率的变化,不能从价格角度提高货币政策的效力,甚至相反,存贷款利率反而在一定程度上影响了金融市场利率,扭曲了正常的市场化利率传导机制。因此,研究中国资本管制有效性仅以银行间同业拆借利率或银行间回购利率作为基准利率,进行利率平价的检验,本身就存在很大的问题。

所以,我们有必要对基准利率进行重新选择或者构建合适的变量。考虑到我国存款利率在我国利率体系中的重要作用[2],以及相关学者的研究[3],我们将商业银行1年期存款基准利率也作为所谓的"基准利率"的一部分。确切而言,我们利用1年期存款基准利率分别与SHIBOR、REPO按50%的权重加权,得到SHIBOR-存款利率指标、REPO-存款利率指标。根据我国货币市场的发展情况,我们选择的是3个月期上海银行间拆借利率和银行间3个月期国债质押式回购利率。SHIBOR数据来源于上海银行间同业拆借市场网站,REPO数据来源于Wind资讯,1年期存款利率来源于中国人民银行网站。

鉴于LIBOR是完全市场化的利率,是许多国家和地区金融市场利率水平的标准和依据,可以作为国际金融市场的基准利率。因此,对于国外的相应金融资产的

---

[1] 比如,温彬(2004)比较分析和实证研究的结论是银行间同业拆借市场和债券回购市场的利率更合适作为基准利率;易纲(2009)认为SHIBOR自上线后,市场代表性不断提高,以其为基准的市场交易不断扩大,初步确立了在货币市场的基准地位;方先明、花旻(2009)对SHIBOR数据进行实证分析,认为其初步成为货币市场利率变动的风向标;戴国强、梁福涛(2006)围绕基准利率的四个属性对相关利率比较分析后,认为银行间债券回购市场利率作为市场基准利率更优。

[2] 我国商业银行存款的基准利率是贷款利率基准的变动标准,即贷款利率是在存款利率的基础上加成得到;贷款利率基准又是再贷款利率、央行存贷款利率、国债利率、政策银行债券利率等诸多利率的确定标准。因而,存款利率基准在利率体系中具有重要的基准作用。

[3] 如蒋贤锋、王贺、史永东(2008)用基于Hilbert空间的资产定价分析法得出存款利率作为基准利率更为合适;2011年中国人民银行调查报告指出,存款利率也是我国现有的多重基准利率中的一个。

收益率,我们选取 3 个月期美元 LIBOR 进行分析,数据来源于 Bloomberg。而美元对人民币的即期汇率使用美元对人民币即期汇率的每日收盘价,数据来源于锐思数据库和 Wind 资讯。

基于以上数据,我们使用公式(2-1)计算出相应的隐含的离岸收益率,得到隐含离岸收益率的日数据,并分别选择在岸、离岸收益率每月的中位数作为月数据。由于研究的重点是考察 2005 年汇改之后的资本管制情况,因此选择的样本区间为 2005 年 7 月到 2013 年 3 月。① 表 2-1 概括了本章中实证检验所用到的数据组合。

表 2-1 实证检验数据概览

离岸收益率＋在岸收益率	数据种类	样本区间	数据数量
3 个月期 LIBOR＋3 个月期 SHIBOR	月数据	2006.10—2013.03	78
3 个月期 LIBOR＋[SHIBOR-存款利率指标]	月数据	2006.10—2013.03	78
3 个月期 LIBOR＋3 个月期国债 REPO	月数据	2005.08—2013.03	92[a]
3 个月期 LIBOR＋[REPO-存款利率指标]	月数据	2005.08—2013.03	92

注:a. 其中 2006 年 1 月的在岸收益率数据缺失,这里以 2005 年 12 月和 2006 年 2 月的数据的平均值进行填补。

三、实证检验与分析

(一)全样本区间的资本管制有效性分析

1. 序列的描述统计

我们选取的四组数据中,离岸收益率均是以 LIBOR 为基础计算得出,LIBOR 与美国的基准利率有很大关联,它会迅速对美联储的行为和美国发布的经济数据做出反应;虽然我们选择了不同的利率标准作为在岸收益率,但是如图 2-1 所示,四组在岸收益率基本保持了一致的变化趋势。在 2005 年人民币汇改之后到 2007 年 9 月次贷危机爆发之前这段时间内,离岸收益率高于在岸收益率,二者保持了基本相同的走势,差额也比较稳定。而随着次贷危机爆发并且在全球开始扩散时,离岸收益率开始"高台跳水",在 2008 年 4 月达到了最低点,而国内的在岸收益率则保持了相对的稳定,并且短期中出现了上升的趋势。随着美联储决心保持接近零的基准利率并向市场投放更多的流动性,美元的高收益率并没有得到维持,离岸收益率也随之下降,并且之后一直维持在零上下。与此同时,中国在备受金融危机的困扰下,也推行了救市计划,因而随着市场流动性的增强,在岸收益率也出现了下降的趋势。但是随着经济的逐步恢复,在岸收益率又逐步提高,因而与离岸收益率之间出现了显著的差异。

---

① 由于 SHIBOR 是 2006 年 10 月才开始试行使用,SHIBOR 的区间为 2006 年 10 月到 2013 年 3 月。

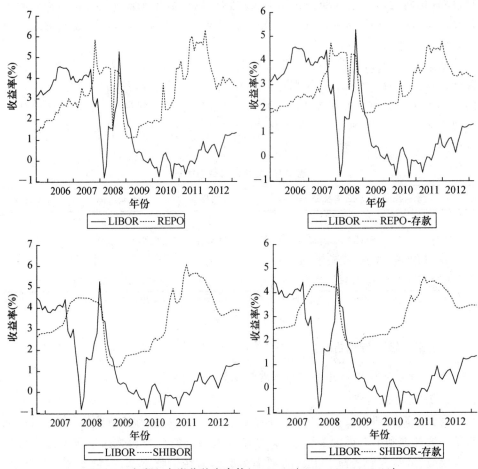

图 2-1　离岸和在岸收益率走势(2005.08/2006.10—2013.03)

表 2-2 呈现了四组数据中离岸与在岸收益率差额的情况。无论哪一组数据，平均而言，该差额至少是 139bps，而差额的中位数也都在 200bps 之上。因而，从序列的均值上来看，我们可以初步判断差额序列并不是白噪声过程。

表 2-2　离岸和在岸收益率差额(离岸减去在岸收益率)的描述统计

在岸利率	平均值	中位数	最大值	最小值	标准差	偏度	峰度	JB值
REPO	−1.5725	−2.0250	2.2114	−6.0319	2.4568	−0.0331	1.7364	6.1372*
REPO-存款	−1.3954	−2.0861	2.2364	−5.1520	2.1652	0.2515	1.6864	7.5844**
SHIBOR	−2.1932	−2.4180	1.8426	−6.0702	2.1667	0.1753	2.0133	3.5634
SHIBOR-存款	−1.9507	−2.2327	2.0416	−5.1484	1.8933	0.5817	2.3229	5.8893*

注：*** 表示在1%的统计水平下显著，** 表示在5%的统计水平下显著，* 表示在10%的统计水平下显著。

接下来我们使用 Eviews 软件来判断离岸与在岸收益率差额序列是否是白噪声过程。Q 统计量表明，四组差额序列的任何阶自相关系数的联合检验都显著不为零；同时表 2-3 的 ADF 单位根检验结果也表明，对于任何一个差额序列，我们都无法拒绝原假设，即每一个序列都有一个单位根。因而，差额序列并不是平稳过程，差额的变化并不完全是随机的，这进一步验证了离岸收益率和在岸收益率保持了非常显著的差额。

表 2-3 离岸和在岸收益率差额序列的单位根检验

差额序列	τ 统计量	1%临界值	5%临界值	10%临界值
离岸－在岸(SHIBOR)	-2.0168	-3.5178	-2.8996	-2.5871
离岸－在岸(SHIBOR-存款)	-2.2384	-3.5178	-2.8996	-2.5871
离岸－在岸(REPO)	-1.9347	-3.5178	-2.8996	-2.5871
离岸－在岸(REPO-存款)	-1.6438	-3.5178	-2.8996	-2.5871

所以，仅从收益率的差距上来看，可以认为资本管制有效地限制了套利资本的流动，保持了离岸和在岸收益率之间的差额，因而资本管制是有效的。但是，仅以利率的差额及其平稳性来判断管制的有效性是欠妥的，我们将进一步利用协整理论对资本管制的有效性进行研究。

2. ADF 检验

在协整关系检验之前，我们首先对样本区间内的各个时间序列进行 ADF 单位根检验。检验结果如表 2-4 表示。

表 2-4 离岸和在岸收益率序列的 ADF 单位根检验结果

变量	(C,T,K)	τ 统计量	1%临界值	5%临界值	10%临界值	结论
在岸(SHIBOR)	(C,0,0)	-1.9935	-3.5191	-2.9001	-2.5874	SHIBOR 不平稳
在岸(SHIBOR)	(C,0,1)	-4.8046***	-3.5191	-2.9001	-2.5874	ΔSHIBOR 平稳
在岸(SHIBOR-存款)	(C,0,0)	-2.1357	-3.5191	-2.9001	-2.5874	SHIBOR-存款不平稳
在岸(SHIBOR-存款)	(C,0,1)	-4.4611***	-3.5191	-2.9001	-2.5874	ΔSHIBOR-存款平稳
离岸(LIBOR)	(C,0,0)	-2.2819	-3.5178	-2.8996	-2.5871	LIBOR 不平稳
离岸(LIBOR)	(C,0,1)	-8.5373***	-3.5191	-2.9001	-2.5874	ΔLIBOR 平稳
在岸(REPO)	(C,0,0)	-2.6529*	-3.5039	-2.8936	-2.5839	REPO 不平稳
在岸(REPO)	(C,0,1)	-11.7737***	-3.5047	-2.8940	-2.5841	ΔREPO 平稳
在岸(REPO-存款)	(C,0,0)	-2.1563	-3.5039	-2.8936	-2.5839	REPO-存款不平稳
在岸(REPO-存款)	(C,0,1)	-10.6313***	-3.5047	-2.8940	-2.5841	ΔREPO-存款平稳

(续表)

变量	(C,T,K)	τ 统计量	1%临界值	5%临界值	10%临界值	结论
离岸(LIBOR)	(C,0,0)	−1.6469	−3.5039	−2.8936	−2.5839	LIBOR 不平稳
离岸(LIBOR)	(C,0,1)	−5.5537***	−3.5103	−2.8963	−2.5854	ΔLIBOR 平稳

注：a. *** 表示在1%的统计水平下显著，** 表示在5%的统计水平下显著，* 表示在10%的统计水平下显著。

b. (C，T，K)中 C 表示常数项，T 表示时间趋势，K 表示差分次数。

通过上表可以看出，在岸和离岸收益率的水平值序列在5%的显著性水平下都是不平稳的，而一阶差分序列在1%的显著性水平下都是平稳的，因而在岸和离岸收益率序列都是一阶单整过程，即 I(1)过程。因而，我们可以对在岸和离岸收益率序列进行 Johansen 协整检验。

3. Johansen 协整检验

由图 2-1 中离岸和在岸收益率的变动趋势来看，我们猜测在整个样本区间内，二者不会存在比较稳定的长期关系，即不存在协整关系。我们利用 Eviews 对在岸和离岸收益率进行 Johansen 协整检验。表 2-5 呈现了四组 Johansen 协整检验的结果。

表 2-5　四组离岸和在岸收益率的 Johansen 检验结果

模型	λ_{trace} 统计检验		λ_{max} 统计检验	
	$r=0$	$r\leqslant 1$	$r=0$	$r\leqslant 1$
模型一	9.5705	3.3827*	6.1878	3.3827*
模型二	10.2234	3.6703*	6.5532	3.6703*
模型三	7.4602	2.7769*	4.6833	2.7769*
模型四	6.7721	2.8977*	3.8744	2.8977*

注：a. *** 表示在1%的统计水平下显著，** 表示在5%的统计水平下显著，* 表示在10%的统计水平下显著。

b. 模型一到模型四对应的离岸与在岸收益率分别是以 LIBOR 与 SHIBOR、LIBOR 与 SHIBOR-存款、LIBOR 与 REPO、LIBOR 与 REPO-存款计算出的。

由表 2-5 我们可以得出，在5%的显著性水平下，任何一组离岸与在岸收益率的数据都不存在协整关系，即就长期来看，二者是不存在稳定的均衡关系的。这意味着，离岸与在岸收益率的变动都是独立的，任何一方的任意值都不会保证另一方有确定的值与之对应。再联系我们前边分析过的离岸与在岸收益率的差额是显著且不平稳的，因而仅从计量结果上来讲，资本管制是有效的。

4. 进一步分析

由上述计量分析,我们得出我国的资本管制能够有效限制套利资本流动的结论,即使在岸与离岸收益率保持了一定的差异,资本也不能很好地实现套利。但是,计量结果有时候有欺骗性。因而,我们在重视计量结果的同时,还要联系实际情况和模型本身来做进一步分析。

众所周知,2007年美国的次贷危机引发了一场全球性的金融危机。在金融危机的海啸袭来时,金融市场不可避免地会出现动荡,美元LIBOR的大起大落,恰好是对这场金融海啸的完美记录,而LIBOR的变化又在离岸收益率中反映出来。我们由图2-1可以看到,离岸收益率在金融危机过程中先是跌破零,而后又迅速达到5.26%的高点,中间仅有半年的时间。正常情况下,利率不会发生如此急剧的、大幅度的变化;但在金融危机的背景下,这样的大起大落就变得容易理解。从次贷危机爆发开始,美联储就不断向金融系统和市场注资,市场对美联储一直保持再度降息的预期,美元持续走弱;而此时,中国国内保持紧缩的货币政策,加强了市场对人民币升值的预期。因而,在2008年年初,即使LIBOR保持在3%左右的水平上,但是市场对人民币有强烈的升值预期,离岸收益率仍然进入了"低谷"阶段。

在经历了2008年上半年人民币的加速升值之后,市场对人民币升值预期的热度降低,此时离岸收益率逐渐恢复,出现上升趋势。然而,美国第四大投行雷曼兄弟的破产却将离岸收益率拉到了历史高位,这主要是因为银行间风险的提高将LIBOR抬到了近5%的高点。随着各大央行救市计划的推行和实施,特别是美联储承诺保持近零的基准利率,信贷市场逐渐从雷曼兄弟倒闭以来的崩溃状况中摆脱出来,再加上2009年3月份市场对人民币升值的新一轮预期,离岸收益率从高点下降并逐步稳定下来。所以,在金融危机的大背景下,离岸收益率的变化带有很多偶然和意料之外的因素,我们不能因为离岸和在岸收益率保持了显著的差别就断然判定我国的资本管制取得了完美的效果。

此外,利率平价的前提条件是,只要存在利差,套利资本在无资本管制的情况下就会迅速流入或流出一国市场,直至利差缩小至零。但是,这并不意味着,资本的流入或流出只是为了追逐各国之间的利差。实际上,资本永远是逐利的,无论这种收益来源于何方,只要存在获取更高利润的可能性,资本就会不断流动,而利差显然只是收益率的一种来源。所以,我们实证模型的设定本身就存在一定的问题,我们选择或构造的基准利率指标不能完全反映或影响到资本可获得的收益率。特别是在2008年左右,市场对人民币升值预期的持续高温和我国国内对房地产不断上升的需求,吸引了更多的热钱流入中国并进入房地产行业,追逐获利机会。此外,还有部分资本流入PE市场、民间金融等,这些资本的收益率都很难受到我们选择或构造的基准利率的影响。

因此,我们要谨慎对待全样本区间的实证结果,不能仅因显著的利率差而妄下结论。鉴于2010年6月19日我国重启汇改,增强人民币汇率弹性,全球性的金融海啸在2010年也已基本退去,流入中国房地产市场的热钱相对减少,我们将进一步考察从2010年6月到2013年3月这一阶段的离岸与在岸收益率情况,以对我国近期的资本管制有效性的情况做出更准确的判断。

(二)样本子区间的资本管制有效性分析

1. 描述统计

我们将对从2010年6月到2013年3月这一子区间的资本管制有效性进行分析,我们仍然使用LIBOR & SHIBOR、LIBOR & SHIBOR-存款、LIBOR & REPO、LIBOR & REPO-存款四组数据。如图2-2所示,长期来看,离岸和在岸收益率基本保持了相同的上升趋势,而且离岸低于在岸收益率的水平也相对稳定,尽管

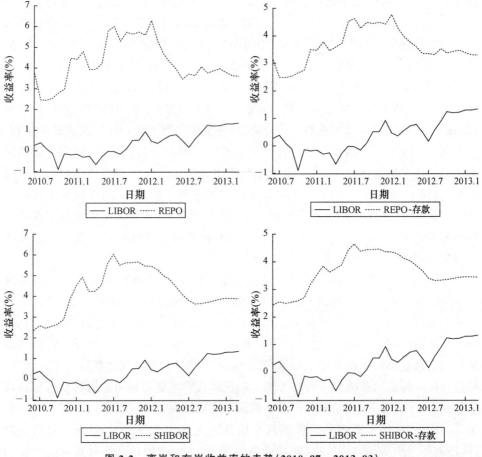

图2-2 离岸和在岸收益率的走势(2010.07—2013.03)

该差额是先扩大后收窄的变化过程。而短期内,二者的变化则差异较大。比如,在2011年6月到8月,四组在岸收益率都是增长趋势,而离岸收益率则是降低趋势。因此,我们猜测,在子样本区间内,离岸和在岸收益率可能存在长期均衡关系,即二者存在协整关系;就短期而言,离岸和在岸收益率的调整方式可能并不一致,二者的相互影响也可能不同。

我们同样对离岸和在岸收益率的差额是否显著进行验证。表2-6呈现了对4个差额序列所进行的描述统计,可以看出,离岸与在岸收益率的差额平均都在326bps以上,而差额的中位数也都在329bps以上,且远大于全样本区间分析时的差额水平。因而,可以认为收益率差额是显著的。

表2-6 离岸和在岸收益率差额的描述统计

在岸利率	平均值	中位数	最大值	最小值	标准差	偏度	峰度	JB值
REPO	−3.8915	−3.6222	−2.0762	−6.0319	1.2150	−0.1901	1.7156	2.5417
REPO-存款	−3.2613	−3.2993	−1.9584	−4.6657	0.8429	0.0117	1.7045	2.3783
SHIBOR	−3.8951	−3.8672	−2.0902	−6.0702	1.2055	−0.0694	1.6177	2.7342
SHIBOR-存款	−3.2631	−3.3420	−2.0974	−4.8760	0.8478	0.0193	1.6549	2.5662

注:*** 表示在1%的统计水平下显著,** 表示在5%的统计水平下显著,* 表示在10%的统计水平下显著。

而对4个差额序列进行的ADF单位根检验(具体结果见表2-7)表明,任何一个差额序列都是单位根过程,因而都是不平稳的。因此,可以初步推测,资本管制并没有完全失效,且较长期下的资本管制更有效,离岸和在岸收益率差额的变动也并不完全是随机的。当然,为了判断资本管制是否完全有效,我们还要考察离岸和在岸收益率之间是否存在长期的均衡关系。

表2-7 离岸和在岸收益率差额的ADF单位根检验

差额序列	τ统计量	1%临界值	5%临界值	10%临界值
离岸−在岸(SHIBOR)	−1.3144	−3.6463	−2.9540	−2.6158
离岸−在岸(SHIBOR-存款)	−1.1136	−3.6463	−2.9540	−2.6158
离岸−在岸(REPO)	−1.3113	−3.6463	−2.9540	−2.6158
离岸−在岸(REPO-存款)	−1.0889	−3.6463	−2.9540	−2.6158

2. ADF单位根检验

在进行Johansen协整检验之前,需要先对五个时间序列进行单位根检验,检验结果如表2-8所示。

表 2-8 离岸和在岸收益率序列的 ADF 单位根检验

变量	(C,T,K)	τ 统计量	1%临界值	5%临界值	10%临界值	结论
在岸(SHIBOR)	(C,0,0)	−1.8311	−3.6463	−2.9540	−2.6158	SHIBOR 不平稳
在岸(SHIBOR)	(C,0,1)	−3.6151**	−3.6537	−2.9571	−2.6174	ΔSHIBOR 平稳
在岸(SHIBOR-存款)	(C,0,0)	−1.8755	−3.6463	−2.9540	−2.6158	SHIBOR-存款不平稳
在岸(SHIBOR-存款)	(C,0,1)	−3.4988**	−3.6537	−2.9571	−2.6174	ΔSHIBOR-存款平稳
在岸(REPO)	(C,0,0)	−1.5623	−3.6463	−2.9540	−2.6158	REPO 不平稳
在岸(REPO)	(C,0,1)	−5.8106***	−3.6537	−2.9571	−2.6174	ΔREPO 平稳
在岸(REPO-存款)	(C,0,0)	−1.3654	−3.6463	−2.9540	−2.6158	REPO-存款不平稳
在岸(REPO-存款)	(C,0,1)	−5.8492***	−3.6537	−2.9571	−2.6174	ΔREPO-存款平稳
离岸(LIBOR)	(C,0,0)	−1.0075	−3.6463	−2.9540	−2.6158	LIBOR 不平稳
离岸(LIBOR)	(C,0,1)	−6.3303***	−3.6537	−2.9571	−2.6174	ΔLIBOR 平稳

注:a. *** 表示在 1% 的统计水平下显著,** 表示在 5% 的统计水平下显著,* 表示在 10% 的统计水平下显著。

b. (C, T, K)中 C 表示常数项,T 表示时间趋势,K 表示差分次数。

表 2-8 的结果表明,五个时间序列的水平值在 5% 的显著性水平下都是不平稳的,而一阶差分在 5% 的显著性水平下都是平稳的,因而它们在子样本区间内都是一阶平稳过程,对于任何一组离岸和在岸收益率数据都可以使用 Johansen 协整检验进行长期均衡关系的判断。

3. Johansen 协整检验

在所有时间序列都是 I(1)过程的基础上,我们使用 Eviews 分别对四组离岸和在岸收益率数据进行 Johansen 协整关系检验,以考察在过去近两年中离岸和在岸收益率是否存在长期均衡关系。我们首先确定了 VAR 的最优滞后阶数,然后利用此滞后阶数减 1 得到的数值作为 Johansen 协整检验的最优滞后阶数进行检验。Johansen 检验的结果如表 2-9 所示。

表 2-9 离岸和在岸收益率序列的 Johansen 协整检验结果

模型	λ_{trace} 统计检验		λ_{max} 统计检验	
	r=0	r≤1	r=0	r≤1
模型一	15.1492*	1.2569	13.8923*	1.2569
模型二	16.6619**	1.6856	14.9763**	3.8415
模型三	17.4955**	0.9253	16.5702**	0.9253
模型四	19.4753**	1.3034	18.1719**	1.3034

注:a. *** 表示在 1% 的统计水平下显著,** 表示在 5% 的统计水平下显著,* 表示在 10% 的统计水平下显著。

b. 模型一到模型四对应的离岸与在岸收益率分别是以 LIBOR 与 SHIBOR、LIBOR 与 SHIBOR-存款、LIBOR 与 REPO、LIBOR 与 REPO-存款计算得出的。

由表 2-9 可以看出,在 5% 的显著性水平下,除了模型一(LIBOR-SHIBOR)外,无论是迹统计检验还是最大值统计检验都表明其他三个模型均存在一个协整关系;而模型一在 10% 的显著性水平下也存在一个协整关系。因而,总体上讲,在过去近三年内,离岸与在岸收益率具有稳定的均衡关系,资本流动受到了一定程度的限制而并没有实现完全自由流动,资本管制并没有完全失效。再考虑到离岸与在岸收益率之间差额的显著性以及差额序列的非平稳性,因而可以认为我国的资本管制在过去三年内是部分有效的。

事实上,我国资本管制部分有效的结论并不是出乎意料的。资本管制之所以部分有效,是因为企业、个人可以暗中从事一些受管制的资本交易,资本能够通过贸易、经常项目转移、FDI 等渠道顺利地规避资本管制而进出中国,这降低了资本管制的效力。

在离岸与在岸收益率存在协整关系的基础上,我们将估计出协整方程并建立 VECM 模型,以定量考察离岸与在岸收益率的变动相关情况。表 2-10 呈现了四个模型的协整方程的系数、短期内离岸和在岸收益率的变动量对协整方程的误差调整系数。由四个模型的协整方程可以看出,在岸收益率的系数都是正的,且都在 1% 水平下显著,这表明在岸和离岸收益率在长期内同向变动,二者保持了比较稳定的均衡关系。误差调整系数反映了短期内在岸和离岸收益率对偏离均衡的反应和调整。可以看出,在岸收益率会对长期均衡的偏离做出显著反应,并且当期会对偏离的大约 20% 做出修正,而离岸收益率的反应则不显著,因而可以将离岸收益率作为弱外生变量,离岸收益率的变动引起了国内的在岸收益率的相应调整。

表 2-10 离岸和在岸收益率的协整方程和误差调整系数

	模型一	模型二	模型三	模型四
协整方程				
C	−2.9307	−3.3740	−2.8603	−3.2264
离岸收益率	1.0000	1.0000	1.0000	1.0000
在岸收益率	0.6009***	0.8302***	0.5899***	0.7941***
	(0.2005)	(0.2881)	(0.1849)	(0.2647)
误差调整系数				
Δ离岸收益率	0.0141	0.01200	0.01348	0.01768
	(0.0727)	(0.0788)	(0.0689)	(0.0749)
Δ在岸收益率	−0.2372***	−0.1338***	−0.3797***	−0.2097***
	(0.0632)	(0.0338)	(0.0880)	(0.0458)

注:a. *** 表示在 1% 的统计水平下显著,** 表示在 5% 的统计水平下显著,* 表示在 10% 的统计水平下显著。

b. 模型一到模型四对应的离岸与在岸收益率分别是以 LIBOR 与 SHIBOR、LIBOR 与 SHIBOR-存款、LIBOR 与 REPO、LIBOR 与 REPO-存款计算出的。

c. Eviews 中没有给出协整方程中常数项的 t 值和标准差;括号中的数值为标准差。

在 Johansen 协整关系和 VECM 模型的基础上,我们进行 VEC Granger 因果关系检验,以进一步考察短期内离岸和在岸收益率的关系,结果如表 2-11 所示。显然,在四个模型中,我们都可以在 1‰ 的显著性水平下拒绝"离岸不是在岸的 Granger 原因"这一原假设,而不得不接受"在岸不是离岸的 Granger 原因"这一原假设。这意味着,在 VECM 在岸收益率一阶差分的调整方程中,离岸收益率的一阶滞后差分的系数是显著不为零的,而在离岸收益率的一阶差分的调整方程中,在岸收益率的一阶滞后差分的系数为零。因而,在短期内,离岸收益率的变动会引起在岸收益率的变动,而在岸收益率的变动不会引起离岸收益率的变动。由于离岸收益率对长期均衡偏离也不会做出调整,因而,离岸收益率对协整关系参数估计具有强外生性。[①] 这说明,在我国资本管制部分失效的背景下,短期内离岸收益率的变动会对国内在岸收益率的调整产生重要的影响。

表 2-11　离岸和在岸收益率的 VEC Granger 因果关系检验结果

原假设	模型一	模型二	模型三	模型四
离岸不是在岸的 Granger 原因	0.0013	0.0005	0.0000	0.0000
在岸不是离岸的 Granger 原因	0.7494	0.8772	0.2911	0.3287

注:a. 模型一到模型四对应的离岸与在岸收益率分别是以 LIBOR 与 SHIBOR、LIBOR 与 SHIBOR-存款、LIBOR 与 REPO、LIBOR 与 REPO-存款计算出的。

b. 表中所列数字为原假设成立下时的 p 值。

从离岸收益率的计算公式,我们可以看出离岸收益率变动的来源包括三部分:人民币无本金交割远期汇率、人民币即期汇率和美元 LIBOR。人民币无本金交割远期汇率除了可以作为套期保值的工具外,还反映了海外市场对于人民币汇率变动的预期;而人民币即期汇率则从实际角度反映了市场对人民币需求与供给的关系,其往往也会随人民币无本金交割远期汇率的变动而变动。在资本管制并非完全有效的情况下,热钱的流动会受到市场对人民币汇率预期的影响,如在市场对人民币有强烈的升值预期时,一些热钱可能会迅速流入中国,产生对人民币的强大需求。这种情况下,市场上人民币的流动性趋紧,银行间市场就成为各金融机构融资的选择,这就带动了银行间拆借利率、银行间回购利率等银行间市场利率上升。如果人民币升值预期持续升温、热钱流动规模较大,则必要情况下中国人民银行也会进行干预,通过回购、利率调整等方式对市场的流动性进行控制,银行间利率就会发生更为明显的变动。而从 LIBOR 的角度来看,美元 LIBOR 主要受到美国政府政策的影响,LIBOR 的变动又会对中国的离岸收益率产生影响。在美国推行新一

[①] 钟志威,雷钦礼. Johansen 和 Juselius 协整检验应注意的几个问题[J]. 统计与信息论坛,2008(10).

轮量化宽松政策时，LIBOR 也跟着走低，美元走弱使得人民币走强，这样 LIBOR 就可以通过人民币的升值预期这一渠道影响到中国的在岸收益率水平；而当美元 LIBOR 走高，美元走强、人民币走弱时，人民币升值预期降低使得在岸收益率发生变动。因此，在资本管制部分失效的背景下，对离岸收益率变动的三个影响因素的分析，可以帮助我们理解短期内离岸收益率的变动会影响在岸收益率这一实证结论。

尽管实证结果表明在岸收益率的变动不会引起离岸收益率的变动，但理论上存在在岸收益率对离岸收益率的影响机制。SHIBOR、银行间回购利率反映了人民币货币市场流动性的大小，它们对于国际市场的美元拆借利率不会产生太大的影响。但是，当在岸收益率走高而引起国内外的显著利差时，人们在一定程度上会产生对人民币汇率变动的预期，在人民币即期汇率没有及时变动的情况下，这应该就会引起离岸收益率的变动。

四、结论

我们对四组离岸和在岸收益率数据进行了描述分析，并在利率平价的框架下分析了我国在 2005 年汇改之后资本管制有效性情况。

在全样本区间内，我们发现离岸和在岸收益率间存在显著的差别，并且二者的差额序列是不平稳的，尽管我们可以得到资本管制有效的结论，但是由于所选区间内发生了金融危机等事件，我们的结论并不可靠。在 2010 年 6 月开始的子样本区间内，离岸和在岸收益率仍然存在显著的差别，且大于全样本区间内的差额水平，差额序列也是不平稳的，同时二者还存在长期的均衡关系，因此我们认为近三年来我国的资本管制是部分有效的，且比全样本区间内的资本管制更为有效。在资本管制部分有效的基础上，我们进一步考察了短期内离岸和在岸收益率的相互影响情况。我们发现离岸收益率对在岸收益率会产生影响，在岸收益率会对因离岸收益率变动所引发的长期均衡关系的偏离做出调整；而在岸收益率对离岸收益率并不会产生影响，离岸收益率对长期均衡关系的偏离也不会有明显的调整。

第五节　中国资本管制有效性的分阶段检验：1999.1—2013.1

本节将延续上文的研究思路，从利率平价角度对 1999 年以来资本管制的有效性进行分阶段检验。本部分的研究有如下几个特点：

1. 研究的时间跨度为 1999 年到 2013 年。为了避免数据的结构性变化，我们根据政策及外部环境的变化，并结合利率的变化特征，对研究的时间段进行分段：

1999年1月至2005年6月(汇率形成机制改革之前);2005年7月至2007年7月(汇改之后到美国次贷危机之前);2007年8月至2010年5月(汇改重启前受危机影响较大的阶段);2010年6月至2013年1月(重启汇改至2013年1月)。在如上时间分段的基础上,分别检验全样本区间和四个子样本区间资本管制的有效性。

2. 在国内外可比收益利率的选择方面,由于构造利率的方法本身也存在一定的不足之处,如某种成分利率受到管制,不能体现利率的真实水平;利率之间的权重划分带有一定的主观性等。为了检验资本管制的有效性和上节中结果的稳健性,本节使用了货币市场收益率。

从理论上讲,一种资产的市场化收益率由真实利率、通货膨胀溢价、违约风险溢价、到期日溢价、流动性溢价,以及汇率风险溢价共同决定,可比资产的选择应该保证两者的通货膨胀风险、违约风险、到期日、流动性以及汇率风险相同。但是在我国利率长期存在管制的背景下,在资本市场寻找与国外相应的资产存在一定的困难。相对而言,我国货币市场的市场化程度较高,与国外市场化的货币市场收益率具有较高的可比性。因此,我们选择3个月期的上海银行间同业拆借利率作为在岸利率水平,选择同期限的伦敦银行间同业拆借利率作为离岸利率水平。由于上海银行间同业拆借市场起步较晚,我们同时对中国银行间同业拆借利率(CHIBOR)和上海银行间同业拆借利率做分析,但由于上海银行间同业拆借利率的市场化程度更高,应在上海银行间同业拆借利率存在的时间段更加重视其分析结果。

为了使在岸和离岸利率具有可比性,我们仍然借鉴 Ma 和 McCauley(2007)的方法,将离岸利率用人民币无本金交割远期汇率进行调整,得出前文所称的"NDF 隐含收益率"(NDF implied yield,NIY)作为离岸利率水平。

3. 本节将结合资本管制的强度,对资本管制的有效性做进一步分析。资本管制强度是影响资本管制有效性的重要因素,因此应该在一定的管制强度下根据利差的绝对值大小和变化趋势评价政策有效性。但是,受利率平价方法的限制,本文不能直接将资本管制的强度作为变量放入模型,而只能做简单的分析。对资本管制强度和资本管制有效性关系的进一步分析,则依赖于其他分析方法,如资本管制有效性的流量分析法。

一、资本管制强度的量化分析

关于资本管制强度的测度指标,国际上通行的有定性和定量两种指标。其中定性指标以 IMF 的资本开放度指标和 Quinn 指标以及 OECD 的资本流动自由化准则为代表,而定量指标包括资本流动规模指标和 Feldstein-Horioka 储蓄率—投资率指标等。鉴于我国资本管制情况的复杂性,我们参照了金荦(2004)的方法,在法规意义上对1994年以来中国各年的资本管制强度进行估计。

金荦(2004)将资本项目的交易分为三类:直接投资、证券投资和其他投资。我们借鉴这种分类方法,根据各年资本管理项目的政策调整,对资本管制进行打分。我们所做的改进是将政策调整程度进行细化,将一般政策调整和重大政策调整细化为四个等级,涉及额度调整等数量变化的政策变动按程度不同分别记0.25分、0.5分和0.75分,涉及对象范围等性质变化的政策变动记1分;以1994年为基年,根据当年对资本项目的管理状况,并在保证各年政策调整之后各项目非负的基础上赋值,其中直接投资赋4分,证券投资和其他投资赋6分。数据的时间跨度为1994年至2012年。根据以上方法计算出来的资本管制强度指标见表2-12和图2-3。

表 2-12 法规意义上的资本管制强度

年度	直接投资	证券投资	其他投资	变动幅度	管制强度
1994	4	6	6	0	16
1995	0	0	0=−1+0.25	0	16
1996	0	0	−1.25=−0.25−1−0.5+0.25+0.25	−1.25	14.75
1997	0	+1.5=0.75+0.75	+1.5=+0.5+0.5+0.5	+3	17.75
1998	0	0	+1.5=+0.75+0.5+0.25	+1.5	19.25
1999	+0.5	0	−1=−0.75−0.25	−0.5	18.75
2000	0	0	0	0	18.75
2001	−1=−0.75−0.25	−1	−0.75=+0.25−0.5−0.5	−2.75	16
2002	−1.5=−0.75−0.75	−0.75=−1+0.25	0=−0.25+0.75−0.5	−2.25	13.75
2003	−0.25	−0.75	0	−1	12.75
2004	−0.25	−1	+0.25=+0.25+0.25−0.25	−1	11.75
2005	−0.25=−0.5+0.25	0=0.5−0.5	−0.5=−0.5−0.5+0.5	−0.75	11
2006	−0.75	−1	0	−1.75	9.25
2007	0	0	+0.5=+0.25+0.25	+0.5	9.75
2008	+0.5	0	−0.25	+0.25	10
2009	−0.5	0	−0.5	−1	9
2010	−0.75	0	0	−0.75	8.25
2011	0	−1	0	−1	7.25
2012	0	0	−0.5	−0.5	6.75

由上述方法可以推出四个样本子区间的资本管制强度,其中1994年汇改之前的管制强度设定为16。从各时期的量化指标值(见表2-13)可以看出,我国资本账户管制强度总体呈现出下降趋势。从年度分析来看,除1997—1998年和2007—2008年之外,每年管制强度都有所下降,而这两个时间段恰好对应了亚洲金融危

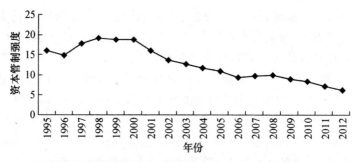

图 2-3 中国资本项目管制强度指标：1994—2012 年

机和美国次贷危机,其中 1997—1998 年管制上调幅度较大,而 2007—2008 年仅有微调。

表 2-13 资本账户管制分阶段强度指标

时期	1991.1—2005.6	2005.7—2007.7	2007.8—2010.5	2010.6—2012.12
管制强度	14.72	9.81	9.35	7.09

当我们以利率平价理论作为基础衡量资本管制的有效性时,管制强度必然会影响到考察结果,因此对于结果的分析应该考虑相应时期的管制强度,从而较为客观地认识计量结果。

二、数据来源与描述

我们使用的 CHIBOR、LIBOR 以及即期汇率的数据时间段为 1999 年 1 月至 2013 年 1 月,3 个月期的 SHIBOR 数据时间段为 2006 年 10 月至 2013 年 1 月,均为月度数据,数据来自 CEIC 数据库。从图 2-4 中可以看出,国内两种代表性利率 CHIBOR、SHIBOR 表现出很强的一致性;3 个月期的 NDF 数据时间段为 1999 年 1 月至 2013 年 1 月,来自 Bloomberg,由日度数据平均得到月度数据;分析所使用的工具软件为 Eviews6.0。

直观上看,在 2003 年之前,离岸利率水平一直高于在岸利率水平,且波动幅度较小,呈现出稳步下降的趋势;在岸利率水平在均值 4% 附近呈现出较大幅度的波动。在亚洲金融危机之后的 2000 年,中国资本管制强度较高,这也是 2000 年离岸、在岸利率水平相差较大的原因之一。2001 年之后,随着资本管制强度的减弱,利差逐渐缩小,2005 年 7 月汇改之前,在岸、离岸利率的利差不大。

2005 年汇改之后至美国次贷危机之前,中国资本管制的强度呈降低趋势,但是离岸利率却浮动至在岸利率之上,二者的利差放大,维持在约 1%—2% 的水平。出现这一现象的重要原因是,2005 年之后,人民币一直存在着升值压力,资本的持续大量流入使得国内利率处于相对较低的水平,维持了与离岸利率一定的利差。

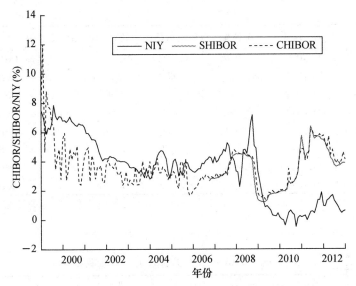

图 2-4 CHIBOR、SHIBOR 以及 NIY(NDF 隐含收益率)

数据来源:CHIBOR、SHIBOR 来自 CEIC;NIY 由前文计算而得,相关数据来自 CEIC 与 Bloomberg。

2007 年 7 月,美国次贷危机爆发之后,离岸利率急转直下,在经历了较短时间的回升之后降至零左右,并维持在 1% 左右。在岸利率经过 2008 年大幅下降之后不断回升,与离岸利率的差别不断增大,达到 3%—4%。2008 年之后,中国资本管制的强度呈下降趋势,利差却保持在较高的水平。

三、平稳性分析和协整检验

(一)平稳性分析及其结果

前文已经提到,如果利率时间序列是随机非平稳的,对利率或者利差直接建模将会出现伪回归的现象,所得结论没有说服力,因此,对时间序列进行平稳性检验是十分必要的。

在协整关系检验之前,我们首先对样本区间内的各个时间序列进行 ADF 单位根检验。检验结果如表 2-14 至表 2-16 所示。

表 2-14 CHIBOR 序列的 ADF 单位根检验结果

样本区间	(C, T, K)	τ统计量	1%临界值	5%临界值	10%临界值	结论
1991.1—2013.1	(C,0,0)	−3.0224	−4.0142	−3.4371	−3.1427	CHIBOR 不平稳
	(C,0,1)	−14.6697***	−4.0850	−3.4708	−3.1624	ΔCHIBOR 平稳

(续表)

样本区间	(C,T,K)	τ统计量	1%临界值	5%临界值	10%临界值	结论
1991.1—2005.6	(C,0,0)	−2.9806	−4.0817	−3.4692	−3.1615	CHIBOR 不平稳
	(C,0,1)	−11.4352***	−4.0850	−3.4708	−3.1624	ΔCHIBOR 平稳
2005.7—2007.7	(C,0,0)	−3.0309	−4.3743	−3.6032	−3.2380	CHIBOR 不平稳
	(C,0,1)	−7.7585***	−4.3743	−3.6032	−3.2380	ΔCHIBOR 平稳
2007.8—2010.5	(C,0,0)	−2.3270	−4.2528	−3.5485	−3.2070	CHIBOR 不平稳
	(C,0,1)	−4.1982**	−4.2528	−3.5485	−3.2070	ΔCHIBOR 平稳
2010.6—2013.1	(C,0,0)	−1.8883	−4.2732	−3.5578	−3.2123	CHIBOR 不平稳
	(C,0,1)	−6.3500***	−4.2732	−3.5578	−3.2123	ΔCHIBOR 平稳

注：a. *** 表示在1%的统计水平下显著，** 表示在5%的统计水平下显著，* 表示在10%的统计水平下显著。
b. (C, T, K)中 C 表示常数项，T 表示时间趋势，K 表示差分次数。

表 2-15 SHIBOR 序列的 ADF 单位根检验结果

样本区间	(C,T,K)	τ统计量	1%临界值	5%临界值	10%临界值	结论
2006.10—2013.1	(C,0,0)	−1.6329	−4.2732	−3.5578	−3.2123	SHIBOR 不平稳
	(C,0,1)	−4.8969***	−4.2732	−3.5578	−3.2123	ΔSHIBOR 平稳
2006.10—2007.7	(C,0,0)	−1.7046	−5.5219	−4.1078	−3.5150	SHIBOR 不平稳
	(C,0,1)	−6.0326***	−5.8352	−4.2465	−3.5905	ΔSHIBOR 平稳
2007.8—2010.5	(C,0,0)	−2.4679	−4.2528	−3.5485	−3.2070	SHIBOR 不平稳
	(C,0,1)	−5.6869***	−4.2528	−3.5485	−3.2070	ΔSHIBOR 平稳
2010.6—2013.1	(C,0,0)	−1.6330	−4.2732	−3.5578	−3.2123	SHIBOR 不平稳
	(C,0,1)	−4.8970***	−4.2732	−3.5578	−3.2123	ΔSHIBOR 平稳

注：a. *** 表示在1%的统计水平下显著，** 表示在5%的统计水平下显著，* 表示在10%的统计水平下显著。
b. (C, T, K)中 C 表示常数项，T 表示时间趋势，K 表示差分次数。

表 2-16 NIY 序列的 ADF 单位根检验结果

样本区间	(C,T,K)	τ统计量	1%临界值	5%临界值	10%临界值	结论
1991.1—2013.1	(C,0,0)	−1.9863	−4.2732	−3.5578	−3.2123	NIY 不平稳
	(C,0,1)	−5.9028***	−4.2732	−3.5578	−3.2123	ΔNIY 平稳
1991.1—2005.6	(C,0,0)	−2.1738	−4.0817	−3.4692	−3.1615	NIY 不平稳
	(C,0,1)	−7.4649***	−4.0833	−3.4700	−3.1620	ΔNIY 平稳
2005.7—2007.7	(C,0,0)	−3.0364	−4.3743	−3.6032	−3.2380	NIY 不平稳
	(C,0,1)	−6.6612***	−4.3743	−3.6032	−3.2380	ΔNIY 平稳

(续表)

样本区间	(C, T, K)	τ统计量	1%临界值	5%临界值	10%临界值	结论
2007.8—2010.5	(C,0,0)	−1.6449	−4.2528	−3.5485	−3.2070	NIY 不平稳
	(C,0,1)	−4.5913	−4.2528	−3.5485	−3.2070	ΔNIY 平稳
2010.6—2013.1	(C,0,0)	−1.9863	−4.2732	−3.5578	−3.2123	NIY 不平稳
	(C,0,1)	−5.9028***	−4.2732	−3.5578	−3.2123	ΔNIY 平稳

注：a. *** 表示在1%的统计水平下显著，** 表示在5%的统计水平下显著，* 表示在10%的统计水平下显著。

b. (C，T，K)中 C 表示常数项，T 表示时间趋势，K 表示差分次数。

通过上表可以看出，在全样本区间和各子样本区间，CHIBOR、SHIBOR、NIY水平值序列在1%的显著性水平下都是不平稳的，而一阶差分序列在1%（或5%）的显著性水平下都是平稳的，因而在岸和离岸收益率序列都是一阶单整过程，即 I(1)过程。因而，我们可以对在岸和离岸收益率序列进行 Johansen 协整检验。

（二）协整检验及其结果

如果在岸利率与离岸利率之间存在协整关系，说明它们在长期中受到一系列经济变量的共同影响，存在相同的变化趋势，彼此之间不是独立的，资本管制并没有有效分割国内外金融市场，因此可以通过在岸利率与离岸利率之间是否存在协整关系来侧面反映两者之间的联动性，从而有助于对资本管制的有效性做出评判。

从平稳性检验可知，CHIBOR、SHIBOR 和 NIY 都是一阶单整的。在所有时间序列都是 I(1)过程的基础上，我们分别对 CHIBOR 和 NIY、SHIBOR 和 NIY 数据分阶段进行 Johansen 协整关系检验，以考察各阶段两组数据是否存在长期均衡关系。

1. CHIBOR 和 NIY 序列的协整检验

Johansen 检验的结果如表 2-17 所示。

表 2-17 CHIBOR 和 NIY 序列的 Johansen 协整检验结果

CHIBOR 和 NIY	λ_{trace} 统计检验		λ_{max} 统计检验	
	$r=0$	$r\leqslant 1$	$r=0$	$r\leqslant 1$
1999.1—2013.1	21.11850***	3.181217	17.93764***	3.181217
1999.1—2005.6	26.07376***	2.566568	23.50719***	2.566568
2005.7—2007.7	17.69518**	0.190284	17.50490**	0.190284
2007.8—2010.5	12.62852	0.746192	11.88233	0.746192
2010.5—2013.1	34.27805***	4.312869**	29.96518***	4.312869**

注：***、**、* 分别表示在1%、5%、10%的显著性水平下拒绝原假设。

从 CHIBOR 和 NIY 的协整检验结果看，在1%的显著性水平下，全样本区间

(1999年1月至2013年1月)内,作为在岸利率的CHIBOR与NDF隐含的美元收益率存在协整关系。这说明资本管制没有充分地隔离国内与国际金融市场。因此,从长期来看,我国的资本管制至少部分失效,资本流动只受到较小程度的限制。

在分阶段的子样本中,除汇改重启前的危机阶段以外,其他时期CHIBOR和NIY在1%或至少5%的显著性水平下存在协整关系,这说明在三个子区间中,我国的资本管制至少是部分失效的,资本管制并没有很好地限制资本的跨国流动。而汇改重启前的一段时期,CHIBOR和NIY不存在协整关系。其中的原因之一是,在金融危机期间,我国为避免危机影响的国际传递和蔓延,加大了资本管制的强度;但更重要的原因是,美国的次贷危机引发了一场全球性的金融危机,金融市场出现了很大的动荡,离岸利率呈现出大起大落的波动趋势,从而使得离岸利率和国内利率的变化之间缺少联动性。因此,我们应该谨慎对待和解释危机期间的实证结果,不能根据利率之间不存在协整关系就确定地得出危机期间资本管制有效的结论。

2. SHIBOR和NIY序列的协整检验

对市场化程度较高的SHIBOR和NDF隐含美元利率做同样的协整检验,分析结果如表2-18所示。

表2-18 SHIBOR和NIY序列的Johansen协整检验结果

SHIBOR和NIY	λ_{trace}统计检验		λ_{max}统计检验	
	$r=0$	$r\leqslant 1$	$r=0$	$r\leqslant 1$
2006.10—2013.1	13.87161*	4.142630	9.728979	4.142630
2006.10—2007.7	16.27627**	0.542093	15.73418**	0.542093
2007.8—2010.5	11.17135	1.544423	9.626922	1.544423
2010.6—2013.1	28.72168***	4.825565**	23.89612***	4.825565**

注:***、**、*分别表示在1%、5%、10%的显著性水平下拒绝原假设。

从表12-18可以看出,对SHIBOR的分析结果与对CHIBOR的分析结果基本相同,全样本SHIBOR和NIY在10%的显著性水平下表现出协整关系,也表明资本管制在长期中是部分失效的。分段样本中,除汇改重启前的危机阶段以外,其他时期在1%或至少5%的显著性水平下存在协整关系,说明资本管制在短期内也是部分失效的。

(三) VECM模型分析及其结果

同上节一样,在离岸与在岸收益率存在协整关系的基础上,我们将估计出协整方程并建立VECM模型,以定量考察离岸与在岸收益率的变动相关情况。表2-19、表2-20分别呈现了CHIBOR和NIY以及SHIBOR和NIY全样本和分段样本协整方程的系数、短期内离岸和在岸收益率的变动量对协整方程的误差调整系数。由于 2007 年 7 月至 2010 年 5 月在岸利率与离岸利率不存在明显的协整关系,因此在 VECM 分阶段模型中不考察这一阶段。

表 2-19　CHIBOR 和 NIY 各阶段协整方程和误差调整系数

	1991.1—2013.1	1991.1—2005.6	2005.7—2007.7	2010.6—2013.1
协整方程				
C	4.0652	1.2480	0.2808	−2.2536
CHIBOR	1.0000	1.0000	1.0000	1.0000
NIY	0.2350***	0.5105***	0.6600**	9.5526***
	(0.1054)	(0.1921)	(0.3237)	(2.2531)
误差调整系数				
ΔCHIBOR	−0.1459***	−0.2869***	−0.4700***	−0.06414***
	(0.0427)	(0.1075)	(0.1591)	(0.0253)
ΔNIY	0.0277	0.0819**	0.1431	0.0326
	(0.0256)	(0.0402)	(0.1305)	(0.0163)

注:a. *** 表示在 1% 的统计水平下显著,** 表示在 5% 的统计水平下显著,* 表示在 10% 的统计水平下显著。
b. Eviews 中没有给出协整方程中常数项的 t 值和标准差;括号中的数值为标准差。

表 2-20　SHIBOR 和 NIY 各阶段协整方程和误差调整系数

	2006.10—2013.1	2006.10—2007.7	2010.6—2013.1
协整方程			
C	3.9772	1.2490	−5.4971
SHIBOR	1.0000	1.0000	1.0000
NIY	0.2277***	0.3920***	13.9327***
	(0.1033)	(0.0412)	(4.1596)
误差调整系数			
ΔSHIBOR	−0.0628***	−0.4023***	−0.0321**
	(0.0244)	(0.1541)	(0.0149)
ΔNIY	0.0514	0.3578	0.0210
	(0.0495)	(0.7556)	(0.0203)

注:a. *** 表示在 1% 的统计水平下显著,** 表示在 5% 的统计水平下显著,* 表示在 10% 的统计水平下显著。
b. Eviews 中没有给出协整方程中常数项的 t 值和标准差;括号中的数值为标准差。

由上面的协整方程可以看出,在岸收益率与离岸收益率在全样本区间及各子样本区间呈现出正向的协整关系,协整系数均显著。这表明长期内在岸和离岸收益率同向变动,二者存在比较稳定的均衡关系。误差调整系数反映了短期内在岸和离岸收益率对偏离均衡的反应和调整。可以看出,在岸收益率会对长期均衡的偏离做出显著的反应,而离岸收益率的反应则不显著,因而可以将离岸收益率作为弱外生变量,离岸收益率的变动引起了国内的在岸收益率的相应调整。

在 Johansen 协整关系和 VECM 模型的基础上,我们进行 VEC Granger 因果关系检验,以进一步考察短期内离岸和在岸收益率的关系,结果如表 2-21、表 2-22 所示。

表 2-21　CHIBOR 和 NIY 的 VEC Granger 因果关系检验结果

原假设	1991.1—2013.1	1991.1—2005.6	2005.7—2007.7	2010.6—2013.1
CHIBOR 不是 NIY 的 Granger 原因	0.1731	0.3137	0.1338	0.8228
NIY 不是 CHIBOR 的 Granger 原因	0.0685*	0.0496**	0.0002***	0.0169**

注:a. 表中所列数字为原假设成立下时的 p 值。
　　b. ***、**、* 分别表示在 1%、5%、10% 的显著性水平下拒绝原假设。

表 2-22　SHIBOR 和 NIY 的 VEC Granger 因果关系检验结果

原假设	2006.10—2013.1	2006.10—2007.7	2010.6—2013.1
SHIBOR 不是 NIY 的 Granger 原因	0.4208	0.5608	0.7023
NIY 不是 SHIBOR 的 Granger 原因	0.0781*	0.0002***	0.0954*

注:a. 表中所列数字为原假设成立下时的 p 值。
　　b. ***、**、* 分别表示在 1%、5%、10% 的显著性水平下拒绝原假设。

因果检验的结果表明,在 10% 的显著性水平下,我们都可以拒绝离岸不是在岸利率的 Granger 原因的假设,但不可以拒绝在岸不是离岸利率的 Granger 原因的假设。因此,我们认为在短期内离岸利率的变动会引起在岸利率的变动,而在岸利率的变动不会引起离岸利率的变动。同时,由于离岸利率对长期均衡的偏离也不会作出调整,因而离岸收益率对协整关系参数估计具有外生性。离岸利率对在岸利率的显著影响表明我国资本项目管制至少是部分失效的,这与上一节的结论是一致的。

四、实证结果总结

以上我们分别对以 CHIBOR 和 SHIBOR 为代表的在岸利率与离岸利率进行

了实证分析,包括协整性检验、误差调整模型以及误差调整模型下的 Granger 因果检验,期望从多个维度对我国资本账户管制的有效性进行考察,实证结果汇总如表 2-23、表 2-24 所示。

表 2-23 CHIBOR 和 NIY 实证结果汇总

样本区间	是否存在协整关系	VECM 结果		VECM Granger 检验结果	
		ΔCHIBOR 误差调整系数是否显著(1%)	ΔNIY 误差调整系数是否显著(1%)	CHIBOR 不是 NIY 的 Granger 原因	NIY 不是 CHIBOR 的 Granger 原因
1999.1—2013.1	是	是	否	0.1731	0.0685*
1999.1—2005.6	是	是	否	0.3137	0.0496**
2005.7—2007.7	是	是	否	0.2338	0.0002***
2007.8—2010.5	否	—	—	—	—
2010.6—2013.1	是	是	否	0.8228	0.0169**

表 2-24 SHIBOR 和 NIY 实证结果汇总

样本区间	是否存在协整关系	VECM 结果		VECM Granger 检验结果	
		ΔSHIBOR 误差调整系数是否显著(1%)	ΔNIY 误差调整系数是否显著(1%)	SHIBOR 不是 NIY 的 Granger 原因	NIY 不是 SHIBOR 的 Granger 原因
2006.10—2013.1	是	是	否	0.4208	0.0781*
2006.10—2007.7	是	是	否	0.5608	0.0002***
2007.8—2010.5	否	—	—	—	—
2010.6—2013.1	是	是	否	0.7023	0.0945*

(一)全样本分析结果

对 CHIBOR 和 NDF 隐含美元利率的全样本时间段为 1999 年 1 月至 2013 年 1 月。从协整检验的结果来看,全样本区间 CHIBOR 与 NIY 存在协整关系。向量误差修正模型中 ΔCHIBOR 误差调整系数在 1% 的显著水平下显著,进一步的 Granger 因果分析表明离岸利率是在岸利率的 Granger 原因,反之则不成立。利用 SHIBOR 作为在岸利率进行分析的结果基本相同,在岸利率显著地受到离岸利率的影响。

综合来看,在长期内,离岸利率对在岸利率的影响较为明显,我国的资本管制是部分失效的。这是因为,规避管制行为和管制行为总是相伴而生,在一项新的资本管制措施出台之后,规避管制的途径逐渐出现,资本的跨境流动逐渐恢复,从而导致管制措施在一段有限的时间之后便会呈现出有效性下降。

(二) 分段样本分析结果

1. 1999.1—2005.6

我国在 2001 年加入 WTO 之后,贸易的频繁往来对资本流动提出了新的要求,探索性地逐渐放松管制是这一阶段资本管制的主要方向。这一时期在岸利率与离岸利率表现出显著的协整关系,从 VECM 的结果来看,在岸利率的误差调整系数达到 28.69%,表明在岸利率与离岸利率之间的偏离能够推动在岸利率进行调整,这与管制当局出台了对国内居民放开 B 股市场、推行合格境外机构投资者制度等一系列放松管制政策不无关系。同时,强劲的出口贸易和新兴市场对国际资本的吸引力带来了 2001 年之后我国经常项目和资本项目持续双顺差,也增加了维持货币政策独立性的压力。通过 VECM Granger 因果检验的结果我们可以看出,离岸利率是在岸利率的 Granger 原因,这些结果均表明,在汇率形成机制改革之前,逐渐放松的资本管制使在岸利率变动与离岸利率变动之间的影响程度相应变大,这一阶段的资本管制政策是部分失效的。

2. 2005.7—2007.7

汇改之后至美国次贷危机之前,资本管制进入较为宽松的阶段。放松管制的政策效果可以从在岸利率和离岸利率显著的协整关系中体现出来。在 VECM 模型中,CHIBOR 的误差调整系数高达 47%,表明在岸利率与离岸利率的偏离对在岸利率的影响非常明显,同时,VECM Granger 因果检验印证了这一结果:在 1% 的显著性水平下,离岸利率是在岸利率的 Granger 原因,而反方向的 p 值也已经降到 15% 的范围内,这表明这一阶段离岸利率与在岸利率的相互影响非常明显。资本管制在一定程度上失去了分割国内外金融市场的作用,在岸利率变动与离岸利率变动在很大程度上可以相互传递,资本管制失效的现象更为明显。

由于 SHIBOR 的市场化程度更高,应当更加看重使用 SHIBOR 分析的结果,SHIBOR 出现于这一阶段的后半段,对 SHIBOR 和 NIY 的分析结果基本相同,验证了我们使用 CHIBOR 的分析结果。因此我们认为,在这一阶段,中国的资本管制是部分失效的。

3. 2007.8—2010.5

这一阶段美国次贷危机对中国的影响最大。为了防止危机传染,中国资本管制的力度也相对加大,特别是对于短期资本的跨境流动的管制力度加大。这一阶段,无论是 CHIBOR 还是 SHIBOR,都没有与离岸利率表现出协整关系,说明二者不存在稳定的均衡关系。在研究中我们还使用 CHIBOR、SHIBOR 和离岸利率分别建立 VAR 模型,得出的结果也非常一致,根据信息准则选择的 VAR 模型滞后期数均为 1,在岸利率变动与离岸利率变动的相互影响程度很小。Granger 因果检验均表明两者不存在 Granger 因果关系,脉冲响应函数结果显示冲击衰减很快,幅度比较小,方差分解结果表明由对方变动造成的冲击在10%以内。由此可以推断次贷危机中在岸收益率和离岸收益率的背离程度较高。但由于次贷危机的影响,我们不能得出我国应对危机的资本账户管制措施是有效的这一结论。

4. 2010.6—2013.1

随着我国改革的不断深化,对资本账户的管理更多地转向了依赖市场机制,减少了单纯的行政管制,实现了资本账户管制由"堵"到"疏"的转变。从分析结果可以看到,在岸利率与离岸利率再一次呈现出协整关系。从 VAR 模型来看,方差分解的结果表明离岸利率变动对 SHIBOR 变动的影响更大。Granger 因果检验的结果是一致的:在岸利率变动不是离岸利率变动的 Granger 原因,而离岸利率变动是在岸利率变动的 Granger 原因。这一结果说明,离岸利率变动能够相当程度地传导到在岸利率变动,资本管制在很大程度上是失效的。随着全球金融一体化程度的提升,国际金融市场的套利成本不断下降,资本管制面临成本上升和有效性下降两个难题,转变管制方式(行政化向市场化)将是必行之路。

五、结论

本节使用协整检验、VECM 模型及其 Granger 因果检验等计量方法定量分析了中国资本管制下在岸利率与离岸利率之间的关系,从分析方法的角度,对资本管制的政策效果归纳为以下三个方面。

(一) 协整检验

CHIBOR 与 NDF 隐含的美元收益率在全样本区间内(1999 年 1 月至 2013 年 1 月)及三个子样本区间内(除危机期间)存在协整关系,说明资本管制没有充分地隔离国内与国际金融市场,管制不是完全有效的。使用 SHIBOR 数据分析的结果中,2006 年至 2013 年全样本区间也存在协整关系,表明该时间段管制至少部分失效。分段研究的结果表明,只有次贷危机期间 CHIBOR、SHIBOR 和离岸利率至今不存在协整关系。

(二) VECM 模型

由协整方程可以看出,在岸收益率与离岸收益率在全样本区间及各子样本区间呈现出正向的协整关系,协整系数均显著,表明在长期内在岸和离岸收益率之间存在比较稳定的均衡关系。误差调整系数表明,在岸收益率会对长期均衡的偏离做出显著的反应,而离岸收益率的反应则不显著。

(三) Granger 因果检验

CHIBOR 数据的分析结果显示,在汇率改革后至次贷危机之前,在岸利率的变动和离岸利率变动互为 Granger 原因;次贷危机之后至今,离岸利率变动是在岸利率变动的 Granger 原因,反之则不成立。除此之外,在岸利率变动和离岸利率变动之间没有 Granger 因果关系。SHIBOR 数据的分析结果则显示只有次贷危机之后至今离岸利率变动可以构成在岸利率变动的 Granger 原因,其他时期两者之间均没有 Granger 因果关系。近年来离岸利率对在岸利率的影响力明显增强,对资本管制带来了一定的压力,资本管制的效力受到一定影响。

当然,我们的研究仍存在不足之处。首先,我们仅仅基于利率平价理论来考量资本管制的有效性;其次,从研究方法上来讲,利率平价的分析框架本身就存在不足:如前文中所提,在交易成本、信息成本等存在的条件下,即使资本实现了完全流动,利率平价本身也不可能完全成立;再者,影响利率的因素是多方面的(例如货币供应量、经济周期等),利差的变动也是由这些因素决定的,单方面从利差的变动判断管制的有效性存在一定的片面性;最后,我国资本账户并不是完全封闭的,并且一直处在逐步开放的进程当中,而文中并没有将资本账户管制程度的变化纳入模型,仅从存在资本管制这一事实出发,得出管制是部分有效的结论。

在中国资本管制的效果评价这一问题上,我们需要综合本文和其他学者的研究成果,综合价格方法和流量方法的研究成果,才能得出全面客观的结论。如本文的研究结论是,中国资本管制在中长期中至少部分失效;苟琴等(2012)的研究则指出,资本管制在长期和短期均不是完全失效的,人民币汇率预期变动对短期资本流动的影响要大于利差对短期资本流动的影响。由此可知,无论是从国际经验还是国内资本账户开放的制度环境和前提条件来看,中国都不适宜在短期内完全放开对资本账户的管制。在未来一段时间,中国资本管制仍然需要为国内经济转轨保驾护航,放松管制应当循序渐进,在尽量杜绝外部冲击对国内经济影响的前提下稳步开放资本账户。同时,我们应该在现有的资本管制框架下改变资本管制的方式,更加市场化的手段是未来资本管制的主要方向,有效化解人民币升值预期则可以有效避免放松资本管制过程中出现较大规模的资本冲击。

参 考 文 献

[1] 艾格·贝克,布赖恩·查普.发达国家资本账户自由化的经验.国际货币基金组织不定期刊物,214 号.

[2] 白晓燕,王培杰.资本管制有效性与中国汇率制度改革[J].数量经济技术经济研究,2008(9).

[3] 戴国强,梁福涛.中国金融市场基准利率选择的经验分析[J].世界经济,2006(04).

[4] 方先明,花旻.SHIBOR 能成为中国货币市场基准利率吗[J].经济学家,2009(01).

[5] 苟琴,王戴黎,鄢萍,黄益平.中国短期资本流动管制是否有效[J].世界经济,2012(02).

[6] 黄益平,王勋.中国资本项目管制有效性分析[J].金融发展评论,2010(6).

[7] 黄志龙.哥伦比亚资本项目开放与 1993—1998 年资本管制有效性研究[J].拉丁美洲研

究,2009(8).

[8] 蒋贤锋,王贺,史永东. 我国金融市场中基准利率的选择[J]. 金融研究,2008(10).

[9] 金荦. 中国资本管制强度研究[J]. 金融研究,2004(12).

[10] 金荦,李子奈. 中国资本管制有效性分析[J]. 世界经济,2005(8).

[11] 李庆云,田晓霞. 中国资本外逃规模的重新估算:1982—1999[J]. 金融研究,2000(8).

[12] 李庆云,田晓霞. 中国资本外逃影响因素[J]. 世界经济,2000(9).

[13] 刘仁武. 国际短期资本流动监管[M]. 社会科学文献出版社,2008.

[14] 王晓春. 中国资本控制的有效性考察[J]. 当代财经,2001(04).

[15] 王信. 中国资本管制有效性辨析[J]. 中国经济金融观察,2008(8).

[16] 温彬. 我国利率市场化后基准利率选择的实证研究[J]. 国际金融研究,2004(11).

[17] 温建东,赵玉超,汪军红. 中国资本管制有效性研究[J]. 金融发展评论,2010(03).

[18] 徐明东,解学成. 中国资本管制有效性动态研究:1982—2008[J]. 财经研究,2009(6):29—41.

[19] 易纲. 中国改革开放三十年的利率市场化进程[J]. 金融研究,2009(01).

[20] 于洋,杨海珍. 中国资本控制有效性的实证检验及启示[J]. 管理评论,2005(05).

[21] 周平剑. 论资本管制阻止资本外逃的效力[J]. 中国软科学,2003(2).

[22] 张碧琼. 国际资本流动对世界经济体系的影响[M]. 清华大学出版社,2010.

[23] 张斌. 如何评价资本管制有效性——兼评中国过去的资本管制效率[M]. 世界经济,2003(3).

[24] 郑峻. 中国资本项目开放的理论思考与实践建议[D]. 厦门大学硕士学位论文,2008.

[25] Ariyoshi, Akira; Habermeier, Karl; Laurens, Bernard; Otker-Robe, Inci; Kriljenko, Jorge Canales and Kirilenko, Andrei. Capital Controls: Country Experiences with Their Use and Liberalization. IMF Occassional Paper, 2000(No. 190).

[26] Bernardo S. de M. Carvalho and Márcio G. P. Garcia. Ineffective Controls on Capital Inflows under Sophisticated Financial Markets: Brazil in the Nineties, Selected from Financial Markets Volatility and Performancein Emerging Markets, National Bureau of Economic Research, 2008(3).

[27] Chikako Baba, Annamaria Kokenyne. Effectiveness of Capital Controls in Selected Emerging Markets in the 2000s. *IMF Working Paper*, 2011(12).

[28] Clements, Benedict; Kamil, Herman. Are Capital Controls Effective in the 21st Century? The Recent Experience of Colombia. IMF Working Paper, 2009(2).

[29] Dooley, Michael P. A Survey of Literature on Controls over International Capital Transactions. *IMF Staff Papers*, 1986(43):639—687.

[30] Dooley, M.; Isard, P. Capital Controls, Political Risk, and Deviation from Interest-rate Parity. *The Journal of Political Economy*, 1980, 88(2):370—384.

[31] Edwards, Sebastian. How Effective Are Capital Controls? NBER Working Paper, 1999(No. 7413).

[32] Edwards, Sebastian; Mohsin S. Khan. Interest Rate Determination in Developing

Countries: A Conceptual Framework. *IMF Staff Papers*, 1985(32,3): 377—403.

[33] Edwards, Sebastián; Roberto Rigobón. Capital Controls, Exchange Rate Volatilityand External Vulnerability. NBER Working Paper, 2005(No. W11434).

[34] Feldstein, Martin; Horioka, Charles. Domestic Saving and International Capital Flows. *The Economic Journal*, 1980(90): 314—329.

[35] Frankel, Jeffrey A. Measuring International Capital Mobility: A Review. *American Economic Review*, 1992(82): 197—2021.

[36] Gros, D. The Effectiveness of Capital Controls: Implications for Monetary Autonomy in the Presence of Incomplete Market Separation. *IMF Staff Papers*, 1987(34):621—642.

[37] Haque, Nadeem; Lahiri, Kajal; Montiel, Peter. An Econometric Rational Expectations Macroeconomic Model for Developing Countries with Capital Controls. *IMF Working Papers*, 1990 (90,11).

[38] Hutchison, Michael; Gurnain Kaur Pasricha and Nirvikar Singh. Effectiveness of Capital Controls in India: Evidence from the Offshore NDF Market. Working Paper, Bank of Canada, 2011.

[39] Johnston, R. Barry; Ryan, Chris. The Impact of Controls on Capital Movements on the Private Capital Accounts of Countries' Balance of Payments: Empirical Estimates and Policy Implications. IMF Working Paper, 1994: 94—98.

[40] Kouri, P. ; M. Porter, International Capital Flows and Portfolio Equilibrium. *Journal of Political Economy*, 1974(82).

[41] Ma, Guonan ; Robert N. McCauley: Do China's Capital Controls Still Bind? Implications for Monetary Autonomy and Capital Liberalization. BIS Working Papers, 2007(No. 1233).

[42] Ma, Guonan ; Robert N. McCauley:Efficiency of China's Capital Controls: Evidence from Price and Flow Data. *Pacific Economic Review*, 2008(13,1):104—123.

[43] Obstfeld, Maurice. Can We Sterilize? Theory and Evidence. *The American Economic Review*, 1982, (72, 2): 45—50.

[44] Obstfeld, Maurice. International Capital Mobility in the 1990s, in Understanding Interdependence: The Macroeconomics of the Open Economy, edited by Peter B. Kenen,Princeton University Press,1995.

[45] Ouyang, Alice Y. ; Ramkishen S. Rajan ; Thomas D. Willett. China as A Reserve Sink:The Evidence from Offset and Sterilization Coefficients. HKIMR Working Paper, 2007 (No.10).

[46] Takagi,Wang Shinji ; Taro Esaka. Sterilization and the Capital Inflow Problem in East Asia, 1987—97, Regional and Global Capital Flows: Macroeconomics Causes and Consequences. NBER-EASE, 2001(10): 197—232.

[47] Wang,Yongzhong. An Estimation of the Effectiveness of China's Capital Controls and Sterilizations. International Trade and Investment Series Working Paper, 2009(No. 09008).

[48] Watanabe,Kenichiro. The Effectiveness of Capital Controls and Monitoring:The Case of Non-internationalization of Emerging Market Currencies. EMEAP Discussion Paper, 2002(2).

第三章

资本账户开放对中国债券市场的影响

本章导读

中国的资本账户开放正处于难得的战略机遇期:一方面是人民币国际化进程的不断加快和中国资本市场融入国际市场的迫切需求;另一方面是开放资本账户的条件不断成熟,国内宏观经济环境与动荡的国际宏观环境相比较为稳定,中央银行和政府有能力实行稳健有效的宏观经济政策,市场化的金融体系和有效的金融监管体系也在逐步完善中,同时拥有充足的外汇储备可以应对资本账户开放后可能出现的冲击。中国资本账户的开放,必然伴随着国际资本流动的加强和国际资本冲击风险的增大,会使尚未完全成熟的中国债券市场面临前所未有的巨大机遇和挑战,因此有必要研究资本账户开放对中国债券市场的影响及对其长期建设的作用。本文列举了中国债券市场现存的主要问题并预测资本账户的开放对这些问题的解决将有怎样的帮助,尤其是资本账户开放对于建设市场机制、完善交易体系、提高债券市场流动性、扩大市场规模、增加债券发行透明度、完善信用评级体系建设等方面的推动作用,希望从资本账户开放的角度入手,提出完善债券资本市场发展的政策建议,探寻该如何借助资本市场开放推动中国债券市场向着成熟发达市场的方向靠拢。

第一节 中国债券市场的历史和现状

一、境内债券市场

中国债券市场起步较晚。1996年以前,中国债券市场主要以交易所市场和银行柜台凭证式国债市场为主,两个市场交易条件不一,不能相互流通和转让。1996年年底,国务院下发文件规定,不得以信贷资金购买国债,商业银行遂退出交易所市场,持有国债相应减少。1997年6月,人民银行允许各商业银行使用在中央国债登记结算有限责任公司(简称中央结算公司)托管的国债、政策性金融债和中央银行融资券进行回购和现券买卖,银行间债券市场开始运行。亚洲金融危机爆发以来,中国实行积极的财政政策和稳健的货币政策,大量发行国债和政策性金融债。1998—2002 年累计发行国债 27 500 亿元(其中增发基础设施建设国债 6 600 亿元),政策性金融债 9 300 亿元,企业债 700 亿元,以上合计 37 500 亿元。2012 年 10 月末,中国债券余额已达 25 万亿元,债券品种分类将近 20 种,其中包括国债、地方债券、金融债、公司债券、企业债券、资产证券化债券,与主要发达国家债券市场品种数量相当。其中信用债的发展尤其迅速,到 2011 年年末,公司信用类债券余额(不包括金融债券)为 4.9 万亿元,占 GDP 的比重达到了 10%,世界排名第 3 位。公司债券融资比重从 2005 年开始,超过股票融资,目前已经成为企业融资的主渠道,占直接融资的比重达到 89%。如图 3-1 中 2011 年各种类债券的发行数量所示,企业债券和金融债券占据债券发行数量的绝大部分。图 3-2 显示,从 2011 年各类债券的发行额度上看,金融债券和国债两项占据发行额度的 88%。

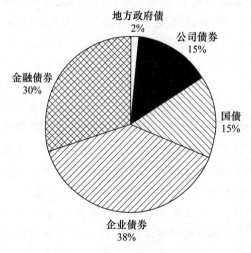

图 3-1　2011 年债券发行数量

在市场参与方面,中国债券市场主要以银行间市场为主,2011 年年末银行间债券市场余额为 24.4 万亿元,占总余额的 96.4%。在银行间市场刚成立的 1997 年,商业银行持有的债券资产占总资产的比重为 5%,债券市场的主要参与者还是以个人和小机构投资者为主。但从 2000 年开始,中国债券市场的投资者结构发生了巨大变化。中国人民银行作为主管机构,始终坚持面向机构投资者的市场定位,不断放宽市场准入条件,增加银行间债券市场投资者的数量,丰富投资者类型,先后将保险公司、证券公司和基金管理公司等主要金融机构引入银行间债券市场。2002 年,人民银行将市场准入从核准制改为备案制,企业等非金融机构大量涌入银行间债券市场。机构投资者逐渐成为债券市场的主体。

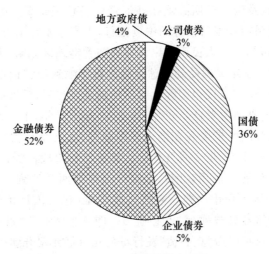

图 3-2　2011 年债券发行额度

中国国内债券市场仍基本不对境外投资者开放,国内监管部门只允许取得合格境外机构投资者资格的机构进入。首先对 QFII 开放的是交易所债券市场。2002 年 11 月 8 日,《合格境外机构投资者境内证券投资管理暂行办法》出台。根据该办法,合格境外机构投资者可以投资在证券交易所挂牌交易的国债、可转换债券和企业债券以及证监会批准的其他金融工具。2012 年 7 月,证监会公布《关于实施〈合格境外机构投资者境内证券投资管理办法〉有关问题的规定》,允许合格境外机构投资者在经批准的投资额度内在银行间债券市场交易固定收益产品。2013 年 3 月,中国外汇交易中心公布了来自中国人民银行的《中国人民银行关于合格境外机构投资者投资银行间债券市场有关事项的通知》,允许已获得中国证监会批准资格及外汇局核批额度的合格境外机构投资者向央行申请进入银行间债券市场,经中国人民银行同意后,合格投资者可以在获批的投资额度内投资银行间债券市场。中国人民银行可以根据宏观审慎管理的原则,对合格投资者的投资行为进行管理。截至 2013 年 2 月底,共有 186 家合格境外机构投资者获得共计 408.35 亿美元额度,约合人民币 2 500 多亿元。但是目前 2 500 亿元的额度与整个银行间债券市场债的托管额 23 万亿元相比,显得微不足道,而且就目前合格境外机构投资者的运作情况而言,其投资标的主要集中于股票,债券投资有限。

二、离岸债券市场

2007 年 6 月 8 日,中国人民银行和国家发改委联合颁布《境内金融机构赴香港特别行政区发行人民币债券管理暂行办法》。该条文规定,政策性银行和国内商业银行可在港发行人民币债券,发行需获中国人民银行和发改委审批,并由发改委颁发配额,债券收益及资金调回必须在外汇管理局登记备案。国家开发银行作为第一家在离岸人民币市场发行债券的中资银行,于当年发行了市值50亿元的人民币债券。从2007年第一支人民币离岸债券登陆香港地区以来,人民币债券离岸市场发展并不迅速,2008年又因受到全球金融危机影响致使其信用风险和信用利差备受关注。直到2009年人民币国际化问题被提上议程后,香港地区的人民币债券市场才逐步恢复,主要动因来自2009年和2010年上半年,中国人民银行对人民币跨境贸易结算试点范围的扩大和在港人民币业务(尤其是存款)的快速增加,使离岸人民币债券市场从2010年7月开始进入高速增长阶段。2010年离岸人民币债券发行规模为360亿元人民币,2011年发行规模翻两番达到了1 100亿元,截至2011年年底香港地区人民币债券总额已超过2 000亿元人民币(在香港地区发行的以人民币计价的债券又被称为"点心债")。图3-3显示了"点心债"发行量的变化,可以看出自2010年以后"点心债"发行量从几百亿元飙升到接近2 000亿元。

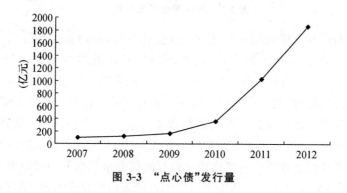

图3-3 "点心债"发行量

就债券品种而言,目前离岸债券主要有两种:一是以人民币发行、以人民币结算的债券,即"点心债";二是以人民币发行、以美元或其他外币结算的债券,称为合成型债券。从发行主体来看,有政府债券类,主要是财政部发行的离岸人民币债券,由此形成了离岸人民币基准利率曲线;也有政策性银行、商业银行和外资金融机构发行的金融债券;还有国内外企业(包括在香港地区上市的红筹股)发行的企业债券;以及跨国组织和机构发行的人民币债券。投资主体在前期主要是批发银行为主,占到70%左右的水平;随着政策的放松,投资主体日益多元化,包括商业银行和私人银行、保险公司、投资基金以及来自香港地区及海外的公司。

在收益率方面,离岸人民币债券的收益率明显低于在岸人民币债券的收益率,这是内地资本管制造成的结果。跨国(跨境)企业可能会利用在在岸、离岸市场分别发债的方式,再通过内部公司贷款或净资产注入等内部投融资方式在集团层面套利,但是规模有限。裴长洪、余颖丰(2011)的研究表明,目前离岸市场和在岸市场还是两个彻底分离的市场,相互影响不大。离岸人民币市场利率变化的主要动力来自市场,而在岸人民币利率受政府监管。但是可以想见的是,一旦内地的资本管制取消,资本账户逐渐放开,离岸、在岸收益率曲线将逐步趋于一致,毕竟这两条收益率曲线都是对同一种货币(人民币)资金价格的反映。

研究离岸人民币债券收益率与美元基准收益率之间的关系有极其重要的意义。尽管离岸人民币债券市场存在规模有限、流动性不足、发行主体和投资主体多样性不足等问题,但是离岸人民币具有可自由兑换的性质,并且国际资本在离岸市场的流动不受限制,因此在一定程度上可以模拟内地资本市场开放后债券市场所受到的冲击状况。从香港离岸人民币债券市场的情况来看,其基准收益率极大地受到人民币汇率的影响。例如2011年年初,尽管离岸人民币债券收益率低于美国国债收益率,但仍受到了市场的热捧,主要可能是受到了人民币升值预期的影响。另外,离岸人民币基准收益率还受到中国经济基本面的影响,反映了发行国主体风险溢价。例如2013年年初中国经济出现"硬着陆"风险,导致离岸人民币收益率升高,债券发行市场也陷入停滞。

第二节 资本账户开放对中国债券市场的短期影响分析

债券的国际交易是国际资本流动的重要组成部分(Cedric & Eric,2010),研究资本账户开放对债券市场的影响有重要意义。中国开放资本账户后对债券市场的冲击可以分为长期影响和短期影响两个方面。短期来看,国际资本长时间内一直受到抑制,对中国债券市场的投资需求将得到突然的释放,在国内外利差存在的情况下,势必将会出现大量国际资本涌入中国债券市场的情况,造成债券价格上升、利率下跌,并加剧债券市场的波动。但是随着市场机制的完善和稳定机制发挥作用,资本账户放开带来的短期冲击将趋于稳定,其对中国债券市场的影响更多地表现在倒逼市场机制完善方面。国外很多研究也认为资本账户开放对一国金融部门和资本市场的发展和完善有促进作用(McKinnon,1973;Prasad等,2003;Shaw,1973)。具体来说,发达市场成熟投资者进入中国债券市场后,对中国债券市场在成熟度、有效性、深度和广度方面有更多的要求,对中国债券市场参与机构的竞争力和风险控制能力提出了更大的挑战,对中国债券发行方的公司治理和透明度起到了监督作用,也对中国债券市场监管机构形成了更大的压力。这样,境外资本通过促使中国债券市场各相关方面的不断自我完善,进一步实现了对中国债券市场的影响。

一、引起债券市场泡沫

在2008年全球金融危机和欧洲主权债务危机后,欧洲和美国的经济长期不振,GDP 增长速度放缓,在一些国家甚至出现负增长;而中国等新兴市场国家在金融危机中并未受到太大程度的冲击,经济恢复较快,相比发达国家增长速度较高,投资收益明显,市场潜力巨大。欧美发达国家通常会为刺激经济复苏长期采取扩张的货币政策,美联储就一连实行三次量化宽松,直至 2013 年 10 月,第三轮无上限量化宽松 QE3 仍在进行中;而现任美联储主席耶伦是凯恩斯主义的信徒,美联储在她任上有较大的可能性维持相对宽松的货币政策,而欧洲央行为了应对欧债危机和欧洲国家增长乏力的问题而长期将指导利率保持在接近于零的低位。相比之下,中国债券市场较高的收益率对投资者有较强的吸引力。另外,市场认为人民币还有进一步升值的空间,随着人民币国际化进程的加深,人民币的可自由兑换得以实现之后,对外国投资者而言,人民币的升值也会进一步反映在人民币债券的收益率上。在资本账户放开之后,可以预测将有大量的外部资金进入中国的债券市场。

大量资金在短期内的涌入必然会导致资产价格的上升和债券市场的过度繁荣,并通过利率下降而引起过度投资和实体经济过热。但是,中国现有的债券市场规模并不足以吸收如此大量的资本的快速涌入,债券市场的建设尚不完善,违约机制不存在,尽管已推出国债期货但是债券市场交易品种仍较为单一,不能满足境外较成熟投资者的投资和对冲需求。另外,面对外资大规模涌入导致的利率降低、债券价格上升、市场出现泡沫的情况,政府为了抑制经济过热或是抑制通货膨胀,可能会倾向于采取紧缩的货币政策进行调节,但是这样一来,利率进一步升高,吸引更多的境外资本涌入境内市场,可能导致货币政策在某种程度上的失灵。

债券市场等虚拟资本市场的繁荣不是建立在实体经济繁荣的基础之上的,相反,还会吸引原本投资于实体经济的外商直接投资或者境内资本转而投向虚拟经济,带来本国经济结构的失衡和虚拟化,不利于实现本国经济升级与转型。泡沫和经济过热往往是金融危机的前兆,如果中国的债券市场没有形成完善的市场机制、监管体系、风险防范体系,如果中国的经济基础不够坚实,一旦泡沫破裂、外资大规模抽逃,那么金融危机就很可能发生。

二、加剧债券市场波动

债券市场的波动性一直是各国监管当局关注的指标之一,也是现代金融领域研究的主要问题之一。Prokopczuk(2012)的研究表明金融危机时期国际资本流动对债券市场的冲击大于股票市场。根据现代金融理论,波动性是债券二级市场价格发现和资本配置的核心,同时,波动性与反映债券市场质量和效率的其他指标如流动性、交易成本、市场信息流动等密切相关,因此波动性是综合反映债券市场价格行为、质量和效率的最简洁有效的指标之一。而且债券利率波动性与企业投资和财务杠杆决策、消费者消费行为模式、经济周期及相关宏观经济变量等密切相关。因此,债券市场收益率的波动性特征及其影响因素可以帮助反映债券市场的价格行为及其基本功能——资本配置功能——的实现情况。

研究表明,中国债券市场的利率呈现出显著的非对称现象等特性。从利率价格波动的一般性成因分析,中国债券市场的利率波动是金融发展、金融市场信息非对称和投资者有限理性共同作用的结果。信息的冲击导致了证券市场价格的波动。在市场信息传递的过程中,不同的市场参与者获得信息的途径、时间和对信息的理解以及之后的反应均有所差异,各市场主体自身效用函数的差异也引起市场波动的不一致。此外,中国的债券市场来讲具有"起步+转轨"的双重属性。作为一个起步的债券市场,中国的债券市场是一个从无到有的过程,信息成本较高,市场效率与竞争均衡非完全相容,市场监管制度不完善,信息约束和流动性约束对债券市场利率产生波动冲击效应,这些对债券市场的利率造成巨大的冲击。债券市场的利率存在相反的杠杆效应,即在利率上涨(债券价格下跌)的时候波动更大,利率下跌(债券价格上涨)的时候波动反而小。中国债券市场制度的缺陷和不成熟,使利率的波动在上涨和下跌时表现出与发达国家债券市场不同的特征。

相对于美国发达债券市场,中国新兴的、处于转型期的债券市场表现出规模小、流动性低的特点,因此资本账户开放导致短期性的金融资本过度流入会加大债券市场的不稳定性。尤其当国外机构投资者成为投资主体时,会导致国内金融市场产生显著的不稳定。首先,新兴金融市场,即资本输入国证券市场会受到工业国家证券市场波动的溢出影响。其次,新兴市场国家的宏观经济环境具有很大程度的相似性,体现在外资流入周期和结构基本相同,所以这些国家的经济之间存在很大的关联影响和交叉感染影响,表现出很强的同步性。一旦国际投资者"嗅到非利好的信息",会把这些国家视为一个整体而抽离资金,导致其同时崩盘。再次,资本账户开放的环境下,机构投资者在全球资本流动中发挥主导作用,其行为表现出很强的"羊群效应",进入和退出新兴市场呈现"一窝蜂"式,从另一条途径再次加强了新兴市场之间的同步性,典型表现是金融危机时期的"多米诺骨牌效应",即在危机发生时,资本大范围短缺引发资产抛售(Kashyap等,2008),该资产抛售对于债券市场和股票市场的强烈冲击会在资本自由流动时加剧(Turalay等,2010)。中国债券市场规模相对小,缺乏健全的金融和经济基础设施,不能承受资本账户自由化导致的大幅波动,如果发生剧烈波动,会对金融系统带来全局性的影响。

三、加大金融监管的难度

金融全球化意味着金融资本在全球范围内自由流动、转移与获利,这给不同国家的金融监管与控制带来了相当大的麻烦与难度。许多无序的金融活动和金融资源的过度开发,如果缺少必要的监控,会加剧各种投机性金融活动的负面效应。尤其是面对流动性大、资本量大、掌握现代化通信技术和金融分析工具的对冲基金的冲击时,国际金融监管以及各国金融监管的薄弱性就充分显现出来。金融监管的薄弱性体现在:各国在金融机构的审慎管理方面明显不足,在会计制度、监督报告、公开披露等方面有待完善;国际资本流动信息的透明度不够,公众、监管部门和评信机构在缺乏具有透明度的资本交易信息的情况下,很难评价金融机构或区域金融市场的稳健程度,也无法制定相应对策防范局部金融动荡的蔓延;原有的金融监管部门以 CAMEL 标准(资本、资产、管理、收益和流动性)或 ROCA 标准(风险管理、经营、资本、资产)对金融机构评信,已经不能满足对金融机构跨国经营和交易的效果及风险的评价;目前还缺少全球性的、独立的权威国际监管机构来协调各国金融货币当局的政策,从而能够迫使一国放弃不恰当的资本流动政策,其也没有独立、充足的资金来源,以对突如其来的金融危机实施必要的控制。

第三节 资本账户开放对中国债券市场的长期影响分析

一、完善债券市场交易制度

(一)债券交易结算方式

结算方式是指在债券结算业务中,债券的所有权转移或权利质押与相应结算款项的交收这两者执行过程中的不同制约形式。通常的结算方式有纯券过户、见券付款、见款付券、券款对付四种。纯券过户是指买卖双方要求中央结算公司在结算日办理债券的交割过户时,不以资金结算为条件的债券过户,选择此结算方式每一方都不应以未收到对方的券或款为由不如期履行交付义务;见券付款是指在结算日收券方通过债券簿记系统得知付券方有履行义务所需的足额债券后,即向对方划付款项并予以确认,然后通知中央结算公司办理债券结算的方式;见款付券是指在结算日卖方确认已收到买方资金后即通知中央结算公司办理债券结算的一种结算方式;券款对付是指在结算日债券与资金同步进行结算并互为结算条件的方式。可以看出,无论见券付款还是见款付券,都可能出现一些风险不对称的交易,很容易导致对交易某一方不利的情况出现。纯券过户则对结算双方都存在风险,即对手方可能不如期交券或付款的风险。而券款对付是指在结算日债券交割与资金支付同步进行并互为约束条件的一种结算方式,其特点是结算双方交割风险对等,是一种高效率、低风险的结算方式。券款对付一般需要债券结算系统和资金划拨清算系统对接,同步办理券和款的交割与清算结算,是国际债券结算行业提倡且较为安全高效的一种结算方式,也是发达债券市场最普遍使用的一种结算方式。券款对付的实现可减少信息不对称,促成交易高效安全进行。

由于中国债券市场支付系统建设的落后,券款对付的结算方式于2013年11月才开始正式推行,而见款付券、见券付款和纯券过户的结算方式仍没有退出历史舞台。在资本账户开放后,为了吸引境外投资者投资于中国债券市场、与发达市场通行规则接轨,全面推行券款对付的结算方式是大势所趋;同时境外投资者为了降低交易的对手方风险,也会要求中国债券市场采用券款对付的结算方式,否则便会"用脚投票"离开中国债券市场。因此境外投资者的引入对于推行券款对付的结算方式有推动作用,将极大地提高债券市场的交易效率,降低现券交易中的交易对手风险,同时减少"空手套白狼"等套利操作。

(二)代持养券的违规操作

2013年4月中国债券市场发生清查风暴,暴露出一系列交易体系制度缺陷,最严重的是债券市场公开的"潜规则"——代持养券。所谓代持养券,是指投资机构以现券方式卖出债券后,跟交易对手私下签订协议,在将来某一时点以接近当初成本价重新买回该笔债券。以买回债券的期限进行划分,期限较短的称为代持,不断滚动操作、期限长达数月甚至数年的称为养券。代持养券的存在主要有几个方面的原因:一是全国银行间同业拆借中心交易系统会对全国银行间债券市场参与者债券质押式回购、债券买断式回购、现券买卖和债券远期交易四项交易量的年度统计数据进行排名,来评定交易商资格等级和国债承销资格,因此市场参与者有动机扩大交易量以冲击交易量排名。二是为保障货币市场基金的流动性,证监会规定货币市场基金不得投资剩余期限超过367天的债券,由于债券久期与投资收益率正相关,货币市场基金迫于市场排名或提高收益率的压力,通常买入收益较高的中长期债券,通过代持在不违规的前提下隐蔽地拉长产品久期,提高投资收益。三是为了放大投资杠杆。根据《基金法》规定,基金参与银行间市场的资产比例不能超过基金本身管理规模的40%,一些基金经理为了博取更高的收益率,通过多轮代持不断放大杠杆,但是,一旦市场利率上升,债券价格下跌,基金便会面临成倍的损失。四是为了规避监管部门对相关机构债券投资的门槛。保监会要求保险资金不得购买评级低于AA的非金融企业信用债券。部分保险机构为了提高资金收益率,或者投资部门出于业绩考核压力,很可能违规买入AA级别以下的债券,并在面临监管检查时通过代持方式转移到表外,监管结束后再赎回到表内。

在资本账户开放之后,必然要求建设一个公开、透明的债券交易系统。在资金规模雄厚、交易策略先进的境外资本进入中国债券市场后,单靠反复过户代持来冲击交易量排名的手段便会失灵,使得交易量排名回归为真正反映债券市场参与机构资金实力和投研水平的指标。到时中国债券参与者(基金经理)的业绩表现将接受重大的考验,过度依靠代持的"裸泳者"的高排名将随着代持养券现象的消退而被有实力的、经验丰富的国外竞争者所取代。同时,伴随着资本账户的开放和中国债券市场的进步,我们会看到更多品种和特点的固定收益产品上市交易,以满足基金经理在合法合规的条件下获取与风险匹配的最大收益的要求,也就不会通过代持的手段来放大杠杆。可以预期,在资本账户开放后,代持养券的违规操作现象无论在影响排名的效果还是在提高收益率的必要性上,都会逐渐被时代所抛弃。

(三) 丙类账户利益输送

中央结算公司设置甲、乙、丙三种债券一级托管账户。甲类为商业银行,乙类一般为信用社、基金、保险和非银行金融机构,而丙类大部分为非金融机构法人。首先,与甲类户相比,丙类户操作更为灵活,在投资高风险资产时不用接受和银行自营账户一样严格的风控条款,便于银行投资于一些评级较低但收益较高的债券,尤其是银行理财资金要获得更高收益,大量资金通过券商、信托等渠道,通过丙类账户进行操作。其次,在报价瞬息万变的二级市场,丙类户因其活跃的市场关系,往往可以充当中介的角色。例如市场不好时,可以通过丙类账户进行交易撮合,确定较为合理的交易价格。此外,丙类户游走于一、二级市场之间,拥有丰富的渠道,企业发行债券时,丙类户在与承销团成员签订关于分销数量及利率的协议之后,获得相应新券,然后在二级市场卖出后赚取点差。丙类户活跃于这个"一级半市场",对于商业银行顺利承销债券无疑也是有帮助的。

因为对丙类户的监管相对松散,在银行间市场也滋生了一些灰色地带。由于丙类户不允许直接参与债券交易,必须通过甲类户的账户进行代理结算;同时丙类户的注册门槛较低、自身资金实力有限,因此其购买债券经常需要委托商业银行垫资买入。当银行实际买入的价格高于丙类户预期价位,或者市场突变导致债券价格下跌时,丙类户就可能违约,导致的损失只能由银行承担。这种情况频频发生,破坏了市场交易气氛。更值得关注的是金融机构通过丙类账户进行违规交易和利益输送。金融机构可以先低价将债券过户给丙类账户,由丙类账户再高价过户给交易下家,如此多次反复交易,可获得规模巨大的利益。尤其是一些流动性较差的债券,其公允价格难以确定,有较大的操作空间。

资本账户开放之后,境外资本为了满足本国监管机构的要求,更忌惮于参与到丙类户利益输送的链条中去,有助于刹住债券市场中的歪风邪气,让潜规则变为明规则。而且在境外资本的参与下中国债券市场的流动性会得到较大的提升,境外机构对债券估值有更丰富的经验和更准确的模型,市场交易价格能更好地反映出一只债券的公允价值,留给丙类户的操作空间也大大缩小。在经验丰富的境外投资者的参与和竞争下,债券市场的交易将更加公开透明,由于债券的模糊定价而给丙类户套利的"灰色地带"也将逐渐退出债券市场。此外,资本账户开放可能伴随着外资银行进入中国开展业务,这些银行风险防范意识强、对交易对手信用资质的甄别能力高,能更好地防范丙类户通过银行买卖债券违约的情况发生。

（四）做市商制度缺陷

做市商制度是指在证券市场上具备一定实力和信誉度的证券经营法人，不断向交易者报出某些特定证券的买入价和卖出价，并在所报价位上接受其他市场参与者的买卖要求，保证及时成交。银行间债券市场的交易一般要靠做市商来驱动，做市商通过不断报出连续双边价格（买入价格和买出价格），来推动市场其他主体进行交易。

做市商制度的有效实施要求做市商报出的价格要具有合理性和可交易性。2007年推出的新规没有对做市商双边报价的价差作出具体规定，只是要求做市商的双边报价应当是实价，且其双边报价价差应当处于市场合理范围之内。新规意味着做市商很可能只报出对自己有利的一边价格，而对自己不利的另一边价格任意乱报。中国债券市场一般是以单边市场为主，如果做市商在这种情况下坚持双边报价，很可能对做市商自己造成巨大风险。现在市场普遍认为做市商的权利和义务不够对等，这也是做市商制度不被认可的主要原因。

引进境外投资者，尤其是境外做市商之后，将大大提高中国债券市场做市商的报价能力。首先，有些境外成熟投资机构在境外市场就有比较丰富的做市经验，即使在单边市场的情况下也有能力报出比较有效的双边价格。它们的参与不仅可以提高债券市场交易的有效性和效率，也将产生"溢出效应"带动国内做市商的快速成长。其次，资本市场的开放必然伴随着债券市场品种的丰富和做空手段的出现，这样做市商就可以充分利用市场手段对冲其做市风险。另外，为了满足境内外做市商对其权利义务对等的要求，人民银行会逐步给与做市商交易手续费、信息、结算条件、头寸限额等方面的支持。外资的参与可以提高做市制度的有效性和流动性，使得做市制度真正成为中国银行间债券市场的价格发现来源。

二、提高债券市场流动性

中国债券市场流动性较差，表现为整体换手率较低，月换手率波动较大。不同券种的流动性表现出差异性：短期融资券由于其期限较短、收益较好具有较高的流动性，是债券市场上换手率最高、流动性最好的债券品种；其次是中央银行债和政策性金融债；而国债则是流动性最差的债券。不同剩余期限债券的流动性也有所不同：剩余期限为1—5年的中期债券由于发行量最多、存量最大，流动性最好，其次是剩余期限为5—10年的中期债券，流动性比较差的是剩余期限小于1年及大于10年的债券。从国际比较来看，中国银行间债券市场的换手率远远低于发展中国家和地区的平均水平，更远远低于发达国家和地区的水平；而从买卖价差指标来看，中国银行间债券市场则远远高于这些国家和地区。这表明，无论从市场的深度还是宽度来看，中国银行间债券市场的流动性都比较低。影响市场流动性的因素很多,也很复杂,在国际清算银行的报告(BIS,1999)中,将影响市场流动性的因素分为三类:与市场交易品种有关的因素、市场微观结构的因素、市场参与者行为的因素。

第一,造成中国债券市场流动性不足的一个主要原因是债券市场规模相对经济体量来讲还是太小,截止到 2011 年年底,中国 21.9 万亿元的债券余额占同期 GDP 的 47% 左右,而美国此比例为 172.94%,德国为 78.89%,英国为 73.28%,表明中国债券市场总量与欧美发达国家相比还有很大差距。而且中国债券市场上的债券品种单一,以国债、政策性金融债券为主,公司企业债占债券市场的份额较小。

第二,市场集中度高、市场投资主体结构单一是造成中国债券市场流动性不足的另一个重要原因。中国债券市场最主要的参与者是各类商业银行,在现券交易中的份额很高,持有的债券数量也比较多。目前,商业银行尚未完成现代企业制度改革,还不完全是市场意义上的机构投资者,其更重视债券市场的资金调剂功能,而不太注重资金的配置功能,对持有的大量债券资产如何进行管理和运作以获得更多利润,缺乏足够的研究和重视,从而影响了债券市场的流动性和金融市场功能的发挥。再加上近年来监管机构对于商业银行存贷比的监管越来越严格,商业银行过剩的资金流向债券市场,对债券资产的需求不断增加。银行间债券市场供求关系的不平衡大大降低了市场的流动性。

第三,二级市场不透明的交易定价机制扩大了寻租空间,导致市场参与者不愿意参与债券市场的交易,导致流动性不足。中国债券市场存在场内、场外两个市场,在交易定价方面存在显著差异。作为场内交易市场,交易所债市的主要交易定价由计算机系统集中撮合确定,其交易定价方式与股票交易类似。而占债券市场绝对主流的场外交易市场,银行间债市虽然自 2001 年开始实施做市商制度,并于 2007 年 2 月 1 日施行"新规",但是由于目前的做市商力量相对薄弱,难以为买卖双方提供充足的流动性,实际上很多品种的交易定价还是由投资者以询价方式与选定的交易对手方逐笔达成交易,这种具有分散性和协议性特征的交易定价方式为交易双方之间带来寻租空间,前文已经论述过的丙类账户就乘虚而入,进行违规交易。

资本账户开放、引入境外合格投资者可以针对以上三点改善中国债券市场存在的流动性不足的问题。首先,境外投资者进入中国债券市场可以极大地提高中国债券市场参与机构的多元化,使得商业银行不再一支独大。境外资本投资中国债券市场的目的与境内商业银行的目的不同,更多地是以获取利差为目的,而非长期持有、进行资产配置;另外,外资机构的投研力量远较现在中国商业银行的实力强大,能对中国的债券市场做出更深入、更准确的分析,并以此指导交易,增加市场交易的活跃程度。从市场规模而言,我们首先会看到有越来越多的境外金融机构或非金融机构在中国债券市场发行债券融资,大大地提高中国债券市场(尤其是企业债市场)的规模,池子大了,流动性自然也就有了;而且,境外机构有较大规模、较为多样的投资需求,借由旺盛需求也会带动发行人在债券市场进行直接融资,进而扩大市场规模。从市场透明度而言,前文已经提到资本账户开放和境外资本的进入有助于完善结算机制,清理违规交易和利益输送,完善做市商制度和提高市场透明度,进而提高中国债券市场的流动性。

三、建立统一的债券市场

中国债券市场分为银行间债券市场和交易所债券市场,两个市场在交易机制、交易主体、交易品种、监管主体方面长期存在割裂现象,并导致中国债券交易市场割裂,迫使两个市场债券收益率曲线出现背离,难以形成统一的价格。场内市场和场外市场不能协调发展,相互隔离,严重阻碍了中国债券市场的发展。

中国从1981年恢复发行国债到1988年期间,没有国债二级市场。从1988年开始,首先允许7个城市随后又批准了54个城市进行国库券流通转让的试点工作。允许1985年和1986年的国库券上市,试点地区的财政部门和银行部门设立了证券公司参与流通转让工作。试点主要是在证券中介机构进行,因而中国国债流通市场始于场外交易。由于场外交易的先天弱点——管理不规范,信誉差,拖欠现象严重,容易出现清算与交割危机,等等,导致场外市场交易不断萎缩,至1996年场外市场交易量的比重已不足10%。与此同时,场内交易市场虽然起步较晚,但由于自身优势却获得稳步发展。1997年,建立了专供商业银行进行债券交易的场所——全国银行间债券市场。这个市场属于场外债券市场,并发展成为托管量最大的债券交易市场。2002年6月,随着四家国有独资商业银行获准在部分地区进行指定国债的柜台交易试点工作,债券柜台交易市场重新出现。经过二十几年的发展,中国债券交易市场形成了"两个类型、两个中心、四个场所"的结构体系。两个类型是指场内市场和场外市场。场内市场包括上海证券交易所和深圳证券交易所,市场参与者既有机构也有个人。场外市场包括银行间债券市场和商业银行国债柜台市场,两个场外市场参与者分别限定为机构和个人。两个中心是指中国债券交易市场的两个中心场所,场内债券交易的绝大部分集中在上海证券交易所,场外债券交易的绝大部分集中在银行间债券市场。四个场所即上文提到的上海证券交易所、深圳证券交易所和银行间债券市场、商业银行国债柜台市场。

银行间市场和交易所市场的割裂主要包括交易主体割裂、债券品种割裂、债券托管割裂和监管主体割裂四个方面。

交易主体割裂体现为银行间债券市场参与主体为商业银行、政策性银行、农村信用社、保险公司、基金公司、其他非银行金融机构大型企业;交易所债券市场参与者是证券公司、基金公司、保险公司、个人投资者。商业银行只能在银行间而不准进入交易所进行债券交易,导致作为债券市场主要投资者的商业银行游离于交易所债券市场之外。个人投资者尚不准直接进入银行间债券市场进行交易。

债券品种割裂体现在不同类型的债券限于在不同的交易场所发行与交易。具体来说,银行间债券市场和交易所债券市场交叉的产品为国债,但并不是所有国债产品都交叉挂牌,只有少数跨市场发行产品如此。金融债与央票主要在银行间发行和交易;企业债和可转债主要在交易所发行与交易;柜台市场则主要交易凭证式国债。债券品种的割裂对中国债券市场的流动性造成了很大影响。

债券托管割裂体现为目前银行间交易的债券主要托管在中央结算公司;在交易所交易的债券则托管在中国证券登记结算公司上海与深圳分公司;柜台交易由中央结算公司通过商业银行进行二级托管。其结果是要么使得债券难以在两个市场之间转托管,要么转托管的成本太高,造成两市场间的套利难以进行,不利于债券在各个市场中的自由流动,加重了债券市场的分割与无效。

监管主体割裂体现为中国债券市场的监管一直是多头监管状态。债券发行、交易以及结算的监管分别由不同机构负责。债券市场监管机构的分离造成各类债券在审核程序、发行程序、发行标准和规模、信息披露等各个环节监管宽严不一;政出多门的状况使得监管部门之间的分工难以协调,造成监管效率较低;此外,监管标准和交易规则不统一也使市场投资者无所适从,严重阻碍了债券市场的快速协调发展。

资本市场开放后,境外投资者的引入有助于改变以上四种割裂的状态。境外投资者的类型多样,既包括国外的商业银行,也包括基金、投行、保险公司,乃至个人投资者;而且其投资需求也是多样化的,不仅仅是国债,也包括企业债、公司债、可转债,乃至国债期货和其他利率衍生产品,因此境外投资者绝不会局限于一个交易市场,而是会产生强烈的跨市交易的需求,包括债券在两个市场可以同时发行上市、可以自由转托管、交易者能够在两个市场自由进行交易。更重要的是,境外投资者可以敦促监管机构实行统一监管、统一市场准入、统一游戏规则,改变过去那种多头管理、行政干预的做法。随着交易手段的进步和金融产品的多样化,境外机构凭借其丰富的经验和强大的开发能力会探索出两市之间套利的交易策略,以此推动两市在交易价格方面趋于统一,确保整个债券市场运行的顺畅与高效。

四、扩大企业债市场规模

中国企业债券市场规模小、流动性差、投资者群体单一、信息披露和信用评级制度不完善等问题较为突出,严重阻碍了债券市场为实体企业融资输血的功能。

大力发展企业债券市场,提高直接融资比例,已成为完善债券市场功能、改善融资结构的当务之急。中国企业债券市场发展相对缓慢的主要原因,归纳起来有以下几点。

一是企业间接融资比重较大,大型企业偏好通过银行贷款融资,而非通过债券市场进行融资,债券市场没有充分发挥为企业提供融资渠道的作用。其原因是中国银行贷款市场利率尚未放开,银行有将资金配置给资质好、信誉高的大企业的偏好,使这些原本可以发行企业债的企业能以较为低廉的价格从银行借到资金。短期企业债尤其容易被银行贷款所替代,因银行2—5年的贷款审批较5—10年、10年以上的长期贷款更为容易,考核的指标更为宽松。因此在经济进入降息周期、银行信贷放松的时候,企业更倾向于银行贷款而非发行企业债。另外,在成本上,发行企业债所需成本也比银行贷款要高。

二是国有企业偏好股权融资使企业债券市场发展缺乏动力。根据公司资本结构理论,为了实现价值最大化降低融资成本,企业最优的融资顺序应该是:内部融资、债权融资,最后才是股权融资。然而中国企业更偏好股权融资,不重视债权融资。由于中国绝大部分股份公司的股权过于集中且国有股流通受限,加之中国资本市场和经理市场不完善,股东对公司行使控制权的"用手投票"和"用脚投票"都不能发挥作用。在中国这样一个缺乏强有力股权约束的环境下,公司经理层会把股权融资当作一种长期的无须还本付息的资金来使用,而债务到期必须偿还,这是国有企业偏好股权融资的根本原因,也是制约中国企业债券市场发展的关键因素。

三是政府对企业债券市场干预过多。长期以来,中国企业债券市场受到政府的严格管制,企业发行债券要经过有关监管部门的层层审批。如债券发行前必须先取得国家计划主管部门下达的债券发行计划,并需要得到人民银行同意其发行债券的批文,债券发行后还需要向交易所提出上市申请,上市交易由证监会负责监管。也就是说,企业债券的发行利率由国家发改委和中国人民银行审批;一级市场上市由国家发改委审批;二级市场上市由中国证监会审批。而且政府对发债企业的地域、所有制、行业等均有严格限制,同时发债的期限、金额以及所筹资金的用途等也都由政府决定。过多的行政干预影响了企业发债的积极性,影响了企业债券市场的发展。

四是企业债券品种过少。自1988年开始发行以来,企业债券品种基本上只有重点建设债券、中央企业债券和地方企业债券几个品种。由于1993年以前批准发行的企业债券有部分出现了到期不能及时兑付的问题,因此,从1994年开始,已发行的企业债券品种大部分被取消,只剩下中央企业债和地方企业债。1998年,又推出了可转换企业债。2005年5月,中国人民银行允许符合条件的企业在银行间债券市场向合格机构投资者发行短期融资券。2006年5月,中国证监会提出上市公司可以公开发行认股权和债券分离交易的可转换公司债券。目前,中国企业债券中90%以上是普通债券,可转换债券、无担保债券和浮动利率债券出现较晚,发行量也很少。从利率品种来看,绝大部分为固定利率债券,浮动利率债券从2000年才开始出现。

资本账户的开放必然伴随着利率自由化,贷款利率上下限都放开之后,银行可以根据企业的信用资质确定贷款利率,向资质较差的企业收取较高的利息,在贷款分配上面也不再一味向大型国有企业倾斜。面对较高的贷款利率,企业便有动力去更透明、流动性更好、利率相对较低的债券市场融资,而大型国有企业没有了泛滥的银行授信之后也会产生在债券市场上融资的需求。利率自由化将一部分原有间接融资推向了债券直接融资市场,扩大了企业债市场的融资规模,催生了更多不同品种、不同结构的企业债的诞生和繁荣。在监管方面,资本账户开放促使监管制度向一体化、统一化、自由化的方向发展,在交易所上市的企业债也可以在银行间市场进行交易,方便地进行转托管,极大地促进了投资主体的多元化,促进了企业债市场的规模、流动性和定价的有效性。在发行方面,会有更多的境外机构在国内债券市场发行人民币债券并在国内债券市场进行交易,也可以推动债券发行审批流程的简化和门槛的降低。资本账户开放后,由于境外投资者和境外发行者大量参与到中国企业债券市场中,上述阻碍企业债市场发展的障碍将会被一一打破,企业债市场发展落后的畸形局面将得到改善。

五、增加债券市场交易品种

欧美发达国家的债券市场经过200多年的发展,产品结构和种类相对合理,既有品种齐全的公司债、国债、地方债、机构债、信用债、可转债等产品,更有丰富的债券衍生品和证券化产品。而反观中国交易所场内市场,债券品种、期限和利率过于单一,难以满足机构投资者的需要。中国债券市场上国债是主要组成部分,而作为债券市场重要组成部分的企业债券则规模较小,而且缺少债券衍生品,更缺少国际化产品。债券的定价方式基本上是以同期存款利率为基础上浮40%,利率相对固定,缺乏灵活与创新。债券品种单一,不利于投资者根据自身的资金状况进行更多的投资选择。在条款上设计一次还本付息的偿还方式,不利于吸引更多的企业债券投资者。期限结构单一化,难以满足多方面的不同需要。资本账户开放和境外成熟机构投资者的引入可以促使中国债券市场在品种上的进一步丰富,主要包括中小企业私募债、债券衍生产品、地方政府债、熊猫债券和债券ETF。

(一)中小企业私募债

中国企业债券发行主体多是一些评级较高的企业,高收益企业债、信用差异大的产品处于严重缺失状态,这直接导致中国债券收益率曲线的不完善,缺乏参考价值。中小企业债券不仅拓展了发行主体,丰富了市场层次,而且为探索推出低评级的高收益债券市场提供了契机,有利于推动债券市场结构的不断优化。2012 年 5 月,上交所和深交所分别发布了中小企业私募债业务试点办法。作为新生事物的中小企业私募债要发展为真正的高收益债券,成为中国债券市场的重要组成部分,还面临着较多的障碍。中小企业规模较小,信用评级不高,企业经营波动性较大,如果发行较长期限的企业债,投资者难以判断在此期间公司会出现怎样的经营风险,这必然产生一定程度的信用溢价,发行利率较高,融资成本也较高。

资本账户开放后,中小企业发债难的问题可以得到一定程度的解决。首先,外资可以为中小企业发行债券提供担保或其他增信手段。伴随着资本账户的开放,涌入中国债券市场的不仅有境外投资者、境外发行人、境外评级公司,还会有境外担保公司或者提供担保业务的其他金融机构。这些机构有较为成熟的风险控制和较为先进的担保手段,可以为中小企业提供成本相对低廉的增信服务,提高中小企业私募债的信用评级,降低发行利率,吸引风险偏好较为保守的保险公司、商业银行等大型机构投资者进行投资,达到促进中小企业债券市场发展的目的。其次,作为投资者,境外一些机构追求较高的回报,也能容忍较高的风险,对债券投资的信用水平限制较少,它们在境外债券市场即是高收益债券的主要投资者,拥有丰富的投资经验和风险对冲手段,也会成为中国中小企业私募债的主要投资者之一。

(二)利率衍生产品

与发达国家相比,中国利率衍生品市场起步时间较晚、发展时间较短,期间也经历了巨大的波折。早在 20 世纪 90 年代,中国就开始了建立利率衍生品市场的大胆尝试,1992 年 12 月上海证券交易所最先试点推出国债期货交易,然而由于当时期货交易规则、政府监管、风险防范都很不健全,市场中内幕交易、恶意操纵等违规现象屡禁不止,在接连发生"327""319"国债期货事件等严重恶意违规事件以后,1995 年 5 月中国证监会宣布暂停国债期货交易,直至 2013 年 9 月才重新开启。2005 年 6 月银行间债券市场正式推出了债券远期,这标志着中国重新开启了建立规范的利率衍生品市场进程。此后,银行间债券市场于 2006 年 2 月推出了利率互换,又于 2007 年 11 月推出了远期利率协议。

经过多年的发展,中国利率衍生品市场品种逐渐多样化,但仍远不能满足投资者的需求。在国外成熟的金融市场中,利率衍生品体系应当是涵盖利率互换、利率期权、利率期货(国债期货)、远期利率协议以及基于这四种合约的复合产品。中国的国债期货刚刚起步,规模和品种都很小,还受到监管机构的严密监控,其功能的发挥受到了很大的限制;而利率期权的推出尚正在酝酿之中。另外,利率衍生品与债券市场的联动并不紧密,起不到对冲债券收益率风险的作用。究其主要原因,一方面是中国机构投资者投资债券是以长期持有以获取利息收益为动机,造成债市场交易不活跃、流动性水平较低,运用利率衍生品对冲债券价格风险的需求也偏低;另一方面是中国债券市场的主要投资者(如保险公司)由于受到监管的制约,整体对利率衍生品交易的参与度不足。

资本账户开放之后,中国境内人民币利率与国际美元基础利率的联动性将大大提高;由于境外机构的参与,中国债券市场的波动性也会大幅上升;另外,伴随着利率自由化的进程,信贷利率的波动也会加大,政府、金融机构、工商业企业对冲利率风险的需求增加,将会进一步刺激利率衍生产品市场的发展。境外机构的参与也将给中国利率衍生品市场带来巨大的变化。首先,境外机构对利率衍生产品多样性的要求高,会推动更多品种的利率衍生品上市和发展,增加利率衍生品市场的广度和深度。其次,境外投资者有较为先进的利率衍生品定价模型和较为成熟的投资策略,交易较为活跃,可以提高利率衍生品市场的流动性和有效性。此外,境外机构可以充当利率衍生品市场做市商的角色。国外利率衍生品市场较多采取做市商制度,由实力雄厚的大型金融机构担任做市商,提供双边报价。中国利率衍生品市场流动性较差,在引入境外有丰富做市经验的做市商之后,可以提高市场的流动性和透明度。

(三)信用风险缓释工具

信用风险缓释工具(CRM)主要包括信用违约互换(CDS)、总收益互换(TRS)、信用价差期权(CSO)以及其他信用衍生品四类。在总结吸收发达市场经验教训的基础上,中国于2010年11月正式启动中国版的CDS——信用风险缓释工具,包括信用风险缓释合约(CRMA)和信用风险缓释凭证(CRMW)两类产品。[①] 信用风险缓释合约与参考债务捆绑销售,不可单独流通。最早发行的"中债Ⅰ号""中债Ⅱ号"和"中债Ⅲ号"就属于信用风险缓释合约,其标的债务类型包括短期融资券、中期票据和贷款。信用风险缓释凭证是由独立于参考实体以外的第三方创设的,为凭证持有人就参考债务提供信用风险保护,是可在银行间市场交易流通的有价凭证,参考债务为债券或其他类似债务。从2010年11月推出信用风险缓释工具产品运行至今,信用风险缓释工具市场表现出种种不足,包括发行和交易都极其冷清,产品结构过于单一;缺乏统一的定价标准,定价较不合理;产品设计过于谨慎,指定标的债务,使信用风险保护与特定的债务挂钩;市场准入条件苛刻,监管者零风险容忍。

引入境外投资者参与到中国信用风险缓释工具市场中,可以充分借鉴国外违约互换市场的经验和教训。首先,可以扩大中国信用风险缓释工具市场参与者的

---

① 2007年,国家开发银行在与北京大学金融与产业发展研究中心合作下开发了一笔外币贷款CDS,并与外国资本机构成功地进行了交易,这是中国首个信用衍生产品,开创了中国金融信用衍生品的先河。此后,2008年美国次贷危机爆发,国内金融工程创新产品被叫停,直至2010年我国才重新推出国内版的CRM。

基础,最初市场参与者以商业银行为主,慢慢地可以扩展到证券公司、基金公司和保险公司,国外大型对冲基金在充分监管的情况下也可以成为中国信用风险缓释工具市场的重要投资者。其次,信用风险缓释工具结构采用一篮子标的债务,信用保护有从1年到10年的一系列期限,标准期限的信用风险缓释工具按季滚动,构成规范的信用利差期限结构。当前中国信用风险缓释工具采用指定标的债务,即每项信用风险缓释工具仅保护一项债务。这种标的债务割裂打乱了信用风险缓释工具产品期限体系和信用利差期限结构的完整性,并使其受到旧债老化到期和新债发行的干扰,妨碍了产品标准化和价格发现。再次,可以增加信用风险缓释工具市场的规模、品种和流动性,境外投资者会充分利用信用风险缓释工具对投资债券市场的信用风险进行缓释,对冲基金等也会对信用风险缓释工具进行投机,进而由需求推动监管机构对初生的信用风险缓释工具市场松绑。最后,还可以完善信用风险缓释工具的定价机制。随着资本账户的开放,债券市场流动性得以提高,短、中、长期兼备的债券收益率曲线得以完善,打下良好的信用风险缓释工具初始定价基础;随着信用风险缓释工具市场的不断发展,可以借鉴国际成熟定价模型,并根据中国市场特点对信用风险缓释工具定价模型进行不断修正,研究出适合中国信用风险缓释工具市场的一套科学、有效的定价模型和方法。

(四) 资产支持证券

中国信贷资产证券化试点工作始于2005年,国家开发银行和建设银行作为试点单位分别发行了"开元一期"和"建元一期"资产支持证券产品。中国进行了两批试点,第一批是国有大型银行,第二批是国有大型银行和股份制银行,两批额度大致为200亿元和600亿元左右。然而受全球金融危机的影响,中国第二批试点的额度都没用完,试点便停滞下来。直至2012年5月底,中国人民银行、财政部和中国银行业监督管理委员会联合下发《关于进一步扩大信贷资产证券化试点有关事项的通知》,标志着时隔四年的资产证券化再度重启,此次试点的额度共计人民币500亿元。资产证券化主要是为银行提供一种防范信贷资产风险的手段,但是也提高了中国固定收益产品市场的多样性,为投资者提供了更多的选择。

资本账户开放对资产支持证券市场的影响与对信用风险缓释工具市场的影响基本类似,主要是借鉴2008年金融危机的经验和教训,在谨慎监管的前提下有条件、有秩序地放开资产支持证券市场,通过引入境外成熟投资者的方式提高该市场的深度、广度和流动性,完善定价机制,增加投资者的多样性和成熟度,提高市场的风险承受能力和对波动的容忍度。

(五) 熊猫债券

开放资本市场,不仅包括将中国债券市场开放给境外投资者,还包括开放给境外融资者,即发展熊猫债券市场。熊猫债券是指外国政府、境外金融机构、工商业企业或国际组织在中国境内债券市场发行的以人民币为计价单位的债券,2005年国际金融公司和亚洲开发银行在中国银行间市场分别发行了11.3亿元和10亿元的人民币债券,是中国最早的熊猫债券。然而,中国熊猫债券市场的发展非常缓慢,严格意义上的熊猫债券仅有四只,发行总额仅40亿元。

导致熊猫债券发展迟缓的主要原因有三个:一是中国资本项目还不能完全自由兑换,长期以来外汇管制较为严格,导致以债券形式为媒介的资金无法自由流动;二是中国外汇衍生品市场难以满足外国发行者的需要,他们往往需要外汇掉期工具将所募集的人民币资金转换为其他币种,或者需要利率互换工具将固定利率负债转为浮动利率负债;三是目前熊猫债券发行主体限制过严,且发行审批流程复杂,发行周期较长,发行成本较高。

随着国内市场的创新与开放,发展熊猫债券的必要性日益提高。第一,发展熊猫债券是顺利推进人民币国际化进程的重要组成部分。人民币国际化的一个重要方面是债券市场的国际化。拥有发达并且开放的债券市场,是一国货币从贸易结算货币向投资货币转型的最重要前提。债券市场国际化包括债券筹资国际化和债券投资国际化,国外机构在境内发行本币债券是债券筹资国际化的重要组成部分。从资金流向上看,债券市场国际化包括"走出去"和"请进来",发展香港地区人民币债券市场属于"走出去",这一步已经初见成效,而熊猫债券作为"请进来"方面的重要一步,其发展还远远落后。

第二,发展熊猫债券可以推进国内债券市场的多样性和创新发展。熊猫债券将成为中国境内投资者投资境外固定收益产品的重要途径,同时,由于熊猫债券是以人民币计价的,投资者可以消除人民币对外币的汇率风险,尤其是在人民币长期升值的背景下,投资熊猫债券可以避免收益率被汇率升值"吞噬掉"的情况。此外,发展熊猫债券,有利于借鉴国际债券市场的制度规范、运作方式、信用评级和担保、支付清算、监管体系等基础设施建设的经验;有利于改进债券发行者结构,增加发行方之间的竞争,推动境内企业完善公司治理和规范运作;有利于完善债券市场品种结构,构建合理的收益率曲线。

第三,发展熊猫债券有利于缓解外汇储备持续增长和人民币升值的压力。从国际经验来看,一般在国内流动性过于充裕、本币面临较大升值压力时,才会考虑发展外国债券。例如,1970年日本推出武士债券,1995年韩国推出阿里郎债券。相比而言,中国面临更为巨大的外汇储备持续增长和人民币升值压力。2011年年末,中国外汇储备达到3.18万亿美元,外汇储备规模世界排名第一位,2005年以来,人民币累计升值已达30%。目前中国已经允许熊猫债券募集的资金换成外汇转移至境外使用,外国金融机构通过发行熊猫债券取得人民币资金并换成外国货币,可以缓解中国外汇储备持续增长和人民币升值压力。

（六）债券 ETF

2013 年年初，国泰上证 5 年期国债 ETF 和博时上证企债 30ETF 的同时获批，标志着中国资本市场债券 ETF 正式起航，既为投资者提供了更加多样化的投资标的，也为 ETF 市场增添了新的活力。作为国内首只发行的债券 ETF，国泰国债 ETF 以上证 5 年期国债指数作为跟踪标的，这一指数的样本券由剩余期限为 4 至 7 年且在上交所挂牌的国债组成[①]，主要交割券是跨银行间和交易所的两市国债主要交割券，成为打通银行间债券市场和交易所债券市场的"桥梁"。随着债券市场的持续升温、基础设施的日益完善以及债券衍生产品的不断涌现，债券市场的流动性将会得到显著改观，债券 ETF 产品将具有非常广阔的发展空间。债券 ETF 具有管理费用低廉、投资风险分散、透明度好、流动性高、收益较稳定等优势，能够吸引保险基金、企业年金和社保基金等长期投资者进场投资，也对一般投资者进行投资组合风险收益优化有重要的作用。

国际上首只债券 ETF 出现于 2000 年，主要跟踪加拿大债券指数。此后 3 年时间内，美国、欧洲、亚太市场相继出现了债券 ETF 产品。债券 ETF 的真正发展应始于 2007 年，为了满足投资者的不同需求，以特定敞口的债券 ETF 开始在美国发行。高收益债券 ETF、市政债券 ETF、主动管理债券 ETF 以及目标久期债券 ETF 成为市场追捧的主要品种。2008 年美国次贷危机以及随后的欧洲债务危机，在重创全球经济和金融市场的同时，也为债券 ETF 发展提供了难得的发展机遇。2008 年至 2012 年年底，债券 ETF 取得了爆发式增长，产品规模年复合增长率达到 42%，产品数量年复合增长率达到 37%。

基于国际市场的发展经验，在开放资本账户后，不仅境外投资者可以投资于中国债券 ETF，提高债券 ETF 市场的规模和流动性，而且大型境外基金公司，尤其是如 Vanguard 等传统指数型基金公司，还可以在中国发行自己管理的债券 ETF，为投资者提供多样化的债券 ETF 品种。根据国内市场实际情况，在境外机构的参与下，未来债券 ETF 发展可能会在如下方面进行拓展。

第一，综合类债券 ETF。伴随指数化运作经验的积累以及抽样复制等技术日趋成熟，综合类债券 ETF 将会有进一步发展的空间。此外，随着国债期货的推出，与国债期货相关概念的债券指数投资主题将会成为市场的新宠。

第二，细分信用类债券 ETF。细分信用类债券 ETF 主要着眼于特定的风险敞口和更加细分的投资主题。截至 2012 年年底，银行间和交易所市场存量信用债券

[①] 国泰上证国债 ETF 跟踪的是上证 5 年期国债指数，从编制规则来看，该指数实质上反映的是在上交所挂牌、在国债期货交割月首日剩余期限在 4—7 年间的固息债的净价表现。债券净价等于债券全价减去应计利息，为了使产品净值增长率尽可能接近净价指数增长率，产品需要不断通过分红来剔除应计利息所造成的跟踪误差。鉴于这种特性，国泰上证国债 ETF 每年可最多进行 12 次分红。

共计 4 348 只,其中企业债 1 277 只,公司债 438 只,中期票据 1 603 只,短期融资券 953 只。而随着各种信用类型债券数量的持续增多、规模的不断扩大、期限的日益完整,以细分类型、级别、期限、细分行业以及细分主题的信用类债券 ETF 将会成为市场关注的重点。

第三,策略类债券 ETF。随着投资者需求的个性化特征愈发突出,投资者专业化程度不断提高,以追求特定投资目标、特定风险收益的策略类债券 ETF,如更具流动性选样标准、更多样化的加权方式、更复杂的量化策略等,也将成为市场投资者追逐的热点。

六、增加债券发行透明度

中国目前的债券发行一般采取利用利率区间面向所有合格投资者的公开招标方式,以及债券发行人与投资者之间进行询价和询量的簿记建档方式。公开招标方式虽然透明度高,但是容易出现流标,一般用于国债、金融债等发行规模大、流动性较强的品种;而簿记建档方式一般用于企业债,虽然可以保证足额发行,但是招标过程和招标结果不公开,发行价格的确定过程不透明,容易导致寻租和利益输送。由于债券二级市场价格比较平稳,在利益驱动下,盈利空间可观的一级半市场应运而生。所谓一级半市场,是指机构在债券发行时以发行价格拿到债券,等到债券上市交易时再以市场价格卖出申购的债券以套利的行为。这种套利,来自一、二级市场的利差,而这种利差的存在,主要是行政管制的结果。行政管制的主要原因在于中国债券市场仍处于发展初期,监管部门倾向于保护承销机构的利益,保证其承销的债券一定能顺利发出,来激励承销机构积极做大债市规模,因此对一级市场给予一定的价格保护。

伴随着资本账户的开放,首先,行政对于一级市场发行价格的干预会逐渐减少,以符合境内外投资者对于市场化、透明化、公平化的要求,促使一级发行市场价格与二级市场价格接轨。根据国际债券发行经验,通常新债券发行会要求一个"新发行溢价"(new issue premium),在其他条件相同的情况下激励投资者购买新债券而非继续持有旧债券。中国债券市场与国际市场接轨之后,也会看到新发行溢价,但是这个溢价在债券进入二级市场上市交易之后仍会存在一段时间,而且溢价幅度相对中国现在一、二级市场之间的利差来讲很小,所以不再会构成一级半市场的套利机会。其次,将有外资银行或投行进行债券发行承销,这些机构能够更好地平衡降低债券发行人融资成本和保证债券顺利承销之间的权衡取舍关系,为了维持与客户及境内承销机构的关系,外资承销商会在市场能够接受的前提下尽可能压低发行利率,同时缩窄了一、二级市场利差。另外,簿记建档的透明度在外资投资者的压力下也会逐步提高,新债券的分配由市场化行为决定,切断利益输送的通道。

七、完善信用评级体系

中国债券市场缺乏健全的企业债券信用评级和信息披露制度。债券信用评级有利于降低信息成本、控制市场风险,对投资者、筹资者、金融中介机构和监管部门都有重要意义。缺乏健全的债券评级机构是制约中国债券市场发展的一个重要问题,目前中国信用评级制度存在着许多问题,主要表现在以下五个方面。

第一,评级区间单一。在信用等级上,成熟国家的债券市场形成不同信用等级的债券体系,不仅满足了不同风险偏好的投资者,更通过差异化促进了市场的活跃和发展。以美国公司债为例,根据标准普尔的数据,其市场份额最大的是信用评级为 A 的产品,其次是 BBB,产品线涵盖了从 CCC 到 AAA 的 7 个区间。而中国债券市场上几乎所有产品的评级都在 A+ 以上,产品多为 AA 到 AAA 的高信用区间。不同投资者具有不同的风险偏好和风险承担能力,风险结构的单一性难以满足投资者多样化的投资需要。

第二,债券信用评级业务不合理。目前,中国评级公司是受债券发行人的委托进行评级,评估费用也由发行人支付,所以进行评级工作时就会偏向发行人的利益。目前虽然有一部分评级机构与有关管理部门脱钩,拥有独立财产,但并不对评估结果承担无限责任,这就会导致一些评级机构为了利益而去满足企业的一些不合理和不符合规定的要求,向市场出具虚假评级报告。而在国外成熟债券市场,评级公司主要以投资者为中心提供信息,并以维护投资人的合法权益为第一宗旨。一旦评级公司做出虚假的评级报告,必须以自己的全部财产(包括私人财产)承担无限责任,这样就会迫使它们全面、准确、客观、公正地披露发行人的信息。

第三,缺乏对信用评级公司的法律保护制度。目前,中国还没有相应的法律制度来保护评级公司,再加上评级收费和对评级公司的监管方面也缺乏相应的规定,导致中国信用评级市场很不规范。在目前的制度安排下,发行企业必须经过严格的审批才能取得发行资格,结果导致了重审批、轻评级的局面,使得信用评级流于形式,评级公司很少对发行债券企业进行跟踪调查、持续评级。

第四,评级技术有待提高。与国外成熟市场相比,中国的信用评级机构不仅数量较少,而且评级技术和评级水平也很落后,从而导致所评出的信用级别的参考价值不具权威性,导致投资者往往不太重视评级结果。

第五,政府对评级结果的隐形干预。出于拉动地方 GDP、促进纳税、保护本地企业等原因,中国的地方政府对于辖区内企业的评级结果可能会进行干预,尤其是对于地方政府融资平台公司发行的债券有更强的干预冲动,因为这直接关系着地方政府通过融资平台进行举债的成本。因此我们看到,一些资质并不高的公司发行的债券都得到了较高的评级,这与地方政府的干预是有关系的。

当中国的资本市场对于境外机构充分开放后,对中国债券评级体系的冲击首先表现在国外评级机构的引入。国外评级机构拥有较高的评级技术和完善的评级模型,在全球范围内的投资者心目中有较权威的地位,其评级结果能获得更多投资者的信任,使得中国评级公司面临巨大的挑战和压力。从境外投资者的角度而言,它们不接受也不承认受到政府干预的信用评级,运用市场化的机制牵制住政府"看得见的手",促使信用评级得以不受扭曲、真正地反映发行方的主体信用和债项信用情况。在境外评级机构和境外投资者的影响下,与信用评级相关的法律法规也会逐渐完善,使得信用评级机构担负起客观、公正的评价责任。另外,随着债券市场的发展和投资者的成熟,债券品种将更加多元化,高收益债券市场会逐渐壮大,改变现在评级主要集中在高信用等级的局面。

八、促进投资者的多元化和成熟度

(一)多元化、多层次的投资者结构

中国债券市场机构投资者的多元化程度相对较高,包括商业银行、信用社、基金、证券公司、信托公司、保险机构、非银行金融机构、工商业企业和个人投资者。根据中国人民银行《2012年金融市场运行情况》显示,截至2012年年末,中国银行间债券市场共有参与主体11 287个,比2011年年末增加415个,包括各类金融机构和非金融机构投资者,形成了以做市商为核心、金融机构为主体、其他机构投资者共同参与的多层次的投资者结构,银行间市场已成为各类市场主体进行投融资活动和风险管理的重要平台。基金、保险、证券公司等其他投资机构更加活跃地参与债券市场的交易,商业银行不再独自承担市场的信用风险,日益多元化的投资者结构,使风险在不同金融机构间实现了有效分散。银行间交易商协会公布的数据显示,2012年,基金等集合投资人(包括证券投资基金、企业年金、产业基金、保险产品、信托计划、基金特定组合、证券公司资产管理计划等)作为第二大投资人类别,构成了债务融资工具市场31%的资金来源。数据还显示,自2011年6月以来,基金已经超过保险资金成为债券市场仅次于商业银行的第二大债券持有者。

2010年8月,中国人民银行发布《关于境外人民币清算行等三类机构运用人民币投资银行间债券市场试点有关事宜的通知》,规定境外中央银行或货币当局、香港及澳门地区人民币业务清算行、跨境贸易人民币结算境外参加银行等三类境外机构,可以申请进入银行间债券市场投资试点,打开了境外机构进入中国银行间债券市场的大门。截至2012年年底,已有100家包括境外央行、国际金融机构、主权财富基金等境外机构获准进入银行间债券市场。但是,中国债券市场的对外开放还只是刚刚开始,境外机构进入债券市场仍有进步空间。现在境外机构需要以合格境外机构投资者的身份进入中国债券市场,而QFII的配额有限,需要监管机

构审批,而且投资方向受到限制。例如2011年启动的人民币合格境外机构投资者(RQFII),试点将从基金公司、证券公司的香港子公司开始,运用其在港募集的人民币资金在经批准的人民币投资额度内开展境内证券投资业务。规定RQFII初期试点额度约200亿元,其中80%的资金将投资于固定收益证券,不超过募集规模20%的资金投资于股票及股票类基金。随着人民币在境外的使用以及人民币在国际货币体系中地位的逐步提升,中国债券市场对外开放程度必然会越来越高,会有越来越多的境外机构直接进入中国的债券市场,将会大大增加中国债券市场投资主体的多元化。这些境外机构不仅会有商业银行、保险公司和基金,还会有对冲基金、信托公司、财务公司等各类非银行金融机构,帮助中国债券市场形成多层次的投资主体,不同主体对于债券产品的收益率、风险特征和其他条款有不同的偏好和需求,推动债券市场全面多方位地发展。

(二)在竞争中走向成熟

机构投资者是债券市场的主体,成熟、合格的机构投资者是债券市场健康稳步发展的基本要素。目前,中国许多机构投资者缺乏资本管理经验、风险管理理念和规范理性的市场投资行为。而且中国债券市场在多个方面受到行政干预,价格并非完全由市场化的方式决定,一些机构在监管的保护下坐收制度红利。

境外机构进入中国债券市场之后,凭借其丰富的投资经营和金融服务经验,可以迅速扎根中国金融市场,不管是作为二级市场上的交易对手,还是作为一级承销市场上的竞争对手,都会给境内金融机构造成很大的压力。资本账户放开之后的短期内,我们可能会看到国内金融机构在外资机构的竞争下出现业绩下滑、亏损乃至倒闭的情况。在不造成系统性影响的前提下,应该容忍这些情况的发生,而不是对国内机构给予一味保护和政策倾斜,这样国内金融机构永远不会成熟起来,永远不会拥有与国际金融机构竞争的实力。长期内,这些进入中国债券市场的境外机构会将理性的市场投资理念、先进的资本管理经验、规范的市场投资行为带入中国债券市场,促进中国合格的投资者群体的形成,使中国债券市场向规范化和国际化的方向稳步发展。

参 考 文 献

[1] 焦健.中国国债市场分割度量与检验[D].北京大学博士论文.2009.

[2] 裴长洪,余颖丰.人民币离岸债券市场现状与前景分析[J].金融评论,2011(2):40—53.

[3] 王一鸣.我国金融工程理论研究与实践发展:历程与问题探讨.工作论文.2008.

[4] Bank of International Settlement. Market Liquidity: Research Findings and Selected Policy Implications,1999.

[5] Cedric and Eric. International Capital Flows, *Journal of International Economics*, 2010(80,2): 157—175.

[6] Kashyap, Anil K. ; Raghuram Rajan; and Jeremy C. Stein. Rethinking Capital Regulation in Maintaining Stability in a Changing Financial System. Federal Reserve Bank of Kansas City, 2008: 431—471.

[7] McKinnon, R. I. Money and Capital in Economic Development. Brookings Institution, 1973.

[8] McKinnon, Ronald; Edward Shaw. *Financial Deepening in Economic Development*. Oxford University Press, 1973.

[9] Prasad, E. ; K. Rogoff; S.-J. Wei and M. A. Kose. Effects of Financial Globalization on Developing Countries: Some Empirical Evidence. International Monetary Fund. Mimeo, 17. March 2003.

[10] Prokopczuk Marcel, J. Siewert and V. Vonhoff. Credit Risk in Covered Bonds. *Journal of Empirical Finance*, 2013(21,1):102—120.

[11] Prokopczuk, Marcel; V. Vonhoff. Risk Premia in Covered Bond Markets. *Journal of Fixed Income*, 2012(22,2): 19—29.

[12] Rosengren, Eric S. Our Financial Structures: Are They Prepared for Financial Stability? Keynote Remarks, Conference on Post-Crisis Banking, June 28—29, 2012. Amsterdam.

[13] Shaw, E. *Financing Deepening in Economic Development*. Oxford University Press, 1973.

[14] Turalay Kenc, M. Ibrahim Turhan, and, Onur Yildirim. The Experience with Macro-Prudential Policies of the Central Bank of the Republic of Turkey in Response to the Global Financial Crisis. Central Bank of the Republic of Turkey, 2010.

第四章

资本账户开放与中国证券市场发展

本章导读

近年来,随着我国经济发展水平不断提高,金融制度不断规范和健全,资本账户向着越来越开放和自由的方向发展。毫无疑问,资本账户的下一步开放势必包括证券投资账户的放开。关于中国究竟是否应该完全开放资本账户,以及资本账户开放对中国证券市场发展所带来的机遇和挑战等问题,渐渐成为国内、国际金融学术界普遍关注和争论的热门话题。本章试图通过综述中国资本账户开放实现的程度,资本开放对中国证券市场工具、主体、格局和监管方式等的影响来分析资本账户开放的进程对于中国证券市场发展的影响。

第一节 中国资本账户开放的现状

资本账户的开放是一个对资本账户管制的放松的过程,也是一个取消对跨国资本流动及相应的货币兑换限制的国际收支政策安排。自1994年以来,中国的资本账户开放进程不断加快。先后经过1996年年初颁布《中华人民共和国外汇管理条例》实现人民币经常项目的可自由兑换、2001年逐步开放境外金融机构在中国境内设立证券经营机构(包括外资独资、中外合资和中外合作等)的限制、2004年以后放松合格境外机构投资者境内投资管理以及保险资金境外投资管理、放松境外机构在境内设立合资金融机构时所占股权不超过49%的限制、完善外债管理、启动合格境内机构投资者境外投资管理,等等,中国已放松了对资本流入,特别是直接资本流入的控制,资本账户完全不可兑换的子项已经很少。关于中国资本市场的开放度,根据一些学者的研究[①],中国金融市场已经达到对外弱式一体化水平,并认为在金融资产流动性如此差的情况下能够通过弱式金融一体化的检验,原因在于中国的资本账户管制效果不尽如人意,存在较为严重的规避管制的热钱流动问题。

---

① 郑栋.中国金融对外一体化实证研究[J].国际金融研究,2000(6).

表 4-1　至 2012 年中国资本账户可自由兑换明细表

	不可兑换	部分可兑换	基本可兑换	完全可兑换	合计
资本和货币市场工具	2	10	4		16
衍生品及其他工具	2	2			4
信贷操作		1	5		6
直接投资		1	1		2
直接投资清算			1		1
房地产交易		2	1		3
个人资本交易		6	2		8
小计	4	22	14		40

数据来源：IMF，《汇率安排与汇兑限制 2012 年报》。

值得一提的是，新近施行的合格境外机构投资者制度是一种非常好的利用国外资金在中国证券市场投资的尝试，符合入市规则的国外资本如果是证券公司，要求其业务年限超过 30 年，并且证券资产达到 100 亿美元；如果是商业银行，要求其总资产世界排名进入前百位，且证券资产也要达到 100 亿美元，可见如此条件下入市的公司均是财力雄厚、资质良好的境外金融企业，入市资金也大部分为长期资金，有助于国内证券市场的稳定。

现阶段，上海自贸区的建成也引发了学术界的相关讨论，表明政府对资本账户开放进行进一步改革的意愿非常强烈。尽管目前自贸区金融改革的具体细则还未最终公布，但基本可以肯定将会施行风险可控前提下的资本账户开放。现在上海自贸区可能在三个方面会有所突破。一是很可能取消自贸区内对第三产业，特别是金融和地产业投资的限制；二是可能会对金融服务业进行系列改革，如允许人民币自由兑换、增加投资国际金融市场的方式渠道和实施利率市场化等；三是减少行政审批程序，限制和取消自贸区内的一些行政管制等。在可预见的未来，资本与金融账户将会朝着更加开放的方向发展。

第二节　资本账户开放对中国证券市场的影响
——证券市场对象的视角

我们以为，资本账户开放包括其未来进一步的开放会从四个层面递进地对中国的证券市场产生影响：第一层是对证券市场工具、金融工具产生影响；第二层是对证券市场的结构产生影响；第三层对证券市场主体，比如券商、投资者等产生影响；第四层是对证券市场监管框架，乃至外汇管理框架产生影响。

一、对证券市场工具的影响

资本账户的进一步开放将对中国证券市场工具的创新产生影响,国外机构投资者可能会将一些创新的投资理念和金融工具创作的理念带给我们,从而有可能使中国机构投资者成为国际金融创新的重要力量和相关市场的参与者。随着金融市场的国际化发展,金融工具的创新将呈加快趋势。我们已经可以看到,在近十多年里,期货、可转换债券、认股权证等创新工具已经在中国出现并形成了一定规模,在国际金融市场已成熟的如期权、互换、掉期以及股票存托凭证等工具,以及资产证券化产品未来将在中国金融市场中发展起来,这将引致中国金融资产朝多元化方向发展。资本账户开放后,在国际竞争的外在压力和股东赢利要求的内在动力的双重推动下,中资金融机构为与外资金融机构在公平竞争中脱颖而出,必然将努力通过金融创新来谋求取胜和发展,这将明显改变中国金融品种过于稀少的状况。

与此同时,中国的金融资产结构也将随着资本账户的开放发生重大改变,直接融资工具获得进一步的扩展,逐渐形成债券融资、股权融资等直接融资形式与间接融资形式共存的格局。截至 2013 年 4 月,上交所市价总值 15.4 万亿元,深交所市价总值 7.5 万亿元,合计 22.9 万亿元;债券市场托管金额总量也达到了 24.7 万亿元,同期银行的个人储蓄存款余额 44.2 万亿元,商业银行总存款余额刚刚突破 100 万亿元。商业银行等金融机构虽在整个资本市场的体量占比上仍保持着绝对优势,但新兴市场工具的地位在稳步上升。

二、深入改变中国资本市场格局

根据学者 Klein & Olivei (2000)的研究,资本账户开放程度与金融深化程度呈显著的正相关关系。他们分析了 82 个不同发展程度的经济体在 10 期内的年度数据,通过量化回归,得出了以下结论:第一,资本账户开放对人均 GDP 有促进作用;第二,在 OCED 国家中,资本账户开放程度越高,金融方面会得到越好的发展,而在非 OCED 国家中,这一关系并不显著。

资本账户开放还将增强股票市场的有效性,提高中国股票市场运行效率和资源配置效率。在资本账户开放背景下,随着国债期货、融资融券等新的金融工具逐步面市,做空机制逐步得到完善,有利于通过现货市场与期货市场的反向对冲,规避股票市场的系统性和非系统性风险,起到套期保值的作用,有助于提高中国股票市场的有效性。

开放资本账户会对中国的利率—汇率联动机制产生深远影响。由于存在克鲁格曼"三元悖论"的关系,一国的保持资本账户开放、固定汇率制度和货币政策独立三个政策目标不可兼得,考虑到中国在经济政策上具有一贯重视和强调货币政策、汇率政策的特点，那么完全开放资本账户后中国将要么不能维系固定汇率制度，要么不能维系独立的货币政策。新的利率—汇率联动机制下，由于利率受到他国货币政策的影响加大，国内债券市场和股票市场受到的波动也会加大。

三、形成多层次的资本市场结构——以国际板为例

显然更加开放的资本账户会使中国资本市场结构更为纵深和完备，不仅主板、创业板和新三板市场将更趋成熟，国内市场与国外市场也将更为联动和一体化。国际资本市场的整合经历了超过100多年的一个漫长的过程，英、美等证券市场结构完善的国家已经形成了多层次的资本市场结构。外资的引入将促成中国多层次资本市场的完整性建构，包括创业板市场、新三板乃至国际板市场的建立。下面我们简单就与资本账户开放关系最为紧密的国际板的开放来谈谈资本账户开放对于资本市场结构深化的影响。

早在2009年4月，上海就提出将推出国际板。自2011年以来，政府部门也曾在公开场合多次提及国际板，例如2011年6月3日国家发改委下发的《关于2011年深化经济体制改革重点工作的意见》，明确提出要求研究建立国际板市场。但最近一年来，呼吁放开国际板的声音较弱。从目前公开可得的讯息来看，如果国际板正式放开，率先上市的公司估计以如下的两类公司为主：一类是从香港回归的红筹公司和绩优的香港本地蓝筹股；另一类是在内地已经发展较好、有成熟的经营和盈利基础，并打算未来仍然在内地投资和开展业务的跨国公司。总体上这两类都以大型、绩优的公司为主。

政府和监管层迟迟未放开国际板，主要是基于三个方面的原因。第一，这将事实加速证券市场的国际化进程。以目前国内监管的程度，很难对境外企业的生产经营活动实现严格的监管，这势必会造成对境内A股企业和国际板企业在发审方面的双重标准。第二，国际板与A股对场内有限资金的争夺势必对股票市场的估值造成冲击，特别是国际板开板之初上市的一般是一些成熟的大型公司，那么势必在进行IPO筹资的金额也会处于偏高的水平，自然会对现在已经相对较低的A股估值水平造成负面冲击。第三，在国际板上市的境外企业多数可能已在其他交易所挂牌上市，其在国际金融市场上的震荡势必会通过国际板传递到A股市场上，这种市场间的联动效应将会十分明显，因而可能会加大A股市场的投机程度和市值波动。考虑到以上三点，监管层势必会有所顾虑。

我们认为，以上三个问题都不是很严重的问题。首先，针对跨境监管领域，由于中国A股市场上以政府监管为主，可以在证监会下设立专门处理国际板的市场监管机构，以《证券法》为基础，建立健全相关的规章制度，以使其对国际板上市公司同样产生效力。其次，由于存在分流效应，国际板放开对A股市场的估值会有

影响是毫无疑问的,但也应考虑到监管层会控制发行速度和规模。历史上A股筹资金额占流通市值的比例一般为4%左右,只有2006年与2007年两年的占比稍高一些(参见表4-2)。另外,国际板定位的是海外公司,比如跨国公司或者香港本地公司。一方面,这些公司由于所处的经济环境跟A股上市公司不同,盈利增长前景也就不同;另一方面,这些公司可能已经在当地的交易所交易,具有估值低、分红收益率高、基本面稳定的特点,这些都有可能会吸引新的资金入市,从而减少对当前A股市场的资金分流。而且,针对股票市场市值波动的问题,随着金融全球化的逐步深入,这种市场间的联动将会是大势所趋,我们需要做的不过是适应这种变化,做好监管和风险控制,而不应因为这种变化带来的问题而抗拒变化,否则不啻于因噎废食。

表4-2 A股IPO筹资金额占流通市值比例

2001	2002	2003	2004	2005	2006	2007	2008	2009	2010	2011	2012
4%	5%	4%	3%	1%	7%	6%	3%	2%	5%	2%	1%

数据来源:巨潮资讯。

　　从国际板开办的条件来看,我们认为中国已经初步具备了开设国际板的软件和硬件因素。首先,国内的中介机构已经部分具备了从事各项国际业务的经验,随着本土证券公司市场竞争力的不断增强,已经承担了一大批企业在A股和H股的上市工作,完全有能力为境外企业提供投行服务。其次,中国的证券市场监管工作不断得到完善,通过近年来与香港证券交易所、伦敦证券交易所等的上市实践交流,司法机关对证券市场,特别是首次公开发行项目的违法事件的监管能力及惩罚力度都有很大的提高。最后,从硬件上来讲,中国交易所已经形成了多范围全面覆盖的交易体系,上交所覆盖主板,深交所覆盖创业板,中金所覆盖金融期货交易,期货交易所覆盖实物期货交易,各交易所在积极借鉴国外先进经验的同时,形成了一整套功能完善、设备齐全、效率甚高的运作体系,从交易清算的功能来看,硬件已经到达了国际一流的水平。

　　伴随着国际板的推进,中国以《证券法》为基础的监管体系将会彻底完善,促成资本账户的实质性开放。同时,国际板的放开可以为国内投资者增加新的投资渠道,将国内剩余的流动性转化为对国外优质上市公司股权的投资,有利于中国从储蓄大国到投资大国的转型。

　　从另一个意义上讲,国际板上市可以采取两种方式:直接发行上市以及存托凭证(CDR)两大类。直接发行的方式指的是境外公司直接在中国A股市场上发行。其优点在于,具体的模式上,是由海外公司在托管人处存托股票,而后由存券人向国内的上交所或深交所发行存托凭证,国内的投资者则通过做市商买入存托凭证,达到间接购买海外股权的作用。事实上,根据中国《证券法》的相关规定,境外企业是可以通过存托凭证在境内进行融资的。但是最大的问题有两个,其一是技术层面的,由于人民币尚不可自由兑换,因此境外企业在融入资金后事实上会将资金汇出境外,这在监管上是否得到认可;其二是利益层面的,以何种货币作为存托凭证的计价单位将直接影响投资者的汇兑风险和收益。如果能处理好存托凭证的风险控制因素,以存托凭证发行作为国际板开板的前哨,为将来的直接发行上市做一个铺垫,也是监管层值得考虑的一个方向。

四、对中国证券市场主体产生影响

A股市场在20世纪90年代到2008年间有一段非常快速的发展,大量优质的国有企业完成上市,同时基本完成了股权分置改革和完善的公司治理,A股市值节节攀升,可以说是证券市场的一个黄金发展阶段,这当然也得益于证券公司和上市企业对国外投资银行承销模式和公司治理结构的学习,主板市场已经较为成熟。可是,在企业端,随着上市公司越来越多,证券市场出现了大型的优质企业基本完成上市,小型企业在盈利、资产端符合证监会要求的企业较少,上市困难,还有少数企业财务报表造假,损害投资者利益的问题;在中介投资银行端,中国的证券公司中,虽然已有中金公司、中银国际、建银国际、摩根华鑫等少数几家中外合资机构,但外资金融机构的进入仍有相当大的限制;在投资者端,中小投资者居多,投资逻辑合理性欠缺,总体上证券市场还很不完善。

随着改革的不断深入,一方面,外资的引入将会对国内上市公司的业绩产生冲击,尤其是汇率放开会对外汇依存度较高的企业产生的盈利冲击,能生存下来的上市公司的质量也会得到一定提高;另一方面,外资投行的进入既会令内资券商的规模和经营能力得到进一步拓展,不再仅仅从事经纪、承销等传统佣金业务,创新业务在盈利中的占比将获得进一步提升,也会促使中国119家券商进行行业洗牌和整合,只留下部分大型全能型的投资银行,剩下的券商可能会走专注于某一项业务的精品投行路线。此外,证券市场的投资主体将会出现越来越多的外资机构投资者,它们的投资策略将产生示范和引导作用,将一些国际通行的投资理念带给国内的券商,中国机构投资者的地位和规模将有望得到适度提升。最后,随着国外资本进入中国证券市场,近几年中国面临的证券市场资金短缺的问题将得到一定的缓解。有资格进入证券市场的国际资本一般具有体量大、投资经验丰富等特点,有助于推动市场的繁荣。

当然,资本账户的放开也会对资本市场主体产生一些负面的影响。其一,市场价格波动可能加大。这一方面是因为中小投资者在投资时易追随机构投资者,极易形成大量中小投资人的趋同性交易行为,从而产生积聚;另一方面是因为进入中国的国际投资者通常拥有巨额资本和丰富经验,利用中国"政策市"的特点,从而可能给中国股市带来动荡。

其二,如果国外经济形势发生转好或者转坏,即使国内基本面没有发生改变,证券市场也会因为国际资本的流入或者流出发生一定程度的震荡。正由于发展中国家对资本账户开放的经验较为缺乏,外汇储备也不够雄厚,在发展中国家的资本账户开放更容易受到资本流动冲击的影响。现实情况下,如果资本流动不受控制,将引起经常账户混乱的连带作用。譬如1997年的亚洲金融危机下,包括泰国、韩国等东亚国家的国际资本流动极为频繁,从1996年净流入120亿美元变为1997年净流出17亿美元,这种追求短期收益的国际资本大大加剧了金融危机的深度,不仅对实体经济,同时对证券市场也产生了严重的不利影响,受殃及的各国市值大跌,股市动荡,部分国家证券市场一蹶不振,进而对投资者信心产生了不利影响。

五、对中国证券市场监管方式的影响

中国证券业监管的一个很鲜明的特点就是主要以行政性监管为主。证券市场处处存在审批制,譬如新股、企业债、公司债、金融债发行都是审批制,即使是证券公司、基金公司、信托公司这些市场的重要参与者也是需要通过审批设立的,这一点与国外以注册制为主的监管体制有较大区别。另外,政策调控股市在监管中运用频繁,对资本市场的价格发挥功能造成了一定的影响。当然,企业上市的主要目的是融资,一旦上市又难以摘牌下市等历史问题也为金融监管造成了一些困难。中国证券业监管的市场化、国际化和网络化,加速与国际惯例的接轨,加速与国际证券监管组织的协调与合作等都有很广阔的发展空间,也需要在资本账户开放的进程中向发达国家进一步学习。此外,根据 Alessandria & Qian(2005)[1]的研究,当资本账户受到严格管制时,金融中介机构往往能较好地控制境外资本的流向与流量,一旦资本账户的管制被放开,许多之前不通过金融中介机构的资本流动形式将不受监管,从而给监管带来了更大的难度。

中国的国有股和法人股尚有相当部分不能流通等问题依然存在,各种不同属性的股票因投票权的不同产生了一定的公司治理的问题,这也对市场的健全发展产生了不利影响。随着证券市场吸收越来越多的国外经验,未来股权分置改革势必需要被更深入地推行下去,这也为监管工作带来了压力。

随着资本账户的进一步开放,未来的监管转型势必会朝着监管市场化的方向发展。可以预期,未来中国将加快与国际惯例接轨,产生更多金融工具,金融机构设立向采取核准制的方向发展,上市公司退市机制将更加完善,各国和地区间资本市场监管的合作也将越来越紧密。

---

[1] Alessandria, George; Qian, Jun. Endogenous Financial Intermediation and Real Effects of Capital Account Liberalization. *Journal of International Economics*, 2005 (67,1): 97—128.

第三节 资本账户开放对证券市场的影响
——汇率市场化与利率市场化视角

一、资本账户开放与汇率市场化改革

从汇率市场化改革的角度看,目前中国的汇率管制体现在两个方面:价格管制和流通管制。价格管制指的是央行对人民币兑换外币价格以及波动区间的限制,流通管制是对人民币兑换外币和外币兑换人民币的总金额限制,即外币进入中国流通的时候企业必须强制外币兑换成人民币而不能自身持有外币。汇率管制有其历史性的根源,由于改革开放初期的中国外汇储备相对贫乏,无法购买外国先进的技术设备,因此必须将外汇都统一掌握在政府手里以便购买外国资产。这种做法的好处在于一方面在一定程度上割裂了国内金融市场和国外金融市场,保护了国内金融安全,另一方面为政府对外汇的管控提供了便利。

目前中国的对外投资收益较低,很大程度上也是由于中国相对较低的实际汇率导致的,低收益的资产、高收益的负债,形成了中国目前比较扭曲的外资资产负债结构。未来可能的改革方向是改变对外开放的模式,提高对外直接投资的收益率,加大资本项目开放。目前中国人民银行是世界上最大的中央银行,资产规模已经远超过英美等国家的央行,很大一部分原因就是人民币没有实现国际化,大部分央行资产都是以收益率极低的外国政府债券(主要是美元债和日元债)方式持有,这说明中国的货币总量相对于实体经济需求已经过多,因此应当要进行两方面的改革:其一,放开国外资本进入证券市场;其二,放开国内资本进入他国证券市场。我们认为,资本账户的放开并不仅仅是外国"热钱"的流入,同时也是人民币的流出,人民币目前的非国际化使得其很大程度上充当了"蓄水池"的功效,资本账户放开之后将会提升国内居民、企业持有货币资产的自由度,以往宽进严出的管理体制限制了本国居民和企业对外币的使用,也限制了证券市场的效率。中国资本账户的开放应当在两个方面有所侧重,分别放开中国对外直接投资和放开中国金融市场,特别是 QFII 和 QDII 额度的放开。

从中国汇率改革的历史看,在 1994 年中国实行并轨制汇率体制、有管理的浮动汇率制度和强制结汇收汇制度,并且大幅度提高央行主动管理能力,强调出手主动干预汇率,形成中国目前的基本汇率制度。这一制度总体上是成功的,但它也遗留下很多问题,比如居民的兑换额度不得超过 5 万美元,有涨跌停板的限制,有每日交易总量的限制等,这些限制使得汇率价格无法反映真实的外汇交易状况以及贸易品与非贸易品之间的价格比例。汇率有两种意义上的均衡:第一种是绝对意义上的均衡,即人民币汇率回到完全反映国际贸易关系的水平,这一均衡是理想化

的、是不现实的。第二种更为实际的均衡是放开政府的管制,以使汇率接近均衡水平,而这一点可以由资本在证券市场上的反应所决定。

从国际货币历史看,人民币确实有实现汇率市场化的基础。第一,虽然我国人均 GDP 水平较低,但经济总量已经超越日本成为世界第二大经济体,本国的经济发展水平已相对较高;第二,中国的外汇储备已超过 3 万亿美元,足以抵御国际游资进出对金融市场造成的不利冲击;第三,目前中国对欧美等主要发达国家的人民币使用比重已经超过 6%,在亚太区贸易的比重已经超过 7%。在把握好风险的前提下,实现人民币兑换程度深化乃至汇率市场化是相对可行的。

在汇率市场化条件下,证券市场可能受到一定的不利冲击。首先,汇率的高低是境内外投资者对于一国经济发展前景的一个预期和信号。在汇率实现了市场化均衡的前提下,当人民币汇率上升时,表明市场对中国的经济发展有着良好的预期,进而证券市场投资者的投资信心也会增强,从而推动股票市场走强,反之亦然。此外,当汇率的变动幅度和频率变大时,对中国的上市公司特别是外贸类公司的冲击会更大,业绩波动也会更加剧烈,正由于该类企业业绩的不确定性变大,会使得投资者的投资偏好和持股结构发生改变,进而影响整个证券市场的价格走势。

二、资本账户开放与利率市场化改革

自 2013 年以来,中国的利率市场化改革就在不断加速,先是在 2012 年允许商业银行等金融机构的存款利率上限调整至基准利率的 1.1 倍,后又在 2013 年 7 月全面放开了商业银行等金融机构的贷款利率管制,利率市场化已是大势所趋。在资本流入与信贷扩张的关系方面,Levy-Yeyati(1999) 提出"过度借贷综合症"的理论,表示资本账户的全面开放将导致发展中国家的利率下降和银行信贷量上升。由于在新兴经济体中,各种金融工具和多层次的资本结构尚不健全,信息不对称较为严重,银行体系在企业融资过程中占据主导地位,一国流入的资本大部分会以各种形式进入银行体系,从而增加了信贷发放,并提高了银行的风险。Calvo(1998) 指出,境外资本的流入常常伴随着一国宏观经济增速高涨,同时一国利率水平下降,实际汇率上升,外汇储备增加,发生通货膨胀的概率上升,同时银行信贷发放上升,使得金融机构风险敞口增大。可以想见,一方面,在利率市场化以及资本账户开放引致的利率波动环境下,证券市场投资者将不得不面临更为剧烈的利率风险;另一方面,当资本账户开放导致市场利率下行时,将有更多的资金流入股票市场,对证券市场的表现是利好的。

三、利率改革与汇率改革的协调

随着中国的利率和汇率市场化逐步推进,发达国家经济体的实际情形会有相

当的借鉴作用。虽然从理论意义上来说，直接对中国自身的利率和汇率数据进行协整性分析会更加直接，结论也会更加显然，但遗憾的是，大量的文献都证实了中国目前利率和汇率的联动性很差，利率和汇率之间不存在 Granger 因果关系和协调联动效应。这其实为政策建议以及清楚地判断利率和汇率市场化孰先孰后带来了很大的困难，本章提供的思路是我们是否可以从发达国家的经验入手，通过成熟经济体（即利率和汇率已经完全实现自由化的经济体）的利率和汇率的联动性表现来预测中国未来完全实现市场化之后可能出现的情形。

因此从本章的政策建议上看，由于利率对汇率的牵引效应要明显强于汇率对利率的牵引效应，利率市场化要优先于汇率市场化。十八届三中全会报告中指出："完善人民币汇率市场化形成机制，加快推进利率市场化，健全反映市场供求关系的国债收益率曲线，推动资本市场的双向开放，有序提高跨境资本和金融交易可兑换程度，建立健全宏观审慎管理框架下的外债和资本流动管理体系，加快实现人民币资本项目可兑换。"这反映出中央政府对汇率改革和人民币国际化改革议题的紧迫性。有以下一些原因说明为什么要首先进行利率市场化改革而非汇率市场化改革：第一，利率对汇率具有更加显著的影响，如果率先进行利率市场化改革可以推动利率和汇率改革的共同解决，减少汇率改革的阻力。第二，如果率先进行汇率市场化改革，则等到汇率改革完成并开始进行利率市场化改革时，利率对汇率的影响会破坏汇率市场化改革业已取得的成果。基于以上两点理由，利率市场化改革应该摆在更为优先的位置。第三，利率市场化目前在中国的推进较为顺利，改革阻力要远小于汇率市场化改革。第四，从中国具体的金融实践上看也是如此，目前中国已经进行了多次利率市场化改革，而汇率市场化改革却寥寥无几。

更进一步地说，金融自由化的顺序一般都是先内而后外。中国目前对外汇率的扭曲较大，改革的矛盾和阻力较大，很多因素会延缓汇率市场化改革的进程。但利率市场化进程的阻力就要小得多。从国内利率市场的情况来看，互联网金融的冲击已经使得以银行存款和贷款为基础的利率体系的整体收益率有所上升，这也从侧面推动和加速了利率市场化的进程，因此在市场因素如此强大的"自下而上"的推动之下，我们所面对的改革阻力要小得多，因为当两大利率体系的收益率存在显著差异时，一定会有套利者的出现（现在出现的就是以"余额宝"为代表的货币型基金）。但是与此相对应的是在汇率市场上面，自下而上的推动力就显得要弱得多，因为汇率没有一个更加便利的套利市场，大部分的正规贸易都需要通过国家官方结汇的方式进行，黑市的范围和影响力要小得多。但是随着中外贸易摩擦的不断升级，汇率改革的需求也显得更加迫切。

央行同样也注意到了这一点，从 2014 年 3 月 17 日起，银行间人民币兑换美元的汇率的波动幅度将从 1% 扩大到 2%，但无论是与成熟的发达经济体，还是与新兴国家经济体而言,中国的汇率波动幅度还是非常小的,如印尼币对美元的波动幅度都达到了8%。加大汇率波动的幅度还有另外一个方面的好处,那就是减少汇率单向变动的可能性,2013年一年人民币已经单边上扬超过3%,如果波动幅度可以进一步放开的话,将会增强人民币的双向波动性,减少投机炒作的可能,未来也有希望继续走出双向波动的行情。但是,现在就谈及真正意义上的汇率完全市场化还为时尚早,很多文献研究已经表明,人民币目前还是处于相对低估的水平,完全意义上的放开极易导致人民币的剧烈升值,这样的情形也不是中国经济所能承受的。

因此,中国的汇率市场化是一个比利率市场化更加急迫的命题,但由于中国国情的限制,没有办法得到迅速解决。因为利率和汇率改革的底线是不触及国家的金融安全问题,但是汇率改革要比利率改革更有可能涉及国家安全,特别是汇率的大幅度波动将会引致国内经济的波动,并且由于中国目前采用的是银行主导型的金融体制,主动防御风险的能力较弱,银行体系更多地还是依靠国家给予的保护政策,而且中国目前没有良好的金融风险防范工具,在欧美等发达国家普遍采用的期货、期权、掉期等金融衍生工具在中国都无法得到使用,因此汇率的市场化进程依然是一个循序渐进的过程,相关金融配套体系和服务设施的完备程度将会决定汇率金融风险是否可控,以及在多大程度上可控。更进一步讲,如果利率市场化改革出现差错尚有补救措施的话,汇率市场化的改革一旦失败就无退路可走,外国资本将会肆意地攻击中国金融体系,毕竟任何的金融改革都是以不危及金融安全为前提的。最典型的例子就是20世纪90年代末期发生在东南亚的金融危机,以索罗斯量子基金为代表的外国资本以汇率实现完全自由化但经济体系并不健全的东南亚经济体为攻击对象,迫使东南亚各国放弃钉住美元的汇率体制,最终引发本国外汇储备危机。因此利率市场化应当优先于汇率市场化。

从更深层次上来说,利率市场化与汇率市场化需要加以协调才能相得益彰。从上述的分析当中我们看到,利率市场化和汇率市场化的推进往往是相互补充、互为因果的。如果在国内利率市场化推进未完全、依然存在价差的情况下,强行推行汇率市场化,那么将会存在套利的可能性,不仅使得国内的利率市场化进程中断,汇率市场化也会受到相应的影响。

在资本账户未来趋于更加开放的大背景下,以利率市场化和汇率市场化为代表的金融市场化改革也将逐步推进,这有助于金融资源按照市场法则和效率原则在不同所有制企业之间平等地进行配置。譬如在利率市场化下,净息差收窄,将激励商业银行提升贷款定价能力,并将贷款资源向中小民营企业倾斜;在金融市场化下形成的多层次资本市场体系的完善和债券市场的发展又为中小企业融资增加了更多渠道。在新的形势下,加快实现利率政策和汇率政策之间的灵活传导机制,将有助于整个金融市场的稳定和长远发展。

第四节　资本账户开放对中国股票价格影响的传导机制的分析

2003 年中国引入"合格境外机构投资者"制度,允许符合条件的外国机构投资者把一定额度的外币转化为人民币。从 2004 年开始,经过批准的国际金融机构 AA 级以上国际债券也可以进入中国境内。根据 Edwards 和 Khan(1985)以及 Helmut 和 Yeches(1993)的理论模型:

$$R = \frac{\partial_0}{\partial_2} + \frac{\partial_1}{\partial_2}\ln y - \frac{1}{\partial_2}\ln m \qquad (4-1)$$

其中 $R=D/p$,代表股票的收益率,y 表示收入水平,m 表示国内的货币供给,p 表示为股票价格戈登增长公式,即:

$$p = \frac{D}{r+i-g} \qquad (4-2)$$

其中 p 是股票价格,D 是预期每股股息,r 为货币市场利率,i 为股票市场的风险回报率,$r+i$ 可以看作股票市场贴现率,g 为股息增长率。根据戈登公式,利率下降时,股票价格就上涨;利率上升时,股票价格就下跌,所以利率的高低以及利率同股票的关系,成为股票投资者据以购买和出售股票的重要依据。如果不考虑股票的风险报酬,并假定增长率为 0,则戈登增长公式可以简化为:

$$p = \frac{D}{r} \qquad (4-3)$$

代入(4-1)式并整理得:

$$R = \beta_1 + \beta_2 \ln y + \beta_3 r^* + \beta_4 \ln m^* \qquad (4-4)$$

只有国际市场利率是影响股票收益率的国际因素,并且还受到资本账户开放程度的制约。资本账户开放程度越高,股票收益率受国际市场影响的程度越大。

在实证分析的过程中,我们选取从 2003 年到 2011 年的数据。R 是季度每股收益率,用的是公司市盈率的倒数;实际产出采用名义国内生产总值除以消费物价指数调整后的数据;国际市场利率采用 LIBOR 数据,应用 Eviews 统计软件得到结果如下:

$$\frac{D}{p} = \underset{(2.798)}{168.338} + \underset{(2.3262)}{24.89\ln y} + \underset{(1.3757)}{0.467r} - \underset{(-3.4367)}{25.423\ln m} \qquad (4-5)$$

其中 $DW=1.62, R^2=0.475$。

从实证结果上来看,各个参数的符号符合理论模型的要求并且显著不为零,回归方程显著成立。作为影响股票收益率或回报率的国际市场利率的弹性,即资本账户的开放度只有 0.48。这表明目前国内股票市场受国际金融市场的影响还是相对有限的,国际市场利率对中国股票市场的价格传导机制还是较弱,但随着其影响程度的加大，国际市场利率的波动必然导致中国股票市场的价格和回报率出现大幅度波动，从而加大国际金融风险向中国股票市场的传导，进而加大中国股票市场的金融风险。

参 考 文 献

[1] 董超. 关于中国资本账户开放的研究[J]. 时代经贸，2006.

[2] 胡援成，王辉，朴明治. 中国资本账户开放：30 年回顾与思考[J]. 当代财经，2009.

[3] 施建淮. 中国资本账户开放：意义、进展及评论[J]. 国际经济评论，2007.

[4] 王国刚. 资本账户开放与中国金融改革[M]，2002.

[5] 肖迎春. 中国 A 股市场合格境外机构投资者（OFII）羊群行为研究[D]. 湖南师范大学硕士论文，2008：1—55.

[6] 许宏林. QFII 在我国证券市场的实践与影响研究[D]. 复旦大学博士论文，2007.

[7] 张雪莹. 引入 QFII 对中国股市风险影响的实证研究[J]. 统计观察，2005(7).

[8] Bhagwati J. The Capital Myth: The Difference between Trade in Widgets and Trade in Dollars. *Foreign Affairs*, 1998(77): 7—12.

[9] Calvo. Varities of Capital-Market Crisis. IEA Conference, 1998(118).

[10] Choe, Hyuk, Bong-Chan Kho and Rene M. Stulz. Do Foreign Investors Destabilize Stock Markets? The Korean Experience in 1997. Working paper, Mimeo, Ohio State University, 1999(Ohio 15313099130).

[11] Edwards, S., Khan, M. S. Interest Rate Determination in Developing Countries. IMF Staff Papers, 1985(32,3): 377—403.

[12] Kimeh. Stock Market Openings: Experience of Emerging Economies. *Journal of Business*, 2000(73,1): 25—66.

[13] Klein M. W., Olivei G. P. Capital Account Liberalization, Financial Depth, and Economic Growth. *Journal of International Money and Finance*, 2008(27,6): 861—875.

[14] Levy-Yeyati, E. Global Moral Hazard, Capital Account Liberalization and the Overlending Syndrome. IMF Working Paper, 1999(100).

[15] Ramey G, Ramey V. A. Cross-country Evidence on the Link between Volatility and Growth. National Bureau of Economic Research, 1994.

第五章

资本账户开放与中国银行业发展

本章导读

当下银行业发展面临种种变局,资本账户的进一步开放是其中之一。本章梳理了资本账户开放下银行业面临的机遇和挑战。在机遇方面,银行不仅有可能通过更方便地开展国际业务,获取更多的收益,而且也有可能更灵活地进行风险管理。在挑战方面,不仅银行个体的资产负债表的规模和结构有可能发生不利的变化,而且银行业的稳定性也有可能受到削弱。初步的计量分析表明,在资本账户开放程度不断加大的过程中,中国银行业受到的影响呈现出较为积极的特点,从这一点看,有理由期待进一步加大资本账户的开放程度。

第一节 资本账户开放下中国银行业面临的机遇

银行体系的效率和稳定对保持一国经济的正常运行至关重要,特别是对于像中国这样的银行在金融体系中居于主导地位的国家而言,尤其如此。自 2001 年加入世界贸易组织以来,中国银行业的发展与改革可以说是与其对外开放的进程相伴相随的。从允许外资银行有限度的进入,到其获得国民待遇,再到外资战略持股中资银行,以及到中资银行的海外业务和海外投资,中国银行业对外开放呈现出不断扩大和加深的态势。但是,毋庸讳言,我国银行在推进业务转型、提高管理能力和进一步改善绩效等方面,仍存在许多问题有待解决,而且需要在把握不断变化的形势的过程中加以解决。资本账户的进一步开放正是银行面临的种种变局之一,探究其对于中国银行业的发展究竟意味着什么具有迫切的现实意义。本章拟从资本账户开放下中国银行业面临的机遇和挑战两方面展开分析,并简要探讨相应的对策。

一、银行在获取收益方面的机遇

在中国经济和金融日益开放和融入全球的背景下,银行业务的国际化自然成为银行不得不做出的战略抉择之一,而资本账户的进一步开放,有利于银行更加灵活和便利地开展国际业务,通过为更多的客户提供全球范围的产品和服务,获取更多的收益。

广义来看,银行的国际业务并不一定是到境外为国外的客户提供产品和服务,而是也包括在国内为本国客户提供以外国货币标价的产品和服务,以及在国内为外国客户提供本币标价的产品和服务,等等。因此,资本账户开放意味着,银行可以更好地为国内的客户提供利用国际金融市场的机会,也意味着银行可以更好地为国外的客户提供进入本国金融市场的机会。

较具体地,银行可以提供的"国际化"的产品和服务,既包括诸如吸收存款和发放贷款这样的表内业务,也包括与跨境证券投资有关的托管、代理结算、理财及相关业务,与跨境股权债权融资有关的投行及相关业务,跨境人民币投融资及相关业务,以及与跨境直接投资相关的业务(方方,2013)。

尽管自2006年以来,具备资质的银行已经可以在QDII下为国内投资者提供境外投资理财服务,在QFII、RQFII等安排下为合格的境外投资机构提供托管服务,但是,资本账户走向"完全开放"将会进一步放松不必要的限制,增加银行在获取收益方面的机遇。

随着中国经济实力的持续增强和人民币国际化的进展,有理由相信,经营人民币业务的中国银行业会更越来越易于将上述机遇转化为具体的收益,正如国际银行业发展历史上美国和日本的银行所曾经历的那样。

二、银行在风险管理方面的机遇

近年来,随着我国银行业改革和开放的不断深化,商业银行对于风险管理越来越重视,而资本账户的进一步开放会为银行改善其风险管理提供新的机遇。

首先,如果银行能够有效地利用上述获取收益的机遇,那将意味着银行收入来源的多元化,意味着银行可以在全球范围内配置资产,进行资产组合的管理,从而有可能降低银行的整体资产组合的风险。

其次,银行风险管理工具和手段也将更趋多样化,从而提高风险管理的灵活性。突出的一点是,银行将可以在国际范围内寻找合适的资金来源,从而更积极地进行流动性风险的管理。此外,如果有需要的话,银行也可以在国际金融市场上利用更多的对冲风险的衍生金融工具,也有更多的交易对手可供选择。

最后,资本账户走向完全开放也将促使国内的银行置身于更具竞争性的市场环境之中,从而有利于促进国内银行更迫切地学习和提高风险管理的能力。

当然,机遇固然存在,但能不能落到实处,还要看有关银行如何把握和应对,处理不好,反而会加大风险。而这也就意味着,资本账户的进一步开放在一定程度上对银行也是一种挑战。

第二节　资本账户开放下中国银行业面临的挑战

在相关研究文献中,对于资本账户开放下中国银行业的机遇方面的分析,其实远不如对于面临挑战的分析更受重视。大量研究从很多角度剖析了资本账户开放下银行业可能面临的挑战,可以大致将其归为两大方面:一是银行资产负债管理会面临新的挑战;二是银行业稳定性有可能受到削弱。

一、银行资产负债管理面临新的挑战

资本账户进一步开放的重要含义之一是解除对于信贷和存款等的跨境流动的限制,这在扩大银行开展业务的机会集合的同时,也对银行管理提出了新的要求。最为突出的是,资产负债表的规模和结构都有可能发生不利的变化,出现过度扩张和货币错配等问题。

资产负债表规模之所以有可能出现过度扩张,离不开国际范围内的低成本资金从各种渠道流入这一前提。在流动性过剩的情况下,银行会产生扩张信贷的冲动,对于放款对象的选择范围会放宽,不再注意严格进行信用风险的控制,而政府的隐性或明显的担保的存在,不仅使得银行的道德风险放大,信贷过度扩张,也使得银行的债权人的道德风险得以放大,他们不再注意监督和选择银行,从而使银行的过度负债得以维持。在几方面力量的合力推动下,银行资产负债表规模往往一路高歌猛进,看上去形势大好,但实际上却可能已经危机四伏。中国银行业"钱荒"之虞不远,资本账户开放下形成过度负债和过度信贷并非不可能。

资产负债表结构错位、出现货币错配,指的是银行的资产和负债在货币标价上未能注意做好匹配,比如迅速增加的对外负债往往以美元标价,但资产却多投资于本地,以本币标价。这种货币错配,在遭遇货币危机、本币贬值的情况下,就会使银行同时面对资产价值下降、负债价值上升的局面,导致其资产负债表恶化,净值下降,进而有可能导致银行危机。在资本账户进一步开放条件下,中国银行业一定有动力更积极地利用外部的资金来源,考虑到中国银行业扩展国际业务可能受到很多现实条件的制约,其形成的资产以本币标价将是常态,从而难以避免遭遇货币错配的问题(宋芳秀、王金石,2014)。

二、银行业稳定性有可能受到削弱

资本账户进一步开放之下,银行外部形势有可能出现不利变化,比如出现宏观经济波动或发生货币危机,有可能引发或加重银行业的不稳定。

有关国家的历史教训表明,伴随资本账户开放而来的过度资本流入往往会推

动该国资产价格泡沫的形成和经济总体过热,而银行业在这一宏观背景下往往会大举扩张信贷,一旦宏观经济形势出现逆转,比如本币升值,竞争力下降,资本流入难以为继,经济增长放缓,进而出现经济衰退,不良贷款增加,借款人违约上升,存款流失、资本外逃,银行危机爆发。[①]

历史经验还表明,资本账户开放下的货币危机与银行危机往往具有共生性,二者之间存在较为复杂的相互缠绕的关系。一种可能的传导机制是,货币危机导致利率骤升,银行融资成本上升,资产价格下降,借款人违约率上升,资产质量下降,银行收益下降,亏损上升。值得指出的是,经验研究表明,发展中国家往往更易发生共生危机,并且,在实施金融自由化初期发生共生危机的可能性更大。

与中国经济所处的发展阶段一致,中国银行业也正处于改革、再造与转型的发展之中,从其经营环境看,利率市场化改革尚未最终完成,金融监管也正处于放松和重构的进程,任何外部形势的不利变化,都有可能对于银行业的稳定性造成不利影响。

第三节　资本账户开放对中国银行业影响的计量分析

我们无力全面评估资本账户开放对我国银行业的影响,本节尝试借鉴Claessens、Demirguc Kunt和Huizinga(2001)测算外资银行进入对我国银行业效率影响的实证模型,加入宏观层面的因素,对资本账户开放对我国银行效率的影响进行初步的实证分析。

一、计量模型

构建计量模型如下:

$$E_{it} = \alpha_i + \beta \cdot open_t + \gamma \cdot X_t + \delta \cdot B_{it} + \mu_{it} \tag{5-1}$$

其中,因变量E_{it}代表在t时期国内i银行的效率;$open_t$代表t时期资本账户开放程度;X_t代表国家层面变量在t时期的状况;B_{it}代表i银行在t时期的自身状况;μ_{it}则代表随机误差。B_{it}和X_t为控制变量。

在此模型中,银行效率用三方面的指标加以衡量:第一是盈利能力指标,第二是成本费用指标,第三是稳健性指标。我们拟选择净利息收入率(NIMA)、非利息收入率(NIA)、利润率(PA)作为盈利能力指标;选择成本率(CA)作为衡量成本费用指标;选取贷款拨备率(RA)作为稳健性指标。

模型中所选取的具体变量如表5-1所示。

[①] 张荣峰(2007),廖发达(2001),戴任翔(1999)。

表 5-1 变量含义说明

变量类型	变量名称	指标	代码	计算公式
银行效率变量(E_{it})	盈利能力指标	净利息收入率	NIMA	(利息收入−利息支出)/总资产
		非利息收入率	NIA	非利息收入/总资产
		利润率	PA	税前利润/总资产
	成本费用指标	成本率	CA	运营成本/总资产
	稳健性指标	贷款拨备率	RA	贷款损失准备金余额/各项贷款余额
资本账户开放变量($Open_t$)	资本账户开放程度	资本流量占比	FC/Y	资本流动量/GDP
		金融开放水平	β	F-H 条件测算
控制变量	国家层面(X_t)	GDP 增长率	GGDP	(今年 GDP/去年 GDP)−1
		物价水平	CPI	物价水平
	银行层面(B_{it})	资产规模	SA	个体银行资产/银行资产总和

我们选取资本流量占比、F-H 条件测算 β 作为衡量资本账户开放变量的指标。资本流量占比用 FC/Y 表示（FC 为资本流动量，Y 为一国 GDP）。资本流动量为资本流入额和资本流出额之和。其中，资本流动项目包括直接投资、证券投资和其他投资。根据 Feldstein-Horioka 条件（简称 F-H 条件），利用投资与产出的比率（I/Y）和储蓄与产出的比率（NS/Y），可求出衡量金融开放水平的系数 β，具体模型如下：

$$(I/Y)_i = \alpha + \beta(NS/Y)_i + U_i \quad (5-2)$$

此外，还设置了国家层面（GDP 增长率、物价水平）和银行层面（所有制形式、资产规模）的控制变量指标，建立本节实证分析的变量体系。

本节拟研究的数据涵盖境内比较具有代表性的共 13 家银行，选择的年份是 1998—2012 年。这 13 家银行是中国银行、中信银行、兴业银行、中国农业银行、浦发银行、中国工商银行、华夏银行、招商银行、广东发展银行、深圳发展银行、中国建设银行、交通银行和民生银行等。

有关银行的数据来自《中国金融年鉴》（1999—2013），有关国家层面经济数据则来自《中国统计年鉴》（1999—2013）。

二、图形分析

在进行计量分析之前，先通过图形对变量的趋势和变量之间的关系进行观察和初步分析，对可能的结论形成初步的认识。

先看我国资本账户开放程度的变化趋势。

（一）资本流量占比：FC/Y

资本流量占比（资本流动量占 GDP 的比重）是衡量资本账户开放程度的重要指标，根据所选数据做出如图 5-1 所示的变化趋势曲线。从图 5-1 可以看出，资本流量占 GDP 的比重是逐步上升的,尤其是"入世"之后,我国的资本账户开放程度迅速提高。虽然在 2008 年金融危机的影响下,其有一定程度的下降,但总体上来说,我国的资本账户开放程度是逐渐提高的。

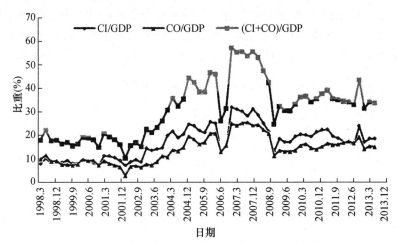

图 5-1 我国资本流量占 GDP 比重的变化趋势

数据来源:Wind 数据库。

(二) F-H 条件测算 β

如前所述,利用投资与产出的比率(I/Y)和储蓄与产出的比率(NS/Y),可求出衡量金融开放水平的系数 β,具体如下:

$$(I/Y)_i = \alpha + \beta(NS/Y)_i + \mu_i \tag{5-3}$$

其中,国家储蓄 NS 也就是私人储蓄扣除预算赤字的值,μ_i 为残差项。

用 Stata 软件进行回归,结果显著,并得出相应的 β 值,具体的趋势如下:

从图 5-2 中可以看出,改革开放以来,我国 β 值呈现出逐步下降的趋势,储蓄

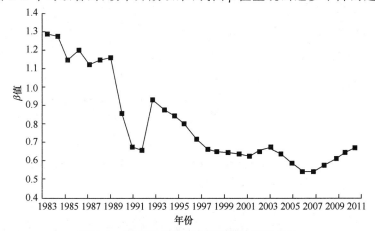

图 5-2 我国资本账户开放程度的变化趋势

率与投资率之间的相关性在下降,也体现出资本账户开放程度逐步提升的趋势。这与资本流量占比反映的事实相似。

再看银行盈利能力与资本账户开放程度之间的关系。

以中国工商银行为例,银行盈利能力与资本账户开放程度二者之间的关系如图5-3所示。显然,从图中可以初步看出,银行盈利能力与资本账户开放程度二者之间具有相似的变动关系,也就是具有正相关关系,这与之前的定性分析结论相符。

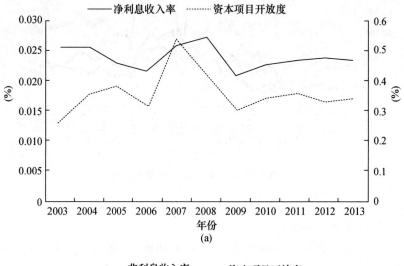

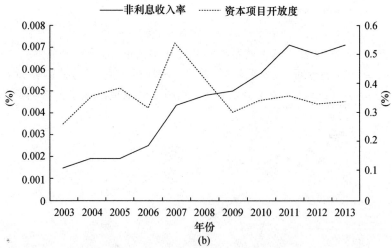

图 5-3 中国工商银行的盈利能力与资本账户开放程度之间的关系
数据来源:Wind 数据库、BankScope 数据库。

三、计量模型的回归结果及其分析

（一）解释变量的相关性分析

	open	GDP	CPI	SA
open	1.0000	—	—	—
GDP	0.5888	1.0000	—	—
CPI	0.7470	0.2462	1.0000	—
SA	0.0481	0.0400	0.0414	1.0000

从表中可知，open、GDP 和 CPI 三者之间存在较高的相关性，意味着其共线性程度较高。也就是说，为了保证模型系数的显著性，可能会要求去掉其中的一个。

（二）含 CPI 解释变量的回归结果

因变量	解释变量 open 的系数 β	解释变量 GDP 的系数 γ_1	解释变量 CPI 的系数 γ_2	解释变量 SA 的系数 δ
PA	0.03127***	−0.00116***	−0.00957	−0.08641***
NIMA	0.02938***	−0.00059***	0.01712	−0.00945
NIA	0.01554***	−0.00072***	−0.00402	0.00195
CA	−0.00567	0.00018	0.04349**	−0.00544
RA	−0.12489**	0.00394**	0.12822	0.35420

注：*** 表示系数在 1% 的显著性水平下显著，** 表示系数在 5% 的显著性水平下显著，* 表示系数在 10% 的显著性水平下显著。

（三）不含 CPI 解释变量的回归结果

因变量	解释变量 open 的系数 β	解释变量 GDP 的系数 γ	解释变量 SA 的系数 δ
PA	0.02927***	−0.00113***	−0.00867***
NIMA	0.03295***	−0.00065***	−0.00871
NIA	0.01470***	−0.00710***	0.00181
CA	0.00340	0.00003	−0.00357
RA	−0.09436**	0.00350*	0.35620

注：*** 表示系数在 1% 的显著性水平下显著，** 表示系数在 5% 的显著性水平下显著，* 表示系数在 10% 的显著性水平下显著。

从 Stata 软件回归出的结果可以得出以下结论：

（1）从利润率的角度来看，其与资本开放程度呈显著正相关。资本账户开放程度增加 1 单位，利润率水平相应增加 0.031 个单位。

其中的原因,一方面可能是资本账户逐渐开放之后,外资银行进入的数量增大,中资银行面临的竞争日益加剧,迫使中资银行改变之前低效率的运营模式,加快进行金融产品创新,加强对员工的绩效考核,借鉴外资银行优秀的管理模式和经验,促进营业收入的增加和经营成本的降低,进而实现利润率的提升。另一方面也可能与资本账户开放之后,外资银行进入中国,中资银行也开始走向境外,建立境外分支机构,业务范围和经营规模都在扩大,依据规模经济原理,也会实现成本下降和营业收入提升,进而实现银行利润率的提高。

另外,依据计量结果还可以看出,利润率与银行资产规模呈现显著的负相关关系,这可能与外资银行进入之后,与中资银行在相对优势业务上的竞争有关,由于外资银行在产品创新和运营成本等方面相对具有优势,所以银行会精简自己不具备优势的业务,专注发展自己的优势业务,实现相关领域的产品创新和成本控制,因此虽然资产规模可能会有所减少,但利润率会上升。

(2)从净利息收入率的角度来看,其与资本账户开放程度呈现显著的正相关关系。资本账户开放程度增加1单位,净利息收入率会增加0.029个单位。

利息收入包括贷款与证券投资的利息收入,利息支出包括存款与借入款的利息支出,从本质上来说,净利息收入率是将利差收入的增长幅度与总资产增长幅度进行比较。随着资本账户开放程度的提升,银行净利息收入率提升,表明与总资产的增长速度相比,净利息收入的增长速度要更快一些,银行在增加总资产的同时,较好地控制了利息成本,表明银行经营效率有所提升。这可能也与外资银行进入之后,中资银行面临的竞争更加激烈有关,为了在自己的优势领域保持领先地位,必须要对利息成本加以适度控制,取得净利息收入率的提升。

(3)从非利息收入率的角度来看,其与资本账户开放程度也呈现显著正相关的关系。资本账户开放程度增加1单位,非利息收入率会增加0.016个单位。

非利息收入指的是商业银行除利差收入之外的营业收入,主要包括中间业务收入和投资、咨询等业务产生的收入。非利息收入率的提升,表明近年来我国商业银行不再局限于依靠存贷利差获得收入,开始向中间业务和投资、咨询等业务领域扩展投入,加强金融产品创新。与利息收入受经济影响大、坏账风险较高不同,非利息收入一般来说较为稳定、安全,利润率也相对较高。银行非利息收入率的提高表明,随着资本账户开放程度的提升,银行资产的质量不断提升,运营效率也不断提高。

(4)从贷款拨备率来看,其与资本账户开放程度呈现显著的负相关关系。资本账户开放增加1单位,贷款拨备率会降低0.125个单位,表明银行抗风险能力的增强。

随着资本账户的开放,贷款拨备率会下降,表明在面临外资银行竞争的背景下,商业银行经过产品创新和管理模式的改进,业务经营的稳定性增强,每年需要提取的贷款损失准备金减少,表明商业银行运营效率在提升,对风险程度的预期在下降,抗风险能力在增强。

以上初步的计量分析表明,在资本账户开放程度不断提高的过程中,中国银行业受到的影响呈现出较为积极的特点,从这一点看,有理由期待进一步加大资本账户的开放程度。

第四节 总 结

资本账户的进一步开放是大势所趋,对于中国银行业而言,这既会带来机遇,也会带来挑战。不过,无论是在获取收益方面的机遇,还是在风险管理方面的机遇,若希望能够及时把握和利用并落到实处,还需要不断提高中国银行业的管理水平,完善治理机制,并有必要密切关注宏观经济波动和金融市场形势,未雨绸缪,尽力避免陷入被动局面。

参 考 文 献

[1] 奥坎波.资本账户管理的合理性及其经验[J].国际经济评论,2012(6):89—94.

[2] 戴任翔.论发展中国家资本账户开放过程中的银行稳定性问题[J].国际金融研究,1999(2):59—65.

[3] 方方.资本项目开放与银行业务发展机遇探析[J].上海金融,2013(1):98—119.

[4] 方显仓,孙琦.资本账户开放与我国银行体系风险[J].世界经济研究,2014(3):9—14.

[5] 李哲.国际资本流入中国银行部门行为与影响研究[M].对外经济贸易大学出版社,2011.

[6] 廖发达.发展中国家资本项目开放与银行稳定[M].上海远东出版社,2001.

[7] 廖岷.中国银行业的外国直接投资:意义与挑战[J].国际金融研究,2008(1):62—69.

[8] 刘刚,卢燕峰.资本账户开放、商业银行存贷比与信贷风险[J].金融论坛,2015(3):62—80.

[9] 莫汉.资本账户管理:需要一个新的共识[J].国际经济评论,2012(6):95—102.

[10] 宋芳秀,王金石.新兴市场经济体货币错配的测度、影响因素及解决对策[J].经济学动态,2014(7):38—47.

[11] 张礼卿.发展中国家的资本账户开放:理论、政策与经验[M].经济科学出版社,2000.

[12] 张荣峰.国际资本流动与银行稳定[J].国际金融研究,2007(2):66—74.

[13] Claessens, S.; Demirguc-Kunt, A.; Huizinga, H. How Does Foreign Entry Affect Domestic Banking Markets?" *Journal of Banking and Finance*, 2001(3).

[14] Glick, Reuven and Michael Hutchison. Banking and Currency Crises: How Common are Twins? Pacific Basin Working Paper Series, No. PB99-07, Federal Reserve Bank of San

Francisco.

[15] Goldfajn, I. and R. O. Valdes. Capital Flows and the Twin Crises: the Role of Liquidity, WP/97/87, IMF.

[16] Kaminsky and Reinhart. The Twin Crises: the Causes of Banking and Balance-of-Payments Problems. *American Economic Review*, 1999(89, 3): 473—500.

[17] Marion, Nancy P. Some Parallels between Currency and Banking Crises. *International Taxation and Public Finance*, 1999(6): 473—490.

第六章

资本管制、货币政策与汇率稳定

本章导读

资本管制的放松程度对于汇率稳定在货币政策最终目标中的作用有显著影响，这种影响还与扰动的性质有关。这说明，降低资本流动的摩擦对福利的影响取决于货币政策框架和扰动的性质。通过分析资本账户逐步放开过程中两种政策框架的福利损失可以发现，随着资本流动对利差和汇率变化预期的敏感性增加，"双目标、双工具"政策在面对需求扰动与供给扰动时的福利增进效应存在变弱的趋势。在面对资本流动扰动时，"双目标、双工具"政策的福利增进效应得以强化。经验分析说明，近十年来我国央票利率和对冲干预政策工具对人民币实际汇率做出的政策反应与"双目标双工具"框架下的最优决策较为接近，且政策操作呈现出较高的针对性和灵活性。

第一节 引 言

随着发展中国家在国际货币基金组织中话语权的增强，国际货币基金组织对资本管制的看法发生了标志性的变化。2012年年末，国际货币基金组织接受了以资本管制来平复动荡不定的跨境资本流动的做法，此举标志着该组织在政策思想上发生了重大转变。国际货币基金组织报告指出，各国在特定阶段下的资本账户开放程度应根据其金融市场的发展水平等具体情况而定，强求所有国家在任何时候都要实现资本账户完全开放并不合适。国际货币基金组织的报告还指出，直接资本管制不能替代针对资本快速涌入的宏观经济对策。以美国为代表的一些发达国家对国际货币基金组织的最新转变并不感到愉快。实施不同程度的资本管制的最终结果与货币政策框架的设计、扰动的性质有关，而后者取决于一个经济体经济增长的状况。从长远来看，放松资本管制是大势所趋。但是，在完全放开资本管制之前的过渡时期，还有许多政策问题值得研究。

2008年全球金融危机之前，国际上主流货币经济学理论与实践普遍推崇的货币政策框架为通货膨胀目标制,即以稳定通胀为主要目标和以政策利率为主要工具的货币政策框架。在这一传统框架中,汇率处于从属的地位。通常认为,与通胀目标制相契合的最佳汇率安排应是完全浮动汇率体制;反之,如对汇率进行管理,则会损害反通胀的可信性,不利于宏观经济的稳定(Masson 等,1997)。然而,1997—1998 年亚洲金融危机的教训表明,汇率的大幅波动会给一国经济带来巨大的负面影响,对汇率进行一定程度的管理更有利于金融稳定与应对危机。[1] 特别是 2008 年金融危机爆发以来,许多学者开始质疑单纯钉住通胀目标的框架缺陷(Blanchard 等,2010)。近来,越来越多的学者开始思考是否应将汇率稳定引入传统的通胀目标框架之中(Engel,2012;De Paoli,2009)。同时,在传统的利率工具之外,大家也在寻找更多的政策调控手段。其中,国际货币基金组织研究人员 Ostry 等(2012)提出的"双目标双工具"政策框架较具代表性。该研究认为,尽管传统的通胀目标制强调管理汇率可能给通胀目标制带来负面影响,但汇率稳定与物价稳定作为双目标的整体福利可能更大。对于新兴市场经济体而言,资产不可替代性和资本管制导致资本流动存在摩擦,经济主体对货币错配的承受能力较弱。因此,在货币政策目标的选择上应比传统的通胀目标制更关注汇率目标,即可采用"双目标"政策框架:既包括通胀目标(一般同时也包括产出缺口目标),也包括汇率(以及外汇储备)目标。这种将汇率稳定与通胀稳定并列的"双目标"框架将传统的通胀目标制与有管理的浮动汇率制结合起来。在政策工具方面,除了使用传统的利率工具应对通胀外,还包括运用对冲干预(sterilization intervention)工具来管理汇率,即所谓的"双工具"。"双目标、双工具"政策框架为新兴市场经济体在全球经济一体化背景下货币政策的制定提供了有益的借鉴。

本章在国际货币基金组织模型(Ostry 等,2012)的基础上,首次将此方法应用于中国这一最大新兴经济体,并结合我国具体情况进行针对性分析。我国目前尚存在一定程度的资本管制,同时,我国货币政策目标的表述是"保持物价稳定并以此促进经济增长",这与传统的通胀目标制较为接近。在政策工具上,我国综合运用数量型与价格型工具(后者主要包括利率工具)进行调控。尽管我国并未明确将汇率稳定作为货币政策的最终目标之一[2],但在实际操作中却运用了对冲干预手段来规避人民币汇率的大幅波动,即实行有管理的浮动汇率制。这与 Ostry 等

---

[1] 亚洲金融危机期间,汇率大幅波动给各危机经济体带来了巨大的负面影响。考察受到冲击较大的经济体,货币当局均未将其货币钉住某一主要货币。相反,香港与阿根廷等当时实行货币局汇率制度的经济体却平安地渡过了危机。这些现象表明,对汇率进行管理的做法可能更有利于确保经济体在危机面前平安无事(Frankel,1999)。

[2] 长期以来,允许汇率浮动被认为是一国货币政策当局是否真正承诺实施通胀目标制的检验(Masson 等,1997;Ostry 等,2012)。完全浮动的汇率制度被认为是一种具有优越性的有利于宏观经济稳定的制度,而对汇率进行管理则被认为是一种有缺陷的不利于宏观经济稳定的制度安排。

(2012)的"双目标、双工具"框架似乎更为接近。

本章的创新之处主要包括以下几方面：

第一，归纳了人民币实际有效汇率、通胀率与产出缺口之间的动态数据特征，并对2004年以来的历次实际汇率波动期进行了识别；具体考察了人民币实际汇率波动发生前后通胀率和产出缺口的变化情况，分析了人民币实际汇率大幅波动的宏观效应。

第二，在上述基础上进一步构建了包括资本流动、实际汇率预期变化和经济波动特征等在内的动态模型，即在传统的经济周期模型中引入了实际汇率和对冲干预变量，构建了实际汇率预期、资本流动与对冲干预之间的联系机制。

第三，在模型参数校准的基础上，得出了利率与对冲干预"双工具"最优政策规则数值解。其中，利率规则为广义上的"泰勒规则"；对冲干预规则在本章中被称为"Ostry规则"①。通过对比"双目标、双工具"与传统通胀目标制框架下不同的福利结果，本章发现在资本流动摩擦较大或面对资本流动扰动条件下，"双目标、双工具"政策可增进福利。

第四，在模型构建中考虑了汇率预期的作用，并假定汇率预期向稳态的调整是一个持续的过程。这一假设一方面与Ostry等(2012)关于非套补利率平价短期内不成立的假设相一致；另一方面也为"双工具"政策充分发挥作用提供了前提条件——如果实际汇率预期在较短时间内很快回归到稳态水平，则会降低政策工具的运用效果。

本章对Ostry等(2012)中的几方面不足进行了补充和完善，尝试为我国未来在资本账户逐渐开放情况下的货币政策实践提供有益的理论框架和实证依据。具体体现在：一是Ostry等(2012)未给出利率与对冲干预"双工具"的最优政策规则的数值解，本章则运用数值模拟方法得出了"双工具"最优规则的数值解，便于考察政策规则的数值特征；二是Ostry等(2012)未精确比较"双目标双工具"与传统通胀目标制之间福利效应的相对大小，而本章则对两种政策的福利效应进行了定量的对比；三是Ostry等(2012)未分析放松资本管制这一新兴市场经济体所面临的难题，本章则比较了资本管制逐渐放松情况下两种政策框架的福利效应。

本章的具体结构安排如下：第二节分析了我国实际汇率、通胀率与产出缺口之间关系的数据特征；第三节构建了包括资本流动、实际汇率和经济周期特征的动态模型；第四节得出了最优"双目标双工具"政策规则，并进行了模拟分析；第五节考察了放松资本管制条件下不同政策框架的福利效应，并估计了我国央票利率和对冲干预的反应函数；第六节为结论和政策建议。

---

① Ostry等(2012)将对冲干预作为利率之外的第二种工具。

第二节 我国实际有效汇率、通胀率与产出缺口关系的数据特征

为使模型的构建和校准与我国数据的典型特征相符合,以下考察人民币实际有效汇率对通胀率与产出缺口影响的时滞差异。我们运用 Mendoza & Terrones (2008)的方法识别 2004 年以来我国实际有效汇率的波动期间。

我们采用 2004 年一季度至 2011 年四季度的季度数据为样本数据。人民币实际有效汇率季度数据(2010 年=100)、GDP 季度数据来自 Wind 数据库。季度实际 GDP 由名义 GDP 经平减指数计算得到,经季节调整,再通过 HP 滤波方法得到潜在 GDP,产出缺口定义为实际 GDP 偏离潜在 GDP 的百分比。人民币实际有效汇率对数值的趋势由 HP 滤波方法生成,人民币实际有效汇率对数值相对趋势的偏离程度为 HP 滤波方法生成的周期性部分(简称人民币实际有效汇率偏离程度)。

根据对分布统计量进行分析发现,我国 2004 年一季度到 2011 年四季度 32 个季度人民币实际有效汇率偏离趋势值程度分布右端尾部较长(Skewness 为 0.97),且形态较正态分布略为尖瘦(Kurtosis 为 3.47)。Jarque-Bera 检验在 5% 的显著水平接受该分布为正态分布的原假设(p 值为 0.07)。在该分布右端 6% 的临界点,实际汇率偏离趋势值程度为标准差的 1.91 倍,略大于 Mendoza & Terrones (2008) 的 1.55 倍。根据 6% 的概率水平,识别出人民币实际汇率存在 1 个大幅上升期和 2 个大幅下降期,即分别为 2008 年四季度至 2009 年一季度、2006 年二季度和 2011 年二季度(见图 6-1 阴影部分)。

图 6-2 描述了人民币实际有效汇率波动前后的通胀率和产出缺口,显示了人民币实际有效汇率波动期前后各 10 个季度通胀率和产出缺口的平均变化情况。由于受大规模经济刺激政策的影响,2008 年四季度至 2009 年一季度实际汇率大幅波动的滞后影响比较复杂,而 2011 年二季度实际汇率大幅下降的影响尚未充分显现,因此,主要考察 2006 年二季度人民币实际有效汇率大幅下降(人民币实际贬值)的数据特征(见图 6-2)[①]。

根据图 6-2,可归纳出两方面的数据特征:一是人民币实际有效汇率大幅变化后通胀率变化持续期长于产出缺口变化持续期。将人民币实际有效汇率下降后产出缺口大于 0.5%(以便显著区别于零)的数据用浅色阴影部分表示,将通胀率大于 2.5%(以便显著区别于文献中通常认为合适的通胀水平 1%—2%)的数据用深

[①] 2006 年二季度人民币贬值的主要原因是当时美元相对其他主要货币走弱。

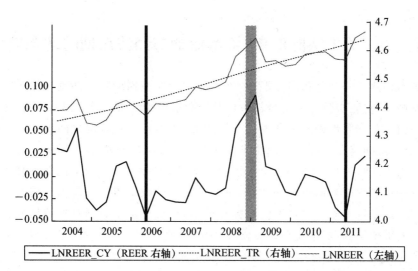

图 6-1　人民币实际有效汇率对数、实际有效汇率对数趋势
与其相对趋势值偏离程度

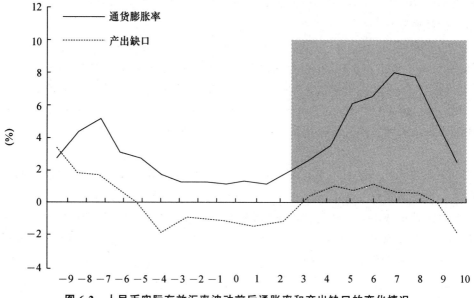

图 6-2　人民币实际有效汇率波动前后通胀率和产出缺口的变化情况

色阴影部分来表示。后者持续时间长于前者。二是人民币实际有效汇率变化对产出的影响先于对通胀的影响。根据图 6-2,实际汇率扰动对我国通胀的影响在最初的 2 个季度不大,在大约第 4—5 个季度时,影响增加幅度最大,在大约第 7—8 个季度对通胀的影响达到最大;而实际汇率扰动对产出缺口的影响来得更快,在第 3—4 个季度时已经达到最大。

第三节　关于实际汇率、资本流动与经济周期的动态模型

本节构建了一个包括实际汇率、资本流动和经济周期特征的动态模型。模型的关键假设包括：实际汇率偏离其中长期均衡水平的波动会带来福利损失，该福利损失与由通货膨胀带来的福利损失一样重要；资本不能在各国之间无摩擦地流动（各国资产之间存在非完全替代性或者资本管制）；非套补利率平价不成立，对冲干预是可用的政策工具。资本流动有磨擦与非套补利率平价不成立的假设使得国内利率可在一定程度上偏离国外利率，成为较独立的政策工具。我国目前实施的资本管制增加了资本流动过程中的摩擦与成本，后者决定了我国对外负债水平对利差反应的敏感系数：资本流动摩擦较大，敏感系数较小。具体的模型设定如下。

考虑到通胀预期对我国通胀有显著作用（Scheibe & Vines，2005；陈彦斌，2008）以及前瞻性菲利普斯曲线与数据之间存在不一致（Gali 等，1999），本章采用了混合型菲利普斯曲线。在式（6-1）的总供给方程中，一方面上期产出缺口（y_t）和通胀率（π_t）的增加会提高通胀率（Svensson，1999），另一方面通胀预期 $E_t\pi_{t+1}$ 上升也会抬高通胀率[①]：

$$\pi_{t+1} = \beta E_t\pi_{t+1} + \pi_t + \varsigma\, y_t + \varepsilon_{t+1}, \quad \varsigma, \beta > 0 \tag{6-1}$$

其中，y_t 是上期产出缺口，π_t 是上期通胀率，ε 是供给扰动，服从 AR(1) 过程。

假定人民币实际有效汇率预期调整是渐进的过程，这与非套补利率平价不成立相一致。同时，如果实际汇率预期在很短的时间内很快恢复到稳态水平，将限制政策工具的有效运用。人民币实际有效汇率预期满足：

$$\Delta e_{t+1}^e = \chi \Delta e_t^e, \quad 0 < \chi < 1 \tag{6-2}$$

其中，e 代表人民币实际有效汇率对数值与其均衡对数值之差[②]，上标 e 代表预期。参数 χ 代表人民币实际有效汇率预期调整的速度。

总需求函数的表达式为：第 $t+1$ 期产出缺口 y_{t+1} 是第 t 期产出缺口 y_t、实际利率 r_t、第 t 期人民币实际有效汇率偏离程度 e_t（e_t 上升意味着人民币实际升值）和第 $t+1$ 期需求扰动项 η_{t+1} 的函数：

---

① 式（6-1）中的通胀预期可以看作对未来通胀的适应性预期。Mankiw(2001)认为，为缩小菲利普斯曲线与数据之间的差距，适应性预期有帮助（甚至是必需的）。具体地，适应性通胀预期满足 $E_{t+1}\pi_{t+2} - E_t\pi_{t+1} = b(\pi_{t+1} - E_t\pi_{t+1})$，将其代入混合型菲利普斯曲线 $\pi_{t+1} = mE_{t+1}\pi_{t+2} + n\pi_t + dy_t$，得到 $\pi_{t+1} = \beta E_t\pi_{t+1} + \xi\pi_t + \varsigma y_t$，其中，$\beta$ 和 ς 综合了前瞻性预期系数 m 和适应性预期系数 b 的影响，满足 $\beta = m(1-b)/(1-mb)$，$\varsigma = d/(1-mb)$。借鉴 Svensson(1999)，令滞后通胀项系数 $\xi = 1$，使得式（6-1）（在预期不变情况下）与加速菲利普斯曲线（Snowdon & Vane，2003，第 9—10 页）特征一致。

② 用 ε 代表人民币实际有效汇率水平，等式（6-2）、（6-3）、（6-4）、（6-6）和（6-8）中的 e_t 均为 $e_t = \ln\varepsilon_t - \ln\varepsilon^{equilibrium}$。近似地，$e_t$ 是人民币实际有效汇率偏离其中长期均衡水平的比率。

$$y_{t+1} = \phi_1 y_t - \phi_2 r_t - \phi_3 e_t + \eta_{t+1}, \quad \phi_1, \phi_2, \phi_3 > 0 \tag{6-3}$$

其中,η_{t+1}表示的需求扰动是与ε相互独立的AR(1)过程,ϕ_1、ϕ_2和ϕ_3分别是产出缺口的惯性系数、产出缺口对利率、人民币实际有效汇率偏离程度的弹性。借鉴姚余栋和谭海鸣(2011),本章选取央票利率作为我国货币政策利率工具。

在非套补利率平价不成立的前提下,假设资本流入相对规模($\Delta k_t/\bar{R}$,相对我国外汇储备合意规模$\bar{R}$的对外负债头寸增加)与非套补利率平价差异成正比,与前一期对外负债相对头寸($k_{t-1}/\bar{R}$)成反比,表示如下:

$$\Delta k_t/\bar{R} = \gamma_1(r_t - r_t^* + \Delta e_{t+1}^e) - \gamma_2 k_{t-1}/\bar{R}, \quad \gamma_1, \gamma_2 > 0 \tag{6-4}$$

其中,γ_1、γ_2分别反映资本流动对平价差异、上期对外负债相对水平的敏感程度。本外币利差扩大或人民币升值预期强化均能强化资本流入动机。假定式(6-4)中的外国利率r_t^*服从AR(1)过程,满足:

$$r_{t+1}^* = \rho r_t^* + \vartheta_{t+1} \tag{6-5}$$

其中,ϑ_t是白噪声。

假设经常账户相对(外汇储备合意规模$\bar{R}$)余额是人民币实际有效汇率偏离程度、产出缺口的函数,人民币升值与产出缺口扩大会带来经常账户相对顺差减少,满足以下关系:

$$ca_t/\bar{R} = -\varphi_1 e_t - \varphi_2 y_t, \quad \varphi_1, \varphi_2 > 0 \tag{6-6}$$

经常账户相对余额($ca_t/\bar{R}$)与对外负债相对增量($\Delta k_t/\bar{R}$)合计等于外汇储备的相对增量($\Delta R_t/\bar{R}$),即满足:

$$ca_t/\bar{R} + \Delta k_t/\bar{R} = \Delta R_t/\bar{R} \tag{6-7}$$

由于中央银行实施对冲干预,式(6-7)中的外汇储备增加不会影响基础货币规模。

第四节 最优"双目标、双工具"政策的福利分析

本节采用模拟的方法,考察"双目标、双工具"框架和传统通货膨胀目标制的不同福利效应。为此,需要在校准模型参数的基础上,求出利率与对冲干预"双工具"最优政策[①]的数值解。随后,将上述政策规则代入动态模型进行模拟,分析比较"双目标、双工具"框架与传统通胀目标制下不同的福利效应。

一、目标函数与最优解

传统的货币政策理论要求政策制定者一方面使产出接近潜在水平,一方面又保持较低的通胀水平。面对近年来的金融危机,政策制定者不得不在更宽泛的政

---

① 通胀目标制的最优政策参见 Cecchetti & Li (2008)附录。

策框架中关注更多的目标。对新兴市场经济体而言,为避免汇率大幅波动所带来的负面影响,政策制定者可将汇率稳定作为政策的最终目标之一,综合考虑汇率稳定与通胀目标制带来的福利增进效应。

基于以上考虑,首先,在通胀目标之外,"双目标、双工具"政策框架主要考虑实际汇率目标。其次,为避免外汇储备规模偏离合意水平($\bar{R}$)的负面影响,本章将外汇储备规模的偏离程度也列为最终目标之一。假定政策决策者在(6-1)—(6-7)的约束条件下最小化以下目标函数:

$$\min_{\left\{r_{t+k},\frac{\Delta R_{t+k}}{\bar{R}}\right\}_{k=0}^{\infty}} \frac{1}{2}E_t\sum_{k=1}^{\infty}\delta^k\left[\pi_{t+k}^2+\lambda y_{t+k}^2+ae_{t+k}^2+c\left(\frac{R_{t+k}}{\bar{R}}-1\right)^2\right],$$
$$\lambda>0, a>0, c>0, 0<\delta<1 \qquad (6\text{-}8)$$

其中,λ 是产出缺口目标(相对通胀目标)的权重,a 是人民币实际有效汇率偏离程度 e_{t+k} 的权重[①],c 是外汇储备相对其合意规模偏离程度的权重。式(6-8)参照常规做法用偏离目标程度的平方来估计福利损失。

作为上述优化问题的解,最优利率水平 $r_{o,t}$、外汇储备相对其合意规模的增量 $\Delta R_{o,t}/\bar{R}$ 是状态变量向量的函数。状态变量向量包括:常数 1、人民币实际有效汇率偏离程度预期变化 Δe_{t+1}^e、上期外汇储备相对其合意水平的偏离程度 $R_{t-1}/\bar{R}$、外国实际利率 r_t^*、通胀率 π_t 和产出缺口 y_t。最优"双工具"政策规则的表达式为:

$$\begin{pmatrix}\Delta R_{o,t}/\bar{R}\\ r_{o,t}\end{pmatrix}=\begin{pmatrix}\alpha_1 & \alpha_2 & \alpha_3 & \alpha_4 & \alpha_5 & \alpha_6\\ \alpha_7 & \alpha_8 & \alpha_9 & \alpha_{10} & \alpha_{11} & \alpha_{12}\end{pmatrix}\begin{pmatrix}1\\ \Delta e_{t+1}^e\\ R_{t-1}/\bar{R}\\ r_t^*\\ \pi_t\\ y_t\end{pmatrix} \qquad (6\text{-}9)$$

其中,$\{\alpha_j\}_{j=1,\cdots,12}$ 是模型参数的函数。

二、参数校准

模型参数的选取,一方面是基于我国数据的经验拟合数值和相关文献,另一方面是使得模型特征与我国通胀产出面对人民币实际汇率波动而变化的典型事实

[①] 如果长期各国均以零通胀率为目标(各国长期价格指数不变),那么以名义有效汇率为政策目标与以实际有效汇率为政策目标,长期来看两者是一致的。当各国价格指数短期内发生变化时,运用实际有效汇率为政策目标剔除了各国价格指数短期变化的影响,后者(各国价格指数短期变化)是通胀目标关心的内容。

(如图 6-2 所示)相一致。具体的参数设定如下①:式(6-8)中贴现系数 δ、产出缺口权重 λ、人民币实际有效汇率偏离程度与外汇储备偏离程度目标权重 a 与 c 分别为 0.9898、1、0.1 和 0.01,式(6-1)中通胀对产出缺口的敏感系数 ς 为 0.31,通胀对通胀预期的敏感系数 β 为 0.028;式(6-2)中的汇率预期调整系数 χ 为 0.674;式(6-3)中产出惯性系数 ϕ_1 为 0.674,实际利率的系数 ϕ_2 为 0.75,实际汇率偏离程度的系数 ϕ_3 为 0.091,总需求等式扰动项的标准差 σ_η 为 1;式(6-4)中对外负债变化对利率平价偏离的弹性系数 γ_1 为 0.0024,模拟过程中,为简化起见,假设对外负债上期余额与当期对外负债增量无关($\gamma_2=0$);式(6-5)外国实际利率调整系数 ρ 为 0.58;式(6-6)中经常账户余额相对对外负债的比例对实际汇率与产出缺口的弹性 φ_1 与 φ_2 分别为 0.0003 和 0.0052。表 6-1 给出了上述参数设定值。

表 6-1 参数设定

等式	等式左边变量	系数	设定值
(6-1)	总供给 π_{t+1}	通胀对产出缺口弹性 ς	0.31
		通胀对通胀预期弹性 β	0.028
		供给扰动 AR(1)系数	0.8
		供给扰动标准差 σ_ϵ	1
(6-2)	Δe^e_{t+1}	汇率预期调整系数 χ	0.674
(6-3)	总需求 y_{t+1}	产出惯性系数 ϕ_1	0.674
		产出对实际利率弹性 ϕ_2	0.75
		产出对实际汇率缺口弹性 ϕ_3	0.091
		需求扰动 AR(1)系数	0.8
		需求扰动标准差 σ_η	1
(6-4)	$\Delta k_t/\bar{R}$	对利率平价偏离的弹性 γ_1	0.0024
(6-5)	r^*_{t+1}	外国实际利率的调整系数 ρ	0.58
(6-6)	$ca_t/\bar{R}$	对实际汇率弹性 φ_1	0.0003
		对产出缺口弹性 φ_2	0.0052
(6-8)		贴现系数 δ	0.09898
		产出缺口权重 λ	1
		实际有效汇率偏离程度	0.1
		外汇储备偏离程度目标权重 C	0.01

---

① 系数设定的依据之一是 2005 年二季度—2010 年四季度数据回归拟合结果以及与图 6-2 特征的关系。处理过程中运用了姚余栋与谭海鸣(2011)的通胀预期数据。系数设定同时参考了其他文献,比如,Jensen(2002)采用的年贴现因子为 0.96,本章采用了对应的季度贴现因子 0.9898,参考李颖等(2010)对表 6-1 与表 6-3 的估计,我国通胀对产出缺口的敏感系数在 0.19—0.39 区间,系数 ς 的取值与回归结果相同,为 0.31;ϕ_2 的取值参考 Jensen(2002)的设定为 0.75;式(6-8)中实际汇率与外汇储备目标的权重分别为通胀目标与产出缺口目标的 1/10 和 1/100,这一设定根据 Ostry 等(2012)。

三、"双目标、双工具"框架下的最优政策分析

为比较不同政策的福利,首先需计算出各种政策框架的最优规则。在上述参数的设定条件下,我们采用 LQ(linear quadratic)方法,以式(6-1)—(6-7)为约束条件求解动态问题(6-8),得出式(6-9)最优对冲干预相对规模($\Delta R_{o,t}/\bar{R}$)、最优实际利率水平($r_{o,t}$)的数值关系式:

$$\begin{pmatrix} \Delta R_{o,t}/\bar{R} \\ r_{o,t} \end{pmatrix} = \begin{pmatrix} 2.6\times10^{-6} & 0.002 & -2.6\times10^{-6} & -0.002 & 0.003 & -0.002 \\ 3.3\times10^{-4} & -1.9\times10^{-6} & -3.3\times10^{-4} & 1.6\times10^{-6} & 1.262 & 1.293 \end{pmatrix} \begin{pmatrix} 1 \\ \Delta e^r_{t+1} \\ R_{t-1}/\bar{R} \\ r^*_t \\ \pi_t \\ y_t \end{pmatrix}$$

(6-10)

在式(6-10)中,第二等式为广义的泰勒规则(实际利率规则),第一等式为 Ostry 规则,描述了对冲外汇干预的最优规则。根据式(6-10)中的第二等式,可以得出关于最优实际利率的以下结论:一是 $\alpha_7 = -\alpha_9$,这一关系表明,若不考虑其他变量,上期外汇储备如果处于合意水平,则实际利率不对上期外汇储备做出反应。二是若外汇储备不处于合意水平,对实际利率的影响非常小(系数为 3.3×10^{-4})。三是实际利率对通胀率和产出缺口的反应幅度较标准泰勒规则来得大,式(6-10)中通胀和产出缺口前的系数分别为 1.262 和 1.293,均大于传统泰勒规则的 0.5。四是人民币实际汇率预期与外国实际利率的变化对实际利率的影响非常小(系数的绝对值范围为 $[1.6\times10^{-6}, 1.9\times10^{-6}]$)。

根据式(6-10)中的第一等式,可以得出关于最优对冲外汇干预的以下结论:一是 $\alpha_1 = -\alpha_3$ 这一关系表明,若不考虑其他变量,上期外汇储备如果处于合意水平,则当期外汇对冲干预规模不对上期外汇储备做出反应。二是若上期外汇储备不处于合意水平,对当期外汇干预相对规模的影响非常小(系数为 2.6×10^{-6})。三是 $\alpha_2 = -\alpha_4$ 这一关系表明,若不考虑其他变量,人民币实际汇率预期与外国利率变化均通过同一渠道影响当期外汇干预相对规模,这一影响渠道应是非套补利率平价差异。四是人民币实际汇率预期与外国利率变化对最优外汇干预相对规模的影响系数为 0.002;若换算成年度外汇储备规模变化,1%非套补利率平价差异对应的外汇对冲规模为 240 亿美元。① 五是通胀率与产出缺口变化对最优外汇干预相对规模的影响系数分别为 0.003 和 -0.002;若换算成为年度外汇储备规模变化,1%

---

① 系数 0.002 对应的是季度对冲干预规模,年度乘以 4,假定合意的外汇储备规模为 3 万亿美元,由此可以得到 240 亿美元的数值。

年度通胀率上升,对应的外汇对冲规模增加 360 亿美元,1% 产出缺口增加,对应的外汇对冲规模减少 240 亿美元。

上述"双工具"政策反应方式的特点是:(1) 实际利率对通胀目标与产出缺口目标的反应程度相当,这与通胀目标与产出目标权重相等($\lambda=1$)有关。(2) 资本流入动机增强的情况下,为实现汇率目标,对冲干预以及外汇储备应增加。(3) 政策工具对外国实际利率、人民币实际有效汇率预期的反应方向相反,规模相等;这说明,"双工具"的反应方式是针对非套补利率平价差异来对其各组成部分做出反应的。(4) 外汇储备向其合意程度靠近的速度非常慢,这是由于外汇储备目标的权重是通胀与产出目标权重的百分之一。

四、不同政策框架下福利比较的模拟结果

本节比较了资本有摩擦流动条件下"双目标、双工具"框架与传统通胀目标制的福利效应。图 6-3 至图 6-5 中第 I 种情况给出了"双目标、双工具"情况下的产出缺口、通胀率和实际汇率,图 6-3 至图 6-5 中第 II 种情况给出了传统通胀目标制情况下的产出缺口、通胀率和实际汇率。在传统通胀目标制(对应第 II 种情况)下,不进行外汇干预;在有管理的浮动汇率制(对应第 I 种情况)下,实施对冲干预。在模拟过程中,假设人民币升值预期初始值为 1,随后按式(6-2)中的路径变化,惯性系数为 0.674,同时假设外汇储备偏离程度($R_{t-1}/\bar{R}$)的初始值为 0.67。

在需求扰动与供给扰动的模拟中,假设外国实际利率初始值为零。在资本流动扰动的模拟中,假设外国实际利率初始为下降 1 个百分点,随后按式(6-5)的路径变化,惯性系数为 0.58。图 6-3、图 6-4 和图 6-5 分别对应的是需求扰动、供给扰动与资本流动扰动的情况。

图 6-3 假定第 1 期出现了一个标准差的正向需求扰动(第 1 期为 $\eta_1=1$,随后各期满足 $\eta_t=0.8\times\eta_{t-1}$)。根据式(6-10),"双目标、双工具"政策外汇对冲干预相对规模非常小;在第 30 期之后,外汇储备偏离其合意规模的程度,仅从初始的 0.670 上升为 0.692。在浮动汇率制度下,人民币实际有效汇率偏离均衡的程度呈现先上升后下降的大幅波动态势(图 6-3(c),II),最大偏离程度达到 3.784%。通胀率和产出缺口在两种政策下差距不大。采用式(6-8)作为福利损失的判断标准,比较前 30 期,"双目标、双工具"政策(图 6-3,I)的福利损失为 1.859,传统通胀目标制政策(图 6-3,II)的福利损失为 7.334,后者为前者的 3.945 倍;两种政策的福利损失差异主要来自实际有效汇率偏离程度的波动。

图 6-4 假定第 1 期出现了一个标准差的正向供给扰动(第 1 期为 $\varepsilon_1=1$,随后各期满足 $\varepsilon_t=0.8\times\varepsilon_{t-1}$)。较上述需求扰动的干预幅度,"双目标、双工具"政策的外汇对冲干预相对规模在供给扰动情况下有所增加;第 30 期之后,外汇储备偏离其

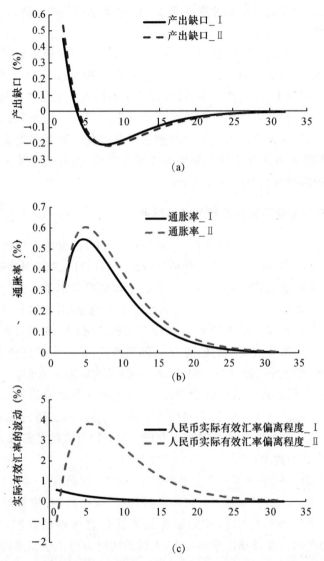

图 6-3 "双目标双工具"框架(Ⅰ)与传统通胀目标制(Ⅱ)福利效应：
1 个标准差的正向需求扰动

合意规模的程度,从初始的 0.670 上升为 0.761。在浮动汇率制度下,人民币实际有效汇率偏离均衡程度大幅波动态势更大(图 6-4(c),Ⅱ),最大偏离程度达到 15.7%。同样地,通胀率和产出缺口在两种政策下差距不大。采用式(6-8)作为福利损失的判断标准,比较前 30 期,"双目标、双工具"政策(图 6-4,Ⅰ)的福利损失为 18.345,传统通胀目标制政策(图 6-4,Ⅱ)的福利损失为 110.555,后者为前者的 6.026 倍;同样地,两种政策的福利损失差异主要来自实际有效汇率偏离程度的波动。

第六章　资本管制、货币政策与汇率稳定

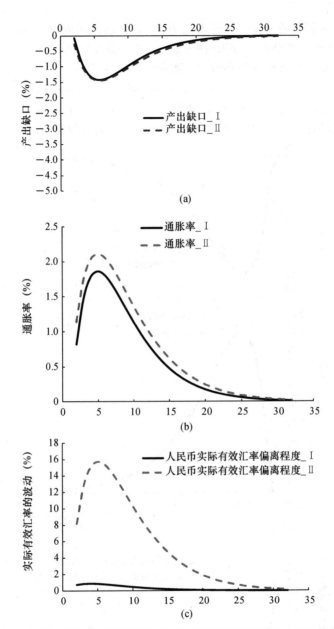

**图 6-4　"双目标、双工具"框架(Ⅰ)与传统通胀目标制(Ⅱ)福利效应：
1 个标准差的正向供给扰动**

图 6-5 显示了资本流动扰动的模拟结果。借鉴 Ostry 等(2012)，用外国实际利率变动作为资本流动扰动的指标。假定第 1 期出现 1% 的资本流入扰动(第 1 期 r_1^* 下降 1%，随后各期满足 $r_t^* = 0.58 \times r_{t-1}^*$)。"双目标、双工具"政策的外汇对冲干预相对规模与供给扰动情况下的规模相当；第 30 期之后，外汇储备偏离其合意

规模的程度,从初始的 0.670 上升为 0.764。在浮动汇率制度下,人民币实际有效汇率偏离均衡程度波动幅度较大(图 6-5(c),Ⅱ),最大偏离程度达到 13.66%。同样地,通胀率和产出缺口在两种政策下差距不大。采用式(6-8)作为福利损失的判断标准,比较前 30 期,"双目标、双工具"政策(图 6-5,Ⅰ)的福利损失为 17.854,传统通胀目标制政策(图 6-5,Ⅱ)的福利损失为 91.991,后者为前者的 5.152 倍;两种政策的福利损失差异同样主要来自实际有效汇率偏离程度的波动。

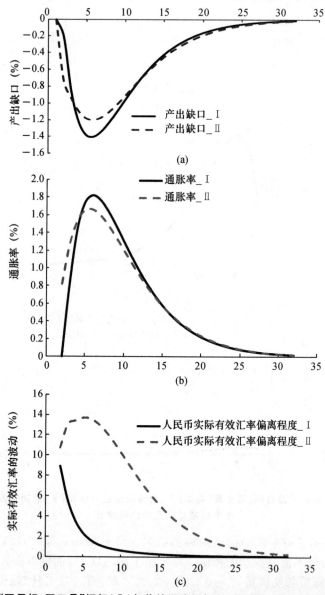

图 6-5 "双目标、双工具"框架(Ⅰ)与传统通胀目标制(Ⅱ)福利效应:资本流动扰动

归纳上述模拟结果,表 6-2 显示,在需求扰动、供给扰动和资本流动扰动情况下,传统通胀目标制所带来的福利损失大于"双目标、双工具"政策的福利损失,前者分别是后者的 395%、603% 和 515%。福利损失越小,意味着宏观经济越稳定。

表 6-2 "双目标、双工具"与传统通胀目标制的福利损失比较($\gamma_1 = 0.0024$)

前 30 期损失加总	需求扰动	供给扰动	资本流动扰动
双目标、双工具(1)	1.859	18.345	17.855
传统通胀目标制(2)	7.333	110.555	91.991
福利损失比较 (2)/(1)	3.945	6.026	5.152

上述模拟表明,在资本流动受到管制(即 $\gamma_1 = 0.0024$)的情况下,面对需求扰动、供给扰动与资本流动扰动,传统通胀目标制会带来实际汇率的显著波动以及相关联的福利损失,"双目标、双工具"政策将显著减少实际汇率的波动幅度,使得相关的福利损失较小。以下我们进一步考察在不同扰动影响下"双目标、双工具"政策框架的福利增进效应是否会随着资本管制的放松而改变。

第五节 放松资本管制与最优政策估计

本节考察的内容包括:(1)面对各种外部扰动,考察放松资本管制的福利效应,在合适的政策框架下,比较"双目标、双工具"政策与传统通胀目标制的福利损失;(2)运用经验数据给出我国"双目标、双工具"政策规则的估计。

一、对外负债对国内外利差的敏感程度变化的模拟结果

将对外负债相对规模对国内外利差的敏感程度(γ_1)逐渐增大——从基准的 0.0024 逐步增加到 2[①],每次系数 γ_1 变化就重新计算所对应的最优利率和对冲干预政策,并将"双目标、双工具"框架的福利效应与传统通胀目标制的福利效应进行比较。表 6-3 给出的模拟结果显示,当 γ_1 较小(小于 0.25)时,尽管扰动的性质不同,"双目标、双工具"框架的福利损失总是小于传统通胀目标制。然而,随着 γ_1 变大(大于 0.5),福利损失的大小取决于扰动的性质。在出现资本流入扰动的情况下,"双目标、双工具"框架的福利损失依然小于传统通胀目标制,前者的优势越来越显著;而在需求扰动与供给扰动的情况下,"双目标、双工具"框架的福利损失大于传统通胀目标制。

---

① 结合我国情况,假定外汇储备合意规模为 3 万亿美元,对应 1% 的国内外利差或者人民币升值预期,2% 的季度资本流入大约为 600 亿美元,年度资本流入为 2400 亿美元。

表 6-3 对外负债对国内外利差变化的分析结果

			对外负债对国内外利差的敏感程度 γ_1						
			0.0024	0.10	0.25	0.50	0.75	1.00	2.00
需求扰动	双目标、双工具	(1)	1.859	2.240	8.533	57.315	176.331	410.290	4 683.110
	传统通胀目标制	(2)	7.334	31.491	32.862	33.337	33.497	33.578	33.699
	福利损失对比	(2)/(1)	3.945	14.060	3.851	0.582	0.190	0.082	0.007
供给扰动	双目标、双工具	(3)	18.345	18.826	23.507	69.527	185.994	410.260	5 149.180
	传统通胀目标制	(4)	110.555	57.084	56.881	56.830	56.815	56.810	56.797
	福利损失对比	(4)/(3)	6.026	3.032	2.420	0.817	0.306	0.139	0.011
资本流动扰动	双目标、双工具	(5)	17.855	18.713	17.715	19.610	23.192	38.630	2 443.540
	传统通胀目标制	(6)	91.991	1 564.431	12 239.200	52 631.800	121 277.730	218 176.930	888 307.800
	福利损失对比	(6)/(5)	5.152	83.601	690.910	2 683.770	5 229.380	5 648.360	363.530

换言之,上述分析得出以下结论:(1) 在资本账户处于部分可兑换的阶段(对应 $\gamma_1 \leqslant 0.25$ 的情况),采用"双目标、双工具"货币政策框架一般而言更为合适。(2) 伴随着资本账户逐步开始实现基本可兑换,最终到完全可兑换(对应 $\gamma_1 \geqslant 0.25$),采用"双目标、双工具"货币政策框架适合出现资本流动扰动的场合。(3) 伴随着资本账户逐步开始实现基本可兑换,最终到完全可兑换(对应 $\gamma_1 \geqslant 0.25$),一旦出现需求扰动或供给扰动,通胀目标制政策框架通常拥有显著的优势。

二、最优政策框架下放松资本管制的福利效果

表 6-4 取两种政策框架中福利损失较小的政策,比如,当 $\gamma_1 \leqslant 0.25$ 时,取"双目标、双工具"政策(表 6-4 中保留"双目标双工具"政策的福利损失数值,将通胀目标制政策的福利损失的数值用"—"代替,以此表示最优政策选取的是前者而非后者)。

表 6-4 最优政策框架下放松资本管制的福利效果

		对外负债对国内外利差的敏感程度 γ_1						
		0.0024	0.10	0.25	0.50	0.75	1.00	2.00
需求扰动	双目标、双工具	1.859	2.240	8.533	—	—	—	—
	传统通胀目标制	—	—	—	33.337	33.497	33.578	33.699
供给扰动	双目标、双工具	18.345	18.826	23.507	—	—	—	—
	传统通胀目标制	—	—	—	56.830	56.815	56.810	56.797
资本流动扰动	双目标、双工具	17.855	18.713	17.715	19.610	23.192	38.630	2 443.540
	传统通胀目标制	—	—	—	—	—	—	—

放松资本管制的最佳福利效果(取两种政策中福利损失较小者)同样需要讨论扰动的性质。在需求扰动与供给扰动的情况下,随着资本管制的放松,福利损失总体增加不大。在资本流动扰动的情况下,在 $\gamma_1 \leqslant 1$ 的适度范围之内,放松资本管制的福利损失增加有限。如果资本流动规模过大(比如 $\gamma_1 = 2$ 的情况),即使采取"双目标、双工具"政策,福利损失也会大幅度增加;如果此时采用通胀目标制,福利损失将会更大。换言之,降低资本流动的摩擦并非必然是福利增进的。面对资本流动扰动,一定程度的资本流动摩擦(比如,资本管制)可增进福利。

三、我国最优实际利率与对冲干预反应方程的估计

为考察我国政策工具的反应方式是否与式(6-10)一致,以下运用 2000 年一季度到 2011 年四季度的季度数据估计我国央票利率和对冲干预规模的反应方程。

我国1年期央票发行利率[①]、外汇储备规模数据、1年期人民币存款基准利率、伦敦同业拆借1年期美元利率、美国CPI通胀率来自Wind数据库。

样本数据的统计特征见表6-5。为增加数据的平滑程度,图6-2采用同比数据。在模拟过程中,运用图6-2校准参数。严格来讲,经验分析应采用同比数据。以下经验分析采用环比数据的原因是,有些重要的同比数据(比如,同比通胀率、同比实际汇率对数变化、同比外汇储备偏离程度变化、通胀预期)不是平稳序列。表6-5中有些变量的样本数量相对较小,比如,央票发行利率样本数量为35。

计量模型为式(6-11)和式(6-12):

$$i_t = \xi i_{t-1} + (1-\xi)\left(\theta_0 + \sum_{j=1}^{3}\theta_{1j}x_{j,h,t-1} + \theta_2 \ln\widetilde{R}_{k,t-1} + \theta_3 \pi_{h,t-1} + \theta_4 y_{t-1} + \pi_{h,t}\right) + \vartheta_t \quad (6\text{-}11)$$

$$\Delta\ln\widetilde{R}_{l,k,t} = \iota_0 + \sum_{j=1}^{3}\iota_{1j}x_{j,l,t-1} + \iota_2 \pi_{l,t-1} + \iota_3 y_{t-1} + \iota_4 \ln\widetilde{R}_{k,t-1} + \omega_t \quad (6\text{-}12)$$

其中,i_t是第t期1年期央票发行利率,$x_{j,h,t}$($j=1,2,3$)分别代表人民币实际利率$r_{h,t}$、国外实际利率$r_{h,t}^*$与人民币实际汇率对数值预期第t期的变化$\Delta e_{h,t}$,下标h代表环比[②]。y_t是第t期产出缺口。$\ln\widetilde{R}_{k,t}$是外汇储备对数数据经HP滤波处理后所得到的周期性部分,下标$k=1,2$分别代表HP滤波平滑系数分别为1600或20[③]。ϑ_t和ω_t是相互独立且与工具变量满足矩条件的白噪声。在Eviews 7.0软件中采用GMM估计方法。为避免逆向因果关系,解释变量均为滞后1期变量。

表6-6给出了式(6-11)与式(6-12)的估计。第(a)列—第(d)列是式(6-11)的估计结果,第(e)列—第(j)列是式(6-12)的估计结果。第(a)、(b)、(e)、(f)、(g)、(h)列采用非套补利率平价差异作为自变量[④];其中,第(a)、(e)、(f)列用我国1年期央票发行利率计算实际利率,第(b)、(g)、(h)列用我国1年期存款基准利率计算实际利率,用LIBOR 1年期美元存款利率减去美国CPI通胀率(环比)计算国外实际利率,用人民币实际有效汇率对数超前的变化率代替汇率预期变量。第(a)、(b)、(c)、(e)、(g)、(i)列与第(d)、(f)、(h)、(j)列之间的区别是HP滤波平滑系数,前者为1600,后者为20。式(6-11)和式(6-12)中的变量经ADF检验均为

---

① 2009年第3、第4季度1年期数据缺失,采用3个月央票发行利率。

② 环比数据的标准差一般大于同比数据的标准差。环比实际利率等于名义利率减去环比CPI通胀率,对数人民币实际有效汇率用超前1季度的数据减去当期的数据再乘以400。在式(6-12)中,因变量为外汇储备对数数据经HP滤波处理后所得到的周期性部分$\ln\widetilde{R}_t$;在环比情况下,$\Delta\ln\widetilde{R}_t$为当期$\ln\widetilde{R}_t$减去1期前的$\ln\widetilde{R}_{t-1}$再乘以400。

③ HP滤波平滑系数取值1600与取值20相比,前者趋势线平滑这一目标的权重大,得到的趋势线较后者更平滑,对应的周期性部分数据均值与标准差(相比后者)较大。

④ 非套补利率平价差异代表资本流动的总体条件,当国内实际利率上升或存在人民币升值预期时,该项数值越大,资本流入我国的动机越强。

表 6-5 样本数据

变量	均值	最大值	最小值	标准差	观察值	均值	最大值	最小值	标准差	观察值
外汇储备规模(千亿美元)	12.8250	32.9891	1.5610	10.8101	51					
外汇储备偏离程度的变化(%,HP平滑系数1 600,环比)	−2.5521	23.5975	−25.4186	12.3158	50					
外汇储备偏离程度的变化(%,HP平滑系数20,环比)	−0.5744	20.2044	−20.1548	9.4244	50					
外汇储备偏离均衡比率(%,HP平滑系数1 600)	0.0000	17.0128	−14.8888	5.6756	51					
外汇储备偏离均衡比率(%,HP平滑系数20)	0.0000	4.4029	−4.2284	2.3320	51					
人民币实际有效汇率(2010=100)	94.2263	109.4000	82.8900	7.5012	52					
人民币实际有效汇率变化(%,对数环比)	1.2670	36.4518	−30.4029	11.2729	51					
人民币实际有效汇率变化(%,环比)	0.3157	8.9400	−7.1800	2.7124	51					
我国CPI通货膨胀率(%,环比)	2.4500	12.4175	−8.3513	4.6894	47					
美国CPI通货膨胀率(%,环比)	2.4308	6.2336	−9.3139	2.4541	50					
我国产出缺口(%)						0.0474	4.2948	−2.4552	1.5590	48
人民币1年期存款基准利率(%)						2.5608	4.1400	1.9800	0.6625	51
我国1年期央票发行利率(%)						2.7334	4.0600	1.3700	0.7470	35
我国实际利率(人民币存款1年期基准利率−中国CPI)(%,环比)						0.1372	10.3313	−8.2775	4.5466	47
我国实际利率(央票1年期发行利率−中国CPI)(%,环比)						−0.2949	10.6813	−8.3575	4.7626	35
LIBOR美元1年期存款利率(%)						2.9441	7.1800	0.7300	1.9288	51
美国联邦基金利率(%)						2.3052	6.5200	0.0733	2.1338	52
外国实际利率(LIBOR美元1年存款利率−美国CPI)(%,环比)						0.4334	11.3139	−3.7016	2.7066	50
我国存款实际利率−外国实际利率+人民币实际有效汇率变动(%,环比)						0.8247	42.8658	−21.5795	11.5458	47
我国央票实际利率−外国实际利率+人民币实际有效汇率变动(%,环比)						1.5549	42.7758	−15.8298	11.9927	35

表 6-6　我国央票利率与外汇储备偏离程度变化的估计

	因变量：利率（%）						因变量：外汇储备偏离程度变化（%）		
	(a)	(b)	(c)	(d)	(e)	(f)	(g)	(h)	(i)
我国实际利率－外国实际利率＋人民币实际有效汇率变动对数滞后1期	−0.2635 (0.3329)	−0.2594 (0.3275)	−0.8383*** (0.1444)	−0.9559*** (0.1400)	−0.5132*** (0.1752)	−0.7499*** (0.1745)			
外国实际利率滞后1期	1.5301 (5.3807)	2.9773 (5.3223)	−0.2075 (0.6285)	−1.0917 (1.5520)					
人民币实际有效汇率对数变动滞后1期	−0.0554 (0.4485)	−0.2041 (0.7384)	−0.5359*** (0.1814)	−0.3957 (0.3032)					
通货膨胀滞后1期	1.6342 (1.4204)	1.6471 (1.4312)	3.1711 (6.7598)	4.8800 (6.5632)	1.0681 (0.6711)	0.6938 (0.9704)	1.8730** (0.8213)	1.3050 (0.8406)	1.4271* (0.8393)
产出缺口滞后1期	−3.7091 (4.5578)	−3.7909 (4.4421)	−2.0347 (15.5240)	−0.1981 (5.3476)	3.0219 (4.5186)	−0.3171 (2.2094)	2.0873 (2.1339)	0.5799 (1.8095)	2.0290 (2.1843)
央票利率滞后1期	0.9689*** (0.0317)	0.9685*** (0.0319)	0.9812*** (0.0471)	0.9871*** (0.0192)					
外汇储备偏离均衡比率滞后1期	2.6020 (1.5572)	2.6253 (1.5508)	1.4348 (5.0649)	2.1776 (5.5354)	−1.6049 (1.8823)	0.6366 (1.7050)	−0.8649 (0.5718)	−0.5093 (1.7088)	−0.5130 (0.5355)
常数	−10.5659 (6.5485)	−10.7084 (6.5584)	−12.4230 (12.5619)	−16.2210 (22.0099)	−0.0976 (3.9014)	−2.4125 (2.8211)	−4.6316* (2.4861)	−3.6502* (2.0427)	−2.4418 (2.5841)
样本数量	34	34	34	34	35	35	44	44	44
J 统计量	1.8163	1.7792	1.6582	1.8646	2.7222	2.1728	3.1435	4.476	3.433
p 值（J 统计量）	0.7695	0.7763	0.6463	0.601	0.7427	0.8247	0.6779	0.483	0.4881

注：*，**，*** 分别对应 10%，5% 和 1% 的显著性水平。实际有效汇率上升意味着人民币升值。

平稳序列。① 工具变量包括：常数项、滞后 1—3 期的外汇储备规模、滞后 1—3 期的美国联邦基金利率、滞后 1—3 期的人民币实际有效汇率水平的环比变化值。表6-6 中 J 统计量的 p 值说明矩条件有效。

根据表 6-6，可以得出关于我国利率反应方程的以下结论：第一，第（a）列与第（b）列非套补利率平价差异系数为负；该系数尽管不显著，但符号与式(6-10)一致。非套补利率平价差异项越大，资本越倾向流入我国，我国实际利率有下降的倾向。第二，第（c）列与第（d）列将非套补利率平价差异项分为外国实际利率与实际有效汇率对数变动两项。结果是，外国实际利率项前系数为正，人民币实际有效汇率对数变动(代表人民币汇率预期)项前系数为负。系数尽管不显著，但符号与式(6-10)一致。外国实际利率越高，人民币有贬值预期，资本越倾向流出我国，我国实际利率有上升的倾向。第三，从第（a）列到第（d）列，通胀率前系数均为正，且均大于传统泰勒规则给出的标准值 0.5。系数尽管不显著，但与式(6-10)给出的系数 1.262 接近。第四，从第（a）列到第（d）列，产出缺口前系数均为负且不显著。与传统泰勒规则给出的标准值 0.5 及式(6-10)的系数 1.293 不同。一种解释是，我国货币政策在应对通胀压力时倾向于采用价格调控手段，而实现产出目标时倾向于采用数量调控手段(以至于实际利率对产出缺口的反应符号是负的)(李连发 & 辛晓岱，2012)，这体现了政策操作的针对性。第五，从第（a）列到第（d）列利率滞后项的系数均显著，说明实际利率的惯性很强。第六，外汇储备偏离程度项前的系数为正且不显著，与式(6-10)相反。一种解释是，在实现数量目标时，利率调控往往不是主要手段，这同样体现了政策操作的针对性。

关于我国对冲干预方程的结论包括：第一，第（e）列与第（h）列非套补利率平价差异系数为负且在 1% 水平下显著，这与式(6-10)不同。当资本流入动机较强时，我国外汇储备增加反而相对较少。可能是由于我国此时选择减少对冲干预，结果是人民币实际升值加快。第二，第（i）列与第（j）列将非套补利率平价差异项分为外部实际利率与人民币实际有效汇率对数变动两项。外国实际利率项前系数为负且不显著，符号与式(6-10)一致。人民币实际有效汇率对数变动(代表人民币汇率预期)项前系数为负，符号与式(6-10)不一致，且系数有时颇为显著；面对人民币升值预期以及由此带来的资本流入动机，采用比较灵活的做法，不一味增加对冲干预的规模，而是减少对冲干预的规模，结果是人民币一定幅度的实际升值。这体现了政策操作的灵活性。外国实际利率的变化可能是短期的，而人民币升值预期的变化可能持续时间更长，合理的选择是对短期扰动的反应力度大于对中长期扰动的反应力度。第三，从第（e）列到第（j）列，通胀率前系数均为正，且有时在 5% 和

---

① 根据 ADF 检验结果，除我国产出缺口在 10% 显著性水平下以外，其余变量均在 1% 水平下拒绝存在单位根的原假设。

10%水平下显著,符号与式(6-10)一致。第四,从第(e)列到第(j)列,产出缺口前系数大部分(除第(f)列以外)为正且不显著;符号虽与式(6-10)不太一致,但考虑到式(6-10)系数非常接近0(-0.002),表6-6的这些系数与式(6-10)系数差异不大。第五,从第(e)列到第(j)列,外汇储备偏离程度前系数为负且有时在10%水平下显著,符号与式(6-10)一致。

为检验结论的可靠性,表6-6从以下方面做了稳健性检验。(1)在计算非套补利率平价差异的过程中,采用了我国央票1年期发行利率、我国存款1年期基准利率两种利率来得到国内实际利率。(2)在计算外汇储备偏离程度过程中,HP滤波平滑系数采用1600和20两个数值,前者得到的偏离程度均值与标准差较后者更大。(3)在估计资本流入条件影响的时候,采用两种方法:一是将非套补利率平价差异作为单独解释变量,二是将外国实际利率、人民币实际汇率变动分别作为解释变量。

综上所述,表6-6的结果虽然有小部分符号与式(6-10)有所差异,但大部分系数(比如通胀率、利率滞后项、外国实际利率等项前面的系数)符号与式(6-10)一致。这在一定程度上说明,近十年以来,我国央票利率与对冲干预政策工具的反应方式与"双目标、双工具"框架的最优政策较为接近。上述经验分析还发现,我国货币政策的特色在于政策操作更具灵活性和针对性。

第六节 结论与政策建议

资本自由流动通常来说是有益的,但在金融体系尚未发展完备的国家,如果这种流动控制不好,可能将造成汇率的大幅波动,并不利于经济稳定。对新兴市场经济体而言,建立一个包含汇率稳定目标在内的货币政策框架尤为重要。长期以来,尽管主流货币经济学理论一直将管理通胀放在突出位置,但随着亚洲金融危机的爆发,新兴市场经济体越来越重视汇率稳定。我国在实际操作中也通过实施有管理的浮动汇率制来规避汇率出现大幅波动。新兴市场经济体与发达国家不同,其经济主体对货币错配的承受能力可能更弱,如果不对汇率进行管理,汇率大幅浮动将超过国内企业的承受能力,对一国经济造成极度负面的影响,汇率大幅波动所带来的福利损失可能并不比通胀所带来的损失小。

本章结合我国的数据事实,得出了我国在资本流动摩擦较大或者存在资本流动扰动情况下实施"双目标、双工具"政策能够增进福利的结论。我们发现,不仅在人民币资产与国外资产可替代性较弱、资本账户部分可兑换的背景下,实施"双目标、双工具"框架具有合理性,而且在资本流动摩擦减少的情况下,面对较大规模的资本流动扰动,实施"双目标、双工具"框架也能够增进福利。鉴于国内资本账户管理现状以及美国等发达国家实施量化宽松货币政策对新兴市场经济体资本流动的影响,建议在未来中短期内,我国可研究借鉴"双目标、双工具"框架,不断完善和改进货币政策操作。

通过分析资本账户逐步放开过程中两种政策框架的福利损失,我们发现,随着资本流动对利差和汇率变化预期的敏感性增加,"双目标、双工具"政策在面对需求扰动与供给扰动时的福利增进效应存在变弱的趋势;但是,在面对资本流动扰动时,"双目标、双工具"政策的福利增进效应得以强化。这表明,不存在单一的最优政策框架,合适的政策框架取决于扰动的性质。降低资本流动的摩擦并非必然导致福利增进。面对资本流动扰动,存在一定程度的资本流动摩擦(比如,资本管制)可以显著地增进福利。经验分析说明,近十年来我国央票利率和对冲干预政策工具对人民币实际汇率做出的政策反应与"双目标、双工具"框架下的最优决策较为接近,且政策操作呈现出较高的针对性和灵活性。

总之,在我国逐步实现人民币资本账户可兑换的过程中,本章的结论对于全面认识未来相当一段时间内我国货币政策框架的抉择具有一定的借鉴和参考意义。但此项研究仍有较大的拓展空间,尤其在货币政策理论所基于的微观基础、资本流动扰动的特殊影响渠道等方面,今后可进一步深入探究。

参 考 文 献

[1] 陈彦斌. 中国新凯恩斯菲利普斯曲线研究[J]. 经济研究,2008(12).

[2] 李连发,辛晓岱. 银行信贷、经济周期与货币政策:1984—2011[J]. 经济研究,2012(3).

[3] 李颖等. 我国通货膨胀、通货膨胀预期与货币政策的非对称分析[J]. 金融研究,2010(12).

[4] 姚余栋,谭海鸣. 央票利率可以作为货币政策的综合性指标[J]. 经济研究,2011(S2).

[5] Blanchard, O. et al. Rethinking Macroeconomic Policy[J]. *IMF Staff Position Note*, 2010(SPN/10/03).

[6] Cecchetti, S. G.; Lianfa Li. Do Capital Adequacy Requirements Matter for Monetary Policy? *Economic Inquiry*, 2008(46,4): 643—659.

[7] De Paoli, B. Monetary Policy and Welfare in a Small Open Economy. *Journal of International Economics*, 2009(77,1): 11—22.

[8] Engel C. Currency Misalignments and Optimal Monetary Policy: A Reexamination. *American Economic Review*, 2009, 101(14829): 2796—2822.

[9] Frankel, J. A. No Single Currency Regime is Right for All Countries or At All Times. National Bureau of Economic Research Working Paper Series, 1996(No. 7338).

[10] Gali, J.; M. Gertler. Inflation Dynamics: A Structural Econometrics Analysis. *Journal of Monetary Economics*, 1999(44): 195—222.

[11] Jensen, H. Targeting Nominal Income Growth or Inflation? *American Economic Review*, 2002(92): 928—956.

［12］Jr. Lucas, R. E.; J. S. Thomas. After Keynesian Macroeconomics. *Quarterly Review*,1979(Spring).

［13］Mankiw, N. G. The Inexorable and Mysterious Tradeoff Between Inflation and Unemployment. *The Economic Journal*,2001(111,471): 45—61.

［14］Masson, P. R. and M. A. Savastano, et al. The Scope for Inflation Targeting in Developing Countries. IMF Working Paper,1997(97/130).

［15］Mendoza, E. and M. Terrones. An Anatomy of Credit Booms: Evidence from Macro Aggregates and Micro Data. NBER Working Paper,2008(No. 14049).

［16］Ostry, J. D. and A. R. Ghosh, et al. Two Targets, Two Instruments: Monetary and Exchange Rate Policies in Emerging Market Economies. IMF Discussion Notes,2012.

［17］Scheibe, J. and D. Vines. A Phillips Curve for China. CEPR Discussion Papers,2005.

［18］Snowdon, B. and Vane, H. R. *An Encyclopedia of Macroeconomics*. Edward Elgar Pub.,2003.

［19］Svensson, L. E. O. Inflation Targeting: Some Extensions. *Scandinavian Journal of Economics*,1999(101): 337—361.

第七章

资本管制的价格效应与产出效应

本章导读

关于资本管制对一国经济的影响存在较多的争论。在一个动态的模型框架内,我们发现,资本管制措施由于提高了本国投资的风险溢价水平而使得本国利率水平逐渐上升,引起本币的名义贬值,并引起本国经济的通货膨胀和产出水平的下滑。我们运用智利1977—2007年的数据加以检验,实证分析的结果支持理论模型的结论。

第一节 引 言

自20世纪80年代以来,经济一体化和金融自由化在全球范围内广泛兴起,国际经济关系发生了巨大变化,跨境资本流动有增无减:国际直接投资高速增长,跨国公司纷纷拓展新的业务和市场,国际资本市场迅速膨胀,外汇交易量不断攀升。伴随着日新月异的现代通信技术,各类国际资本流动快捷而频繁,流动方式日趋多样。国际资本流动有利于资本流入国短期内引进外资,改善国内投资环境,学习国外先进技术和管理理念,也有利于资本流出国更有效地利用本国剩余资本,在更大范围内追求更高的回报率,从而优化世界范围内的资源配置,增进全球经济福利。

然而,自20世纪90年代后期亚洲金融危机爆发以后,不少人却对这一金融自由化背景下的国际性资本流动产生质疑。在当时亚洲国家所普遍采用的固定汇率制下,资本自由流动带来了经常项目逆差、本币贬值压力、银行过度借贷和短期外债剧增等诸多问题。

2007年下半年美国次贷危机爆发,并演化为国际性金融危机。各方人士再次对全球经济一体化背景下的各国资本账户开放产生质疑。在世界经济于波动中持续复苏、新兴市场和发达经济体之间息差较大的情况下,热钱涌入被认为是影响新兴市场近年来经济增长的风险。自次贷危机爆发以来,新兴市场国家亦纷纷选择重新诉诸资本管制的政策措施。近 30 年来一贯坚决反对资本管制的国际货币基金组织,也转变了其在此议题上的传统态度,认为资本管制应视乎不同国家的情况而定,在宏观经济政策与汇率改革都无法抑制资本持续流入的情况下,资本管制或是有效的候补政策工具。[①]

在世界经济一体化的时代,各国资本账户已经成为联结全球金融体系的重要纽带。无论是发达国家还是发展中国家,都面临着是否开放资本账户,以及在多大程度上对跨境资本流动加以管制的难题。比如,法国在完全放开资本管制之前,是欧洲实施资本管制的主要国家。法国对资本管制由支持到放弃的原因,在于政府认识到,资本管制只是管住了低收入人群,而富人总是有办法绕过资本管制的。这不是本章要讨论的内容。本章研究的是资本管制措施如何影响一国的经济,这些影响是通过何种机制来实现的。

国际金融危机爆发以后,中国大幅加强了资本管制,以求限制投机性"热钱"涌入中国经济。在特殊的危机时期采取特殊的政策无可厚非。本章主要研究的是一国在正常的非危机时期关于资本管制的决策。本章的局限性在于未考虑短期内人民币国际化的战略。

资本管制泛指政府对于各类国际资本交易的限制性法规条令,包括对货币兑换的限制、对进出境资本的数量及行业的限制,以及对跨境资本经营的征税等。近年来各国各类资本管制的主要效果大致上等价于对各类跨境资产交易直接或间接地施加额外成本。本章从一些基本假设出发,构造一个可由二元常微分方程加以描述的动态系统,以求探索资本管制措施[②]对一国利率水平、价格水平、名义汇率水平和产出水平的影响,并对部分相关结论进行实证检验。

资本管制究竟将对一国的经济带来怎样的影响,并且这些影响是如何产生的,一直是一个吸引许多学者研究探讨的大课题。Tobin(1998)提出征收全球统一的外汇交易税以抑制国际金融市场上的投机攻击。Krugman(1998)认为,对于那些既不适合货币联盟也不适合浮动汇率制的发展中国家,限制跨境资本流动是减少汇率动荡的可行办法。Gruben 和 McLeod(1998)做出的一项关于亚洲和拉丁美洲国家的研究发现,资本管制一般会对一国的经济增长产生负作用。Prasad 等(2004)认为,资本开放可以通过直接和间接的途径促进经济增长。例如,通过弥补国内储蓄的不足,引入外资有助于直接促进本国经济增长的资金需求;通过促进全球性的专业化分工合作,资本开放可以间接提高生产效率。大多数主流经济学家

[①] 新浪财经.新兴市场热钱风险加剧 IMF 称资本管制助力调控. http://finance.sina.com.cn,2013 年 3 月 25 日.

[②] 在本章中,那些使得资本流动的回报率即时降低的资本管制措施被统一认为类似于"税收型资本管制",接下来模型中将要讨论的是一类典型的"税收型资本管制"措施,它以对流入国内的资本回报征税为特征。

在直观上认为,资本管制也同各类贸易壁垒一样,阻碍了资金的自由流动,扭曲了社会资源的最优配置,不利于经济增长,但研究结果对这一结论的支持不强。

学者们近年研究策略和方向有所转变,将研究焦点不断微观化,从风险和收益的角度,探索资本开放和资本管制各有哪些具体的利弊得失。主张资本开放的学者认为,资本开放可有效促进本国金融体系的发展,这将有助于减少金融市场上的信息不对称、逆向选择和道德风险等问题,有助于扩大信贷资源,增强本国金融行业的资金配置效率及功能,从而为本国经济增长奠定成功的基础。Bekaert 等(2000,2001)、Stulz(1999)、Henry(2000)等认为金融开放有助于降低本国资本的风险溢价和代理人成本,故而可降低国内的资金成本。Claesens 等(2001)、Stulz(1999)、Stiglitz(2000)等认为,金融开放迫使本国金融行业与国际资本市场接轨,客观上在本国金融业引入了优胜劣汰的机制,有助于淘汰掉那些竞争性差的低效率金融机构,并促进本国金融基础设施的改革,从而带来金融系统整体绩效的提升。从资本管制的角度看,学界存在一种观点认为,资本管制容易滋生扭曲和腐败,这些后果会增加经济不稳定因素,成为一个国家发生危机的诱因之一。Rajan & Zingales(1998)认为在相对封闭的资本市场环境中,政府、银行与关系企业之间的资金运作纽带才较易维持,而关系贷款必然导致坏账率上升,产生各种扭曲的激励,因此资本管制是滋生裙带资本主义的温床。还有一种观点认为,资本管制可能降低投资者对一国投资风险的评价。Liu(2000)研究了马来西亚在亚洲金融危机爆发后实施资本管制的效应,他发现这类管制措施并没有对流入马来西亚的外商直接投资产生任何即时的直接影响,但是却产生了较大的负面间接影响,特别是当外国投资者面对由额外的审批核准程序带来的更高的投资管理成本时,他们认为该国未来的投资政策环境将更加不确定,从而降低了对马来西亚的投资风险评价,在长期内马来西亚的利率水平将由于风险溢价的增加而上升。Forbes(2003)发现,智利于1990年开始实施的资本管制手段绝非免费午餐。智利政府对流入资本的征税迫使许多企业通过美国存托凭证等手段曲线到海外上市,同时也普遍加大了中小企业获得正常运营资本和进行生产性投资的融资难度。智利的资本管制实施之后,小企业的投资率大幅下降,同时大企业的投资率也普遍走低。

很多文献重点研究了资本管制的有效性问题,而其中又出现了两条线索:一条线索是直接考察各类资本管制措施能否在一定程度上被规避。关于这一问题,已有许多文献和研究基于托宾税(Tobin Tax)[①]给出了比较确定的结论:如果单个或一些国家征收"托宾税",那么可以相对容易地规避它(Haq, Kaul & Grunberg, 1996;Raffer,K.,1998)。但是对于其他的资本管制措施,相关研究的结论并不一

---

① Tobin(1974)建议对所有涉及货币兑换的当期外汇交易施加税收,如果"托宾税"不能被规避,它会增加外汇交易的成本。

致。另一条线索是间接从与管制相关的经济现象出发衡量管制的有效性,其中一个方法便是本章将要涉及的利率平价分析法。

资本管制增加资本流动的成本,与税收类似,具体包括:对某类跨境资产交易征税、对国际投资回报增税、指令性的非补偿准备金要求等。假设金融市场对实体经济存在溢出效应,将资本流动税收的直接效应和间接效应引入未抵补利率平价模型。

在考虑资本管制带来成本效应的情况下,通过适当的变形代换,可以将以上各方程化简为一个关于名义汇率水平和国内价格水平的二元常微分方程组,并求出其稳态点的解析式,作为对税收效应进行长期均衡分析的基础。

在构建线性动态系统的基础之上,本章考察资本管制税收对于价格水平、名义汇率水平、利率水平、产出和收入的影响。更具限制性特征的资本流动管制会增强海外投资者对一国投资风险的评价,这会引致该国更高的利率水平,并将在长期内逐渐降低该国的投资、资本积累、收入和经济增长。此外,在一定的条件之下,短期内资本管制可能引起本币的名义贬值,而长期内则会引起本国价格水平的逐渐上升。

本章对智利自1977年至2007年实施资本管制的实例加以分析,特别是对智利存款利率水平与同期美国国债收益率水平之间的息差变化加以分析,以检验其实施资本管制措施是否显著地增加了本国投资的风险溢价水平。

第二节 模型结构

为了简化对资本管制效应的分析,本章不考虑针对资本流动数量的直接限制类措施,而将分析集中于使得资本流动成本增加的间接价格型资本管制,这类管制措施与税收具有同等效应。本章针对小型开放经济的情况,将税收效应引入未抵补利率平价模型。用大写字母代表模型中的基本变量,用小写字母表示相应变量的对数值,用希腊字母代表相应模型的弹性系数或半弹性系数。

一、产品市场

假设一国产品市场的价格水平 P_t 是黏性的,即在一定的超额总需求的条件下,价格水平会缓慢向上调整,并且调整的幅度正比于总需求的超额程度。价格变化率($p_t \equiv \partial(\ln P_t)/\partial t$)随产品市场上超额总需求变化的函数如下:

$$p_t = \alpha(y_t^D - y_t^S), \quad \alpha > 0. \tag{7-1}$$

其中,y_t^D 和 y_t^S 分别代表产品市场总需求和总供给真实值的对数值;α 代表价格的调整速度,模型中假设其为一个不是非常大的正值。

当利率下降或本币实际贬值时,总需求上升。令名义汇率 E_t 代表以本币表示的一单位外币价格,e_t 为 E_t 的对数值,r_t 代表国内利率的真实水平,h 表示一个确定常数。总需求的对数值 y_t^D 可以表示为:

$$y_t^D = h + \beta(e_t - p_t) - \gamma r_t, \quad \beta, \gamma > 0. \tag{7-2}$$

其中,$e_t - p_t$ 表示真实汇率水平的对数值[1],β、γ 分别是总需求相对于真实汇率水平和国内利率水平的弹性系数。

总供给取决于资本积累和技术。资本积累不排除人力资本,1 期内完全折旧,资本存量等于投资流量,与本国的即时利率水平负相关。记资本积累的对数值为 c_t,b 为常数,δ 代表资本积累的利率弹性,则资本积累的调整函数如下:

$$c_t = b - \delta r_t, \quad \delta > 0 \tag{7-3}$$

记 f 为固定的技术参数,ε 为总产出的资本积累弹性系数,则总供给的决定方程:

$$y_t^S = f + \varepsilon c_t, \quad \varepsilon > 0 \tag{7-4}$$

二、货币市场

用 M_t 表示本国名义货币供给量,用 m_t 表示其对数值,则 $m_t - p_t$ 表示本国真实货币供给的对数值,当真实货币供给等于真实货币需求时,货币市场达到均衡。因此,考虑到真实货币需求是经济产出的增函数,是利率水平的减函数,货币市场均衡条件表示如下:

$$m_t - p_t = \theta y_t^S - \mu r_t, \quad \theta, \mu > 0 \tag{7-5}$$

其中,参数 θ 和 μ 分别是真实货币需求的产出弹性系数和利率弹性系数。

下面通过对未抵补利率平价条件进行修正,引入对资本流入征税的直接和间接效应。记 $E(\cdot)$ 为期望运算符,τ_t 为政府对本国资本流入征收的税率或等价的税收效应[2],这种税收减少了持有本国资产的收益。出于简化分析的目的,我们忽略税收为政府带来收入的效应。

Goldstein(1995)曾指出,一国的资本管制可能增强外国投资者对于该国投资风险的预期。例如,一国的资本管制可能被投资者解读为该国宏观经济失衡的信号,也可能使投资者预期未来将出台更严格的管制措施,从而降低投资于该国的收益水平。出于这些因素的考虑,我们假设对资本流入征税的间接效应是使得该国利率水平包含了一个更高的风险溢价 $\pi(\tau_t)$,并且这一溢价水平与税收的直接效应 τ_t 正相关($\pi_\tau \equiv \partial \pi(\tau_t)/\partial \tau_t > 0$)。这样,修正后的未抵补利率平价条件为:

---

① 这里我们将外国价格水平标准化为一个单位。
② 这里我们不对不同类型的资本管制加以区分,而假设资本管制仅产生税收效应。这种管制可以是托宾税,也可以是对国际投资的回报或利润等收税,或者是指令性的最低准备金要求等。

$$E(e_t) = r_t - \tau_t - \pi(\tau_t) - r_t^*, \pi_\tau > 0 \tag{7-6}$$

其中，r_t^* 代表国外利率。式(7-6)表明，经税率 τ_t 的直接和间接效应调整后的本国利率水平 r_t 与国外利率水平 r_t^* 的差值应等于名义汇率水平的预期升值率 $E(e_t)$。

出于简单的目的，假定预期与实际汇率的变化一致：

$$E(e_t) = e_t \tag{7-7}$$

第三节　模　型　分　析

一、二元常微分方程组

将资本积累方程 $C_t = b - \delta r_t$ 代入方程，得到以下关于总供给的方程：

$$y_t^S = f + \varepsilon b - \varepsilon \delta r_t \tag{7-8}$$

定义 $a = f + b\varepsilon > 0, \varphi = \varepsilon\delta > 0$，则以上方程化简为：

$$y_t^S = a - \varphi r_t \tag{7-9}$$

这样，φ 便可以理解为总产出关于利率水平的弹性系数。联立方程(7-5)和(7-9)，由货币市场均衡条件，求得利率 r_t：

$$r_t = \frac{1}{\theta\varphi + \mu} p_t + \frac{\theta a - m_t}{\theta\varphi + \mu} \tag{7-10}$$

下面我们推导价格调整过程的具体表达式。将方程(7-2)和(7-9)代入方程(7-11)，并利用方程替换其中的利率 r_t，得到：

$$p_t = \frac{-\alpha\beta(\theta\varphi + \mu) + \alpha(\varphi - \gamma)}{\theta\varphi + \mu} p_t + \alpha\beta e_t + \alpha h - \frac{\alpha\gamma\theta + \alpha\mu}{\theta\varphi + \mu} a + \frac{\alpha\gamma - \alpha\varphi}{\theta\varphi + \mu} m_t \tag{7-11}$$

系统中另一个关键变量是名义汇率水平，为了推导出相应于方程的关于 e_t 的表达式，我们联立方程(7-6)和(7-7)，并用方程(7-10)代替利率水平 r_t，得到：

$$e_t = \frac{1}{(\theta\varphi + \mu)} p_t + \frac{\theta a - m_t}{\theta\varphi + \mu} - (\tau_t + \pi(\tau_t) + r_t^*) \tag{7-12}$$

至此，二元动态系统的基本框架由常微分方程(7-11)和(7-12)构成：

$$\begin{pmatrix} p_t \\ e_t \end{pmatrix} = \begin{pmatrix} \dfrac{-\alpha\beta(\theta\varphi + \mu) + \alpha(\varphi - \gamma)}{\theta\varphi + \mu} & \alpha\beta \\ \dfrac{1}{(\theta\varphi + \mu)} & 0 \end{pmatrix} \begin{pmatrix} p_t \\ e_t \end{pmatrix} + \begin{pmatrix} \alpha h - \dfrac{\alpha\gamma\theta + \alpha\mu}{\theta\varphi + \mu} a + \dfrac{\alpha\gamma - \alpha\varphi}{\theta\varphi + \mu} m_t \\ \dfrac{\theta a - m_t}{\theta\varphi + \mu} - (\tau_t + \pi(\tau_t) + r_t^*) \end{pmatrix}$$

$$\tag{7-13}$$

二、分析结果

现在着手分析税收型资本管制的效应。尽管涉及的税收仅针对资本流入，但

第七章 资本管制的价格效应与产出效应

也可以解读为同时向资本流入和资本流出征税。换句话说,我们可以假设针对跨境资本流动分别在相反的方向各有 $\tau_t/2$ 的税收效应,在原理上不会改变分析结果。下面开始着手求解系统的稳态点,即满足 $\dot{p}_t = \dot{e}_t = 0$ 的点。分别记变量的稳态值为 $\bar{p}$ 和 $\bar{e}$,从经济学意义上看,变量的稳态值代表其长期均衡趋势。

出于简单的目的,令:

$$\omega = \frac{\alpha\beta\theta\varphi + \alpha\beta\mu + \alpha\gamma - \alpha\varphi}{\theta\varphi + \mu} \tag{7-14}$$

则系统的稳态点满足:

$$\begin{pmatrix} 0 \\ 0 \end{pmatrix} = \begin{pmatrix} -\omega & \alpha\beta \\ \dfrac{1}{(\theta\varphi+\mu)} & 0 \end{pmatrix} \begin{pmatrix} \bar{p} \\ \bar{e} \end{pmatrix} + \begin{pmatrix} \alpha h - \dfrac{\alpha\gamma\theta + \alpha\mu}{\theta\varphi+\mu} a + \dfrac{\alpha\gamma - \alpha\varphi}{\theta\varphi+\mu} m_t \\ \dfrac{\theta a - m_t}{\theta\varphi+\mu} - (\tau_t + \pi(\tau_t) + r_t^*) \end{pmatrix} \tag{7-15}$$

进一步地,我们求解出价格水平和名义汇率水平的长期均衡对数值:

$$\begin{pmatrix} \bar{p} \\ \bar{e} \end{pmatrix} = \begin{pmatrix} (\tau_t + r_t^* + \pi(\tau_t))(\theta\varphi+\mu) - (\theta a - m_t) \\ \dfrac{\omega}{\alpha\beta}((\tau_t + r_t^* + \pi(\tau_t))(\theta\varphi+\mu) - \theta a + m_t) - \dfrac{h}{\beta} + \dfrac{\theta\gamma + \mu}{\beta(\theta\varphi+\mu)} a - \dfrac{\gamma - \varphi}{\beta(\theta\varphi+\mu)} m_t \end{pmatrix} \tag{7-16}$$

(一)对产出的影响

为了考察税收型资本管制对于产出的影响,联立方程(7-10)和(7-16),求得均衡利率水平 $\bar{r}$:

$$\bar{r} = \tau_t + r_t^* + \pi(\tau_t) \tag{7-17}$$

将方程(7-23)代入方程(7-9),得到长期均衡产出水平:

$$\bar{y}^S = a - \varphi(\tau_t + r_t^* + \pi(\tau_t)) \tag{7-18}$$

分别由 $\bar{r}$、$\bar{y}^S$ 关于 τ_t 求导,得到:

$$\frac{\partial \bar{r}}{\partial \tau_t} > 0 \tag{7-19}$$

$$\frac{\partial \bar{y}^S}{\partial \tau_t} < 0 \tag{7-20}$$

给定国外利率,资本管制带来更高的国内真实利率水平,这降低了稳态的资本积累水平,减少了产出。由式(7-20)可看出,资本管制对稳态产出的影响带来抑制作用。短期内,由于货币市场和汇率市场的调整速度要快于产品市场,利率与汇率对于政策变化的反应亦要比价格水平的反应敏捷迅速,故资本管制的效应会在短期内引起国内利率水平上升,本国币值超调(overshooting)。

(二)对稳态价格水平的影响

首先看二元稳态解系的第一个解,对 $\bar{p}$ 关于 τ_t 求导,得到:

$$\frac{\partial \bar{p}}{\partial \tau_t} = (\theta\varphi + \mu)(1 + \pi_\tau) > 0 \tag{7-21}$$

资本管制带来利率上升和产出下降,对应稳态的真实货币减少,在货币名义量不变的情况下,稳态价格只能上涨。真实货币需求的产出弹性系数或利率弹性系数越大,或者总产出的利率弹性系数越大,长期内价格上升的幅度就越大。

(三) 对名义汇率水平的影响

根据二元稳态解组的第二个解,对 $\bar{e}$ 关于 τ_t 求导,得到:

$$\frac{\partial \bar{e}}{\partial \tau_t} = \frac{\omega}{\alpha \beta}(\theta \varphi + \mu)(1 + \pi_\tau) \qquad (7\text{-}22)$$

因 $\theta\varphi+\mu$、α、β、π_τ 均为正,故资本管制对稳态名义汇率水平的影响取决于 ω 的正负,而这又取决于 $\beta(\theta\varphi+\mu)+\gamma$ 与 φ 的相对大小。为此,需要考察价格水平的上升分别对本国产品市场总需求和总供给的影响。首先,本国价格水平的上升对产品市场总需求的影响,在方程中由 r_t 关于 p_t 求导得到:

$$\frac{\partial r_t}{\partial p_t} = \frac{1}{\theta \varphi + \mu} > 0 \qquad (7\text{-}23)$$

将方程中 y_t^D 关于 p_t 求导,并将方程(7-19)代入,得:

$$\frac{\partial y_t^D}{\partial p_t} = -\frac{\gamma}{\theta \varphi + \mu} - \beta < 0 \qquad (7\text{-}24)$$

下面来看本国价格水平的上升对产品市场总供给的影响。在方程(7-8)中由 y_t^S 关于 r_t 求导,并将方程(7-19)代入,得:

$$\frac{\partial y_t^S}{\partial p_t} = -\frac{\varphi}{\theta \varphi + \mu} < 0 \qquad (7\text{-}25)$$

总供给关于本国价格水平的弹性系数亦为负值。假设本国价格水平的上升对产品市场总需求的影响程度大于其对产品市场总供给的影响程度,即供给的调整速度慢于需求的调整速度:

$$\frac{\gamma}{\theta \varphi + \mu} + \beta > \frac{\varphi}{\theta \varphi + \mu} \qquad (7\text{-}26)$$

对不等式进行简单的变换,得到 $\beta(\theta\varphi+\mu)+\gamma>\varphi$。在这一假定的基础上,结合方程(7-14)中关于 ω 的定义,可以得到:

$$\omega > 0 \qquad (7\text{-}27)$$

代入方程,便可以确定资本管制对均衡名义汇率水平的影响:

$$\frac{\partial \bar{e}}{\partial \tau_t} > 0 \qquad (7\text{-}28)$$

即资本管制带来本币的名义贬值。

综上所述,资本管制措施在短期内会由于提高了本国投资的风险溢价水平而使得本国利率水平上升,并带来本币的名义贬值,引起本国经济的通货膨胀和产出水平下滑。

第四节 实证研究

以下实证研究着重考察资本管制能否由于增加了本国的风险溢价水平而使得本国利率水平上升。在资本管制方面,持续时间较长、作用效果明显的国家当属智利。智利由于成功抵御了1994年的墨西哥金融风暴而被国际社会公认为是管理资本跨境流动的成功范例,该国自20世纪90年代开始施行的资本管制是应对国际资本冲击的一个有效政策工具。斯蒂格利茨就曾指出:"(如果)你想寻找一种既能抑制热钱流入又能促进长期资本流动的政策,那么智利模式或它的某些变形,就是你要找的。"

与多数拉丁美洲国家一样,在20世纪80年代初的债务危机之后,智利开始推行市场化改革,这些措施以私有化和贸易自由化为特征,以降低通货膨胀率和实现经常账户平衡的可持续性为目标,并取得了显著成效。从20世纪80年代末到90年代初,国际金融市场也开始向智利开放,国际资本大量流入智利。尽管智利当局采取了一系列的政策手段以求减少资本流入对经济产生的冲击,但这些政策并没有明显遏制资本大量流入的势头。于是,智利引入了对资本流入的管制。1990年中期,智利政府开始对所有的外国借款征收1.2%的印花税。1991年6月,对所有商业银行和金融机构新增外国借款(某些贸易信贷除外)实行了20%的非补偿准备金要求(un-remunerated reserve requirement, URR),即著名的"智利模式"。非补偿存款准备金要求规定国内居民要把对外直接借入的外币负债的一定百分比存放在中央银行,满一定期限后才可以动用,中央银行对此准备金不支付利息。这就相当于对资本流入的隐性税收。1992年8月,智利当局收紧了对外汇的管制,将准备金率从20%提高到30%,同时规定,无论期限长短,所有对外借款的准备金在中央银行的滞留期为一年。1994年和1995年资本流入势头再起,与先前的做法相同,智利当局进一步扩展了URR涵盖的范围,将一些可能用于规避管制的交易也纳入准备金管理之下。1997年下半年亚洲金融危机爆发,智利当局先将30%的准备金率降低到10%。随后,在不断增加的资本流出的压力下,智利政府在1998年9月将准备金率降低为零,但并没有宣布取消准备金要求。

为了考察智利的一系列资本管制措施是否显著地增加了该国的风险溢价,我们关注历年来智利本国的存款利率水平与美国同期国债收益率水平之差,在此基础上,减去历年智利本币相对于美元的贬值率。对式(7-6)进行变换得到:$\tau_t + \pi(\tau_t) = r_t - r_t^* - E(e_t)$,故这一指标恰好衡量出投资于智利的国家风险溢价。

本章选择的资本管制测度是Lane & Milesi-Ferretti(2006)创建的实际资本管制测度,这一指标通过考察资本管制对经济的真实影响来判断资本管制的真实强度。他们运用国际收支平衡表中的信息,控制汇率和资产价格波动造成的估值效应,以本国金融资产、负债存量占 GDP 的比重作为衡量金融开放程度的指标。本章选取了衡量实际资本开放度的指数 Tindex,用以衡量智利各年年末国外金融总资产和总负债规模占历年名义 GDP 的比重,比重越大,表示资本管制程度越低。

计量模型如下:

$$\text{Premium}_t = \beta_1 + \beta_2 \times \text{Tindex}_t + \varepsilon_t \tag{7-29}$$

其中,Premium_t 表示智利在年度 t 的风险溢价水平:

$$\text{Premium}_t = r_t - r_t^* - \frac{E_{t+1} - E_t}{E_t} \tag{7-30}$$

r_t 为智利的存款利率,r_t^* 为美国同期国债收益率水平,E_t 为 t 年度年末以单位美元的智利比索价格度量的名义汇率水平;Tindex_t 表示智利各年度的总体资本开放度:

$$\text{Tindex}_t = \frac{\text{Total Assets}_t + \text{Total Liabilities}_t}{\text{GDP}_t} \tag{7-31}$$

Total Assets_t 和 $\text{Total Liabilities}_t$ 分别表示智利各年年末国外金融总资产和总负债存量,GDP_t 为各年 GDP 名义水平。

本章实证研究采用的智利历年存款利率数据和美国同期国债收益率数据均来自世界银行数据库,而各年年末名义汇率水平以及衡量资本开放度的 Tindex 指标推算依据来自 Lane 和 Miles-Ferretti 在"The External Wealth of Nations Mark Ⅱ: Revised and Extended Estimates of Foreign Assets and Liabilities, 1970—2004"一文基础上拓展推算出的 1970—2007 年的相应数据。①

图 7-1 描述了历年智利存款利率和同期美国国债收益率的走势。可以看出,智利国内的存款利率总体上呈现逐年下降、向美国国债收益率收敛的趋势,而以 20 世纪 70 年代末至 80 年代末最为明显;相较而言,美国国债收益率基本保持稳定。

图 7-2 展示出以单位美元的智利比索价格度量的历年名义贬值变化幅度的走势。可以看出,比索相对于美元一直在贬值,这一趋势直到 2002 年才得以扭转,此后转为升值,2009 年后又出现贬值。

图 7-3 显示了衡量实际资本开放度的 Tindex 指数随年份变化的规律。可以看出,自 20 世纪 70 年代末至 90 年代初,Tindex 指数呈现先上升后下降的趋势,在 80 年代中期达到最高值;而大约自 90 年代中期以后,Tindex 指数总体呈现出在波动中上升的趋势。

表 7-1 给出了回归数据的统计描述。

---

① http://www.philiplane.org/EWN.html.

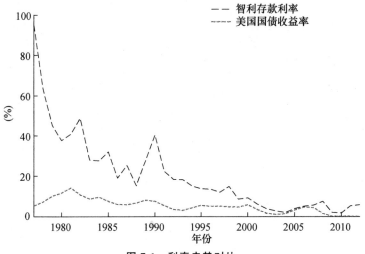

图 7-1　利率走势对比

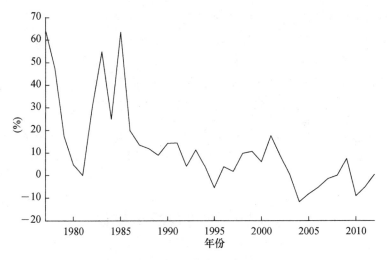

图 7-2　智利比索名义贬值幅度

表 7-1　样本统计描述

	智利存款利率(%)	美国国债利率(%)	智利比索贬值率(%)	智利风险溢价(%)
均值	20.66	5.21	11.93	3.52
中位值	15.00	5.05	7.99	5.52
最大值	94.90	14.08	64.12	26.82
最小值	1.75	0.06	−11.72	−38.84
标准差	19.96	3.43	18.97	13.65
样本数	36.00	36.00	36.00	36.00

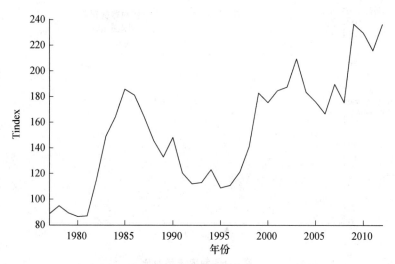

图 7-3　资本开放度指数 Tindex 变化趋势

从回归结果可以看出,回归系数和截距项均十分显著,负的斜率系数表示风险溢价水平会随着总体资本开放度的降低(即资本管制程度的增强)而增大,这说明一国实施资本管制对于提高该国利率水平确实发挥了一定作用。回归等式(7-32)中,*** 代表 1% 显著水平,括号中对应的是参数的 p 值。

$$\text{Premium}_t = \underset{(0.0027)}{110.69^{***}} - \underset{(0.0035)}{21.47^{***}} \times \log(\text{Tindex}) \tag{7-32}$$

一国实施资本管制的程度越强,国际投资者预期的该国风险溢价水平就越高,从而提高了该国的利率水平。这将抑制该国投资,逐渐降低该国的资本积累水平并最终对该国产出水平带来负面作用。

第五节　结论及政策建议

资本管制措施会由于提高了本国投资的风险溢价水平而使得本国利率水平逐渐上升,并在一定条件下引起本币的名义贬值,引起本国经济的通货膨胀和产出水平下滑。智利的数据分析说明,一国施行资本管制措施将可能由于提高了本国的风险溢价水平而使得本国利率水平逐渐上升。

全球金融危机爆发以后,国际金融环境发生了深刻变化。二十多年来频发的区域性乃至全球性金融危机使不少学者和业界人士怀疑金融开放,对这一趋势的前景更忧心忡忡。中国在借用外债、对外贷款、直接投资、跨境证券投资等项目下,仍然保持了严格的资本管制。一种观点认为,中国之所以能够躲过历次金融大风暴,正得益于其较为严格的资本管制措施,今后应继续坚持这项方针政策,而不能轻易放松资本管制。这种观点主要是结合当前中国的特殊形势做出的判断：如果放开对资本流出的管制，中国的资产价格泡沫和高通胀将可能诱发国内储蓄资本逃亡；若放松对资本流入的管制，则将进一步加剧热钱涌入，进一步推高国内的资产泡沫并加大人民币的升值压力，并在将来热钱撤离时对人民币的币值稳定造成威胁。

然而本章的模型和实证研究结果以及众多历史经验均表明，从总体上看，资本管制将可能增加国际金融市场对一国投资的风险预期，并在长期诱发更高的通货膨胀，对经济增长带来负作用。而如果仅仅是为了防范金融危机，我们就不应将希望全部寄托在资本管制上，这并非抵御金融危机的长久之计，而应重视我国经济和金融体系本身的各项弱点，建立健全各项微观范围的监管措施，积极推进各项必要改革，执行稳健可持续的宏观经济政策，积极改善宏观经济基本面。

参 考 文 献

［1］达摩达尔·N.古扎拉蒂.计量经济学基础(第四版)[M].中国人民大学出版社，2005.

［2］Bekaert, Geert; Campbell R. Harvey; Christian Lundblad. Does Financial Liberalization Spur Growth? NBER Working Papers 8245, 2001.

［3］Bekaert, Geert; Campbell R. Harvey; Christian Lundblad. Emerging Equity Markets and Economic Development. NBER Working Papers 7763, 2000.

［4］Claessens, Stijn; Daniela Klingebiel; Luc Laeven. Financial Restructuring in Banking and Corporate Sector Crises: What Policies to Pursue? NBER Working Papers 8386, 2001.

［5］Forbes, Kristin J. One Cost of the Chilean Capital Controls: Increased Financial Constraints for Smaller Traded Firms. Working papers 4273—02, 2003, Massachusetts Institute of Technology (MIT), Sloan School of Management.

［6］Goldstein, M. Coping with Too Much of a Good Thing: Policy Responses for Large Capital Inflows to Developing Countries. Institute for International Economics, 1995.

［7］Gruben, W. C.; McLeod. Capital Flows, Savings and Growth in the 1990s. *The Quarterly Review of Economics and Finance*, 1998(38,3): 287—302.

［8］Haq, M. ul, I. Kaul and I. Grunberg. *The Tobin Tax: Coping with Financial Volatility*, Oxford University Press, 1996.

［9］Henry, Peter Blair. Do Stock Market Liberalizations Cause Investment Booms? *Journal of Financial Economics*, 2000(58): 301—334.

［10］Krugman, P. Bubble, Boom, Crash: Theoretical Notes on Asia's Crisis. *Working Paper*, MIT, 1998.

［11］Lane, P.; G. Miles-Ferretti. The External Wealth of Nations Mark II: Revised and Extended Estimates of Foreign Assets and Liabilities. IMF Working Paper, 2006(06/69).

［12］Liu, O. Malaysia Fashions Own Path to Recovery, Looks to Strengthen Growth. IMF Survey, 2000(29,17): 282—284.

[13] Prasad, E. ; Rogoff, K. ; Wei, S. and Kose, A. Financial Globalization, Growth and Volatilityin Developing Countries. NBER Working Paper, 2004(No. 10942).

[14] Raffer, K. The Tobin Tax: Reviving a Discussion. *World Development*, 1998(26, 3): 529—538.

[15] Rajan, Raghuram G. ; Luigi Zingales. Financial Dependence and Growth. NBER Working Paper 5758, 1996.

[16] Stiglitz, Joseph E. Capital Market Liberalization, Economic Growth, and Instability. World Development, 2000, 28(6): 1075—1086.

[17] Stulz,René M. Golbalization, Corporate Finance, and the Cost Of Capital. *Journal of Applied Corporate Finance*, Morgan Stanley, 1999. 12(3): 8—25.

[18] Tobin, J. Financial Globalization: Can National Currencies Survive? Cowles Foundation Discussion Papers, 1998(1188). Cowles Foundation, Yale University.

第八章

资本账户开放下的中国金融安全

本章导读

20世纪70年代以来,随着金融自由化的兴起,金融管制逐步放松,金融创新蓬勃开展,金融业竞争加剧,市场波动剧烈,金融危机频发。短短30年,发生了数次涉及范围较广、影响范围较大的金融危机。进入90年代,世界金融危机频繁爆发,不同程度地反映了金融自由化对经济和金融的负面影响,特别是1997年亚洲金融危机后,世界经济学家将金融危机的频繁发生与资本账户开放联系在了一起。如今,中国资本账户对外开放必然会引发其与金融安全问题之间关系的诸多思考。研究金融安全问题最根本的使命即如何防范金融危机的发生。鉴于此,本章首先从金融危机的角度探讨资本账户开放条件下的货币危机、银行危机、债务危机的发生与传导机制,其次从全球资本流动的角度研究中国如何建立宏观审慎监管体系,以防范我国资本账户开放后的金融危机。

第一节 金融危机的发生机制

金融危机(financial crisis)又称金融风暴,在《新帕尔格雷夫经济学大辞典》中被定义为"一个国家或几个国家与地区的全部或大部分金融指标(如短期利率、货币资产、证券、房地产、土地价格、商业破产数和金融机构倒闭数)在短时间内急剧、超周期的变化"。

按照国际货币基金组织在20世纪末对金融危机的定位,主要将其分为了四种危机类型:由货币引发的危机、由银行引发的危机、由系统性引发的金融危机和由债务引发的危机。根据他们对货币危机的定位,货币危机指投机者对一国或者多国的货币进行袭击,使得这个国家的货币贬值异常,或者是通过投机的方式逼迫这个国家的外汇管理部门通过消耗巨额外汇的方式以确保汇率的稳定。银行危机指当一国的银行机构存在被迫骤然停止支付和兑换的义务,使得国民对银行发生严重的挤兑行为。银行危机的典型特点是具有系统性。债务危机指一国的借款负债量超出了清偿能力或者延期还债的现象。外债危机是指一个国家无法偿还其所欠的外债,包括政府主权外债和私人部门外债。衡量一个国家外债清偿能力有很多指标,其中,最主要的是外债清偿率指标,即一个国家在一年中外债的还本付息额占当年或上一年出口收汇额的比率。一般情况下,该指标应保持在20%以下。系统性危机是基于货币危机、银行危机基础上的系统性风险产生的危机。当一国资本市场的有效性发生突然异常情况,最终恶化瓦解的形势下,这种危机不仅仅停留在金融危机的层面,而且会对一个国家的实体经济和社会稳定等产生危害。

一、资本账户开放下的货币危机发生机制

国际上典型的货币危机主要出现在20世纪70年代以后,主要以东南亚危机、拉美债务危机等为主。货币危机的爆发,促使这些国家和地区多年积累的国民财富迅速消失,同时也给周边国家造成了严重的损失。迄今为止,货币危机模型已演进了三代理论模型,包括以克鲁格曼(Krugman, 1979)为代表的第一代货币危机理论,即投机冲击模型,以奥伯斯特菲尔德(Obstfeld)为代表的第二代货币危机理论,即自我实现模型,以及克鲁格曼再次提出的第三代货币危机理论。

(一)第一代货币危机理论模型

早在20世纪70年代末,Krugman(1979)就针对货币危机提出了第一代货币危机模型,即国际收支平衡模型。此后,在80年代中旬,Flood和Garber(1984)对这一模型加以完善。此次货币危机有以下一些特性:(1)固定汇率或钉住汇率制;(2)巨额的财政赤字负债;(3)比较高的通货膨胀率。第一代货币危机理论认为"宏观经济政策的不一致"和"经济基础的失衡"是货币危机爆发的根源。维持固定汇率制和持续性扩张财政政策的国家容易爆发货币危机。在外汇储备下降到一定水平时,会有利于投机行为,这加剧了该国固定汇率的脆弱性,动摇了固定汇率体系的基础。因而,一旦国内的经济基础失衡,产生巨额的财政赤字,并伴有高通胀率,国外投机者就可能趁机进行一系列投资活动,在受到内外矛盾双重攻击形势下,这个国家比较容易发生货币危机。

第一代货币危机理论模型的假设条件是政府采取固定速度扩张国内信贷,国民对于货币的需求是保持稳定的。而一旦固定汇率制度受到国际投机者的攻击,固定汇率制度接近崩溃。Krugman认为产生这种固定汇率制度的因素是可以检测到的,因而通过一些变量可以将货币危机爆发的时间预测出来。但是,Krugman只说明政府能维持固定汇率制度的时间是最初外汇储备量的增函数,没有根据模型求出危机发生时间的解。Flood和Garber在Krugman模型的基础上,将"影子浮动汇率"这个指标加了进来,这个指标的功能是它能大大地简化Krugman模型,通过建立线性模型,找到货币投机者对一国货币攻击的具体时间,完善了第一代货币危机模型,即 Krugman-Flood-Garber 模型(KFG 模型)。

Krugman 模型中假定:(1)两国货币的汇率由购买力平价决定;(2)投资者可以随意选择本国货币或外币的资产。如果某个国家的外汇储备有一定的限制,同时这个国家的汇率制度采用的是钉住汇率制,则根据其规律性,在这个国家实施开放性政策的时候,这个国家的货币政策就会受到一定的限制。

Krugman 认为政府不适当的财政与货币政策会使投资者完全预见到汇率的跳跃,从而改变投资组合。一个国家的外汇储备变少的主要原因是该国投资者对外汇储备进行了抢兑,使得货币危机爆发。Krugman 认为投资者是理性的,该国政府的政策失误是危机爆发的主要原因。显然这一假定前提有不合理之处。第一代货币危机模型的最大缺陷在于过度简单化、机械化。

(二)第二代货币危机理论模型

在 1992—1993 年的欧洲货币体系危机面前,第一代模型的解释力显得十分苍白,在这轮危机波及的国家中,大部分国家拥有大量的外汇储备,宏观经济政策没有像第一代模型中那样表现得不一致。基于此,Obstfeld(1994,1996)针对第一代货币危机理论的缺陷,提出了第二代货币危机理论。

与第一代货币危机理论不同的是,第二代货币危机理论给出的假设条件是政府的宏观政策、财政政策是理性的,当该国出台相应的政策时,会将市场以及投资者的心理和行为都考虑进去,而且这个国家的金融行为主体也会考虑国家的政策方向。由此,投资者和国家政府之间形成了一种相互博弈的过程。货币危机的爆发时间是可以确定的,这是第二代模型与第一代模型的不同之处。

(三)第三代货币危机理论模型

1997 年,随着亚洲金融危机的爆发,前两代的货币危机理论无法对其进行解释。基于这次危机的传染性及金融跟风行为,以 Krugman(1999)、Corsetti 等(1999)、Calvo 等(1996)为代表的学者从企业、银行等相关金融机构,货币流动性、资产负债表等微观金融角度,以及道德风险、羊群行为等金融行为角度对货币理论进行了再一次的深入研究。

道德风险理论主要是 Corsetti、Pesenti 和 Roubinin(1999)以及 Burniside、Eichenbaum 和 Rebolo(1998)等经济学家从亚洲金融危机爆发的一些国家中因为引发过度借贷而导致货币危机爆发中提出的理论观点。信息不对称性和羊群效应是由于投资者无法掌握全部信息而形成的,具体包含掌握的信息通常是不完全、不充分的,以及投资信息方面的不对称等。

流动性危机理论主要阐述的是,一国的金融危机主要是由于流动性促使本来就受到外币债务困扰的国家情况进一步恶化的现象,一般表现出来的特点是加速了本国货币的贬值,在这种双重货币危机的情况下,一国的金融危机得以爆发,本国货币贬值导致的结果是该国的外汇债务升值,实体经济面临巨额的债务,严重影响经济的运行与发展,同时,其他国家在该国货币贬值的情况下,资本输出严重,同时急剧降低对该国的贷款,加剧了该国的债务风险和流动性风险。

有关资产负债表模型的危机理论,Krugman(1999)认为银行体系不是问题的关键,货币危机中应考虑传染、传递问题,即资本流动对实际汇率乃至经常账户的影响决定了资产负债表问题,特别要考虑企业资产负债表在投资决策中的作用及资本流动在影响实际汇率方面的作用。开放条件下,投资者只愿意提供高于企业净值一定比例的贷款。一旦企业诸多内在因素使得市场萎靡,投资者减少投入,企业的财务及经营状况就会受到影响,进一步使得企业的投融资行为受到严重影响,从而因为企业经营、财务状况等因素引发货币危机。

二、资本账户开放下的银行危机发生机制

20世纪90年代以来,经济全球化趋势带动了国际资本流动的加剧,各国银行之间的关联越来越紧密,银行危机成为金融危机理论不可缺少的一部分。许多研究者通过建立各种银行危机模型来解释资本自由流动之后的危机传导机制,金融危机理论研究不再局限于货币危机,而是重点倾向于银行危机或货币、银行双重危机。

与衡量货币危机不同的是,银行危机缺乏可直接预测和判断的指标以及相关数据等,从经验上识别银行危机较困难(Hutchison & Noy,2005)。根据Caprio和Klingebiel(1996)、Demirguc-Kunt和Deragiache(1998)、Hutchison和Noy(2005)以及Joyce和Nabar(2009)的分析,当银行体系的资本被耗尽或大部分耗尽,或发生政府大规模非常规介入时,都可以被定义为发生银行危机。Kaminsky和Reinhart(1999)将银行危机界定为:(1)发生了银行挤兑,并导致银行被关闭、合并或接管;(2)没有发生挤兑、关闭或接管,但是出现了政府对某家银行的大规模援助。一般情况下,双率风险、流动性风险、银行的挤兑风险以及通胀风险等是银行不得不考虑的各种风险。各种风险促成了银行危机的发生,体现为:(1)储蓄者的挤兑;(2)逆向选择与借款人的道德风险,道德风险可被定义为从事经济活动的人在最大限度地增进自身效用时做出不利于他人的行为;(3)委托—代理关系导致的贷款人陷阱。

根据以上概念及银行在经营过程中可能引发的危机可以看出,银行挤兑、信息不对称以及金融非理性行为等成为衡量银行危机的指标,与此相对应的银行挤兑模型、信息非均衡理论、银行行为理论等成为衡量银行危机的传统理论。随着银行自身特点的发展,学者基于银行危机的研究更加深入细化,具体包括银行挤兑模型、银行危机传染机制的多米诺效应、贷款者陷阱理论及嵌入投资银行的银行危

机传导模型。

(一) 银行挤兑模型

关于银行挤兑问题,学界主要有两个理论分支:一是纯粹恐慌或者是自我实现型的银行挤兑模型,一是基于信息的银行挤兑模型。

前者以 Diamond 和 Dybvig (1983) 为代表,包括 Waldo (1985) 和 Wallace (1988) 研究封闭经济条件下的模型,及 Goldfajn 和 Valdes (1997) 等扩展到开放经济条件下的模型。这类模型基于一些不可预料的因素,即投资者信心的改变或预期其他债权人将撤离资金而发生的集体撤资行为。Diamond 和 Dybvig(1983) 提出了银行挤兑模型(以下简称 D-D 模型)。该模型试图通过博弈论方法解释银行遭遇挤兑的现象,并从银行的流动性问题角度解释资本账户开放后银行危机的形成机理。作为金融中介机构,银行对整个社会资金余缺进行合理的资源配置,并将不具有流动性的资产转化为流动性资产。

后者包括 Jacklin 和 Bhattacharya (1988) 等提出的封闭经济下的模型和施建淮(2001)等提出的开放经济下的扩展模型,这类模型认为银行挤兑是债权人与债务人之间的信息不对称所致。

(二) 银行危机传染机制的多米诺效应

银行与银行之间、银行与企业之间、银行与储户之间存在错综复杂的债务链,当某银行发生危机时,如果处理不当就可能影响到其他节点的正常经营活动,这种负面影响随着每一级的扩散而放大。银行危机的传染面远大于普通企业危机的传染面,单个银行危机可能演化为系统性银行危机,严重甚至可能引起整个社会经济体系的动荡。单个金融机构会引发系统性风险是每个学者都赞同的观点,不同之处在于危机的程度、危机传染的范围等细微差异。

Paroush(1988)分析认为一家银行发生危机而不能履行它的职能从而导致整个银行系统的不稳定的银行危机传染现象是一种多米诺效应。假设现实经济中存在 n 个相同的银行,为简单起见,假设任何一家银行的危机都会引起连锁反应,结果是一家银行发生危机,其他所有银行都会发生危机。Kaufman(1994)认为,存在两种类型的银行危机的传染,包括针对不同行业而言的危机传染和针对部分企业而言的危机传染。

(三) 贷款者陷阱理论

"贷款者陷阱"理论认为,银行通常会以新的贷款来偿付旧的贷款,这种方式现在被称为借旧债还新债。这样的模式可以使银行通过时间差的方式来获取存款和借款之间的利差。一般来说,由于新贷款的净收益值比较大,银行继续为不良贷款的人提供着贷款,使得银行继续发放不良贷款,最终引发了银行危机。

（四）嵌入投资银行的银行危机传导模型

金融机构的发展推动了资本流入国金融市场的深化，降低了市场获得资金的成本，提高了市场的流动性和效率，这使得居民现金持有比例下降，非银行金融机构提供的其他各种形式的金融资产比例上升，金融衍生资产更加多样化。投资银行都有其自营投资部门，监管机构对其场外交易难于监管，而投资银行的投资策略直接影响企业整体的风险程度，假如自营业务全放在高风险、高杠杆的产品身上，造成过度的资本膨胀，当市场或经济一旦逆转，资产价格下跌，必然引发金融危机。

全球资本市场衍生工具泛滥的背后是资本市场的失衡。当资产价格下跌的时候，金融机构无法履行其赎回承诺而被迫倒闭，使得投资者血本无归。一旦千变万化的衍生工具和融资方式有所缩减甚至消失，资金突然紧缩，资金市场就会出现信贷危机。美国次贷危机的传导路径首先是从信贷市场传导到了金融资本市场，然后从金融资本市场传导到信贷市场，之后从金融虚拟市场传导到实体经济，从国内的资本市场传导到国际市场。

三、资本账户开放下的债务危机发生机制

债务危机指的是一国的政府因国际负债过重，无法按期履行其债务偿还的义务，最后导致宣布国家破产而推迟偿还时间或债权重组的行为。衡量一国债务负担能力的指标主要有：外债清偿率指标（应偿还债务与出口收入的比率）、负债率（外债余额与GDP的比率）、债务率（外债余额与出口收入的比率）和财政赤字占GDP的百分比。其中，如果外债清偿率指标超过20%、负债率超过30%、债务率超过100%及财政赤字占GDP的百分比超过3%，就意味着外债负担过重。一国的经济实力、增长前景、财政弹性、货币稳定性以及社会风险等都是保持债务安全的关键因素。21世纪前后，世界范围内发生了两次影响广泛、规模巨大的债务危机：一次是20世纪80年代的第三世界国家债务危机，另一次是2008年前后爆发的欧美债务危机。

2007年美国次贷危机的爆发就是典型的由规模相对较小的国内次贷危机引发了全球系统性危机的例子，可以从发达国家的角度反思资本账户过度开放会引发的一系列危机和从中吸取的教训。我国资本账户开放后如何对这种类型的演变性危机进行有效抵制值得深思。

四、资本账户开放下的系统性危机发生机制

危机都是从一种金融市场波及另外一种金融市场，如从股市到债市、外汇、房地产甚至整个经济体系。系统性金融危机可以称为"全面金融危机"，是指主要的

金融领域都出现严重混乱,如货币危机、银行业危机、外债危机的同时或相继发生。它往往发生在金融经济、金融系统、金融资产比较繁荣的市场化国家和地区及赤字和外债较为严重的国家,对世界经济的发展具有巨大的破坏作用。

金融危机发生的频率越来越高,比较而言,20世纪80年代仅有44个国家发生过系统性危机,而90年代以后共计77个国家发生过系统性金融危机(Caprio等,2003)。考虑到中国目前尚无可能发生系统性金融危机的可能,因而本书对这一危机发生机制不做过多探讨。

第二节 全球资本流动下的宏观审慎监管体系

次贷危机爆发以前,欧美等国家普遍采取比较宽松的监管机制,这便于国际资本的流动和扩散,同时,由于各国的监管机构之间的信息不对称,使得一国的金融监管政策很难对国际资本的全球过度流动引发的流动性风险具有遏制效应,监管政策的区域性无法和资本的流动性形成良好的匹配,这也是监管失效的主要因素。

追究历次金融危机爆发的根源可以发现,金融部门改革的先后顺序有误,自身金融系统内部还没有完成改革就盲目进行对外开放,没有进行审慎监管改革就放松了金融管制,可能导致一国危机很容易传导到全球其他国家。从墨西哥、东南亚金融危机到2008年次贷危机引发的全球性危机,充分暴露了各国金融监管的严重缺陷。20世纪90年代末,亚洲金融危机暴露出发展中国家存在监管过程的政府干预、监管薄弱、监管宽容等监管治理薄弱、监管架构不合理以及金融机构"俘获"监管者和监管人员主动寻租、设租等监管腐败的现象。金融危机的罪魁祸首并不是金融自由化,而是推行金融自由化的国家对可能出现的问题估计不足、准备不足,突出表现在政策失误、监管制度不完善等各种金融不安全因素。而美国次贷危机引发的全球危机不仅使欧美发达国家的经济受到重创,也波及新兴国家,更是引起各国对国际资本流动性风险、金融监管制度缺失及如何进行宏观审慎监管的深度反思。

国际金融危机促使国际金融组织和各国重新审视金融监管的诸多重大问题,建立防范系统性风险的金融宏观审慎监管制度已成为普遍共识和各国适用方案的重中之重。本节将沿着宏观审慎政策框架形成的背景、意义、内在逻辑及主要内容的主线,从分析宏观审慎监管的起源和特点出发,介绍宏观审慎监管的概念、目标和措施,与微观审慎监管的区别,基于两个维度的审慎监管工具,欧盟金融监管框架以及我国的宏观审慎监管政策等内容,旨在明确逆周期宏观审慎政策的内涵和意义。

美国次贷产品证券化使得信用危机由银行系统扩展到金融市场,美国贷款机构将信用风险转移给资本市场上的机构投资者,再通过全球化传递给全球机构投资者,这降低了贷款机构的风险集中度,刺激了全球信贷的膨胀,但也酿成了本次危机。次贷危机爆发前,金融机构发明各种手段来规避金融监管和披露义务,它们往往把高风险资产纳入管道(conduit)或结构性投资载体(structured investment vehicle,SIV)中,以免这些资产并表披露。这就导致危机爆发后,市场根本不清楚潜在损失究竟有多大,加剧了市场的恐慌情绪,最终使得欧美国家受到金融危机的重创。

次贷危机诱发的全球危机在将欧美发达国家经济拖入深渊的同时,也使得新兴国家无法全身而退。全球危机通过各种途径冲击着新兴国家国际资本的流动:一是美国金融机构账面上的大幅亏损及其金融市场上的信贷紧缩导致流动性短缺和信贷紧缩,促使金融机构和企业采取去杠杆化的措施(如抛售风险资产、偿还负债等),从海外大量抽回资金,以提高该国流动性资产的比重,应对本国资本充足率的压力,这使得他们在海外的投资有所下降。二是大宗商品价格的下跌使得能源国家的资本减少了流动性。三是国际贸易有所下降,与贸易相关的国际贸易投资行为减少。四是股市的萧条也使得国际并购、杠杆收购等金融行为相应减少。特别令人警惕的是,美联储重新步入加息周期引发热钱回流,这是发展中国家历次金融危机的导火索。受到飞速发展的新兴国家资产高收益率的驱使,更大规模的短期国际资本还是会由欧美资本市场流向发展中国家。可见,国际资本将处于一种长期的动荡状态。这种状态在加大新兴国家短期国际资本流入流出的同时,也会放大或刺破发展中国家的资产价格泡沫。可见,新兴国家在全球化趋势和开放经济条件下同样面临着如何实施有效金融监管的挑战。

2009年4月,G20集团伦敦峰会将宏观审慎政策框架列入了金融改革的主要范畴。2012年12月3日,国际货币基金组织表示各国政策当局应不断更新监管框架,以更好地应对国际资本流动带来的挑战;各国政策当局也应加强国际协调合作,以确保国际金融体系的稳定和有效运转。从宏观审慎、逆周期和对风险准确计量的角度进行监管改革,使金融体系更富有弹性已成为全球金融危机后各国金融监管改革的方向。

我国正处于经济的升级与转型时期,对银行业的系统性风险有一定的敏感性。尽管我国目前的总体系统性风险处于相对安全的区间,但很容易受到房地产信贷风险、政府债务风险较高及汇率波动、宏观环境稳定性下降等因素影响,且我国商业银行之间的同质化程度较高,同业竞争现象严重,这使得风险偏好容易集聚,加大了系统性风险的扩散力度。资本账户开放给我国带来经济效应、货币替代效应的同时,也带来了资本外逃效应、潜在的金融危机和货币危机等负面因素。

金融业的逆周期监管机制及政策工具成为各国监管当局在建立宏观审慎监管

框架中面临的重大挑战,我国也已正式将构建逆周期的金融宏观审慎管理制度框架写入"十二五"规划。

2010年,国际货币基金组织通过对我国最大的17家商业银行开展的外界压力测试发现,我国的多数商业银行可以抵御独立风险,但在几项主要风险同时爆发的情形下,我国商业银行将会出现大面积资本充足率不足现象,银行系统性风险将大大上升。我国整体系统性金融风险自美国金融危机以来快速上升,潜在威胁不容忽视。此外,金融业监管机构出台的相关法律法规等文件性政策应该和我国的一系列宏观政策进行协调。特别是银行业的相关监管规则必须与宏观监管相结合。2010年,国务院批准发改委《关于2010年深化经济体制改革重点工作意见》(国发[2010]15号)中深化金融体制改革的意见,明确提出,建立宏观审慎管理框架,强化资本和流动性要求,确立系统性金融风险防范制度。然而,一些影响金融安全的深层次矛盾和问题还没有得到根本解决,具体包括:(1)有关金融衍生产品交易和金融机构破产方面的法律制度需要进一步健全;(2)政府投资项目的大规模信贷可能引发的金融风险需要防范;(3)对民间借贷活动的法律规范和引导不够充分;(4)多层次资本市场出现监管缺位等。这表明我国政府已充分认识到构建宏观审慎性监管制度的重要性,并将其作为政府工作的重点之一。

从国际实践来看,防范系统性风险和构建宏观审慎监管框架已成为后危机时代国内外兴起的重大政策议题,但总体而言,全球范围内关于宏观审慎监管的研究尚处于探索阶段,一些实践中的重要议题,如宏观审慎监管的基本框架如何构建,组织结构如何安排,相关制度如何设计,监管政策如何提高有效性以及金融体系和实体经济等问题,都处于开放式的讨论过程中。在这方面,美国和欧洲略为领先,已完成了原则制定的立法过程并开始实践。不过,具体的宏观审慎监管框架的建立和有效运行还需根据不同国家金融体系的实际情况而定,特别是一般性框架的形成还需要一段较长的时间。如何梳理宏观审慎管理框架,加强逆周期调控,弱化金融机构的顺周期行为,建立风险预警,从根本上防范和化解系统性金融风险,建立一套科学合理的宏观审慎监管体系,成为当前我国金融业的要务。

(一)宏观审慎监管的概念、标准及框架

宏观审慎监管是后危机时代的新兴产物,同时,宏观审慎监管属于一种随着时间而变化的具有一定动态性质的监管模式,它最大的特征就是通过逆周期监管理念来对金融机构进行监管。

从现有的文献来看,"宏观审慎"这一理念最早可追溯至20世纪70年代末。它首次应用于1979年的Cooke委员会。该委员会是巴塞尔委员会的前身,它于1979年6月讨论国际银行业信贷数据采集和期限转换时提出需要对宏观审慎问题有直接的关注,即微观和宏观审慎都是委员会的职能范畴,并首次于国际组织开展的关于金融创新活动的指引中,表明了金融创新必然会伴随着金融风险的产生,需要国际组织和各国金融机构通过宏观审慎逆监管的方式进行监管。

宏观审慎监管以金融业整体为监管对象,以系统性风险内生为前提条件,重点关注具有系统重要性的金融机构,采用逆周期监管工具,进行自上而下的监管(Borio,2009)。广义的宏观审慎监管是对系统性风险的监管;狭义上重点关注四个方面:金融体系不稳定对实体经济的影响程度;具有系统影响力的内容(不包括具有传染性的偶发事件);内生性风险;金融体系与实体经济的相互关系和作用。本文重点研究广义上的宏观审慎监管。经历近30年的发展,宏观审慎监管日益清晰、丰富,从早期仅指向宏观经济问题,到金融创新监管,再到金融统计指标,现在已成为系统性风险治理的新框架,并成为后金融危机时代各国金融体制改革的主要内容。

国际上对宏观审慎监管的目标给出了大致的定义,即减少经济成本,控制一国危机引发的全球性的系统危机,降低金融创新过程中带来的金融产品的风险性,避免由系统性风险引发的社会不稳定甚至动荡,以及抑制金融给实体经济带来的不利因素、确保社会的稳定等。Crockett(2000)认为宏观审慎监管是一国的金融监管机构从宏观的经济发展与社会稳定的角度出发,避免金融动荡对实体经济产生危害,确保金融稳定的监管模式。项莉(2010)将一国的宏观金融监管目标具体细分为了金融风险维护的目标、经济发展与效益目标以及社会稳定性目标。

国际上关于监管标准主要有以下几种观点,即 Quinty 的两维标准、Das 的四维标准及英国"优化监管任务工作组"(Better Regulation Task Force,BRTF)的五要素原则。

目前,国际上相对比较成熟的金融监管治理的评估框架是 Das 等人构建的良好监管治理评估框架,包括四个维度:独立性、责任性、透明度、监管操守,此框架也体现了其他学者的一些研究成果。宏观审慎监管框架大体上涉及以下几个元素:宏观审慎的监管主体、监管体系框架、宏观和微观审慎指标体系等。

(二)宏观审慎的监管模式、监管措施与内容

各国进行审慎监管最常用的工具是存款保险和资本充足率。根据各国对宏观审慎监管指标的选择,一般国家都会选择测量充足率的指标、测量流动性的指标、测量杠杆率的指标、测量不良贷款的指标以及测量资产拨备的指标。对监管对象的目标选择的标准包括对制造业等实体工业的信贷以及工业企业所采用的杠杆方式,贷款期间存在的流动性风险因素、杠杆性因素等。在对指标进行测量时,采取的方法有关联风险模型的测量方法、违约强度的测量分析方法以及困境相关的测量方法。

在各国和国际性金融组织对宏观审慎监管方式进行探讨时,对风险计量的数

量化模型,金融虚拟经济对工业、制造业等实体经济的影响,金融系统内部的风险性评估,杠杆率的放大与扩散,影子银行的隐性风险等问题是主要的研究部分。

巴曙松等(2010)认为一国的宏观审慎监管主要是对风险相关性进行测量与研究,以确保金融系统的稳定。中国银监会前主席刘明康从微观、中观和宏观三个金融监管层面提出了金融监管改革措施。微观层面主要是指各个金融机构与金融主体具备良好的金融稳定的基础;中观层面主要是指金融市场的建设,包括金融交易市场的秩序稳定、交易结构模式的低风险性,以及交易产品的安全性等;宏观层面主要是指金融安全,改革目的是将系统性风险纳入金融监管框架,建立宏观审慎监管制度。此外,大多数国家要求提高透明度,改进信息披露制度和提高数据披露质量。

(三)宏观审慎监管的两个维度

Borio(2003)提出了宏观审慎监管的两个维度:一是横截面维度(cross-sectional dimension),考察特定时间点下所发生的金融风险的可能性;如果金融机构持有相似的风险敞口,那么当针对特定的风险敞口的冲击到来时,一旦所有的金融机构采取相同的降低风险暴露的措施,则问题资产的市场流动性和融资流动性将显著下降,从而导致损失进一步扩大。二是时间维度(time dimension),考察风险随时间变化和累积。除了跨行业、跨机构的维度,宏观审慎监管还要重视风险的动态变化,即金融体系的内在风险随时间的变化而变化。

第三节 审核监管制度——《巴塞尔协议》

自1994年正式实施《巴塞尔协议Ⅰ》以后,相继发生的亚洲金融危机、墨西哥金融危机及本次波及全球危机的次贷危机说明了《巴塞尔协议Ⅰ》和《巴塞尔协议Ⅱ》规定的监管体系无法保证金融的稳定发展,金融市场亟需更科学、更系统的监管机制的出台。次贷危机以后,各界对国际金融监管和金融风险的防范进行了反思。其中,20国集团领导人提出的主要结论就是提高金融市场透明度、完善问责制、加强监管、促进金融市场完整性、强化国际合作及改革国际金融机构。巴塞尔委员会与其他国际金融组织一起开始就加强监管进行研究,并在2009年12月初步形成改革框架,该框架最终在2010年9月被G20集团央行行长和监管首脑会议通过,这就是《巴塞尔协议Ⅲ》成立的背景。

本节旨在从《巴塞尔协议Ⅰ》《巴塞尔协议Ⅱ》《巴塞尔协议Ⅲ》的监管重点及部分缺陷着手,比较三个协议之间的异同,并分析《巴塞尔协议》如何从审慎监管的角度进行完善。

一、《巴塞尔协议Ⅰ》

巴塞尔协议是由"巴塞尔委员会"的成员国共同协商制定的一系列重要银行监管规定。《巴塞尔协议Ⅰ》主要由《统一资本计量和资本标准的国际协议》(International Convergence of Capital Measurement and Capital Standards)(1988年7月，简称《1988年资本协议》)及多次相关修订组成，其主要内容有四部分：资本构成(Capital Structure)、风险权重(the Risk Weight)、最低资本标准(Minimum Capital Standard)以及过渡期和实施安排。《巴塞尔协议Ⅰ》重点关注资本充足率和创造一个公平的竞争环境，为维护良好的国际秩序起到了一定作用。

然而，随着金融市场的发展，《巴塞尔协议Ⅰ》存在的不足逐渐显现。第一，风险权重设定相对粗糙，对资本充足率的风险敏感性不高；第二，在计算信用风险过程中，对于缓释手段要求严格，不能合理反映抵押、质押和担保对债权的风险缓释作用；第三，虽然对市场风险资本要求提出了规范，但缺乏对银行账户和交易账户处理的合理区分，市场操作风险没有涉及；第四，由于缺乏对银行提高风险管理技术和水平的激励机制，市场上风险管理技术水平的发展和监管套利技术的提升，使得规范银行竞争和确保资本充足的监管要求落不到实处。第五，《巴塞尔协议Ⅰ》没有针对监管套利问题提出解决方案，不能起到限制银行过度承担风险的倾向。

巴塞尔委员会在1999年6月公布《新的资本充足比率框架》(A New Capital Adequacy Framework)征求意见稿，并于2004年6月通过，该框架及一系列修订被称为《巴塞尔协议Ⅱ》，于2008年1月1日正式实施。

二、《巴塞尔协议Ⅱ》

根据《巴塞尔协议Ⅱ》的主要内容来看，资本充足监管和市场约束是其主要的监管目标和内容，同时，与《巴塞尔协议Ⅰ》不同的是，《巴塞尔协议Ⅱ》在信用风险、资本充足的量化分析等方面做了一定的改进，并规定了系列量化风险的计量模型，包括风险权重计量方法、外部评级、内部评级等方式，以量化风险。内部评级法分为初级和高级内部评级法，允许商业银行采用其内部计量的违约概率(probability of default,PD)、违约损失率(loss given defaults,LGD)、违约风险暴露(exposure at default,EAD)和期限(maturity,M)等风险计量方式，提高了资本监管的风险敏感性和风险计量的主动性。

《巴塞尔协议Ⅱ》在确保银行具有充足资本的同时，为防止金融环境的恶化，而要求在国家间建立平等的竞争环境，即追求公平的竞争和金融的稳健。金融稳健性指最低资本要求是否对所有风险给予足够重视，以及能否覆盖特定风险的相关损失。20世纪90年代初开始爆发的系列金融危机中,多次危机与国际资本的流动性过度和外汇贷款引发的信用风险有关。相关的国际组织一致认为应对外汇风险予以高度关注。由于之前的最低资本要求对风险的意识不强,监管当局对这类风险没有给予足够的重视。委员会提出应该加强对金融机构的监管,以满足核心的稳健性原则。但根据国际组织对有关国家进行的金融稳定性评估,很多国家都存在缺陷,包括风险管理不够完善,并表监管不够严厉等。次贷危机发生前,由于各国的宽松监管使得很多国家的监管不符合相应要求,在这样的情况下,风险监管存在一定的缺陷。

全面衡量特定风险及其产生的损失存在几大难题,重点包括风险权重函数缺乏合理性和最低的资本充足率要求难以全面覆盖风险等。

根据内部评估机制,风险权重要求具备一定的有效性。在使用历史数据的时候,数据的收集与分析和模型本身的不完备性使得风险的数理计量有一定的缺陷,包括风险权重是否合理、银行业使用的内部模型成熟度不一致等。对于倾向于外部评级的标准法评估方式而言,风险权重函数关注的焦点是外部评级结果的科学性、客观性。由于各种原因,世界评级机构不能对风险有较真实、客观、公正的评价,这使得评级机构的评估行为、方式和结果与被评估的风险现象存在失灵。而一旦公众对评级机构的依赖有所增强,必然会使得人们对风险的把握不准确,同时有失公允,并隐藏着巨大的风险。事实上,本次金融危机显示出了国际评级机构不能公平行使评级职责存在弱性。

同时,《巴塞尔协议Ⅱ》提及的风险覆盖面只是对单个机构的资本要求,未提及金融系统性风险。一方面,资本管理和评级法的顺周期性,即在经济周期中金融变量围绕某一趋势值波动的倾向,加剧了经济周期的波动。当经济处于繁荣的时期,银行的资产质量较好,违约率低,风险暴露小,抵押物价格较高,于是放松了对资本的要求,扩大了信贷的行为,推动着经济的繁荣,反之亦然。顺周期性是《巴塞尔协议Ⅰ》和《巴塞尔协议Ⅱ》的共性。但在《巴塞尔协议Ⅱ》的框架下,由于对银行的资本要求的风险敏感性增强了,顺周期性就被加大了。

《巴塞尔协议Ⅱ》提倡金融机构使用高级计量方法来规避风险,这实质上会间接地加大系统风险。主要是由于金融机构采取计量方法去数量化风险之后,对资本的要求会降低,从而促进这些金融机构不断地使用创新的计量方法去规避风险。而对于存在比较高的资产风险的银行,它们会尽量不选择使用计量方法,而是会选择比较低级的计量方法,或者采用国际标准,因为前者会提高它们的资本要求。这样的结果是,使用高级方法的金融机构对风险会越来越敏感,而拒绝使用高级计量法的金融机构对风险的敏感性越来越弱。尽管这产生了两种对待风险的截然不同的态度,但是对于整个系统性风险而言,却并没有加大风险,只是改变了风险在金融机构中的分布。因而,系统性风险被掩盖了。

此外,《巴塞尔协议Ⅱ》在强调公平性的同时又重视灵活性,但往往公平性在灵活性的调整下可能会有失公允:针对不同的市场,不同的金融机构之间有一定的差异性,一般而言,大型的国际金融机构会采用内部评级的量化方式,中小银行会选择量化要求低一点的标准法的评估方式;同样,即使同一级别的银行采用了同样的量化风险模型,但是根据银行的情况不同、国家不同、市场不同、金融风险存在的条件不同等因素综合起来,它们也会得出不同的风险量化的结果。总之,各个金融机构之间的风险量化会有很大的区别。此外,基于计量和内部评级的资本监管敏感性与顺周期性成正相关关系,为以后加强顺周期性埋下了隐患。

总体上看,《巴塞尔协议Ⅱ》的缺陷主要还是体现在具有顺周期性上。在金融发展扩张期,由于利润的驱使,金融机构处于对风险相对不敏感的阶段;而在经济处于衰减阶段时,金融机构对风险持谨慎的态度,对风险的敏感性增强。次贷危机显示出了以往只关注单个金融机构风险的脆弱性而忽视了系统性风险的存在与危害。这也是国际社会要求进一步完善《巴塞尔协议Ⅱ》的主要原因。

三、《巴塞尔协议Ⅲ》

《巴塞尔协议Ⅲ》几经波折,于2013年1月6日发布其最新规定,主要由33个文件组成,可以综合这些文件为以下内容:(1)整体框架方面,包含《新资本协议框架完善建议》(2009年)、《增强银行业抗风险能力》、《稳健银行业的全球监管框架》(2009年)等;(2)关于避免流动性可能引发风险的规定,如《流动性计量标准和监测的国际框架》(2009年12月)和《巴塞尔协议Ⅲ:流动性计量、标准和监测的国际框架》(2010年12月);(3)关于规避市场风险的相关文件,主要有《对巴塞尔协议Ⅱ市场风险框架的修订》(2010年6月);(4)关于逆周期资本缓冲等方面的要求,《逆周期资本缓冲储备建议》(2010年9月)等。

与《巴塞尔协议Ⅰ》和《巴塞尔协议Ⅱ》的不同在于,《巴塞尔协议Ⅲ》更注重从宏观审慎的角度设计监管思路和监管工具。次贷危机以后,委员会从金融与实体经济、微观与宏观、账户开放与流动性监管等角度提出了改革的要求,以此达到促进银行业抗风险能力、改善风险管理制度、加大风险披露的目的。国际标准制定机构在加强银行资本和流动性标准、加强信用评级机构监管、建立系统性风险预警机制等方面提出了系列改革措施,并在遏制危机的快速蔓延和恢复全球金融稳定方面收到一定成效。

《巴塞尔协议Ⅲ》关于审慎监管的具体内容涉及资本监管要求、引入杠杆率、流动性标准及实施动态拨备、资本留存缓冲、反周期缓冲、系统重要性银行和引入等内容,用以指导各国金融监管的统一监管要求。《巴塞尔协议Ⅲ》和宏观审慎监管之间是一种相互补充的关系,《巴塞尔协议Ⅲ》可以看成是宏观审慎监管的实施工具。

宏观审慎监管标准中提出:首先,提出系统重要性银行关于补充资本的要求。补充资本要求对于银行而言是规避流动性不足和资金短缺最直接的方式,通过提高资本准备金率,特别是完善大银行资本补充机制,有利于减轻中央银行或者是政府财政的资金负担,减少因为大型银行带来的系统性风险的发生。

其次,提高资本监管标准。一是修改资本定义,扩大资本监管的风险覆盖面。高质量的资本基础界定危机表明真正能吸收损失的资本是普通股权益资本,它可以无限制地用于吸收损失。二是建立超额资本,缓解顺经济周期效应。顺经济周期即新的资本监管制度增强了经济的周期性。三是关于一些增加的监管的要求,包括事前监管等,这是系统重要性机构新增的监管部分,也是对重要性机构提出的更高的监管要求。

再次,提出杠杆率监管标准额。这种标准主要从两个方面进行考察:一个是对风险总量的衡量,另一个是为银行体系杠杆确定底线,降低杠杆率,以减少系统性风险。

最后,建立流动性的监管标准。英国相关的金融机构提出,北岩银行(Northern Rock)最主要的问题不是清偿力不足,而是流动性不足导致信用风险的爆发。2009年12月巴塞尔委员会制定了引入流动性监管的指标来应对流动性风险,发布《流动性风险计量、标准和监测的国际框架》,提出流动性监管的基本工具是杠杆比率(杠杆系数),即权益资本对全部资产的比例,并将其作为监管的范畴之一。一方面,将这些指标纳入监管,可以使得银行无法通过监管套利的方式来逃避对资本充足的规定。另一方面,这一监管的实施减少了银行进行短期投机活动和过于依赖短期资本继续套利的可能。引入两个辅助比率:短期流动性覆盖率和净稳定资金比率。流动性覆盖率(liquidity coverage ratio,LCR)这一指标主要是用来衡量银行与非银行金融机构的流动性及其风险,这一指标能分析出金融机构的迅速变现能力,能反映出是否满足短期存款人的提现需求,关注该比率可以提高短期应对流动性中断的弹性,避免流动性危机的出现。新协议中的流动性保障比率(liquidity support ratio,LSR)是资产与短期的净现金流之比;流动性保障比率和净稳定资金比率主要是测量银行的短期融资能力和对银行流动性的要求。

第四节 风险预警机制——基于横截面维度的审慎监管

一、基于横截面维度的系统性风险预警机制

预警是风险治理的首要方法,它通过减少时间和空间上的集聚,降低金融危机爆发的可能性,属于事前监管模式。2008年金融危机给世界经济和金融市场的

健康发展造成了巨大破坏,也暴露了现有金融风险预警系统的缺陷,彰显出建立金融风险预警系统的紧迫性。宏观审慎监管工具包括:基于横向跨行业、跨机构的系统性风险预警机制的构建、基于纵向跨时间的逆周期监管等。无论是逆周期的监管措施,还是基于避免单一机构风险敞口相同的系统重要性金融机构监管的建立,都是预防性的监管理念。建立一套风险预警量化机制是处理资本账户开放与防范金融危机、维护金融稳定之间关系的重要量化工具。金融监管指标体系的构建是整个定量分析框架的核心。本节从这一思想出发,重点建立金融监管的指标体系,为系统性定量分析框架的建立奠定基础。

基于金融风险预警体系的研究可追溯到 20 世纪 70 年代中后期。到了 20 世纪 90 年代初,金融危机的爆发不断加剧,学界对于金融危机预警方案的探讨与实证研究不断涌现。1994 年,墨西哥金融危机的爆发又加速了学界对金融危机防范问题的系统研究,其中具有代表性的研究成果当属 Glodstein、Kaminsky 和 Reinhart(2000),他们选取了 25 个指标对新兴市场国家银行危机的预警效果进行了实证研究。Abiad(2003)将金融危机预警方法以 1997 年为界分为 1997 年前的经典预警方法和 1997 年后的预警方法。Wong(2007)和 Yiu(2009)通过构建预警指标体系对亚太 11 个国家和地区在 1990 年第二季度至 2007 年第一季度期间发生的银行危机进行了预警效果的评估。刘志强(1999)介绍了有关国外金融危机预警的方法,设计了一套反映国内金融机构资产质量、经营稳健性、信贷增长和利率以及反映外债投向、偿还能力和汇率等的金融危机预警指标体系。唐旭等(2002)通过对预警方法、指标、模型、制度安排与管理信息系统几个方面进行综合研究,并针对货币危机、银行危机与股市崩溃各自的特点,提出了建立中国金融危机预警系统的基本构架。

二、风险预警机制的指标体系

预警机制指预先发布警告,通过及时提供警示的机构、制度、网络、举措等构成的预警系统,实现信息的超前反馈。风险预警机制体系包括预警机制目标、预警机制框架设计、预警指标分析及预警实证方法,其中指标体系是整个机制的关键。预警指标体系根据国际经验和我国经济实际设定金融风险,选取相应的预警风险指标形成金融风控体系,对风险进行全面和重点的判断与控制。

本节首先对指标体系研究进行综述,然后从宏观经济、银行以及非银行金融机构的系统性风险以及外部冲击等选取系列指标,构建一套宏观审慎监管系统。

预警机制的目标主要分为宏观金融和微观金融的稳定。宏观金融稳定指宏观经济的稳定和金融业的稳定。宏观金融稳定目标主要反映为对金融体系的系统性风险进行监管的效果。宏观金融的稳定状况主要是通过一些宏观指标反映的,传统的宏观金融稳定指标主要是宏观经济总量指标和金融行业总量指标,这些指标从总量方面反映了金融体系的稳定状况,但也存在局限性,即忽视了经济运行当中的结构性风险,如各部门资产负债表的脆弱性(清偿力问题)等。

微观金融稳定指各金融机构的稳定,是指各金融机构运转良好,不存在债务危机甚至破产的危险。微观金融稳定目标主要反映为对各金融机构进行风险监管的效果。巴塞尔协议是现今国际银行业对金融机构进行风险监管的国际法则,要求对信用风险、市场风险和操作风险分别提取资本准备并充分识别和防范其他金融风险。《巴塞尔协议Ⅱ》主要有两大特点:一是更加注重微观层面的金融监管,较少考虑金融体系的系统性风险因素;二是对金融机构风险的度量是从单个风险角度(如信用风险、市场风险、操作风险等)出发的,没有考虑众多风险的组合效应。

从金融监管指标体系的系统结构分析,系统风险预警指标体系的框架分为三个层次:第一层次是对于金融的系统性监管,各种指标形成了一整套的指标系统;第二层次是影响金融稳定的子系统,包括经济子系统、银行子系统、国际收支子系统、金融市场子系统;第三层次是测量四个子系统的若干具体监管指标。

近年来,各国际组织致力于基于稳健性的宏观风险预警指标体系的研究,其中世界银行、国际货币基金组织共同发起的《金融部门评估规划》(Financial Sector Assessment Programs,FSAPs)最具影响力和代表性。亚洲开发银行、国际货币基金组织、欧洲中央银行等国际组织建立宏观审慎监管体系中的预警指标集,对这些体系在我国金融环境中的适应性进行实证检验。国际货币基金组织专家 Evans 等(2000)提出的宏观审慎指标分为两大类:宏观经济指标和微观审慎指标,这也是各类金融监管指标收集的两个基本维度。

宏观经济平稳运行是确保金融体系稳健的根本条件,微观金融机构的稳健是整个金融体系稳健的基础,两者通过改变市场参与者的预期和行为相互作用,中观层次的金融市场是连接宏观经济运行与微观机构活动的纽带,它使得微观层次的指标变化及其累积的效应影响宏观经济指标的相应变动。宏观审慎指标可显示出影响金融系统的失衡信号,因此为主导指标。宏观经济的发展与世界经济的协调会影响资本项下资金的流动数量和方向,增加或降低金融系统的脆弱性。

中观指标主要反映金融市场的供求关系及其均衡状况。从金融危机成因看,几乎所有的危机在爆发之前都会出现市场参与者的非理性投资狂热,再加上在经济增长强劲时金融机构审贷不严,使得信用和资产价格过分膨胀,出现房地产、股市泡沫。而等到宏观政策开始调控,经济周期转入下行通道时,很容易导致资产价格的暴跌和泡沫的破裂从而引发灾难性的金融危机。

微观审慎指标主要是稳健性的当期或滞后指标,微观审慎指标用来反映单个金融机构的稳健性经营状况，实质上是对金融活动主体由于经营不善造成的非系统性风险的监管。由于各国金融机构在市场经济体制下普遍遵循"收益性、安全性、流动性"的经营原则，商业运作规律也基本相同，因而各国选择微观预警指标比较类似，主要涵盖单个金融机构的指标以及操作风险、信用违约风险等因素。

本节提出的金融风险预警指标系统包含宏观经济运行子系统（全球经济、宏观经济运行、政府部门及实体经济）、中观金融市场子系统（金融部门）、微观银行部门子系统（银行坏账风险评价指标），此外，增加金融开放子系统（资本流动性指标、金融开放风险指标、外资冲击风险指标、资本账户、国际收支子系统、经常账户）及金融脆弱性子系统（环境风险评估、泡沫风险指标、国债风险指标）两个子系统。金融开放子系统主要是从国际资本流动的角度进行考察：金融开放一般是形容一个国家的资本市场与金融结构呈现一种对外开放的特征。金融脆弱性分为信贷市场和金融市场的脆弱性两大类别。从银行的角度而言，金融脆弱性的成因包含银行和资金供求者之间存在信息不对称，这极容易因此导致逆向选择和道德风险，以及银行资产与负债的不对称，金融行业，尤其是银行业，属于高负债经营行业，资产与负债的天然不对称为其带来天然的脆弱性，这也是为什么会存在部分存款准备制度，它使得银行派生存款的机制得以运行，也使得信贷扩张风险可能出现。

每个子系统包含若干测量指标。本节选取对金融稳定的影响以及宏观环境变化或系统性冲击显现的指标，包括利率、汇率、GDP增长率、通货膨胀率、信贷增长率及货币供应量等。中观子系统中的金融市场子系统指标包括货币市场、证券市场、股票市场、黄金市场等，它们能提供金融稳定状况的真实有效的信息。

Christian（2009）认为微观审慎指标汇总主要包含资本充足、资产质量、稳健管理、收益率、流动性、对市场风险的敏感程度、基于市场的指标等方面。银行子系统指标有资本充足率、资产收益率、不良贷款率、拨备覆盖率等。此外，测量银行系统的稳定状况，还应立足于国情（如我国银行业利润以贷款利息为主，且银行贷款亲政府化现象严重），灵活选取适宜的分析指标。

金融开放子系统方面，本节主要选取的指标有：金融危机的传染效应指标，如国际经常账户逆差、贸易溢出、外汇储备和外债、贸易条件；直接投资项下指标，如FDI流入增长率、外资依存度、FDI流出增长率、FDI流入流出平衡比率、FDI流入房地产行业增长率、ODI流出增长率、ODI流入增长率、ODI流入流出平衡比率等国际资本的流动指标。

金融市场的脆弱性主要是信贷关系是否会引发市场的信任危机，可以从一系列外债指标进行考察。金融脆弱性子系统的指标包含短期债务与外汇储备比例失调，巨额经常项目逆差，预算赤字大，资本流入的组成中短期资本比例过高，汇率定值过高,货币供应量迅速增加,通货膨胀率持续且显著高于历史平均水平,M2 对官方储备比率变动异常及高利率。

以上五大子系统的分指标详见表 8-1。

表 8-1 金融危机预警指标体系

宏观经济运行子系统	国内宏观经济指标	GDP 增长率,通货膨胀率,实际利率,实际汇率,外汇储备增长率,房地产投资增长率,房价指数变化率,工业生产指数
	国际宏观经济指标	美国经济增长率,美国实际利率,实际美元/日元汇率,人民币与美元利率差,国际原油价格
中观金融市场子系统	金融市场	M1/GDP,M2 乘数,存款/M2,A 股平均市盈率,股价指数变化率,期货成交额/GDP,债券成交额/GDP,保险深度
	政府部门	央行向公共部门的贷款/GDP,财政余额/GDP,政府消费/GDP,向公共部门的信贷净额/GDP
微观银行部门子系统	银行资产	商业银行资本充足率,资产收益率,银行股票价格,商业银行账面资产负债率,不良贷款率,拨备覆盖率,银行储备/银行总资产,银行存款/M2,银行存款/M2 的增长率,银行贷款/银行存款,银行贷款/银行存款的增长率
	银行信贷	信用利差,国内银行信贷/GDP
	资本市场项下指标	中国对外证券投资流出增长率,中国对外证券投资流入增长率,境外对中国证券投资流入增长率,境外对中国证券投资流出增长率,证券投资项下流入增长率,证券投资项下流出增长率,证券投资项下流入流出平衡比率
金融开放子系统	国际收支	国际收支状况,经常账户逆差,国内外利差
	直接投资项下指标	FDI 流入增长率,外资依存度,FDI 流出增长率,FDI 流入流出平衡比率,FDI 流入房地产行业增长率,ODI 流出增长率,ODI 流入增长率,ODI 流入流出平衡比率
	资本流动性指标	跨境资本流动,银行资产/GDP 的增长率,非直接投资项目的股票投资/国内生产总值,短期外债/外汇储备,累积的证券流入量/累积总的资本流入量
金融脆弱性子系统	外债项下指标	负债率(外债余额/GDP),短债率(短期外债余额/外债余额),债务率(外债余额/商品和服务出口收入),短期外债/外汇储备,外债余额增长率,短债余额增长率,中长债余额增长率,外债流入流出平衡比率(外债还本额/外债提款额),外债提款增长率,外债还本付息增长率,政府外债余额增长率,中资企业债务余额增长率,中资企业债务余额增长率,外资企业债务余额增长率,外资金融机构债务余额增长率
	系列风险指标	银行坏账风险评价,泡沫风险,国债风险指标,外资冲击风险指标

三、风险预警机制模型研究

1997年,亚洲金融危机前后,国外学术界提出了几个经典的金融风险预警模型,如概率模型(Frankel & Rose,1996),STV 横截面回归模型(Sachs,Tomell & Velasco,1996)和 KLR 模型(Kaminsky,Lizondo & Reinhart,1998)等。1997年后,一些学者在前人研究的基础上改进了金融危机模型中新的量化分析工具,主要包括:Nag 和 Mitra(1999)的人工神经网络(ANN)模型,Kumar、Moorthy 和 Perraudin(2003)的 Simple Logit 模型,Abiad(2003)的 Markov-Switching 模型等。经典的金融危机预警模型主要包含有以下几种。

(一)非参数法:KLR 模型

Kaminsky、Lizondo 和 Reinhart(1998)在国家金融月度指标为测量标准的基础上,使用信号分析的测量法则,建立金融指标的预警模型,即 KLR 信号分析法。KLR 信号分析法通过设立阈值的方式来给出信号。首先,确定影响货币危机发生的因素,用这些因素来对危机进行预测;然后,通过检测来确定与货币危机有关的变量,并将这些指标当作预测危机的先行指标;最后,通过先行指标的历史数据为它们设置一个阈值,阈值就是噪声—信号比率(即错误信号与正确信号之比值)的最小临界值。Kaminsky 等(1998)在分析了几十篇关于研究经济危机的文章后发现,有几个现行指标是预测经济危机发生的主要指标,如果在预测的过程中某些指标的阈值被冲破,则显示为发出了危险信号。根据预测的结果,如果这个先行指标成功地显示了危险,则这个指标就是很好的信号指标,反之亦然,并将这种坏的信号因素称为噪声。根据噪声和信号比之间确立一个阈值。一旦给出的信号超出了阈值的范围,那么预示着这些指标反映的就是金融危机爆发的预警信号。1999年,Kaminsky 对该模型进行了修正,用四个合成指标构成了信号分析法的核心,从而构成了信号分析法的理论模型。

在后来的实际运用中,KLR 模型被发现在衡量危机发生可能性大小上存在不足。Berg 和 Pattill(1998)运用 KLR 模型对亚洲金融危机进行事后检验,发现 KLR 模型对超过一半(68%)的危机都未预先提示预警信号,而且有超过一半的信号是误报。Andrew Berg 和 Catherine Pattill 在新增两项与亚洲危机特征相符的的预警指标后,实证结果有所提高,可是预测准确率还是差强人意。总的来看,信号方法存在的不足主要体现在两个方面:首先信号方法不能预测危机发生的时机;其次信号方法在指标选择上有一定的倾向性。

(二)参数法:FR 概率模型

参数法在回归估计的基础上,对危机发生进行概率估计,它主要是将所有重要指标综合成一个指标,以此来预测危机发生的概率。Frankel 和 Rose(1996)将离散选择模型引入危机预警研究,建立了二元 Probit 模型。文中将货币危机定义为货币贬值大于 25%,并超出上年度贬值率 10% 以上。Frankel 和 Rose 假定金融事件是离散且有限的,由多种因素交互作用而引发货币危机。

FR 模型具有两个主要优势:一方面,FR 模型考察的预警指标广泛,能够把较多的经济金融关键指标纳入其中,可以更全面地考察危机引发因素;另一方面,可以得到用具体数值表示的危机发生概率,使危机认识更简单。

FR 模型的缺陷主要为:首先,"四重估计"过于复杂,会影响模型的实际应用效果,而且该方法采用了过多的指标参数,容易导致多重共线性,影响预测结果;其次,该模型未分析国家与国家之间的不同,只考虑名义汇率贬值程度作为危机是否发生的唯一标准,没有比较不同国家之间如通货膨胀率等其他指标的差异;最后,研究使用以年为单位的数据,不能满足统计、计量的具体要求,影响了该方法的实用性。

(三) STV 横截面回归模型

STV 截面回归模型由 Sachs 于 1996 年建立,所选择的被解释变量为危机指数(IND),即外汇储备下降百分比和汇率贬值百分比的加权平均。解释变量为实际汇率贬值幅度、信贷繁荣度、外汇储备虚拟变量和基本面虚拟变量。STV 截面回归模型用以判断哪些是受到经济危机影响较大的国家。

此外,金融危机预警模型方法也在不断地创新。风险预警模型不断创新的驱动力量来自金融危机实践、理论、数理统计方法及计算机技术的发展。2000 年以后,大量新方法被引入预警模型,EWS(early warning system)研究进入了一个崭新阶段。这些方法有:主成分分析法、在险价值方法、遗传算法、因子分析法、人工神经网络方法、自回归条件危险模型、二元正态分布模型、受限向量自回归方法、状态空间模型、马尔科夫区制转换模型、极端值模型、费希尔判别分析法、潜变量阈值模型、多元 Logit 模型等、VAR 测量模型、Simple Logit 模型等。

第五节 逆周期的监管——基于时间维度的审慎监管

对金融体系顺周期性的强化加速了次贷危机的爆发及其向全球的蔓延。造成顺周期的内部因素包括金融计量模型对金融衍生品的过度包装、利益的驱使和追求短期套利的投机心理,以及金融机构在发展战略及风险规避时显示的趋同性。外部因素综合体现为新资本协议、贷款损失准备计提和公允价值会计准则等。通过缓解这些内外因素来降低风险是宏观审慎监管的主要方式,也是监管改革的重点。

本节针对金融体系的顺周期性,特别是对资本监管、贷款损失准备计提和公允价值会计准则进行研究,同时,引入逆周期资本要求、前瞻性的拨备计提规则及杠杆率指标等进行综合考察。

(一)逆周期资本缓冲问题

如何缓解顺周期性以及银行在经济上行期计提指标缓冲风险是国际峰会讨论的重要议题。根据国际峰会对逆周期资本缓冲政策框架的制定标准,其大致包含缓解最低资本要求的顺周期性、建立更具前瞻性的拨备计提及建立逆周期资本缓冲等。2010年9月,巴塞尔委员会提出了国际银行监管改革方案,并规定国际银行3年以后开始执行逆周期资本缓冲水平为风险加权资产的0—2.5%之间,每年增加0.63%。

国际清算银行使用了多个国家或者地区40年的数据,包括GDP方面的1个指标、信贷方面的2个指标、反映金融市场的最直接的股价指标等,通过比较不同层度的危机,最终发现"信贷余额/GDP对长期趋势的偏离度"在判断经济上行周期和金融危机方面的效果最佳。信贷余额/GDP对长期趋势的偏离度反映了信贷的过度增长是否对银行造成损失,并根据是否有损失来决定是否计提资本。

(二)逆周期的资本监管

资本的规模及质量是《巴塞尔协议Ⅲ》从微观角度对金融资本监管要求的两个方面。其中,宏观审慎监管方面,资本对风险的敏感性是监管的重点,也是监管顺周期的主要推动因素。也就是说,当经济处于飞速发展的时候,各生产单位及金融机构对风险的敏感性较低,因而对资本的要求较低;反之亦然。这样导致的结果是,资本监管对经济的顺周期性起到了推动的作用,加大了金融稳定失衡的风险。逆周期监管正是在这一理论基础上,加入了宏观、动态的指标监管要求。逆周期资本监管要求,一方面从风险权重的角度考察风险的敏感性;另一方面通过反映宏观经济状况的指标确定逆周期乘数,并用这一乘数来调整资本要求。同时,引入资本保险制度,通过保险的方式降低金融机构的资本风险。

1. 资本监管的顺周期形成机制

根据《巴塞尔协议Ⅱ》约定,银行对其贷款产生的信用风险的评级方式主要包含了两种,一种是标准法的评估方式,一种是内部评级法的评估方式。两者的区别在于标准法采用的指标主要来自外部评级的指标;内部评级法则侧重于金融机构内部的评估指标。两者的相同点是,根据资本监管和顺周期性之间的紧密正关联的关系,无论是使用哪种评估机制,它们与资本的周期性是成正比的。根据两种评估机制的特点,对金融风险产生影响的因素增强了资本的顺周期性。当这些风险变量具备顺周期性时,由内部评级法得出的函数就是一个具有顺周期性特性的计量模型。

2. 缓解新资本协议的顺周期性

此次由美国次贷危机引发的全球性债务危机表明了经济顺周期性的显著性,所以巴塞尔委员会对《巴塞尔协议Ⅱ》的修改增加了降低顺周期效应的部分,要求风险内部评级法的资本要求应同时覆盖正常市场条件和压力情况下的风险量化值,增加新增违约风险,扩展交易账户的资本范围,从风险评估的有效性和全面覆盖性。

3. 引入逆周期资本的要求

各界呼吁引入逆周期资本监管要求,建议银行在经济上行阶段建立资本缓冲;反之亦然。在经济上行时期筹集资本的成本远远低于经济下行时期的筹集成本,因而,逆周期引入指标缓冲机制具有一定的可行性。

4. 引入杠杆率指标

杠杆率是资本与总资产的比率,其特点是简单、透明、不具有风险敏感。金融机构的杠杆率也具有顺周期性。经济高涨时资产价值高、杠杆率高;反之亦然。同时,金融机构过度投机使得杠杆率提高也成为增加系统性风险的主要因素。因而,《巴塞尔协议Ⅲ》规定,对金融机构的杠杆率采取一定的限额是降低系统性风险的工具之一。

(三) 逆周期的贷款损失拨备调整

1. 贷款损失拨备的顺周期形成机制

贷款损失拨备有利于银行抵御贷款的预期损失。根据以往会计准则中对拨备的计提原则,即主要是以企业已经发生的交易进行计提,有明显滞后性。银行的损失拨备也具有一定的顺周期性,即当经济处于上行期时,一些信用相对较高和盈利能力尚好的银行与非银行的金融机构,可以相对地少计提贷款损失拨备;一旦经济出现衰退,则需要加大计提的范围和力度。

2. 熨平贷款损失拨备产生的顺周期效应

为缓解贷款损失拨备的顺周期性效应,建议采用跨周期的拨备计提方法,提前拨备计提。逆周期的贷款损失拨备体系能使贷款拨备总额的波动更平滑。信用风险在经济运行下期明显,所以与资本计提的原理相同,银行在经济上行期多提资本的同时,也应多提拨备。20国集团伦敦金融峰会提出会计标准制定者通过采用跨周期的拨备计提方法,包括实施前瞻性贷款损失拨备制度以及动态贷款损失拨备制度。

3. 逆周期的动态拨备制度

根据逆周期拨备体系,总的贷款损失拨备余额为特别拨备和一般拨备的和,即为:

$$Sum = dot.gen + dot.espe \tag{8-1}$$

其中,dot. gen 表示一般拨备,dot. espe 表示特别拨备。

(1) 简化模型

一般拨备的计算公式为：

$$\text{dot.gen}_t = \pi \Delta c_t + (\Psi - \text{dot.espe}/c_t)c_t = \pi \Delta c_t + \Psi c_t - \text{dot.espe}_t \quad (8-2)$$

其中，c_t 是第 t 期期末的贷款存量，Δc_t 是第 $t-1$ 期末到第 t 期贷款的变化，π 变量是估测的信贷损失的平均水平，Ψ 变量是每一同质贷款组合的特别拨备的历史平均水平（π、Ψ 为由西班牙央行定义的变量）。

上述模型综合反映已发放贷款的损失、经济周期内的特别损失拨备的平均水平以及内部损失对一国经济的影响。

(2) 考虑风险等级的完整模型

可以把信贷市场按照不同的特征分为六种风险种类，每一类的 π 和 Ψ 的取值不一样。种类按风险的大小分别为：

可忽略风险：包括现金、公共部门的风险暴露（包括贷款和证券）以及银行之间的风险暴露；

低风险：贷款与抵押资产的价值的比，即放贷风险比例 LTV（loan-to-value）低于 80% 的抵押贷款，评级为 A 或者更高的公司贷款；

中低风险：贷款与抵押资产价值的比高于 80% 的抵押贷款，以及以上未提及的担保贷款；

中等风险：由其他类型贷款构成，包括未被评级的贷款、低于 A 级的公司贷款及中小企业贷款；

中—高级风险：耐用消费品融资；

高级风险：信用卡风险及透支。

各类风险对应于不同的 π 和 Ψ（如表 8-2 所示）。

表 8-2 不同等级风险的的 π 和 Ψ 的取值

	可忽略风险	低风险	中低风险	中等风险	中—高风险	高级风险
π	0	0.6	1.5	1.8	2	2.5
Ψ	0	0.11	0.44	0.65	1.1	1.64

$$\begin{aligned}\text{dot.gen}_{it} &= \sum_{i=1}^{6} \pi_i \Delta c_{it} + \sum_{i=1}^{6} (\beta_i - \text{dot.espe}_{it}/c_{it})c_{it} \\ &= \sum_{i=1}^{6} \alpha_i \Delta c_{it} + \sum_{i=1}^{6} (\Psi_i c_{it} - \text{dot.espe}_t)\end{aligned} \quad (8-3)$$

(四) 逆周期公允价值会计准则的顺周期性

公允价值会计准则具有顺周期性，其形成机制如下。国际会计准则要求对交易类和可供出售类资产按照公允价值计价，对持有到期的投资、贷款和应收款按照历史成本计价。公允价值的计算方法分为几个层面,第一层面公允价值按活跃市场的报价确定,也就是钉市原则;第二层面按照不活跃市场的报价确定,公允价值可参考同类产品的近期交易价格或采用可观察输入参数的估值模型确定;第三层面为流动性不足的金融工具,其公允价值也由估值模型确定。公允价值在运用过程中加剧了金融体系的顺周期性。

目前,关于缓解公允价值会计准则顺周期性的具体方式还处在进一步的探索中,大体上聚焦于如何精确地使用公允价值。第一,公允价值的计算需要建立在银行比较完善的估值治理结构、内控机制和严格的监管机制上。第二,对使用公允价值存在困难的金融工具建立估值储备或进行估值调整。第三,逆周期宏观审慎监管属于系统性问题,需要各个部门之间的相互配合。参见表8-3。

表8-3 逆周期审慎监管的目标与工具

工具集	目标	工具
微观审慎政策	防范单个金融机构的危机	资本数量与质量、杠杆比率等
宏观审慎政策	防范整个金融机构的危机	逆周期缓冲资本等
货币政策	价格稳定	利率、回购标准等
	流动性管理	抵押政策、准备金利率等
	金融平衡	利率、准备金要求、外汇缓冲储备等
财政政策	管理总需求	税收、自动稳定器、相机的逆周期措施等
	建立财政缓冲	减少债务水平的措施、对金融系统的税收政策等
资本控制	限制系统范围的货币错配	限制外汇头寸、限制外币资产的总类等
基础设施政策	增强金融系统抵抗风险的弹性	限制衍生品交易等

资料来源:Hannoun. Towards a Global Financial Stability Framework. 2010.

值得警示的是,顺周期是金融与实体经济间动态的相互作用扩大了经济的波动性。经济周期性波动以及金融体系顺周期性都是客观存在的,具有一定的内在原因,国际组织和各国金融监管机构采取的监管工具只能使它们缓解,而不可能完全消除经济的周期性波动。

第六节 国际审慎监管的组织架构

欧盟金融危机后通过改革,建立了宏观、微观及辅助性的金融监管机构,并遵循《巴塞尔协议Ⅲ》的理念,对银行资本金要求、信用评级及存款保险等方面进行了立法规则的修订;设立了两个监管机构,一个是主要负责宏观监管的系统风险委员会,一个是负责微观的金融监管系统。系统风险委员会由欧洲央行负责设立,其中委员会的主要成员来自央行系统内的人员,负责宏观金融风险的预警、评估与监管。微观监管系统的主要职责是加强各成员国之间的合作与协调,通过更有力、更协调的方式来提高各个成员国的监管力度和效率,同时,各成员国之间形成有效的跨国监管。欧盟金融监管框架主要包括三个层次:指导委员会、三家欧盟监管局以及成员国监管当局。

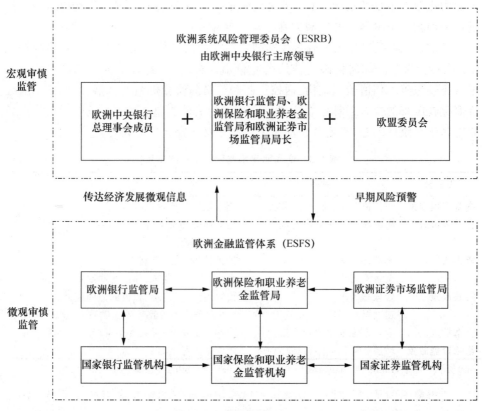

图 8-1 欧盟金融监管框架

资料来源:李文浩. 国际金融危机背景下的欧盟金融监管改革及启示[J]. 金融与经济,2013.

与金融危机前相比,新改组成立的机构职责更为广泛,大大拓展了其前身在危机管理中的作用。与此同时,新的管理机构中增加了咨询的功能,这加大了管理机构的专业性。由此,欧盟的外围机构规划到了欧洲监管机构的核心层,这加大了该管理资讯类机构的权利,同时,其出台的相关政策具有一定的权威性和约束力。

还加强了其他技术性、辅导性金融监管机构,包含欧洲金融稳定机制和破产法专家小组等。欧洲金融稳定机制(The European Financial Stability Facility,EFSF)成立于 2010 年上半年,这个稳定机制是在欧盟经济与金融理事会的权力范围内建立的一种稳定金融市场秩序的机制。这一机制里面的理事会主要是由成员国的金融精英构成,其职责是一旦欧元区的国家的经济发展陷入了困境,并且这一困境能对其他的成员国产生很重大的负面影响时,启动对这一个国家进行相应的援助和控制,以确保其经济与金融的稳定。

银行问题专家小组(Group of Experts in Banking Issues,GEBI)于2009年成立,目的是给欧盟委员会提供必要的信息和分析,以及相应的完善银行制度的政策性建议。

破产法专家小组(Insolvency Law Group of Experts,ILEG)于2010年成立,主要负责欧盟危机管理制度框架建设。具体包括:针对欧盟的成员国家在进行统一协调时提出具有一定权威性的政策性建议,为欧盟成立的大型国际银行提出风险管理的建议,如监管者的风险预警、银行的重组、破产及并购等方面。

第七节 国际宏观审慎监管对我国的启示

2009年以来,我国央行和监管机构在宏观审慎监管方面做了系列改进,包括创新监管理念,注重宏观审慎引导,探索宏观审慎工具,采取更加灵活和有针对性的监管措施,提出并表监管的理念,防范风险扩散,提升国际性银行的风险监管能力,加强对"防火墙"的督促,并加强对影子银行的监管力度等。然而,我国的银行与非银行金融机构之间具有很强的同质性和竞争性,同时,同质性很容易引起金融体系内部的一种顺周期性,这种顺周期性对金融的稳定带来了一定的隐患。为抵御此次金融危机对我国的不利影响,中央及时地提出要尽快完善宏观审慎监管政策,确保金融体系稳定。

(一)我国审慎监管格局面临的诸多挑战

考虑到我国监管制度方面处于正在完善的阶段,因而在经济顺周期和逆周期调控等方面还存在着很多的问题和缺陷。我国一直采取分业经营的方式,分业监管也是我国金融行业监管体系的一个特色,这加大了我国金融市场统一性和协调性的难度,因而也就加大了系统性风险的隐患。我国审慎监管方面的制度性建设和有效实施还任重道远。

第一,系统性审慎监管尚未真正建立。我国缺乏事前性的防御制度安排,容易产生不易释放的不良资产,使得一旦产生金融危险性因素,很难从预警方面得到控制和防范,对风险的敏感性不强。

第二,我国现行的监管制度存在缺陷。具体表现在:我国的监管体制相对传统,仅停留在金融稳定的基本层面,对中央银行在金融监管体制中的地位不是很明确,使得我国监管机制缺乏明确的监管载体;监管措施相对单一,对于金融风险自身的散播性而言,缺乏协调统一机制和市场导向机制。

第三，我国金融市场的制度性建设有待完善。金融市场制度性政策包含金融法律制度、结算制度、中介机构、信用评估体系等。目前关于金融制度的立法还需要完善，如退出机制不畅、影子银行监管不力等，这都阻碍了宏观审慎监管的有效发挥。

第四，我国缺乏良好的信用评估机制。从我国的信用环境来看，我国缺乏信用评估的理念，信用环境建设相对滞后。我国目前社会征信范围比较狭窄，个人信用机制缺乏，使得我国缺乏基本的信用评估环境，这加大了我国的信贷风险，很容易发生道德风险和逆向选择，使得金融危机的风险加大。

第五，目前我国各部门分业监管，监管体制格局层次模糊。然而，宏观审慎监管需要统筹协调、总分层次清晰，这对我国目前的监管体制形成了一定的挑战。一般而言，监管部门采取顺周期的方式进行监管，而央行出台的货币政策主要是采取逆周期的形式，两者在针对同一金融行为时会采取不同的监管或调控措施，因而会形成一定的冲突。同时，随着我国金融朝着多元化、综合一体化的方向发展，我国的监管部门也应顺应这种潮流采取跨部门的监管方式。在这种趋势下，各部门之间的合作是必不可少的。尽管目前各监管部门之间已经建立起了联席会议的机制，但是这种机制不具备强约束力，因而实施跨部门监管的力度不够，对跨部门监管形成了一定的挑战。

（二）国际审慎监管的借鉴与启示

现有宏观审慎政策及监管框架和工具需进一步完善并与国际宏观审慎政策和框架接轨。2009年4月，以20国集团峰会等为代表的国际性会议出台了系列的国际性标准，提出了加强银行资本和流动性标准、加强信用评级机构监管、建立系统性风险预警机制等方面的系列改革措施。2008年7月到2009年5月，监管委员会颁布的《交易账户新增风险资本计算指南》、《流动性风险管理和监管的稳健原则》、《新资本协议市场风险修订案》和《压力测试实践和监管稳健原则》，对证券化、交易账户等方面可能面临的金融风险提高了监管要求。2009年5月9日，金融稳定理事会在《改进金融监管报告》中发布了系列金融监管改革的措施，包括强化资本监管的力度，风险金融计量标准化，完善金融衍生品交易的监管等。

次贷危机后，美国在宏观审慎监管方面采取了部分措施。2009年6月，美国政府提出了金融监管改革方案，成立了金融稳定监督委员会。2010年7月，英国公布了一项金融监管改革方案，主要是将监管的权限集中在了英格兰银行。在英格兰银行的机构里面设置有金融政策委员会，这一委员会的职责主要是负责国家宏观监管，在中央银行下设审慎管理部、微观市场部和国民消费者保护监管机构等，以维护微观层面上的金融安全与稳定。具备国际金融监管准则特性的巴塞尔协议Ⅲ规定中：上调了商业银行的资本充足率；采取动态拨备率的方式对拨备覆盖进行调控;提高了杠杆率监管的标准;同时,引入了流动性覆盖率和净稳定融资比率等措施加大了金融监管的力度。

欧洲系统风险管理委员会的机构框架设计给我国宏观审慎监管框架的建立提供了一定的参考价值。根据欧洲系统风险管理委员会的设立原则,我国的审慎监管需要将中国人民银行作为系统重要性机构,银行与非银行金融由相应的金融监管机构构成,两者之间需要有一个统一协调机制,同时两者之间也需要有一定的独立性。

1. 强化对系统性风险的预防和管理

与单个金融机构风险相比,系统性风险具有复杂性、突发性、传染性、波及广、危害大等基本特征。金融危机的实质是系统性风险的爆发。次贷危机爆发后,国际金融市场出现的严重的系统性风险,对金融监管中传统的微观审慎理念提出了严峻挑战。危机表明,对单个金融主体安全和稳健的监管不能充分保证整个金融系统的稳定,而且由于全球经济金融一体化使金融系统各组成部分的内在关联性大大加强,风险的传播更加迅速且难以监控。如果不能从总体上有效管理金融风险,则很难从根本上确保金融体系的整体稳定。国际金融组织和各国的改革都重点关注了系统性风险的防范问题。各国均认识到:单个金融机构的稳健性既不是整个金融体系稳定性的充分条件,也不是必要条件。鉴于此,切实提高系统性风险防范能力,维护金融体系稳定成为本轮金融监管改革最重要的着力点。

2. 突出中央银行在金融稳定中的地位和作用

从历史的角度看,中央银行最初是因银行体系提供"保险"的职责而产生的,事实上承担了维护金融体系稳定的责任。实施货币政策和维护金融稳定是历史形成的、紧密相连的中央银行的两个基本职责。危机发生后,美国试图把美联储打造成为"金融监管超级警察",欧盟赋予欧洲中央银行总体负责并决定欧洲系统风险管理委员会的运作和决策,改组后的英格兰银行对宏观和微观审慎监管职责实现"一肩挑"。虽然金融危机后各国推出的金融监管体制改革方案对宏观审慎监管的组织安排各有不同,但都是改变同一级别监管机构之间的协调,切实加强了宏观审慎分析和信息共享所需要的沟通和协调机制。可以说,各国在建立宏观审慎监管体系的决心方面体现了共同思想:只有建立正式的机制和组织安排来强化央行和各监管机构之间的协调和合作,将央行的宏观经济分析和监管机构的微观监管信息有机结合,才能真正形成对系统性风险的分析、监测和评估。将中央银行纳入金融宏观审慎监管框架,并在其中发挥主导作用,已成为国际金融组织和各国金融监管改革的关键内容。

3. 更严格和更大范围实施监管

美国对场外交易市场(over the counter market,OTC)和对冲基金、投资银行、私募股权基金和风险投资基金等类银行金融机构(又称影子银行体系)的监管松懈所导致的系统性风险的失控以及危机处理过程的"信息失明",也是此次危机快速恶化和蔓延的重要原因之一。这类机构的一个共同特点是杠杆率偏高,存在较大的流动性风险,与传统金融机构交织综合业务很容易引发系统性风险。不论是美国要求对冲基金和其他私募机构必须在证券交易委员会(Securities and Exchange Commission,SEC)注册后方可开展业务,及资产管理规模超过一定限额的所有金融衍生品交易都要按规定保存记录并定期汇报的举措,还是英国规定央行监管范围包括了在伦敦金融城营业的国外公司的新规,都反映了各国金融监管改革方案的一个突出特点就是对监管范围强调"全面覆盖",将原本游离在监管体系之外处于监管盲点的机构和业务置于公开的监管之下。G20国伦敦峰会报告《强化稳健监管和提高透明度》提出,应将金融监管的范围扩大至所有具有系统重要性的金融机构、市场和工具,并应要求不具有系统重要性影响的金融机构、市场和工具也应具备注册资格或接受适当监督,还要特别考虑到非系统重要性机构的同质性行为潜藏的系统性风险。宏观审慎监管范围应覆盖所有具有系统重要性的机构、产品和市场,这已经成为危机后各国宏观审慎监管改革的普遍共识和重要手段。

4. 重视宏观与微观审慎监管齐头并进

宏观审慎监管是与微观审慎监管相对应的监管手段和方法,主要特点是将金融体系视为一个有机整体,以防范系统性风险为主要目的,以避免损失为最终目标,视金融机构之间的关系重要且相关,在监管方法上强调逆周期监管、注重概率性和情景分析并以整个系统范围为单位实现自上而下的衡量方法,在内容上强调金融与宏观经济波动的内在联系,从而实现金融稳定并促进经济持续健康发展。建立宏观审慎监管体系并不意味着推翻传统的微观审慎监管框架。有效的微观审慎监管是确保个体金融机构稳健运行、金融市场和金融体系稳定的根本保障。《巴塞尔协议Ⅲ》也并没有简单地抛弃资本、流动性等传统的微观审慎监管要求,如计提逆周期资本缓冲要求金融机构在信贷过渡增长、系统性金融风险上升时加以累积,以备经济下行时期使用,同样有助于平抑经济金融周期。如果说宏观审慎分析是在掌握可能影响整个金融体系的潜在不稳定因素,微观审慎分析就是寻找不稳定因素在个别金融机构的风险爆发点。宏观审慎监管如果不能一定程度上影响微观层面的监管,那它将没有任何意义。反之,微观审慎监管如果不考虑宏观层面因素,也不能有效地维护金融稳定。实现宏观审慎管理与微观审慎监管互为补充和有效结合,是维护金融稳定不可缺失的支柱。

5. 降低对经济的顺周期性

逆周期监管和顺周期监管正好相反,是指在经济景气时期,严格对银行的监管,控制银行放贷规模,减少贷款风险;在经济萧条时期,适度放宽对银行的监管,减少银行压力,让银行有更多生存空间。实践表明,实施跨周期的监管机制可以削弱经济周期的振幅,缓解银行融资渠道、融资成本与经济周期平行的传统规律,分散不同经济阶段的压力,从而熨平经济周期。危机表明,现行的金融监管标准和手段在一定程度上具有顺周期性,即信用风险产生于快速扩张时期,显现于经济衰退时期,但按照资本监管要求,经济上行时期资本要求下降,银行大量放贷,积聚风险,助长经济泡沫,经济衰退时期资本要求却上升,实施信贷紧缩,从而扩大了经济周期的波动幅度,最终加剧和导致金融体系的系统性风险爆发。为降低银行体系与实体经济之间的这种正反馈效应,巴塞尔委员会决定建立逆周期资本监管框架,出台了克服顺周期性效应的一揽子措施,主要是:采取使用长期违约概率、估算经济衰退期的 LGD、对风险函数进行重新校定等措施降低最小资本要求的周期性波动;采用前瞻性的损失准备金制度;建立缓冲资本;控制信贷的过度增长。虽然理论界和实践中对《巴塞尔协议Ⅲ》在改变《巴塞尔协议Ⅱ》的顺周期性的程度上尚存一定争议,但构建逆周期金融监管体系以降低金融市场的波动性,减少对经济的顺周期效应,已成为国际金融组织和各国的共识,并成为国际金融宏观审慎监管的发展趋势。

6. 加强国际金融监管合作和协调

国际金融危机凸显国际金融监管合作的重要性和必要性。全球化在加速资源优化配置的同时,也扩大了危机的传播范围,加速了危机的传导速度。目前,国际货币基金组织强调要加强政府与金融监管部门间的协调,欧盟已经着手加强成员国监管机构之间的合作,一些大型跨境金融机构还采取了监管团制度,即以金融机构母国监管者为主导者,联合其他东道国监管机构共同监管该机构。国际会计制度也在逐步统一之中,世界主要经济体已经开始采用国际财务报告准则或发布趋同资本监管路线图。

(三)我国宏观审慎监管的几点原则

综上,此次各国和国际准则的宏观审慎监管改革,主要是对中央银行的监管和金融行业的监管采取统筹兼顾,用集中加分散的方式做好了明确的分工。同时,宏观监管和货币政策、金融行业监管等在保持一定独立性的基础上,做到统一协调,这是处理监管部门和财政部门之间关系较适合的方式。

1. 突出央行的主导地位

在构建银行业的宏观审慎监管框架中,明确宏观审慎监管的监管主体,是一个关键问题。我国应该确立央行在金融监管中的核心地位,做好金融监管的顶层设计,使得中央各银行和各监管部门之间既要做到统筹兼顾,又要做到分工明确,形成清晰的统筹架构,以确保央行货币政策与宏观审慎监管的一致性。

2. 强化对系统性风险的预警及管理

次贷危机证明了单个金融机构的稳定不等于整个金融系统的稳定。系统性风险是造成金融危机扩散的根本推动因素,也是次贷危机之后各国备受关注的主要警示。

3. 扩大监管的范围,加大监管的力度

随着我国金融衍生品的不断创新,各种期权、期货以及掉期等金融衍生品相继上市,此外,我国影子银行的规模越来越大。这类衍生品流动性强,风险大,给我国的监管带来了一定的挑战。我国可以借鉴国外的方式,对资产管理超过一定规模的衍生品交易要求及时的报备,使之能在可监控的范围内。

4. 加大逆周期的监管强度,降低顺周期性监管的方式

比如,在经济发展迅速的时候,应该采取严格的监管措施;在经济放缓的时候,采取适度的放宽政策。这样会对经济形成一定的调节作用。

5. 协调宏观审慎监管与一些宏观政策间的关系

两者既相互独立,又需要统一协调。两者既互相冲突,又需要互为补充,以维护我国金融的稳定与发展。因而,我国的宏观审慎监管除了注意上述原则性问题之外,还应该与我国的财政政策、货币政策、汇率政策以及经济政策进行很好的配合,以建立全面系统的审慎监管框架。

第八节 总　结

本章以宏观审慎监管面临的挑战和国际审慎监管的新趋势为出发点,考察宏观审慎监管政策的一系列问题,从我国宏观审慎监管框架的架构、宏观审慎监管与各项政策之间的关系等几方面进行梳理,具体包含我国目前审慎监管存在的问题、审慎监管架构下的金融生态问题等,并重点阐述我国审慎监管的框架、央行等监管层在审慎监管架构中承担的角色、审慎监管与财政政策等之间的关联等。

第一,国际上对于宏观审慎监管的研究应引起我国监管当局的高度重视。我国应尽快构建宏观审慎监管框架。美国已经成立了金融稳定监督委员会(FSOC),英国赋予金融政策委员会管理系统性风险的权力,欧盟也成立了系统性风险管理委员会。我国应进一步完善宏观审慎监管框架,建立国务院牵头的、跨部门的委员会,在国务院内设常务委员会,负责对整个金融业的系统性风险进行监测和评估,对涉及系统性风险的重大问题进行分析、决策,并促进央行、各监管部门之间的信息共享和有效合作,建立通畅的信息交流机制。此外,我国的监管机构应借鉴国际研究成果,结合我国实际情况,研究适用于我国的宏观审慎监管工具、逆周期政策工具以及针对系统重要性机构的监管政策。但是,国际上对宏观审慎监管有效性的研究尚停留在经验分析上,还没有形成一个能够评价宏观审慎监管有效性的指

标体系和框架,所以评价宏观审慎监管的有效性值得进一步探讨。

第二,在建立监管架构的过程中,应考虑到宏观审慎监管是一项系统性工作,涉及范围广,仅依靠单一监管机构的力量难以满足这一客观因素,强调各监管部门间的协调,以维护金融稳定。考虑到普遍存在的体制惰性和对现状的偏好,在从多头监管体制向统一监管体制过渡的过程中,率先建立一个由中央银行、监管机构和财政部门组成的高级代表委员会来监测事件发展并指出问题可能是非常必要的。在过渡期间,不同国家应根据各自的金融结构、经济发展阶段以及历史背景,对统一监管体制下的各种具体制度设计进行充分调试,并最终形成符合本国国情的具体方案。

第三,就各项政策的功能而言,宏观审慎、货币政策和财政政策虽分属于不同的政策框架,具有不同的政策目标和政策工具,但是它们之间联系紧密,而且互动性极强。因此,要力求准确把握不同政策范畴之下不同政策工具的传导机制与相互影响,在此基础上根据本国当前经济、金融体系的实际状况在政策制定过程中相机抉择。因而,在处理宏观审慎监管过程中的政策协调问题时,政策制定者实际上面临的是一个可选政策工具的"向量集"。当特定的经济情况出现而需要作出政策反应时,究竟是选择某一维度的(单个或多个)工具,还是综合运用几个维度的多种工具,既取决于特定经济事件的性质,也取决于各种政策工具的交叉效应和匹配度。尤其是对于各种政策工具的配合而言,其交叉效应和匹配程度可能具有高度的国情依赖特征,这意味着,即使是类似的经济环境和同一组政策工具组合,不同国家的实施效果也可能存在显著差异。因此,对于任何一个国家或经济体而言,宏观审慎组合政策的实施,都需要有一个立足于本国情况的独立评估,而不能简单照搬从其他国家或经济体中获取的具体参数值。

然而,从目前的研究成果来看,学者们虽然研究宏观审慎监管的角度颇多,但是对于监管框架、监管实施有效性、政策工具的选择以及政策协调等方面都没有形成统一的、公认的理论。所有研究也都散落在货币经济学、金融危机理论、金融监管理论等相关理论的范围内,没有形成独立、系统和完整的理论体系。尽管宏观审慎这个概念早已有之,针对此次危机的逆周期政策工具已被使用,但是这些政策是否落到实处,是否存在监管套利,能否经得起实践的考验,都有待于进一步研究。

参 考 文 献

[1] 巴曙松,王璟怡,杜婧. 从微观审慎到宏观审慎:危机下的银行监管启示[J]. 国际金融研究,2010(5):83—89.

[2] 曹凤岐. 改革和完善中国金融监管体系[J]. 北京大学学报,2009.

[3] 常向东,陈迪. 美、日主权债务危机发生的可能性分析——基于欧洲主权债务危机的视角[J]. 湖南财政经济学院学报,2011.

[4] 陈奕好,郭瑞瑞.金融危机早期预警模型研究[J].现代商贸工业,2010.
[5] 陈志毅.金融宏观审慎监管:趋势、挑战与中国适用前瞻[J].上海金融,2011.
[6] 程永杰.我国商业银行监管研究[D].河南大学硕士论文,2011.
[7] 代百洪,王玲珑.从宏观审慎视角看银行业系统性风险[J].经济视角,2011.
[8] 杜朝运,林航.强化我国金融宏观审慎监管的思考[J].经济与管理评论,2012.
[9] 方程.希腊债务危机的成因和启示[D].辽宁大学硕士论文,2013.
[10] 郭娜.基于适应宏观审慎监管视角的我国银行业转型[J].新金融,2011.
[11] 韩文倩.我国逆周期金融监管研究[D].天津财经大学硕士论文,2013.
[12] 郝宇彪.欧元区主权债务危机爆发的原因及影响[J].经济论坛,2010.
[13] 何慧刚.人民币国际化:模式选择与路径安排[J].财经科学,2007.
[14] 黄溪,周琼,周华.逆周期监管理论的最新进展与启示[J].证券市场导报,2012.
[15] 贾建军.目标导向的宏观审慎监管体系构建[J].上海金融学院学报,2011.
[16] 蒋海,罗贵君.逆周期宏观审慎银行监管研究评述[J].产经评论,2012.
[17] 李贵荣.资本账户开放进程中的金融安全[D].厦门大学硕士论文,2007.
[18] 李继伟,杜金岷.资本项目开放中的货币危机预警研究[J].南方金融,2010.
[19] 李继伟.我国资本项目开放中的风险预警[D].暨南大学博士论文,2010.
[20] 李文泓.关于宏观审慎监管框架下逆周期政策的探讨[J].金融研究,2009.
[21] 李晓辉.境外战略投资者进入中国市场环境下的中国金融安全研究[J].经济技术协作信息,2011(8):78.
[22] 李治刚,安起雷.国际短期资本流动对我国金融安全的影响及对策[J].中国发展观察,2010(5):52—55.
[23] 梁积江,王茂林.美国次贷危机的传导机制研究[J].兰州大学学报,2009.
[24] 刘方.开放条件下中国金融安全理论与实证分析——基于国际资本流动的视角[J].经济研究导刊,2010(12):52—54.
[25] 刘锋,莫锋.金融宏观审慎监管研究:国内外文献综述[J].经济研究导刊,2011.
[26] 刘国风.全球视角下国际投机资本流动风险预警[J].税务与经济.2010.
[27] 刘利红.逆周期拨备:来自西班牙的经验借鉴及启示[J].区域金融研究,2011.
[28] 刘明康.国际金融监管改革及中国的对策[J].中国农村金融,2010.
[29] 刘明康.中国银行业改革开放30年[M].北京:中国金融出版社,2009.
[30] 刘扬.宏观审慎监管框架下中国金融监管的政策选择:基于巴塞尔协议Ⅲ的视角[J].南方金融,2011.
[31] 刘泽云.巴塞尔协议Ⅲ、宏观审慎监管与政府财政角色安排[D].财政部财政科学研究所博士论文,2011.
[32] 刘志强.金融危机预警指标体系研究[J].世界经济,1999(04):18—19.
[33] 卢媛媛,何海燕.基于KLR信号分析的美国对华反倾销预警研究[J].技术经济与管理研究,2011.
[34] 陆汉星,崔强.人民币国际化研究[J].现代商贸工业,2008.
[35] 罗猛,罗强.前瞻性拨备制度国际最新进展及评析[J].新金融,2010.

[36] 罗素梅.金融开放与国家金融安全:争论及启示[J].金融教育研究,2011(5):16—21.
[37] 罗素梅,周光友.金融开放与国家金融安全:争论及启示[J].金融教育研究,2011.
[38] 罗玉冰.宏观审慎管理理论及其中国化问题研究[D].西南财经大学博士论文,2013.
[39] 马瑶.关于当代金融危机预警方法的研究[J].现代经济信息,2011.
[40] 麦强盛,刘洪波.宏观审慎的金融监管指标体系构建[J].金融教育,2011.
[41] 牟晓云.金融危机对中日韩三国经济的影响及政府的对策效应研究[D].吉林大学博士论文,2011.
[42] 牟晓云,李黎.国际金融危机预警方法综述.经济研究导刊,2012(159,13).
[43] 潘成夫,刘刚.欧洲债务危机、财政联盟与蓝色债券[J].财经科学,2011.
[44] 潘锐.美国次贷危机的成因及其对国际金融秩序的影响[J].东北亚论坛,2009(1):3—11.
[45] 钱慧文.基于巴塞尔资本协议的商业银行逆周期调节机制研究[D].浙江大学硕士论文,2013.
[46] 阮银兰.后危机时代中国逆周期宏观审慎金融监管研究[J].中共中央党校学报,2012.
[47] 申通远.后金融危机时期我国金融风险预警优化研究[J].贵州社会科学,2012.
[48] 施建淮.基于信息的双重危机模型及其在东亚危机中的应用[J].经济学季刊,2001(1,1):127—142.
[49] 舒家先.次贷危机演化为全球系统性金融危机的反思[J].求实,2009.
[50] 苏多永.货币危机理论及其最新发展[J].金融教学与研究,2009.
[51] 孙立行.开放条件下中国金融风险预警指标体系研究[J].世界经济研究,2012.
[52] 谭春枝.泛北部湾区域金融安全预警系统研究[J].经济问题探索,2011(2):195.
[53] 唐旭,张伟.论建立中国金融危机预警系统[J].经济学动态,2002(06):73—73.
[54] 天大研究院课题组.后金融危机时代国际金融体系改革——中国的战略与抉择[J].经济研究参考,2010(9).
[55] 王德祥.当代国际货币危机理论模型评析[J].世界经济,2000.
[56] 王东东.我国金融风险预警指标体系构建及风险度量[D].安徽大学硕士论文,2012.
[57] 王刚,李丹丹.浅析宏观审慎监管与宏观经济政策的基本关系[J].货币时论,2011.
[58] 王靖国.顺周期行为机制下的系统性金融风险[D].财政部财政科学研究所博士论文,2011.
[59] 王力.后金融危机时期我国金融安全问题[J].北京联合大学学报,2011.
[60] 王伟,李海平.中央银行在我国银行业宏观审慎监管体系中的角色研究[J].上海金融,2012.
[61] 王宇.金融危机对国际资本流动的影响[J].中国经济时报,2009.
[62] 王元龙.我国对外开放中的金融安全问题研究[J].国际金融研究,1998(5).
[63] 王紫薇,陈一稀.当议我国宏观审慎管理框架下的货币政策体系优化[J].浙江金融,2011.
[64] 韦震,王硕.金融危机预警模型综述以及评价[J].经济师,2009(11).

[65] 文洪武.金融宏观与微观审慎监管协调机制研究[D].天津财经大学博士论文,2013.

[66] 吴成颂.我国金融风险预警指标体系研究[J].技术经济与管理研究,2011(1):19—24.

[67] 吴婷婷.后危机时代中国金融国际化发展趋向展望——基于金融安全的视角[J].技术经济与管理研究,2011:54—58.

[68] 夏志琼.中国版"巴塞尔协议Ⅲ"新框架解读[J].证券时报,2011.

[69] 项莉.宏观审慎监管与微观审慎监管的动态平衡研究[J].华北金融,2010(6):58—60.

[70] 徐道宣.一种改进的KLR信号分析法应用研究[J].数量经济,2007.

[71] 闫海.宏观审慎监管:金融体制的结构性变革[J].新远见,2011.

[72] 闫海.后金融危机时代的宏观审慎监管工具创新[J].财经科学,2010.

[73] 杨友孙,尹春娇.欧盟金融监管体系改革及其对欧盟对外关系的影响[J].金融与经济,2011.

[74] 叶永刚,张培.中国金融监管指标体系构建研究[J].金融研究,2009.

[75] 于海青,杨文静.公允价值顺周期效应及逆周期优化路径——基于金融危机背景分析[J].商品与质量,2012.

[76] 翟伶俐.论国际资本流动与金融危机[J].市场论坛,2010.

[77] 詹向阳,邹新,程实.希腊杠杆撬动全球经济——希腊主权债务危机的演变、影响和未来发展[J].国际金融研究,2010.

[78] 张北锋.货币危机预警模型的选择及在我国的应用[D].厦门大学硕士论文,2009.

[79] 张光华.美国次贷危机研究——基于信息经济学的思考[D].吉林大学博士论文,2011.

[80] 张纪康.亚洲金融的开放与管制:现实与得失[J].世界经济,2001(4).

[81] 张立勇.我国宏观审慎政策的思考[J].中国金融,2011.

[82] 张娜.基于宏观审慎监管的系统性风险的评估防范[J].经济视角,2011.

[83] 张伟东,程栋.中国金融安全评价指标体系的构建[J].商业经济,2010.

[84] 张伟东.中国金融安全评价指标体系的构建[J].商业经济,2010(12):68—70.

[85] 张小波.金融开放的风险及其经济增长效应研究[D].重庆大学博士论文,2011.

[86] 张亚斌,唐超峰.嵌入投资银行后的银行危机传导模型.财经理论与实践,2010.

[87] 赵蓓文.国家经济安全视角下的外资风险传导与扩散机制[J].世界经济研究,2006(3).

[88] 赵园园.我国信用评级法律制度的完善[J].法治建设,2011:1424.

[89] 赵云.美国次贷危机及其传导机制浅析[J].当代经济,2009.

[90] 赵振华.国际金融危机预警系统初探[J].金融科学,2000(3):80—82.

[91] 中国人民银行济南分行会计财务处课题组.宏观审慎管理与会计逆周期[J].金融发展评论,2011.

[92] 中华人民共和国审计署金融审计司课题组.审计机关在维护国家金融安全方面发挥作用的机制与路径[J].审计研究,2010(1):18—22.

[93] 周小川. 宏观审慎政策框架的形成背景、内在逻辑、相关理论解释和主要内容[J]. 西部金融,2011.

[94] 周小川. 金融政策对金融危机的响应——宏观审慎政策框架的形成背景、内在逻辑和主要内容. 金融研究,2011.

[95] 朱小川. 宏观审慎监管的国际趋势及对我国的启示[J]. 南方金融,2010.

[96] 邹毅. 基于 KMV 模型的中国商业银行信用风险度量和管理研究[D]. 重庆大学硕士论文,2013.

[97] Abiad, A. Early Warning Systems for Currency Crises: A Survey and a Regime-Switching Approach. *IMF Working Paper*, 2003(03/32).

[98] Berg, A., Pattill, C. Are Currency Crises Predictable? A Test. IMF Working Papers, 1998(46,2):107—138.

[99] Borio, C. Implementing MacroPrudential Approach Financial Regulation Supervision. *Banque de France Financial Stability Review*, 2009(13):31—41.

[100] Burnside, C.; Eichenbaum, M.; Rebelo, S. Prospective Deficits and the Asian Currency Crisis. NBER Working Papers, 1998(No. 6758).

[101] Calvo, G. A.; Reinhart, C. M. Capital Flows to Latin America: Is There Evidence of Contagion Effects?", In Private Capital Flows to Emerging Markets After the Mexican Crisis, ed. by Guillermo A. Calvo, Morris Goldstein, and Eduard Hochreiter, Washington: Institute for International Economics, 151—171.

[102] Caprio, G.; Klingebiel, D. Episodes of Systematic and Borderline Financial Crises. manuscript. The World Bank, 2003.

[103] Chari, V. V.; Jagannathan, R. Banking Panics, Information, and Rational Expectations Equilibrium. *Journal of Finance*, 1998(43): 749—760.

[104] Christian, H. Maintaining Financial System Stability: the Role of Macro-prudential Indicators. Reserve Bank of New Zealand Bulletin, 2009(63,2):38—52.

[105] Claudio E. V. Borio. Towards a Macroprudential Framework for Financial Supervision and Regulation. BIS Working Papers, 2003(128), Bank for International Settlements.

[106] Corsetti, G.; Pesenti, P. &. Roubinin, N. What Caused The Asian Currency and Financial Crisis? *Japan and The World Economy*, 1999(11): 305—373.

[107] Crockett, A. Marrying the Micro- and Macro-prudential Dimensions of Financial Stability. BIS Speeches, 2000.

[108] Demirguc-Kunt, A.; Detregiache E. The Determinants of Banking Crises: Evidence From Developed and Developing Countries. IMF Staff Paper, 1998(No. 45):81—109.

[109] Diamond, D.; Dybvig, P. Bank Runs, Deposit Insurance, and Liquidity. *Journal of Political Economy*, 1983(91): 401—419.

[110] Evans, O. Macroprudential Indicators of Financial System Soundness. International Monetary Fund, 2000(192).

[111] Evans, Owen et al. Macroprudential Indicators of Financial System Soundness. IMF

Occasional Paper,192,2000.

[112] Flood,R. P.; Garber,P. M. Collapsing Exchange Rate Regimes: Some Linear Examples. *Journal of International Economics*, 1984(17): 1—13.

[113] Frankel,J.; Rose,A. Currency Crashes in Emerging Markets: An Empirical Treatment. *Journal of International Economics*,1996(41),35—36, 22.

[114] G20. G20 Working Group on Reinforcing International Cooperation and Promoting Integrity in Financial Markets (WG2). Final Report,2009, 27 March.

[115] Goldfajn, I.; Valdes, R. O. Capital Flows and the Twin Crises: The Role of Iquidity. IMF Working Paper, 1997(WP/97/87).

[116] Goldstein, M.; Kaminsky, G.; Reinhart, C. M. Assessing Financial Vulnerability: An Early Warning System for Emerging Markets. Institute for International Economics, 2000.

[117] Hutchinson,M.,McDill,K. Are All Banking Crises Alike? The Japanese Experience in International Comparison. *Journal of the Japanese and International Economies*, 1999(13): 155—180.

[118] Hutchison,M.; Noy,I. How Bad Are Twins? Output Costs of Currency and Banking Crises. *Journal of Money Credit & Banking*, 2005(37,4): 725—752.

[119] Jacklin, C. J.; Bhattacharya, S. Distinguishing Panics and Information-based Bank Runs: Welfare and Policy Implications. *Journal of Political Economy*, 1988(96):568—592.

[120] Joyce,J.; Nabar, M. Sudden Stops, Banking Crises and Investment Collapses in Emerging Markets. *Journal of Development Economics*, 2009(90,2):314—322.

[121] Kaminsky,G.; Lizondo,S.; Reinhart,C. Leading Indicators of Currency Crises,IMF Staff Paper,1998(45,1):1—48.

[122] Kaminsky,G.; Reinhart,C. The Twin Crises:The Causes of Banking and Balance Of Payments Problems. *American Economic Review*,1999(89,3):473—500.

[123] Kaufman. Bank Contagion: A Review of the Theory and Evidence. *Journal of Financial Services Research*,1994(8):123—150.

[124] Krugman,P. A Model of Balance-of-Payments Crises. *Journal of Money*, *Credit and Banking*, 1979(11):311—325.

[125] Krugman,P. Balance Sheets, the Transfer Problem, and Financial Crises. Massachusetts Institute of Technology, Cambridge, Mass, mimeo,1999.

[126] Kumar,M.; Moorthy,U.; Perraudin,W. Predicting Emerging Market Currency Crashes. *Journal of Empirical Finance*, 2003(10,4):427—454.

[127] Nag,A.,Mitra,A. Neural Networks and Early Warning Indicators of Currency Crisis. *Reserve Bank of India Occasional Papers*,1999(20,2):193—222.

[128] Obstfeld, M. Models of Currency Crises With Self-fulfilling Features. *European Economic Review*,1996(40):1037—48.

[129] Obstfeld, M. The Logic of Currency Crises. *Cashiers Economiques Monetaires (Banque de France)*, 1994(43):189—213.

[130] Paroush, J. The Domino Effect and the Supervision of the Banking System. *The Journal of Finance*, 1988(43, 5): 1207—1218.

[131] Sachs, J.; Tornell, A.; Velasco, A. Financial Crises in Emerging Markets: The Lessons from 1995. *Brookings Papers on Economic Activity*, 1996(1): 147—215.

[132] Sachs, J.; Tornell, A.; Velasco, A. The Mexican peso crisis: Sudden death or death foretold? *Journal of International Economics*, 1996(41, 3): 265—283.

[133] Waldo, D. Bank runs, the deposit-currency ratio and the interest rate. *Journal of Monetary Economics*, 1985(15): 269—277.

[134] Wallace, N. Another attempt to explain an illiquid banking system: the Diamond and Dybvig model with sequential service taken seriously. *Federal Reserve Bank of Minneapolis, Quarterly Review*, 1988(Fall): 3—16.

[135] Wong, J.; Wong, E.; Leung, P. A Leading Indicator Model of Banking Distress: Developing an Early Warning System for Hong Kong and Other EMEAP Economies. Hong Kong Monetary Authority Working Paper, 2007(No. 22).

[136] Yiu, S.; Ho, A.; Jin, L. Econometric Approach to Early Warnings of Vulnerability in the Banking System and Currency Markets for Hong Kong and Other EMEAP Economies. Hong Kong Monetary Authority Working Paper, 2009(No. 8).

第九章

资本账户开放：亚洲新兴市场经济国家和地区的经验及启示

本章导读

对于新兴市场经济国家来说，资本账户自由化是一个循序渐进的对外开放过程。在这一过程中，若想取得理想的效果并防范和降低金融风险，不仅需要稳定的宏观经济形势和成熟的金融市场作为基础，而且还需要对于资本账户自由化的具体进程进行实时到位的掌控。包括资本账户自由化的配套措施的采取、具体开放手段和工具的应用以及对于可能出现的短期资本流动风险的控制。在本章中，先后介绍和分析了三个亚洲实施资本账户自由化的国家和地区的经验和教训，以期对中国正在展开的资本账户自由化进程有所启示和借鉴。对于韩国的介绍和分析集中于资本账户自由化过程的总体框架和配套措施，其中重点分析了韩国资本账户自由化所带来的成本和收益；对于中国台湾地区的介绍和分析集中于资本账户自由化的重要工具——合格境外机构投资者（QFII）的应用，中国台湾地区是国际公认的QFII实施比较成功的范例；对于泰国的介绍和分析集中于泰国在资本账户自由化进程中由于短期资本的流动频繁所带来的问题。"前事不忘，后事之师。"尽管这些国家和地区的经验和教训对于中国有参考价值，但是也必须看到，中国的国情与它们有所不同。应该在充分汲取其经验和教训的基础上，探索出一条行之有效的中国资本账户自由化的道路。

第一节 资本账户自由化概述及一般经验

一、资本账户自由化概述

（一）资本账户自由化的定义与特点

资本账户自由化，是指实现国际收支平衡表中资本及金融账户下的货币自由兑换，也就是要消除对国际收支平衡表中资本及金融账户下各项的外汇管制，如数量限制、兑换限制、区域限制、补贴及课税等,实现资本在国际间的自由流动。

资本账户自由化具有以下特点。

(1) 居民既可以通过经常项目的交易获得外汇,也可以自由地通过资本账户的交易获得外汇;

(2) 所获外汇既可以在外汇市场上出售给银行,也可以在国内或国外持有;

(3) 经常项目和资本账户交易所需要的外汇可自由在外汇市场上购得;

(4) 国内外居民可自由地将本币在国内外持有来满足资产需求。

(二) 资本账户自由化的一般经验

随着金融全球化趋势不断向前发展,资本账户可自由兑换是世界各国在开放条件下推动本国经济快速发展的必然途径。然而,由于世界各国的经济发展水平、宏观经济环境和经济制度的完善程度、宏观政策的调控力度等因素各不相同,因此,在开放资本账户时采取的策略、步骤和进程是有显著区别的。

1. 发达国家资本账户自由化的经验

第二次世界大战后初期,除了美国、加拿大和瑞士采取相对自由的资本账户体制外,其他发达国家的资本账户自由兑换进程是相对缓慢的。直至20世纪80年代,货币自由兑换进程才明显加快。

在实施资本账户自由兑换的过程中,其经验主要有以下几点:

(1) 金融领域的自由化进程基本上是一个持续渐进的过程。

(2) 随着资本流动性的不断增加,固定汇率制度一般难以继续维持,因此各国开始寻求更具弹性的汇率机制。

(3) 资本账户开放通常伴随紧缩性的宏观经济政策,因此还应采取结构性经济改革配套方案,为开放资本账户提供稳定的宏观经济环境。

2. 发展中国家资本账户自由化的经验

由于经济发展水平、宏观经济政策的调控力度和金融市场的完善程度的不同,发展中国家推进资本账户可兑换的实践存在很大差异性。20世纪80年代以前,开始进行资本账户开放的发展中国家主要是那些国际收支平衡处于强势地位的国家。但是此后,有的发展中国家在外部环境不甚有利的条件下,甚至在承担外债的情况下急切地进行资本账户的自由兑换,而且与发达国家相同的是,它们在推进资本账户自由兑换的进程中也向更具有弹性的汇率制度迈进。

从资本账户自由化的类型来看,发展中国家不同地区之间也存在很大差异。拉美国家在20世纪70年代末,出现了较快的金融自由化进程。而20世纪80年代中期以前,一些受债务危机打击最大的国家增强了对资本流出管制的力度。到20世纪80年代末和20世纪90年代初,拉美国家才又重新出现资本账户自由兑换的趋势。阿根廷在20世纪70年代初期开始对国内金融市场取消限制,并且在经济改革初期便取消了对资本账户的大部分控制。自1976年以来,阿根廷政府推行经济私有化和金融私有化,使资本账户自由兑换与金融体系的自由化以及经济结构调整政策同步进行,通过资本账户自由兑换和市场利率发挥市场机制的作用,调整产业结构和吸引外资。

墨西哥在20世纪80年代的债务危机后,对金融部门进行严格控制。直到1989年,对资本账户逐步放松管制,以吸引外资。在此之后,墨西哥外债迅猛增长,贸易逆差和经常项目赤字不仅没有得到缓解,反而愈加严重。1994年12月20日,墨西哥政府宣布比索实行自动浮动,导致外汇市场危机,外汇市场危机进一步波及股票市场,最终酿成一场具有国际影响的金融危机,后来借助美国的援助才摆脱危机的泥潭。

亚洲的情况与拉美不同,从20世纪70年代末以来,对资本账户实行管制的亚洲国家的数量一直呈下降趋势,而且在债务危机时期也并未出现重新加强管制的倒退。到20世纪90年代,亚洲国家普遍出现了资本账户自由兑换明显加速的趋势。1997年7月由泰铢贬值引发的东南亚金融危机,使亚洲乃至全球的经济金融受到严重的破坏与冲击。1998年,东南亚国家普遍出现经济负增长、货币贬值、外汇市场动荡、股市暴跌、失业严重、资金大量外逃、外汇储备急剧流失、企业及银行倒闭等现象,损失高达5 000亿美元。这次金融危机之所以发生,并不是因为这些国家推行资本账户自由兑换,而主要是因为这些国家在推行资本账户自由兑换的过程中,金融深化不配套,金融体制改革不到位,即金融自由化程度不高。

通过以上发展中国家资本账户开放的进程,可以总结出如下经验:第一,发展中国家的资本账户自由兑换是典型的渐进式改革。发展中国家的资本账户自由兑换一直是这些国家整体性经济改革和结构调整计划的一个组成部分,需要把开放资本账户与发展市场经济、加大开放度结合起来。第二,资本账户自由兑换和经常项目自由兑换没有必然的时间顺序,但经常项目开放并保持基本平衡,显然有助于缩小资本流出流入对国际收支平衡的冲击。第三,资本账户开放会使国内经济遭受更多的国际资本冲击,不利于经济均衡。第四,资本账户自由兑换必须有其他金融自由化政策相配套,必须与一国金融监管能力相适应,决不能盲目地在基本条件尚未具备时开放。

世界各国的资本账户自由化经验都值得正在开始进行资本账户自由化的中国借鉴。其中,亚洲新兴市场经济国家和地区的经验和教训更加具有参考价值。在本章中,我们从三个国家和地区——韩国、泰国和中国台湾地区,同时也从三个角度——资本账户自由化的总体推进和配套措施、对国际短期资本流动的规模和影响因素分析以及直接投资和QFII的引进来概括和总结亚洲新兴市场经济国家和地区的资本账户自由化进程,以期对未来的中国资本账户自由化提供更加明晰和路径和制定更加完备的政策。

第二节 资本账户自由化的全面推进与配套措施
——韩国的经验和启示

一、韩国资本账户自由化的进程

20世纪80年代,随着经济的迅速发展,韩国开始有步骤地实现资本账户自由化。具体可以分为三个阶段:从20世纪80年代初开始逐步有计划地放松对资本账户的管制,20世纪90年代加速推进资本账户自由化,1997年金融危机后资本账户全面自由化。2008年金融危机后韩国采取征税等手段对资本账户重新进行管制。

(一)20世纪90年代初—1997年金融危机前韩国的资本账户自由化

韩国经过20世纪80年代的资本账户初步自由化后,90年代开始对资本账户的重点和关键领域实行自由化。1997年金融危机前资本账户自由化的重点是开放证券市场,以促进资本流入。当时,韩国政府主要依据国际收支状况来推进证券市场的开放,经常账户余额变动是政府制定证券市场开放顺序和开放速度的主要依据。韩国国际收支逆差居高不下时,韩国政府就积极促进韩国企业在国外发行证券以促进资本流入;国际收支连续顺差时,就推迟外国人对韩国证券市场投资以阻止资本流入。因此,这一时期韩国政府关注的是资本的流入流出,证券市场开放成为调节国际收支的手段。

1. 外汇市场自由化

1990年3月,韩国实行市场平均汇率制,韩元汇率的每日浮动幅度也相应扩大。1992年9月1日起,韩国改变了外汇管理制度,以促进外汇市场的发展,外汇交易从原来的肯定列表制度转变为否定列表制度,即"不被禁止的业务都将被允许";外汇交易必须有潜在的真实需求支持的要求被放松了,1993年韩国将境外可储备外汇企业的范围扩大;境内人员外汇拥有量不受限制;外汇银行头寸限额进一步扩大,等等。

2. 资本账户自由化

经过20世纪80年代以外国投资者专用基金和收益证券的形式允许和扩大外国投资者对韩国证券的间接投资阶段后,90年代韩国政府开始加速开放证券市场投资。

在股票市场的开放方面,1992年韩国政府允许外国投资者在韩国股票市场上直接买卖韩国股票。1993年7月修改了于外国投者股票交易等的规定,对一半以上的外国投资者直接投资的行业废除了外国投资者股票投资限额。

在债券市场的开放方面,1994年外国投资者获准购买在一级市场上以国际利率发行的政府和公共债券,以及由中小企业发行的与股份相联系的债券。1994年设立债券投资基金以供外国投资者以间接方式更多地进入韩国的债券市场。1995年国际机构(如亚洲开发银行和国际金融公司)获准在国内市场上发行韩元面值的债券。

国外证券投资方面,韩国政府允许其国内投资机构投资已上市的外汇债券和股票,投资范围包括国外证券的买卖、承兑、外汇储蓄等。1994年2月韩国废除了对证券公司、投资信托公司、保险公司等机构投资者的国外证券投资限额。1994年7月允许韩国国内投资者在一定限额(个人1亿韩元,法人3亿韩元)内进行国外证券直接投资。

3. 证券业的开放

1990年11月,韩国部公布了《证券开放指南》,证券公司获准设立分公司或合资证券公司。1991年5月,韩国财政部发布了《外国证券公司在韩国设立代表处指南》。1993年,向外国投资者开放证券投资信托公司和投资顾问公司,同时,韩国证券公司的海外分支机构也趋于增多。

(二) 1997年金融危机—2008年金融危机期间韩国的资本账户自由化

1. 金融业的大幅度开放

1997年开始的亚洲金融风暴对于韩国经济和金融市场形成了巨大的冲击。韩国迫于经济和国际收支的危机局势,向国际货币基金组织求援。在获得国际货币基金组织的救援的同时,韩国也必须接受对其经济和金融市场开放的很多苛刻条件。按照与国际货币基金组织的协议,韩国对外国大幅度开放了金融业投资。1997年年末开始对资本充足率低于8%的银行分别通过关闭、合并、出售、增资、引进外资等方式进行整顿。至少10家银行通过引进外资注入资本金,如表9-1所示,韩国主要银行的外资股份比率大幅增加,导致外资几乎完全控股了韩国的商业银行,从某种程度上来说,当时已经没有一家真正意义上的韩国商业银行存在。

表9-1 1997—1999年亚洲金融危机期间韩国银行接受外国注资的情况

银行	外资股份率(%)	股东来源
第一银行	51.0	美国新桥银行占51%的股份,接受经营权
汉城银行	70.0	英国HSBC占70%的股份,接受经营权
国民银行	42.1	美国格德曼萨斯占20%的股份,成为最大股东,派出非常务理事1名
外汇银行	29.8	德国卡美日慈银行,派出2名常任理事和1名非常任理事
新韩银行	42.7	在日侨胞占38%的股份
韩美银行	22.4	美国BTC银行占16.38%股份,任命1名副行长
哈那银行	29.9	国际金融公司占5.87%的股份,派出1名常任理事
住宅银行	64.0	多数为外国股东

资料来源:张在澈. 全球金融危机与韩国经济[J]. 当代韩国,2009(春季):10.

韩国政府对非银行金融机构也采取了关闭、合并、出售和增资等方式进行整顿,大量外国私人股权基金通过收购非银行金融机构的不良债权进入韩国。1998年4月,允许外国个人和机构从事证券、保险、租赁及其他与所有权有关的交易。

2. 证券市场和货币市场的完全开放

1997年12月,韩国完全放开公司及政府债券市场;1998年5月,韩国开放所有货币市场工具,取消外国投资者在韩国进行股票直接投资总额的上限,并允许其投资于未上市的公司,取消维持了50年的金融衍生工具交易的"真实需要原则"。

3. 外汇交易自由化

1997年金融危机后,韩国实行自由浮动汇率制,并开始有计划地实施外汇自由交易。1999年4月,外汇自由交易计划第一阶段:资本账户交易限制从正面清单变为负面清单。2001年1月,外汇自由交易计划第二阶段:废除对境外旅行、停留、教育和移民的海外支付限制。2007年12月,全部完成外汇自由交易计划。

(三)韩国资本账户自由化的新趋势

近年来,韩国政府和金融监管当局根据国内外金融市场的变化,不断调整韩国资本账户自由化的步伐,同时注重加强监管和控制风险。具体表现在以下几方面。

1. 对银行外汇衍生品头寸的限制

2011年6月,为减少外汇交易投资和控制过度增长的短期外债,韩国对银行远期外汇衍生品头寸设置上限,上限为:① 国内银行上月资产的40%。② 外资银行在韩分支机构上月资产的200%。

2. 对债券征收预提税

2011年1月开始对外国投资者和国内投资者的债券收入征税,税率根据经济周期在必要时进行调整。

3. 启动银行征税新方案

2011年韩国开始对银行从境外短期借入的外汇征税,征税基数是银行非存款外汇负债,税率根据债务期限制定,最高为50个基点。对银行征税的目的是改善银行外汇负债期限结构,提高外汇资金的稳定性,同时税金可以用来向经营状况欠佳的金融机构注入流动性。

二、韩国资本账户自由化的收益与风险分析及启示

(一)韩国资本账户自由化的收益分析

1. 经济增长,人民收入水平大幅提高

韩国在资本账户自由化的长期过程中,基本保持了较稳定的国内经济环境,通货膨胀率和失业率较低,GDP和贸易额高速增长,人民收入水平大幅提高,国际地位也相应迅速提高。

韩国人均GDP在1987年为3 366美元,1995年为11 470美元,突破1万美元大关,成功跨越"中等收入陷阱",2007年人均GDP突破2万美元,跻身发达国家行列。韩国1991—2000年GDP增长率达6.1%;2001—2010年GDP增长率达4.16%;1997—2010年平均通货膨胀率为3.46%,平均失业率为3.94%;2011年,韩国年出口总额和贸易额分别首次突破5 000亿美元和1万亿美元,加入贸易额"1万亿美元俱乐部",外贸依存度接近100%,世界排名第9位;2011年韩国GDP达到11 171.47亿美元,在世界排名第15位。

2. 外汇储备和银行健全性改善,抗风险能力增强

当前,韩国的外汇储备和银行健全性等对抗外部冲击的能力与1997年亚洲金融危机和2008年全球金融危机时相比已经得到了改善,具体情况见表9-2。

表9-2 韩国外汇储备和银行健全性的情况

类别		2011年	2008年
外汇健全性	外汇储备	3 086亿美元(2011年11月末)	2 581亿美元(2008年6月末)
	短期外债比重	35.1%(2011年9月末)	48.2%(2008年6月末)
	经常项目收支	81.0亿美元(2011年上半年)	6.8亿美元(2008年上半年)
银行健全性	存贷款比率	98.4%(2011年7月末)	112.4%(2008年8月末)
	BIS比率(银行控股公司基准)	13.5%(2011年9月末)	11.2%(2008年6月末)

资料来源:(韩)三星研究院.2012年韩国经济的主要任务[J].当代韩国,2012(1).

近年来,韩国注重增加外汇储备,下调短期外债比重,国际收支经常项目盈余,并与日本、中国达成货币互换协议,通过这些措施,韩国外汇储备的健全性已得到改善。韩国商业银行的存贷款比率下降,巴塞尔(BIS)资本充足率上升,银行健全性比2008年也得到改善。

3. 韩国政府应对危机的能力增强

在资本账户自由化的进程中,韩国政府应对危机的能力也大大增强。韩国政府在应对1997年金融危机时,在金融市场波动中非常被动,面对外汇储备不足几乎无所作为,导致国际市场对韩国支付能力信心不足,最后只能向国际货币基金组织求援,危机对韩国经济的破坏力是巨大的,向国际货币基金组织求援被韩国民众认为是"国耻"。之后,韩国按照国际货币基金组织的借款条件进行了经济改革。韩国政府在2008年应对紧急外汇缺乏时,一改之前的被动做法,积极主动并充分使用金融衍生工具——货币互换获取所需的低成本外汇,及时稳定了国际金融市场对韩国外汇支付能力的信心,降低了危机对韩国金融和实体经济的破坏力。之

第九章　资本账户开放:亚洲新兴市场经济国家和地区的经验及启示

后韩国政府未雨绸缪,在2011年10月19日与日本达成700亿美元的货币互换协议,2011年10月26日与中国达成560亿美元的货币互换协议,通过利用金融衍生工具,增强韩国在可能遭遇外汇危机时的外汇抗风险能力,这反映出韩国政府在应对资本账户自由化风险过程中更加成熟。

(二)韩国资本账户自由化的风险分析

资本账户自由化在带来收益的同时也使一个国家面临更加不确定的国际经济环境,从而带来更大的风险,对一国宏观调控和金融监管提出了更大的挑战。韩国在资本账户自由化的过程中,遭遇了1997年金融危机和2008年金融危机,在这两次金融危机中,韩国的汇市、股市及实体经济均遭受重创,具体情况见表9-3。

表9-3　韩国在1997年亚洲金融危机和2008年全球金融危机时的经济状况

宏观经济指标变动情况	1997年金融危机	2008年金融危机
韩元兑美元下跌情况	1997年8月中旬汇率为900韩元/美元,1997年12月11日下跌到1 719.8韩元/美元,贬值率达91%	2007年10月底汇率为905韩元/美元,2008年10月28日下跌到1 467.8韩元/美元,贬值率达62%
韩国股指累计跌幅	由1997年8月为740.50,下跌到1997年12月的390.30,累计跌幅47%	由2007年10月末的2 064点跌到2008年10月27日的892.16,下跌了57%
资本抽逃数量	约有1 000亿美元从韩国股市抽逃	至2008年10月末,外资在韩国股市抛售了近400亿美元。
失业率	6.8%(1998年)	3.2%(2008年)
通货膨胀率	7.4%(1998年)	4.6%(2008年)
GDP增长率	−6.7%(1998年)	0.32%(2008年)
人均GDP变动	从1997年的11 474美元急剧下降到1998年的7 528美元	从2007年的21 651美元下降到2008年的19 195美元,2009年为17 071美元
经常账户余额	81.67亿美元(1997年)	64.06亿美元(2008年)

数据来源:韩国银行经济统计系统[M].国际统计年鉴,1998年、1999年、2008年、2009年各年。

1. 1997年的韩国金融危机原因分析

在亚洲金融危机爆发时,1997年10月底韩国外债总额达1 100亿美元,短期外债占60%,其中12月份就有200亿美元到期需要偿还,外债中银行占2/3。而外汇储备初期为223亿美元,危机爆发后外汇储备急剧减少到仅剩73亿美元。外汇储备不足以支付到期外债,引起外国投资者对韩国经济信心不足,导致汇率下跌,股市下跌,外资从股市抽逃。这次危机暴露出韩国金融市场和金融监管方面的一些问题。

(1) 自由的国际融资市场与落后的金融监管之间的矛盾

资本账户自由化使得韩国企业可以更加充分利用国际金融市场充裕的资金来源,使韩国企业获取国际金融资金变得更加便利,韩国银行、保险、证券开始走向混业经营。但是,这种便利性如果使用不当,也会带来弊端。20 世纪 90 年代,韩国大企业财团在国际市场上既无法与发达国家的高科技产品相竞争,也无法与其他发展中国家的劳动密集型产品相竞争,在国际生存环境恶化的情况下,韩国企业只能通过大举追加资本以获得规模经济效益来维持优势。大量的投资使韩国长期处于投资短缺中,尽管有较高的储蓄率,但投资率高达 38%,使韩国仍需大举外债,才能满足企业的资金需求。据韩国中央银行统计,1996 年韩国前 30 大家族企业的自有资本比率仅为 18.2%,而负债率却平均高达 386.7%,其负债总额占全国财富的 1/3,大部分直接或间接来自银行贷款。1997 年 11 月底,韩国综合金融公司从国际金融市场筹集外汇资金 200 亿美元,其中 64.4%,即 128.8 亿美元为短期资金,其余 71.2 亿美元以长期资金的形式贷给企业。

但是韩国的金融监管却仍然是分业监管模式,由韩国中央银行监督普通银行,而对投资金融公司、相互信用金库等非银行金融机构的监督、管理权则归于财经部。财经部作为金融政策的制定者,将政策重点首先放在了扶持非银行金融机构的发展上,而不是在监督上。对衍生交易工具的限制方面,韩国直至 1997 年金融危机前尚未建立与衍生工具交易有关的交易系统和管理规章。

这种分业监管模式以及对非银行金融机构和金融衍生工具的监管缺位,相对于融资的国际化和金融混业经营而言显得非常落后,根本不能起到应有的监管作用。在盲目投资、市场竞争加剧的情况下,企业的盈利大大下降,企业债务负担越来越重,最终破产倒闭。企业的破产倒闭使得综合金融公司和银行的呆账、坏账急剧增加。

(2) 开放的外汇、股票市场与较封闭的债券、货币市场之间的矛盾

金融结构完善,存在有效竞争,货币市场、资本市场、外汇市场发育良好是实现资本账户自由化的基本条件。

韩国外汇市场、股票市场先于债券市场和货币市场开放,而且自由化程度更高,这一开放次序虽然无误,但是在现实中却使得国际资金在韩国外汇市场和股票市场与国际市场之间可以自由流动,但在韩国外汇市场、股票市场和债券市场、货币市场之间的流动受阻,这使得利率传导机制和货币政策作用的发挥受阻,加大了韩国外汇市场和股票市场的波动幅度。

从金融市场的融资结构来看,1996 年,韩国银行等金融机构间接融资占比 52.5%,而证券市场直接融资只占 27%,几乎只有金融机构融资的一半,由此可见

韩国证券市场不够发达。其中债券融资占比为15.6%,反映出韩国债券市场的落后状态。韩国比较封闭的欠发达债券市场使得资金流动受阻,无法正确反映资金的供求关系,不能形成正确的、多层次的利率价格水平,从而导致国内利率居高不下,根据利率平价理论,逐利的短期资本大量流入股票市场。

与此同时,韩国的短期国债市场也极不发达。1995年6月,韩国国库券交易量极低,货币稳定债券的交易额占货币市场交易额的比重为21.2%。韩国中央银行主要通过买卖货币稳定债券来调节货币供应量从而控制流动性,但货币稳定债券到期支付大量利息投放于基础货币,导致货币流通量增加,股票等资产价格上升,这吸引了更多的外国资本流入股票市场。

在这样的金融市场环境下,一旦国际经济环境逆转,预期发生变化,资本大规模流出,就会造成外汇市场动荡,股票市场动荡,危机则不可避免。韩国在1997年亚洲金融危机中的状况就是如此。

2. 2008年韩国金融危机的原因分析

2008年全球金融危机波及韩国,韩国金融危机的主要表现依然是短期外债激增,汇市下跌,股市下跌,外资从股市抽逃。如表9-4所示,韩国短期外债在2005年为659亿美元,2006年激增为1137亿美元,2007年为1602亿美元。与此同时,外债占GDP的比例也一路上升,在2005年时仅为23.7%,2006年上升为29.6%,2007年更高达40.9%。韩国外债如此大幅度增长有着深刻的原因。

表9-4 2008年全球金融危机期间韩国外债数量　　(单位:10亿美元)

	2005年	2006年	2007年	2008年
短期外债	65.9	113.7	160.2	149.9
银行部门	51.3	96.1	134.0	110.4
国内银行	28.0	44.3	54.6	42.6
国外银行分行	23.3	51.8	79.3	67.8

资料来源:朴春远. 全球金融危机与短期外债对韩国外汇市场的影响[J]. 企业导报,2011(16).

(1) 外资掌控韩国金融导致短期外债激增

1997年亚洲金融危机期间韩国按照与国际货币基金组织的协议,在短期内迅速开放了国内金融市场,实现了金融业的国际化,但也失去了对金融业的控制权。韩国的主要商业银行皆为外资所控股,全外资银行的市场占有率在2003年高达31.9%。外资控股银行和外国银行分行在2006年和2007年从国际金融市场大量借入短期贷款,导致韩国短期外债急剧增加。2006年外国银行分行的短期外债比例超过了国内银行的短期外债比例,且一直在增长。

银行在短时期内积累大量短期外债主要跟韩国造船业和韩国海外投资的迅猛

发展有关。2005年之后,韩国包括造船业在内的整体出口发展迅猛,出口金额大幅增加,导致远期外汇销售额大幅增长。造船企业的远期外汇交易净额由2005年的220亿美元增加到2007年的620亿美元。2007年和2008年海外投资金额的增加也导致了出售远期外汇需求的增长。国外投资基金的远期外汇交易净额由2005年的20亿美元增加到2007年的270亿美元。为应对出售远期外汇需求飙升,银行被迫购买远期外汇进而面临巨大的外汇风险。

(2)金融监管面临新挑战

由前述可知,引发2008年韩国金融危机的短期外债增长主要来自两方面:一是国外银行分行的对外短期借款;二是出口商及对外投资资金的避险需求。韩国政府认为出口商和对外投资资金的避险需求的短期借款有真实的交易基础,而且不久即将获得外汇;而外国银行分行的借款最终是由外资银行兑现,所以虽然被认为是韩国的外债但事实上这并非韩国的负债,因此,韩国政府放松了对银行业短期外债的监管。韩国在金融国际化的过程中没有及时建立跨国监管协作机制,如何监管外资控股银行和外国银行分行的海外业务对于韩国金融监管是一个亟待解决的难题。

(三)韩国资本账户自由化对我国的启示

韩国资本账户自由化的经验表明,虽然韩国经历了1997年亚洲金融危机和2008年全球金融危机,但资本账户的开放使得其能充分利用国外剩余资本来弥补国内投资与储蓄缺口,使得金融资源重新得到优化配置,韩国企业和金融业更加具有国际竞争力,促进了韩国经济的发展,总体上收益远大于风险。

目前,中国正处于后工业化时期,2011年中国人均GDP达5 432美元。中共十八大提出,到2020年要实现国内生产总值和城乡居民人均收入比2010年翻一番,届时中国将跨越"中等收入陷阱",成为高收入国家。相对于20世纪90年代的韩国而言,我国拥有3万亿美元外汇储备的有利条件,但同时面临一个金融创新工具更加丰富多样因而也更加复杂的国际金融环境。同样是儒教传统文化的国家,同样是政府主导经济的增长模式,韩国资本账户自由化为中国正在进行的资本账户自由化提供了值得借鉴的经验和可以汲取的教训。

1. 资本账户自由化、利率市场化和汇率改革要交互推进,实现动态调整和动态平衡

我国在1996年实现经常项目自由化,资本账户自由化的进程却非常缓慢,主要是担心资本账户自由化后国内经济遭受冲击,遭遇危机。而韩国1988年实现经常项目自由化后,于1996年基本实现资本账户自由化。借鉴韩国的经验,资本账户自由化虽然有风险,可能会遭遇危机,但它对经济增长的促进作用是主要的,而且只要有计划、有步骤地循序渐进推进资本账户自由化,是可以将金融风险尽可能

降到最低的。

韩国于1990年3月实行市场平均汇率制,韩元汇率的每日浮动幅度也相应扩大。韩国在1991年11月21日开始实施第一阶段利率自由化;1992年外国投资者获准直接投资于韩国股票市场;1993年将境外可储备外汇企业的范围扩大,境内人员外汇拥有量不受限制,进一步扩大外汇银行头寸限额。1993年11月开始实施第二阶段利率自由化,这一年废除了对外国人投资股票的限额。1994年7月开始实施第三阶段利率自由化,信贷利率实行了100%利率自由化,并允许外国投资者进入韩国债券市场;1995年韩国基本取消外汇管制。1997年7月开始实施第四阶段利率自由化,全部银行存款利率自由化的比例达到92.0%,完全开放公司及政府债券市场。

由上述可见,韩国汇率改革、利率市场化改革和资本账户自由化是交互推进的。中国经济高速增长,经常项目持续顺差,人民币汇率升值以及外资对人民币升值预期等因素,必然引来国际资本的大规模流入。吸取韩国的经验和教训,我国对股票市场和外汇市场的开放既要积极主动、加大力度,也要谨慎小心、循序渐进。我国可以先实行市场平均汇率制以充分反映外汇市场供求关系,进而交互推进汇率改革、利率的市场化和资本账户自由化,并进行动态调整以取得动态平衡,降低国际资本流动的风险。值得欣慰的是,目前我国的利率市场化进程已经开始。

2. 注意适时调整和完善金融市场结构

金融市场结构完善,存在有效竞争,货币市场、资本市场、外汇市场发育良好是实现资本账户自由化的基本条件。韩国资本账户的发展进程充分说明,注意适时调整和完善金融市场结构是十分必要的,过分单一的、主要依赖间接融资体系的金融市场结构必然与资本账户自由化进程不相适应。2010年,我国国内企业融资比重的80%以上源于银行贷款,股票和债券融资比重在2010年为13.75%;2011年年末,企业部门全部股票市值和公司债券余额只有26万亿元人民币,由此可见我国证券市场从整体上看还是欠发达市场。因此,我国应大力培育货币市场,大力发展国债市场,扩大证券市场规模,创造足够的金融市场深度和广度,充分容纳国际国内资本,这将有利于降低国际资本流动的风险,并且有利于货币政策作用的发挥。

3. 加强对金融机构和金融衍生品的监管

目前,我国银行业资产占全部金融资产的比重达到92%,证券和保险占8%;企业融资的80%源于银行贷款;由此可见,我国的金融风险过于集中于银行体系,因此我国应更加注重加强对银行金融机构的监管。

我国金融业实行的是分业监管体制,但国内金融机构很多已开始涉足混业经营。虽然我国已经按照《巴塞尔协议Ⅲ》最新监管标准监管银行业,到2012年9月底,国内银行平均资本充足率为13%,核心资本充足率达到10.6%。但是韩国1997年金融危机和2008年金融危机的教训表明,非银行金融机构往往通过金融衍生品和商业银行联系在一起,对非银行金融机构和金融衍生品的监管不力极易引发危机。很显然,我国分业监管体制是有缺陷的,应制定严格标准加强对非银行金融机构和金融衍生品的监管。

4. 循序渐进开放资本市场,加强短期外债的管理

韩国在金融国际化过程中,在国内金融市场不够成熟的情况下,过早过快地全面开放了资本市场和外汇市场,使得国际游资大规模自由地流入流出,导致汇率和股价大幅下跌,外汇市场和股票市场剧烈动荡。因此,我国在金融国际化过程中,对资本账户的开放既要积极主动、加大力度,也要小心谨慎、循序渐进。应重点加强对银行业外债总额尤其是短期外债数额的管理和对短期资本的流入流出的控制。

第三节 开放直接投资和合格境外机构投资者的引进
——中国台湾地区的经验和启示

一、资本账户自由化与金融市场开放基本原则

在资本账户自由化的过程中,必然伴随着各类金融市场的开放;而各类金融市场的开放又必然伴随着各类金融机构和金融产品的引入。在这样一个开放进程中,如何最大限度地获得资本账户自由化的收益,同时防范由此可能带来的各类金融风险,是各个实施资本账户自由化的国家和地区面都要面对的重要问题。

(一) 开放金融市场的前提条件

根据已经实现资本账户自由化国家的经验,开放金融市场的前提条件是:
(1) 拥有较强的综合国力和健康稳定的宏观经济环境;
(2) 实现贸易自由化和经常账户开放;
(3) 建立起较为完善的金融监管体系;
(4) 拥有相对充足的外汇储备;
(5) 汇率制度具有弹性;
(6) 实现利率市场化;
(7) 具有发达与完善的金融市场。

特别需要指出的是:在资本账户的开放进入证券市场开放阶段,拥有较为发达的、具有深度和广度的多层次的证券市场体系将会更加重要。在这方面的滞后将会延缓资本账户开放的进程。

（二）开放金融市场的顺序

国际经验表明，资本账户与相关金融市场的开放是有合理的顺序可循的，遵循这样的顺序，可以减少开放带来的风险及其对经济的震荡效果。金融市场开放的基本顺序如下：

（1）直接投资的自由化应当先于证券投资的自由化，金融市场的开放应该相对放缓。先开放对居民到海外实体部门的投资和非居民对国内直接投资的限制，之后开放对居民在海外的有价证券投资的限制，最后开放对非居民在国内资本市场投资的限制。

（2）为了防范金融风险，与实体经济关联度较高的资本市场开放应该先于货币市场的开放。

（3）在资本市场开放的过程中，股票市场的开放应该先于中长期债券市场的开放。

（4）对于短期资本的流动及其短期货币市场的开放，应该放在最后进行。

（三）对开放金融市场工具设计的基本原则

金融市场的开放不可避免地涉及对各类金融工具的设计和使用。为了实现资本流入对经济增长的积极效应，更加有效地配置国内外金融资源，同时防范可能会发生的金融风险，对于开放金融市场工具的设计应该确立如下基本原则：

（1）在设计有关工具时应该尽量将这一工具的短期性变为长期性，从而减少短期资本流动的波动性。

（2）至少在开放的初始阶段，要控制这些金融工具的交易量，将它们保持在一个有限度的范围内，避免对市场造成冲击。

（3）尽量保持这些工具的可预测性和可控制性。

（4）设置一个过渡时期，在这一时期，加速相关金融体制改革，完善金融市场，为全面开放创造有利条件。

（四）合格境外机构投资者引入的利弊

作为一个非居民购买本国股票市场的工具，合格境外机构投资者制度被实施资本账户自由化和金融市场开放的国家和地区广泛使用，其利弊也引起不少争议。

合格境外机构投资者是指经过本国监管部门审批合格之后，允许其进入国内资本市场，提供法律法规所有允许的服务的合格境外机构投资者。这些投资机构可以是投资银行、证券公司、保险公司和投资基金等金融机构，它们主要帮助海外投资者购买东道国的金融资产，包括股票、债券、货币市场工具等。

合格境外机构投资者制度的有利之处在于：可以向国内股票市场引进成熟的机构投资者，改善国内股市的投资者结构；有利于资金的合理配置，合格境外机构投资者在选择投资的上市公司时注重其基本面的好坏,由此形成更为理性的选股基准,影响更多的投资者将资金投向具有良好公司治理结构和发展前景的公司,促进上市公司之间的优胜劣汰。

如果监管不当,合格境外机构投资者有可能产生的弊端在于:合格境外机构投资者从本质上看是投资基金,其运作方式还是通过买进卖出获得利润和降低风险,因此,如果不加管制,合格境外机构投资者有可能进入东道国的股市参与投机,增大市场的波动性;当一国股市优质企业有限时,由于具有投资价值的企业数量少,合格境外机构投资者将与国内投资者竞争投资优质企业股;对于审批合格境外机构投资者在设置界限的技术上有一定难度,一方面对申请者要有资质限制,另一方面还要对其投资有数量限制,如果对合格境外机构投资者的投资比重不能限制,将对国内市场产生较大影响,在各种因素的影响下,其大量进入和突然撤走会引起资金突发性的流入和流出,使得一国货币币值不稳定,加大汇率波动。

为了防范合格境外机构投资者可能带来的风险,保证对资本账户的控制,国际通行的做法是:(1)对合格境外机构投资者进入的资金设置境内滞留期,在滞留期内不允许资金流出,由此减少资金波动;(2)严格对合格境外机构投资者进行资格审批,尽量引入优质金融机构,在合格境外机构投资者离开之后再进入要重新审批;(3)至少在开放初期,将合格境外机构投资者资金在股市资金总量中的比重控制在较小的范围内,并且限制其个别持股比例和总持股比例,随着市场的成熟日后逐渐扩大;(4)在实施合格境外机构投资者制度的同时监管外汇市场的变动,防止汇率的起伏变动。

在开放直接投资和实施合格境外机构投资者制度方面,中国台湾地区都被认为是一个比较成功的范例,其经验值得中国大陆借鉴。

二、台湾地区资本账户自由化的进程

(一) 台湾地区直接投资自由化

台湾地区资本账户的自由化是随金融体制改革下的金融自由化和外汇管制的放松逐步推进的,其发展进程主要包括直接投资自由化和证券市场对外开放两个方面。

1. 开放境外对台直接投资

台湾地区对外资的引进始于 1949 年,当时的台湾地区处于工业化初期,外汇和储蓄极度匮乏,投融资机制还不完善,为了工业化的发展和经济的恢复,急需引进国际资本来弥补境内资本的不足。另外,境外资本的流入还能起到引进技术、促进产品出口和增加就业等作用,也是促使台湾地区引进外资的重要因素。

台湾地区早期资本流入的来源主要是美国的资金援助和其他国家的境外直接

投资,1951年至1955年期间,美国资本的流入是推动台湾地区经济稳定增长的最主要因素。在1955年美国对台湾地区的资金援助停止后,境外直接投资便成为台湾地区进行工业化所需资本的主要来源。由于台湾地区处在进口替代时期,同时存在物资匮乏和失业率高等问题,台湾地区分别于1954年和1955年颁布了《境外投资条例》和《华侨回台投资条例》,吸引外资大力发展劳动密集型产业。

到20世纪70年代,台湾地区进入进口替代的第二阶段,开始大力发展重工业,广泛开展基础设施建设,在此期间,台湾地区吸引跨国企业投资进行发展的核心行业是高技术工业。20世纪80年代,台湾当局提出"三化"方针,即自由化、"国际化"和制度化,同时迫于外汇供过于求及美国等其他贸易国要求台湾开放岛内市场的压力,台湾陆续对外开放了证券信托投资、快餐业、租赁业、贸易业等服务行业,允许外商进行投资,并在1988年对向外资开放的具体业务进行了规范性限定。

20世纪90年代是台湾地区全面进行经济结构调整的时期,在此期间,台湾当局废止了《奖励投资条例》,改为施行《促进产业升级条例》,利用功能性的租税减免大力吸引境外企业对高技术产业的投资,以促进台湾地区的产业升级。1995年1月,台湾当局发布《发展台湾成为亚太营运中心计划》,确立了经济发展的目标。1991年至2000年的10年间,外商对台湾地区的投资额呈现稳定增长,在1997年和2000年分别达到两个峰值,1997年的外商投资额达到42.66亿美元,2000年的外商投资额则高达76.07亿美元。

由于美国"9·11"事件等国际环境的变动以及岛内经济衰退、政治动荡、经济政策不明朗、两岸关系停滞不前等原因,外商对台直接投资经历了2001年和2002年的短暂下滑。为了创造更具竞争力的投资环境,吸引外商来台投资,台湾当局对《促进产业升级条例》进行了修正,对2002年至2003年之间创立或增资扩建的制造业及其相关技术服务业对新机器、新设备或新技术进行投资的,可以就新增所得5年免征营利事业所得税。同样是为了挽救海外对台投资减缓的局面,2003年8月,台湾"经济部"决定放宽境外企业以股换股方式进行并购的条件限制,以创造更有竞争力的内部投资环境。2003年10月,台湾"经济部"修正放宽了外商以合并、收购、分割等形式进行投资的条件,规定:(1)股份交换的境外标的公司须为有实际经营活动或跨国企业的公司;(2)出具合理性意见书的独立专家资格为不具利害关系的律师、会计师或证券承销商。

为了兑现加入WTO的承诺,台湾当局从2004年2月起开始解除对外商在诸如不动产买卖、铁路运输、医疗保健服务业等领域的投资限制,同时允许外商在经申请获批准的情况下投资酒精制造业、园艺业、畜牧业和渔业等,这一系列的举措使得台湾地区经济的发展更加符合自由化的趋势,更多境外企业被吸引来到台湾地区进行投资。

相比于境外机构,台湾地区市场对大陆开放的进程较为迟缓。大陆对台湾地区的直接投资在很长一段时间内一直止步不前,最初是台湾当局禁止大陆企业赴台投资。直到 2001 年,随着大陆经济的迅速发展和全球经济地位的不断提高,台湾"经济发展咨询委员会"8 月份在台湾经济发展会议上才做出决定:分三个阶段逐渐开放大陆赴台投资。其后,台湾地区在 2002 年 1 月加入 WTO 的承诺书中承诺向大陆开放 58 个服务业的投资,但是出于对大陆资金进入后对台湾地区经济可能造成的影响的担心,当时执政的民进党当局对赴台投资的大陆资金施加了诸多限制,大陆对台投资陷入停滞。

2008 年马英九上台执政后,力主两岸经济互惠互利,再次主张开放大陆资金对台直接投资,7 月份,台湾当局正式开放大陆合格境内机构投资者(QDII,Qualified Domestic Institutional Investors)投资台湾地区的证券和期货市场,同时放宽了大陆企业在台湾地区上市的资格限制。2009 年,在第三次"陈江会谈"中,两岸签署了《海峡两岸金融合作协议》,就大陆企业赴台投资达成原则性共识。2010 年,两岸签署了海峡两岸经济合作框架协议(Economic Cooperation Framework Agreement,ECFA),截至 2010 年 7 月,在岛内市场向大陆资金开放的长达 17 个月中,核准进入台湾市场的大陆资金达 12.7 亿美元,两岸双向投资机制正式建立。[①]至此,台湾地区实现了真正意义上对岛外资金赴台直接投资的完全开放。

2. 开放台湾地区对外直接投资

20 世纪 60 年代,面对岛内资金不足的状况,台湾地区迫切需要引进外资发展经济,但是台湾当局针对对外投资采取了严格的限制措施。1962 年公布的《对外投资办法》规定要以发展台湾经济和促进出口为标准,对投资的财务状况和对外投资范围进行严格限制。20 世纪 70 年代,台湾对外投资的主要目的转变为在境外建立岛内产品销售点和开拓岛内产品的海外市场。1972 年,台湾当局对《对外投资办法》进行了修正,并更名为《对外投资审核办理办法》,明确指出以对台湾经济发展有利为标准扩大对外投资的范围。

自 20 世纪 80 年代开始,台湾地区进出口贸易顺差不断扩大,经过前期对外资的引进,岛内企业积累了足够的先进技术和管理经验,产品的国际竞争力也有所提高,台湾地区经济进入了迅速发展的时期。1973 年和 1979 年的两次能源危机促使台湾地区将维持进口能源的稳定供给放在经济发展的重要位置。为此,台湾当局在 1980 年再度对《对外投资办法》进行修正,并更名为《对外投资及技术合作审核处理办法》,降低了对外投资应满足的财务要求。

自 1990 年之后,台湾当局为鼓励对外投资,又相继公布实施了多项办法和条

[①] 参见刘艳.浅谈大陆资金进入台湾投资的过程和发挥的作用[J]. 中国外资,2011.

例并不断进行修正:1990年10月公布《对大陆地区从事间接投资或技术合作管理办法》,对台湾企业和个人赴大陆的投资和技术合作进行规范;1993年订立《在大陆地区从事投资或技术合作许可办法》,规定台湾机构或个人在大陆从事投资或技术合作应申请"投审会"批准;1994年制定《推动加强对东南亚地区经贸工作纲领》,分散对大陆投资的风险并为东盟经贸整合做准备,同年还对《对外投资及技术合作审核管理办法》进行修正,放宽了报备期限,由2个月延长至6个月并提高报备金额上限至1000万美元;1996年修正发布了《对外投资及技术合作审核管理办法》,报备金额上限提高至2000万美元;1997年6月修正发布了《外汇收支及交易申报办法》,报备金额再度被调高,达到5000万美元;同年实施的《大陆投资规范》对禁止、许可和审查类投资项目做出明确区分;至2003年,最新修正的《外汇收支及交易申报办法》中仍保持对公司5000万美元和对个人500万美元的报备金额上限。

台湾地区开放岛内企业赴大陆直接投资始于1979年,经历了较长时间的发展历程。起初,台湾当局对企业赴大陆直接投资采取"三不"政策,严格限制台商对大陆的投资;从20世纪80年代末到90年代初,台商赴大陆投资开始增多,此时的投资主要以劳动密集型产业为主,集中在福建和广东;受1996年李登辉政府的阻挠和1997年亚洲金融危机的影响,在此期间台商对大陆的投资规模有所下降,但是投资产业开始转向资本和技术密集型,投资区域转移到长三角和珠三角;2001年,在加入WTO和岛内经济不景气的压力下,台湾当局采取所谓"积极开放、有效管理"的政策,对台商大陆投资的限制又有所放宽,引发台商对大陆投资的又一高潮,投资产业进一步扩展到以信息产业为核心的高科技产业;到2003年7月,台湾当局正式开放企业对大陆的直接投资,同时为避免资金的大幅外流,当局对开放直接投资的企业设置了相应的限定条件:净值低于50亿元新台币的企业,投资上限为净值的40%或8000万元,两者取较高者作为上限;净值超过50亿元新台币而不到100亿新台币的企业,净值在50亿元以内的部分适用40%的比重,超过50亿元的部分为30%,取两者之和作为投资上限;净值超过100亿新台币的企业,超过100亿元的部分适用20%,投资上限为应用三个比重所得结果之和,其他企业依此类推。

据有关数据显示,从1998年到2008年的20年间,台湾对大陆直接投资超过1520亿美元,仅次港澳位居第二,台商还为大陆创造了1443多万就业机会,纳税1104多亿美元,占大陆企业总税收的比例达到3.38%,台湾地区实现了完全意义上对大陆直接投资的开放。

(二) 台湾地区证券市场对外开放

台湾地区对证券市场的开放自20世纪80年代起步,采取渐进的方式,在开放之初就已经做好了长期规划,确保了开放进程的平稳推进。根据1982年发布的《引进桥外资金投资证券计划》,台湾地区证券市场循序渐进逐步对外开放,大致可以分为四个发展阶段。

1. 初期阶段(1967年至1973年)

1962年证券交易所开张伊始,由于岛内资金不足、公司对股票上市的意愿不高以及市场发展较缓慢等原因,台湾当局产生了引进外资以活跃证券市场、促进资本形成和改善企业财务结构的设想。台湾地区证券市场对外资的正式引进始于1967年台湾"行政院"颁布《华侨及外国人投资证券实施办法》,允许境外投资者在台湾证券交易所进行股票交易。然而到了1973年,出于抑制岛内游资和防止由于外资进入导致的股市的剧烈波动的考虑,台湾"财政部"建议"经济部"停止受理外资投资申请。

1978年,台湾"经济部证券管理委员会"基于当时证券市场交易活跃的状况,认为台湾证券市场已经具备了对外开放的条件。此后,在1982年台湾"财政部"提出了《引进侨外资投资证券计划案》并于当年9月经"行政院"正式审核通过,标志着台湾重启证券市场自由化的开端。

2. 开放境外投资者间接投资阶段(1983年至1990年)

在引进境外间接投资之初,台湾地区主要采取的方式是发行证券投资信托公司收益凭证。为推动台湾地区向亚太金融中心的发展,在通过1982年《引进侨外资金投资证券计划案》后,台湾当局先后于1983年5月和8月制定了《证券投资信托事业管理规则》《华侨及外国人投资证券及结汇办法》和《证券投资信托基金管理办法》,并在1983年8月至1986年4月间先后核准成立了国际、光华、建弘以及中华四家证券投资信托公司,这四家公司可在海外发行收益凭证或经由海外封闭型基金募集资金。其中,国际和中华证券投资信托公司在美国发行的"台湾基金"属于封闭式基金,光华证券投资信托公司在欧美发行的"福尔摩沙基金"和建弘证券投资信托公司发行的"台北基金"属于开放式基金,台湾股票市场开始向国际化方向发展。1993年3月,证管会又核准了4家证券投资信托公司在海外发行金额为5 000万美元的封闭式基金。除此之外,许多台湾上市公司也纷纷在海外发行全球信托凭证及海外可转换公司债,亦为境外投资者对台湾证券市场进行间接投资开辟了渠道。

为了增加机构投资者的比重,台湾"财政部"在1991年公布了《证券投资信托事业申请设立审核要点草案》,根据《草案》中的申请条件,1992年有11家证券投资信托公司被批准设立。

3. 开放合格境外机构投资者投资阶段(1990年至2003年)

1990年,台湾地区开始实行合格境外机构投资者制度,允许合格的境外机构投资者在一定的限制条件下汇入一定额度的外汇资金,并转换为新台币,通过严格监管的专门账户投资台湾地区证券市场,其资本利得、股息等经批准后可转为外汇汇出。合格境外机构投资者包括经资格审查核准的境外银行、保险公司、信托公司和基金管理机构等。

台湾地区在1991年时对境外投资机构的审核标准为:银行为总资产达到新兴国家和地区在世界排名前500名,持有证券资产总额达3亿美元以上;保险公司为经营保险业务10年以上,持有证券资产总额达5亿美元以上;基金管理机构为成立5年以上,证券投资基金资产总额达5亿美元以上。同时,台湾对境外法人机构股市投资的持股比例和投资总额也限定了条件:境外投资机构持有的任意公司的股票额不得超过该公司发行股票总额的5%;全部境外投资机构持有的任意公司的股票总额不得超过该公司股票发行总额的10%;每家境外投资机构的投资额度限制在500—5000万美元;所有境外投资机构投资总额的上限为25亿美元。之后台湾当局逐步放宽了对合格境外机构投资者的审核标准及对境外投资机构的持股比例和投资金额的限定,具体表现为以下两方面。

（1）在合格境外机构投资者的审核标准方面:1993年,对银行的审核标准放宽至世界排名前1000名,具有国际证券信托经验且没有资产总额限定;基金管理机构成立满3年,持有证券资产金额为5亿美元以上;券商的公司净值在1.5亿美元以上且具有国际证券投资经验。1995年,对境外机构投资者的条件限定进一步放松,对保险公司的经营业务年限规定为3年以上且证券资产金额达3亿美元以上;基金管理机构的资产总额不少于2亿美元;券商公司净值放宽至1亿美元以上等。到1996年增设了对共同基金和投资信托成立满3年、基金资产金额2亿美元以上的限定。

（2）在境外投资机构的持股比例和投资金额方面:1993年,境外机构投资者的投资总额调整为50亿美元,单个境外机构投资者的投资金额在年初调整为1亿美元,到了年末又提高至2亿美元;1994年,境外机构投资总额继续上调至75亿美元;1995年,投资总额的上限设置被取消,单个投资机构的投资金额上调为4亿美元并允许机构投资者申请额度追加;1996年,取消了对境外机构投资者投资金额的所有限制,并对持股比例的要求进行了调整,其中个股持股比例提高为10%,总体持股比例同时提高为25%,同年年底,对单个机构投资者重新施加了投资金额的上限,为6亿美元;1998年,个股持股比例再度上调5个百分点,而总体持股比例也提升至30%;1999年,个股和总体持股比例均上调至50%,单个机构投资者的投资限额也由6亿美元提高到12亿美元;2000年,对单个投资者的投资金额限制逐步由12亿美元调整至20亿美元。

为了与在管制条件下对境外机构投资者开放股票市场相适应,台湾当局在

1991年修正了《华侨及外国投资有价证券及其结汇办法》,规定境外机构投资者要在申请后3个月内汇入资金,汇入的资金要停留3个月后才得以汇出,以及投资者的获利资金每年结汇一次。之后境外机构投资者汇入资金的期限的限定逐步得到放松:1995年,汇入资金的期限延长为6个月;1996年,汇出期限的限制取消,循环汇入期限延长至6个月;1997年,循环汇入期限延长为1年。这些限定措施在一定程度上限制了国际游资在台湾地区证券市场上的频繁出入,避免了证券市场的大幅波动,通过逐年对限定条件的调整放宽也使台湾地区在保证经济稳定的情况下稳步推进证券市场的自由化。①

合格境外机构投资者制度是在资本账户未实现完全开放时的过渡性制度安排,对国外投资者的投资条件往往会进行一定的限定,包括资格条件、投资额度、持股比例、资金的汇出入等,这样有助于根据具体情况对开放的程度进行调整,减少外汇流入对经济的冲击。通过实施合格境外机构投资者制度,台湾地区吸引了大量国际资金,推动了经济的快速增长,同时正是由于对岛外投资者的妥善管理,使得台湾地区在1997年成功避免了亚洲金融风暴的冲击。

4. 资本市场全面开放阶段(2003年至今)

为了应对国际经济形势的变化,台湾当局在2003年取消了合格境外机构投资者制度并通过了《华侨及外国人投资证券管理办法》,大幅放宽对海外投资者资质的限制,推动台湾地区资本市场朝向国际性的投资平台发展。下面为具体的开放政策。

(1) 取消合格境外机构投资者制度中对合格的境外投资者投资岛内证券市场的金额的限制,经审核准许投资的合格境外机构投资者可以自由汇入和汇出投资资金而不受任何限制;

(2) 取消汇入资金的时间限制,原先获准投资的合格境外机构投资者需在两年内汇入资金,取消投资金额的上限之后,无论新的合格境外机构投资者还是已经到期的合格境外机构投资者,均不再受两年期限的限制;

(3) 取消合格境外机构投资者制度中对境外投资者资产规模的要求,如今仅以专业身份认定,而不再施加资产规模达1亿美元以上(券商为5 000万美元)的限制;

(4) 与取消投资额度上限和资金汇入年限的举措相适应,采取"一次申请,永久生效"的做法,已经核准在台湾地区进行证券投资的合格境外机构投资者无须再次提出申请。此外,台湾"财政部证管会"决定取消对外资投资期货市场的限定,至2003年12月,台湾地区公债期货交易对全体海外投资者开放。

---

① 参见王海东,张志宏.台湾证券市场对外资开放的进程[J].亚太经济,2001(3).

从2004年1月开始,台湾"财政部证券暨期货管理委员会"向特定的境外投资者开放台湾地区货币市场基金的投资。2004年5月,台湾地区开放岛内金融机构对海外投资者的资金融通,以满足外资因时差产生的交割款项的融通需求,台湾地区货币市场基金投资全面开放。同年6月,台湾"证管会"对《华侨及外国人投资证券管理办法》进行了修正:放宽海外投资者参与期货市场的条件,允许外资多头避险;简化外资对台湾地区证券市场的投资等级程序,外资投资无须取得中央银行外汇局的批准;允许外资参与有价证券借贷市场,证券卖出所得可以汇出。

2007年,为了吸引国际企业到台湾岛内上市,提高资本市场的国际化程度,台湾"行政院"在7月31日通过"金管会"的《海外企业来台上市松绑及适度开放陆资投资国内股市方案》,有关的开放措施包括:(1)放宽对海外企业来台上市的资格和资金用途的限制:取消第一上市(柜)对大陆投资占净值比重的限制,对于原资格限制中有关陆资持股超过20%的部分,同"陆委会"修正的《两岸关系条例》第73条对大陆地区企业于台湾从事投资行为的相关规定一并放松限制;取消第二上市(柜)对大陆持股超过20%的部分不得来台上市的限制;取消境外上市公司在台募集资金不得用于直接或间接赴大陆投资目的的限制。(2)开放大陆合格境内机构投资者在台湾投资证券期货,参照现行对外资的规定执行。①

2008年3月,台湾当局推出海外企业赴台挂牌方案,开放境外企业直接赴台上市,并解除境外发行人所募资金不得赴大陆投资及累计投资大陆金额不得超过一定比例的限制。政策放开后,境外企业赴台上市的数量与筹资金额都实现了较快增长,挂牌企业的注册地也呈现多元化,台湾地区的资本筹集能力明显增强。2009年到2011年间,赴台上市的境外企业占台湾地区所有新增挂牌企业的比例高达46%,所有境外企业占台湾上市公司总数的比重由2009年的0.55%提高至2011年的6.31%,这三年间境外企业在台湾地区的筹资金额达到全部筹资额的近三分之二,大大超过岛内原有企业。2009年,台湾地区与香港签署《谅解备忘录》,建立互相承认及销售指数股票型证券投资信托基金(ETF)的监管机制,之后"恒中国""恒香港"两档ETF直接在台湾跨境上市,"宝沪深"(连结式ETF)也在台发行上市,岛内投资者从此可在证交所直接以新台币进行交易。②

从20世纪80年代初期的审慎开放,到90年代后期的加速开放,从开放侨外资金间接来台投资证券、设立分支机构,到陆续放宽境外企业来台筹资限制及开放香港指数股票型基金跨境来台上市并开启两岸证券市场的交流合作,台湾地区证券市场分别通过开放境外投资人、证券商、发行人及金融商品等四方面的进程逐步

---

① 参见傅丰诚.松绑两岸双向投资的政策思考[N].中央网络报,2008年9月.
② 参见胡来旺.台湾地区证券市场化的经验与教训[N].金融时报,2013年4月8日.

迈向国际化,基本实现了对外资的完全开放。① 2006年4月底,外资持有的台湾股票市场的价值超过了20%,外资交易量也占到了整个市场交易量的三分之一以上。2010年,以美国智库梅肯研究院(Milken Institute)制定的体现各国资本市场开放程度的指数CAI(Capital Access Index)作为标准,台湾地区资本市场的开放程度在世界的排名居26位,其中韩国居12位,中国为32位。2011年年底,来台设立分支机构的境外券商共计35家,与台湾本地150家证券商总公司相比,境外券商占市场比重超过20%。截至2012年年末,台湾证券交易所股票市场总市值为23.8万亿新台币,日成交额为1124.3亿元新台币,丝毫不逊于欧美发达国家的交易所。

三、台湾地区资本账户自由化对中国大陆的启示

(一)台湾地区在亚洲金融危机时期的资本自由化策略对中国大陆的启示

台湾在推行资本账户自由化的进程中采取了循序渐进的稳健步骤,使得台湾在1997年的亚洲金融危机中受到的冲击较小。资本账户自由化一般应在经常项目自由化、外汇交易自由化的基础上逐渐展开,而在资本交易方面则应从长期资本的自由化开始,之后才是短期资本的自由化。台湾地区对于资本账户自由化的推进,先是始于1987年对贸易资本流入流出的放宽,之后是开放对外直接投资,最后是逐步开放证券市场,这种循序渐进的开放方式有效地降低了亚洲金融危机对台湾地区资本市场的负面影响,这给中国大陆的资本账户自由化的具体启示主要有以下几点。

1. 及时进行产业结构调整,为资本账户自由化创造良好环境

台湾地区资本账户自由化的时间较早,在金融危机爆发前有很长的缓冲时间,其间台湾当局针对国际化、自由化制定的相关产业政策起到了良好的助推作用,使得厂商得以迅速及时地对经济形势进行调整。同样遭受金融危机冲击的东盟四国的经济在20世纪80年代末至90年代初才开始迅速增长,而且其经济本质上还都是劳动密集型的出口导向经济体系,产业升级的步伐比较迟缓,技术密集型和知识密集型产业仍然处于萌芽阶段。与之相比,台湾地区的经济由于自由化政策落实而使得厂商通过研发创新及时调整,不仅有助于生产能力和竞争力的提升,而且也有效缓解了劳动力短缺的压力。同时,岛内消费水平的提高也减轻了台湾地区对出口经济的依赖,到20世纪80年代后期,台湾居民的消费水平大幅提高,使得台湾岛内消费与出口并列成为两大经济动力,这使台湾地区在应对经济衰退时具有一定的承受能力。

---

① 参见薛琦.两岸资本市场合作新契机[N].财经论坛,2012年3月28日.

2. 稳步推进金融改革,参与国际投资与分工

台湾地区在 20 世纪 80 年代以后进行了一系列的金融改革,从放松乃至解除利率管制,到放松外汇管制,再到准许民营银行的设立,随着经济发展的加快,台湾地区金融改革的力度也稳步增强。金融改革的实施促进了台湾地区参与国际投资与分工,通过与美国和中国大陆等经济表现优异的国家和地区的经济合作,台湾地区经济在金融危机期间可以在很大程度上可以保持景气而不至于萎靡不振。

3. 注重开放次序,谨慎管理外汇

外资的波动性远比台湾岛内资本的波动性要高,因而风险也更大,因此,减少对外资的依赖程度可以有效地降低金融危机对台湾资本市场的不利冲击。台湾采取的金融改革的步骤,是首先实现国内金融自由化,而后开放资本账户,只有具备了健全的国内金融体制才能提升产业的效率和竞争力,从而能够承受资本大幅流动带来的波动。

台湾地区之所以没有受到金融危机太大的冲击,一个重要的原因便是台湾当局对外汇实行了严格的限制而没有完全开放外汇市场。虽然取消对资本市场的管制,进而实现资本账户自由化和国际化是经济发展的必然趋势,但是台湾当局还是比较全面地考虑其所面对的经济形势,权衡利弊,以资本市场的稳健发展为前提,在具备完备条件和配套政策的基础上稳步推进资本市场的完全开放,注意提高资本市场应对国际金融环境的变动的能力,以免受到国际经济状况的影响。

4. 支持中小企业的发展

与大企业相比,中小企业具有管理成本低、创新能力强、反应灵敏和灵活性高等优势,有助于增强整体经济应对波动的能力,台湾当局比较注重对中小企业的扶持,以一系列辅助配套措施助推新兴产业中的中小企业发展。以信息电子业为例,信息产业的高速发展主要得益于其较高的灵活弹性、快速应对市场的能力以及有效的成本控制,而中小企业厂商和大型企业联合构建的绵密的分工体系以及个人计算机产业的进步,为台湾厂商提供了供货弹性和速度、成本控制以及国际竞争力,成为台湾地区经济应对波动的重要力量。

(二) 台湾地区证券市场开放对中国大陆的启示

目前,中国大陆的证券市场与台湾地区推行合格境外机构投资者制度前的证券市场有很多相似之处。1991 年以前,台湾地区股票市场上的投资者以散户为主,1990 年,台湾散户成交量占到股票市场总成交量的 96.9%,岛内法人占 3%,外资法人仅占 0.1%,而截至 2012 年年末,中国大陆股票市场个人账户数为 17 064.47 万户,占到股票账户总数 16 998.74 万户的 99.61%,从开户情况看,大陆的股票市场是典型的散户市场。[1] 同时,台湾地区股票市场在 1991 年的市盈率为 32.05 倍,

---

[1] 参见《中国证券登记结算有限公司 2012 年度报告》。

远远高于同期纽约市场的 15.08 倍和伦敦市场的 14.20 倍的市盈率水平,而中国大陆沪深两市股票市盈率自 1997 年实行改革开放一直到 2008 年金融危机之前几乎一直处在高于 30 倍的水平,亦远远高于其他股票市场。

在推行合格境外机构投资者制度之前,台湾地区股票市场价格基本上是受主力庄家影响,散户几乎都是跟着主力庄家进出股票市场。当时台湾地区股票市场每天的成交量只有几百亿元,主力庄家手上握有充裕的资金,基本上可以操控整个股票市场。而在引进合格境外机构投资者制度之后,合格的境外机构投资者更注重对经济基本面的研究,台湾地区股票市场受主力庄家操控的局面发生了改变。

从台湾地区的经验来看,外资选股非常注重基本面因素。这些外资进入台湾地区股票市场后,往往首选的是大盘股、龙头股及有价值和成长性的股票,而不会去考虑炒作性很强的股票。虽然刚刚进入的外资短期内赚不到钱,甚至还会有亏损,但是外资投资方向的选择具有很强的引导作用,他们的投资理念将市场导向了健康的方向,使得台湾地区的股票市场从盛行投机逐步转向投资有价值的股票。1991 年台湾地区股票市场的平均市盈率为 32.05 倍,是同期纽约股市和伦敦股市市盈率水平的两倍,但是到了 2001 年 10 月,台湾地区股票市场的市盈率已经与纽约和伦敦非常接近了。事实证明,合格境外机构投资者的投资选择是正确的,它们最终都获得了不菲的收入,而原先主导市场的主力庄家们却损失惨重,纷纷退出了台湾股市。[①]

在 1996 年加入摩根斯坦利(MSCI)指数以前,外资进入台湾地区的数量是很小的,主要原因就在于台湾股票市场并未被计入绩效评比指标。在台湾地区加入 MSCI 指数之后,情况发生了很大改变,1996 年 4 月的"MSCI 指数效应"后的首个交易日的成交额达到了 770 亿元新台币,当月总成交额也达到了 2 万亿元新台币。

2013 年 6 月,MSCI 开始考虑将中国内地 A 股纳入其指数体系。MSCI 在做出这样的决定时,通常考虑的因素有人均生产总值、市场深度和市场流动性、当地政府管制、已察觉的投资风险、对外国投资者的所有权限制和资本管制以及投资界的广泛认同等因素,而目前 A 股被列入 MSCI 指数的主要障碍不在规模等定量因素,而是在于投资环境、政策等一些制度因素,如非流通比例、基础数据的获得、国外投资者持股比例限制、信息披露质量、公司治理、监管政策、资本账户自由化、汇率等因素。

台湾地区外资管理所实行的合格境外机构投资者制度,在初期吸引外资进入台湾地区资本市场时期具有重要的作用,不仅扩大了岛内企业的筹资渠道,同时还负责控制资本的进出,维持岛内市场的稳定。在台湾地区引进合格境外机构投资

---

① 参见曾怡祯. 从全球自由化看台湾金融服务业之发展[J]. 台湾经济研究月刊,2002(2).

者制度的初期,即1991年至1995年,台湾证券市场与纽约、伦敦市场的相关性还比较小;在引进合格境外机构投资者制度的第二阶段,即1996年至1999年,台湾证券市场与国际证券市场的相关性有所提高;到了2001年,台湾证券市场与纽约证券市场的相关系数达到了0.682,与伦敦证券市场的相关系数达到了0.785,这表明台湾地区的股票市场受到的纽约和伦敦市场的影响越来越大,证券市场的国际化程度不断提高。毫无疑问,合格境外机构投资者制度不仅开启了境外资金进入台湾地区资本市场的大门,同时对减缓外部冲击、维持金融市场的稳定也功不可没。

与台湾地区极为相似的是,首次获准进入中国大陆的合格境外机构投资者也是来自欧洲和日本的机构,而并非全球最有实力的美国投资机构。出现这种情况的可能原因是,在引进合格境外机构投资者的初期,往往存在较多的限制,因而能够获准进入市场的外资资金较少。美国本身的市场就比较大,相对而言,欧洲、日本本身的市场比较小,资金需要寻找新的渠道进行投资,因而相对美国的资金会更加积极。根据台湾地区的经验,在市场的开放到一定程度之后,美国的机构投资者便会纷纷进入。

从1991年开放合格境外机构投资者进入台湾地区证券市场,直到2001年11月,台湾当局共核准合格境外机构投资者投资台湾地区证券市场的申请(包括首次和再次申请)1985件,其中共核准596家合格境外机构投资者投资台湾地区股票市场,核准金额为2300亿美元。合格境外机构投资者的成交金额和持股比例也不断上升,截至2002年9月,持股比例占同期市场总值的9.49%,交易金额占总成交额的比重也在8%左右波动,已经成为台湾地区资本市场的重要力量。台湾地区股市在合格境外机构投资者的推动下,逐步由一个投机性强、波动性大的封闭市场转变为相对稳定、受到全球投资者重视的开放性市场。

(三)台湾地区实行合格境外机构投资者制度对中国大陆的启示

从台湾地区的经验来看,推行合格境外机构投资者制度,引进合格的境外投资者主要能给证券市场的发展带来四个方面的有利影响。

1. 稳定股票市场

在1997年亚洲金融危机爆发之前,合格境外机构投资者对台湾股票都是买入,因而被看作是理性并且投资经验丰富的投资者,其买入的股票通常会吸引更多其他投资者,进而会提升整个台湾股市的信心。在1997到1998年亚洲金融危机期间,大部分合格境外机构投资者坚持长期投资的理性观念,在危机中并没有进行大量的抛出,才使台湾地区证券市场得以保持基本稳定的局面,从而避免了金融危机的严重影响。

根据"台湾证监会"的公布的数据,截至2003年6月,台湾地区已核准702家合格境外机构投资者对台湾证券市场进行直接投资,累计汇入净额为416.4亿美元,而境外个人投资者的投资净额为 75.2 亿美元,总计汇入 491.6 亿美元。制度实行期间,合格境外机构投资者对台湾股票的持股比例基本保持在 76% 以上,1999 年甚至高达 95.3%,境外个人投资者也处在类似的持股水平,这表明外资进入台湾地区后主要从事股票的投资,而非从事外汇投资操作,这对台湾地区股票市场起到了极大的稳定作用。

2. 改善股市投资结构

1991 年,台湾散户投资占股票市场总投资的 96.9%,岛内法人占 3.0%,外资法人仅占 0.1%,是标准的散户市场,并且当时股市的涨跌一般取决于少数大户。在推行合格境外机构投资者制度后,由于国外合格的专业投资机构更为注重经济基本面情况,除 1997 年金融危机期间,其他时候对台湾股票均是买入多于卖出,从而提升了岛内外投资者投资台湾股票市场的信心。2003 年 6 月,外资法人成交量占台湾股市总成交量的比重达到 7.7%,岛内法人达到 12.3%,散户则下降为 79.9%。合格境外机构投资者制度实施的十余年间,台湾岛内法人投资占总成交值的比重提高了 6.5 倍,使得台湾股票市场的结构得到明显改善。

3. 降低上市公司股票的市盈率

在合格境外机构投资者制度实施的过程中,台湾地区股票市场的市盈率也逐渐接近国际水平。1991 年台湾地区证券市场的股票市盈率为 32.05,高于同期纽约市场 15.08 和伦敦市场 14.20 的水平,而到了 2001 年 10 月,台湾与纽约市场的市盈率水平已经非常接近了。

4. 活跃交易市场

在实施合格境外机构投资者制度之前,台湾地区的股票市场较为封闭,与国际性证券交易市场的关联度也不高,合格境外机构投资者制度的推行和境外资金的汇入直接推动了国际投资者在台湾地区证券市场的交易,同时也激发了岛内投资者进行交易的积极性。台湾地区推行合格境外机构投资者制度的转折点是加入摩根斯丹利指数。MSCI 指数具有客观性、公正性、实用性、参考性、机动性等特点,获得了国际机构法人的广泛认同,为投资者提供了重要参考,几乎所有的投资机构都根据这一指数来安排在世界各证券市场的投资。美林证券的一份调查报告指出,在北美与亚洲,有超过 90% 的资产管理公司参考 MSCI 指标,在欧洲大陆,亦有超过 50% 的基金经理以此作为绩效参考指标。

开放合格境外机构投资者对证券市场的投资在促进证券市场国际化的同时也会引入潜在的国际金融风险,但是台湾地区推行合格境外机构投资者制度的经验表明,合格境外机构投资者在台湾地区应对亚洲金融危机过程中发挥了巨大的作用,另外,随着大陆证券市场规模的不断壮大、抗风险能力的逐渐提高以及监管当局的有效监管,完全可以对实行合格境外机构投资者制度的潜在风险进行有效防范和化解。

目前中国大陆监管当局对进入中国证券市场的合格境外机构投资者的资产托管人、交易委托人和资金汇出入等施加了诸多限定,建立了证监会、外汇管理局、中国人民银行全面审慎监管,证券交易所和证券结算机构交易结算监管和托管商业银行、受托证券公司协助监督的多方位、多层次的分工合作的监管格局。《合格境外机构投资者境内证券投资管理暂行办法》将合格境外机构投资者纳入中国大陆的法律监管中,形成了对合格境外机构投资者的综合监管体系。在这种情况下,中国大陆可以借鉴台湾地区的经验,循序渐进地推行合格境外机构投资者制度。

1. 逐渐放宽对合格境外机构投资者的资格要求

国际金融市场上,合格境外机构投资者尤其是中国香港地区、新加坡、韩国等地的机构投资者,往往因中国大陆的资产规模、经营年限、世界排名等方面较高的限制被大陆市场拒之门外。根据台湾地区的经验,大陆应放宽对合格境外机构投资者的资格要求,在对合格境外机构投资者进行审核时着重审核其资信状况和投资经营理念,择优批准进入。

2. 逐渐放宽对单个合格境外机构投资者的投资额度限制,对合格境外机构投资者的总投资进行比例管理

最初开放时,台湾地区证券市场上合格境外机构投资者所占比例为总市值的2%,考虑到大陆证券市场的规模,该比例可以高于2%,并随着证券市场的发展而逐渐提高,直至取消对投资总额比例的限制。

3. 逐渐放宽对合格境外机构投资者汇入汇出资金的限制

对合格境外机构投资者汇出入资金进行限制虽然能够避免国际游资对证券市场的不利影响,但同时也降低了合格境外机构投资者资金的流动性,限制了一部分追求资金流动性和实现资金有效配置而非投机的机构投资者进入。参考台湾地区的经验,大陆可以在资金的汇入时间、数量以及汇出期间、汇出方式等方面设置相对严格的限制,之后再逐步将条件放宽,同时降低本金汇出期间的限制,并采取征收一定利息股息税的税收政策。

4. 实施差别持股比例限制,逐步放宽合格境外机构投资者投资上市公司的股权比例限制

对不同产业实行有差别的持股比例限制,如对公共事业、影视传媒等部门可以设置相对于普通上市公司更低的比例限制,以利于这些产业借助外资的发展。对于合格境外机构投资者关注的非限制性行业领域也可以适当放宽股权比例限制,为上市公司吸收国际资金和国际战略投资者创造条件。

第四节　国际短期资本流动的规模和影响因素分析
——泰国的情况和启示

在各国资本账户自由化过程中，无可回避的一个问题是国际短期资本的流动。近年来，伴随资本账户自由化进程，短期国际资本流动给发展中国家，特别是新兴市场经济国家带来了巨大的金融风险和金融危机，其中泰国是一个典型的例子。如何准确度量国际短期资本流动的规模及其影响因素，并防范其可能造成的风险，是各国政府决策者面临的紧迫任务。

一、国际短期流动资本概述

（一）国际短期资本的界定

国际资本流动是指一国居民向另一国居民提供投资、贷款或购买财产所有权在国际的流动。学术界对国际短期资本流动的界定有不同看法。金德尔伯格（1937）以投资者的动机为标准将国际短期资本流动划分为投机型、收入型、平衡性和自主型四种类型。李翀（2004）认为，短期资本流动的偿还期限要根据国际流动性强弱来划分。田宝良（2003）以时间为标准将国际短期资本界定为使用期限在一年或一年以下的国际资本，具体包括银行资金、贸易资金、保值性资金、投机性资金等工具。综合以上学者的定义，这里将国际短期资本定义为以投机为目的，使用具有高度流动性和敏感性金融资产为载体，在国际市场上能随时改变流动方向的资本。

（二）国际短期资本流动工具

国际短期资本一般通过现金、活期存款凭证及各种票据，如商业票据、大额定期可转让存单、短期国债等信用工具来进行。在转移方式上，它们通常借助于电话、电报、传真、电子网络等现代通信手段来实现，所以转移速度很快。具体方式包括：贸易资本流动、银行资本流动、保值性资本流动和投机性资本流动。

一般的传统意义上的国际短期资本流动工具仅限于短期票据和证券，但是近年来，由于金融创新和金融工具之间的可替代性增强，一些长期的投资工具也具有了很高的流动性。由于证券交易市场的高度发达使得一些长期投资工具成为短期工具的替代品，因此，在国际货币基金组织出版的《国际收支手册（第五版）》中，将国际收支平衡表中的资本和金融账户下的国际资本流动分为直接投资、证券投资、其他投资三类。其中，证券投资是指在国际货币市场或国际证券市场购买的短期票据、中长期债券、股票或票据的行为。国际短期资本流动工具包括短期票据、短期债券、股票和各种衍生金融工具。

(三)国际短期资本流动市场

以往国际短期资本流动的主要市场是银行间同业拆借市场、外汇市场、票据市场、股票市场和债券市场。在近年来发生的国际金融危机中,国际短期资本流动的市场扩大到衍生金融工具市场,如股指期货市场。

在国际短期资本流动市场方面,需要特别注意到,造成投机冲击风波的短期资本流动往往是在两个或者两个以上的市场同时发生,即不同市场之间存在联动效应。在1997年的亚洲金融危机中,国际投机者在泰国现汇市场和期汇市场同时进攻,当金融危机蔓延到香港地区时,国际投机者采取组合冲击方式,向货币市场、股票市场和期货市场同时发起多头进攻。

(四)国际短期资本流动的影响因素

20世纪90年代后,大量的资本流入一方面对经济有推动和促进的作用,另一方面也给金融稳定带来负面影响。章和杰(2002)认为,资本账户的开放将导致国际游资流入和国内资本外流,加剧股市的波动和风险,容易诱发金融危机。Kumhof(2004)指出降低利率是抑制国际短期流入的最好因素,但是提高利率会对本国的经济产生过于复杂的影响。Fleming(1962)研究认为,物价水平和汇率只影响贸易账户而利率只影响资本账户,国际资本流动在浮动汇率制度下对利率更加敏感,并且随着汇率的变动而变动。Kenneth A. Froot(1998)研究了44个国家的国际证券投资,并发现市场的收益率与国际证券投资资本的流入是正相关的。Sutana Thanyakhan(2008)指出国内生产总值、工资率以及通货膨胀率都与外国直接投资显著正相关,是刺激外国直接投资流入目标国的驱动因素。Suttacheep(2007)表示造成经济危机的因素之一是太快消除对资本流入的管制。另外,金融改革的不足以及缺乏监管和管理也是相关因素。Binici, Hutchison, Schindler(2010)对74个国家研究了如何有效进行资本账户的限制,认为资本管制不仅会影响资本的流入流出,也会影响资本流动的结构。

(五)国际短期资本流动的风险及防范工具

对于国际短期资本流动可能引起的风险,已经有诸多的理论分析。其中被关注的最直接也是最严重的风险是对本国汇率制度的冲击,具体的引发过程是:外汇市场恐慌——本币贬值,相应的美元汇价飙升——银行债务危机——外汇储备减少甚至枯竭——外资抽逃——宏观经济全面恶化——被迫放弃原来的汇率制度——金融市场全面动荡。

在上述国际短期资本流动引发风险的过程中,有几个重要趋势值得关注:(1)受某种因素的吸引,国际短期资本有可能突然大量流入,这种流入有时是伴随总资本流入发生的,有时是单独发生的。(2)受某种因素刺激,短期资本在短期内会发生大量的流出,即流动趋向发生逆转。(3)流入的速度相对缓慢,流出的速度极为迅速。(4)在流向发生逆转时,有明显的导火索。

因此,对国际短期资本流动风险防范的工具设计的主要目标是:(1)控制国际短期资本流动的总量和规模。(2)控制国际短期资本的流向,避免突发性的逆转。(3)减少国际短期资本的流动灵活性和反应程度。(4)避免引起国际短期资本流向逆转的导火索。从下面对泰国国际短期资本流动的分析中,我们可以看到以上各方面内容的具体表现。

二、泰国国际短期资本流入的渠道和规模测算

(一)泰国国际短期资本流入的渠道

国际短期资本流入泰国金融市场的渠道具有多样性,既能通过经常项目渠道也能通过资本账户渠道进入,同时一部分隐蔽的资本流入则反映在误差与遗漏项目中。

1. 通过经常项目渠道流入

(1)货物与服务。进出口贸易是短期资本流入流出泰国一种方式。亚洲金融危机之后,泰国出口额逐年上升,从1997年的567.25亿美元上升到2010年的1936.56亿美元。由于泰国的制造业比较发达,外向型出口企业众多,所以货物贸易净额是经常账户波动的主要因素,而经常账户变成顺差是出口带动经济增长的后果。

(2)投资收入。20世纪90年代以来,泰国投资收益一直持续逆差,从2001年逆差为-37.07亿美元,一直增加到2010年逆差为-140.19亿美元。受到泰铢预期升值的影响,2007年,泰国实现投资收益流入56.97亿美元,增长了71%。

(3)经常转移。根据泰国外汇政策,泰国居民每年可以汇出国外的外汇不能超过1000万美元,同时,从国外携带进来的泰铢数额不受任何限制。从1999年起,外国对泰国的经常转移逐年增加,特别是在2004年和2005年,该科目收入分别增长了97%和86%。

2. 通过资本账户渠道流入

(1)直接投资。泰国直接投资额一直以来保持着顺差,而外商直接投资在泰国资本流动中占着很大的比例。投资规模的扩大推动了泰国出口的快速增长,从1997年的38.82亿美元上升到2007年的113.30亿美元,10年里增长了192%。2006年以来,泰国央行对短期资本流动采取控制措施,泰国外商直接投资反而大幅度增加。2007年,泰国的外资流入量增长了19.7%,从2006年的9.72亿美元上升到30.17亿美元。

(2) 证券投资。亚洲金融危机后,泰国证券资本的流入逐年增加。从2000年的59.43亿美元上升到2006年的968.91亿美元。从2004年起,股本证券的流入在证券投资额中占据很大的比例,从2004年的70.64亿美元上升到2005年的748.63亿美元。2010年,证券投资额已经占资本账户的60%,达到18年来的最高净额。

(3) 其他投资。其他投资主要包括短期的贸易信贷、贷款、货币与存款等。1997年起,其他投资额一直保持逆差,从1997年的−121.99亿美元降到2007年的−33.15亿美元,随后,其他投资额就呈现出顺差趋势。另外,2000年以来,泰国短期贸易信贷额几乎显示为净流出。2004年和2005年泰国短期贸易信贷流入额分别达到338.70亿美元和1 627.92亿美元,流出额分别达338.56亿美元和1 653.45亿美元,增长了大约380%,成为影响短期外债波动的重要因素。

3. 通过净误差与遗漏项目渠道流入

一部分国际投机资本通过货币走私、地下钱庄、国际银行离岸机构等渠道流进泰国,这些资本主要反映在"净误差与遗漏"项目中。1993年之后一段时期是泰国资本外逃最为严重的时期,泰国净误差与遗漏账户余额连续6年逆差并且余额逐年上升。2004年以后,泰国净误差一直呈现顺差趋势,从2005年的59.21亿美元上升到2008年的103.44亿美元,直到2010年又转为逆差,为−7.13亿美元。

(二) 泰国国际短期资本流动规模的测算

国际短期资本流动可以分为正常的短期资本流动和隐蔽与非法的短期资本流动。正常的短期资本流动规模通过对国际收支平衡表上的资本与金融账户下的借款期限为一年以下的部分测算,主要包括证券投资中的货币市场工具(资产与负债)以及其他投资中的短期贸易信贷、短期贷款、货币和存款、短期其他资产、短期其他负债。

目前国际上对隐蔽和非法短期资本的测算通常采取以下三种方法进行估计,见图9-1。直接测算法是由Cuddington(1986)首先提出,认为误差与遗漏可以替代隐蔽短期资本流动。[1] 间接测算法在1985年的《世界银行工作报告》(World Bank,1985)中提出,通过采用国际收支平衡表中的四个项目剩余部分之和计算。[2] 克莱因法是由克莱因(Cline,1987)提出,将外国直接投资中的其他收入和经常项目中的旅游收入计入到隐蔽性资本中。[3]

---

[1] 直接法资本流动净额=BOP反映的国际短期资本流动净额+国际收支账户中的误差与遗漏项目。
[2] 间接法隐蔽性资本流出=−(外国直接投资净流入+外债增加−储备资产的增加−经常项目逆差),公式前面加个负号为了使资本流动净额为正数代表资本流入,资本流动净额为负数代表资本流出。
[3] 克莱因法隐蔽性资本流出=−(外国直接投资净流入+外债增加−储备资产的增加−经常项目逆差−旅游和边贸收入−其他资本收入)

以上三种计算方法各有利弊,虽然都能够反映泰国短期资本流动的趋势,但不一定能够较准确地测算出实际的短期资本流动的规模。首先,直接测算法忽略了泰国国际贸易和外商直接投资的部分。泰国作为一个出口国,贸易在经常账户中占着很大的比例,同时,泰国对外资依赖性很大,外资是带动经济发展的重要因素。因此,直接计算法存在低估的可能。其次,间接测算法的测算口径过宽,扩大了短期资本流动的规模。如图 9-1 显示,在 1995 年、1998 年和 2007 年,间接测算法反映的资本规模要大于直接测算法的规模,说明长期资本是被包括在这一规模里面的。另外,间接测算法也无法反映经常项目下以虚拟交易进行的资本流动。最后,与其他两个方法比较,克莱因测算法数据结果的波动最大。旅游业是推动泰国经济的一个关键因素,也是外汇收入的主要来源。外国对泰国的经常转移逐年增加,而侨汇是经常转移的一个重要部分,可以说旅游收入和其他收入是短期资本的重要来源。因此,克莱因法在一定程度上能反映一国的汇率制度变化对资本流动的影响,及其资本流动的趋势和规模。基于以上三种测算方法,本部分分析将采用由克莱因法计算出来的泰国短期资本规模净额进行实证分析。

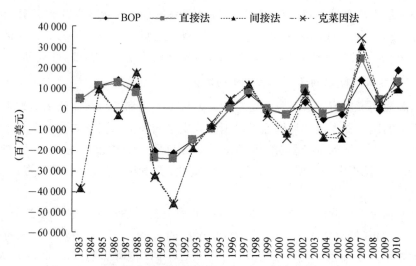

图 9-1 隐蔽与非法短期资本测算(三种方法的计算结果对比图)

数据来源:泰国中央银行网站(www.bot.or.th)。

表 9-5 三种方法测算的 1993—2010 年泰国国际短期资本流动

(单位:百万美元)

年份	BOP 资本流动净额	直接法资本流动净额	间接法资本流动净额	克莱因法资本流动净额
1993	4 721	4 246	−38 919	−38 839
1994	10 812	10 605	9 152	8 137

(续表)

年份	BOP资本流动净额	直接法资本流动净额	间接法资本流动净额	克莱因法资本流动净额
1995	13 599	12 120	−3 079	−3 122
1996	10 182	7 197	17 385	16 997
1997	−20 987	−24 183	−32 358	−33 226
1998	−21 905	−24 720	−46 035	−46 823
1999	−15 552	−15 526	−19 164	−19 037
2000	−9 383	−10 067	−8 363	−6 718
2001	299	−24	4 076	4 524
2002	7 131	8 525	11 565	11 121
2003	−513	−395	−2 218	−3 870
2004	−2 567	−3 227	−12 265	−14 468
2005	3 069	9 159	8 358	5 759
2006	−5 352	−3 032	−14 091	−13 337
2007	−2 957	112	−14 292	−11 362
2008	13 805	23 707	30 207	34 401
2009	−791	3 972	1 386	3 963
2010	18 713	12 625	9 514	10 094

表9-5显示,总体来看,泰国表内表外的短期资本变动方向和趋势大致相同,无论是流入规模还是流出规模都呈现出不断扩大的趋势。资本账户的完全开放和高利率政策吸引了大量的国际资本的流入。1994年至1996年间,大规模的短期资本流入主要是以银行贷款为主,直接投资和证券投资仅占GDP的1%左右。1994年泰国短期外债在一年内增长了80%,占外债总余额的比例为52%,其中银行短期外债占很大的比例。由于过多的资本流入使得泡沫经济逐步形成,最终导致了1997年金融危机爆发。当年泰国隐蔽性资本流出达到300亿美元左右,随后短期资本外流逐渐减少。1997年至2000年是泰国的资本外逃最为严重的阶段。

亚洲金融危机之后,泰国经济在浮动汇率的制度下开始恢复增长。2001年至2010年国际短期资本净流入、净流出交替出现。资本流入泰国的规模发生了变化,流入形式也发生了从银行贷款转移向以直接投资和证券投资为主的转变。同时,外债规模有所下降,从1997年的382.94亿美元下降到2004年的190.60亿美元,2000年到2009年间,外债规模占GDP的比例保持在30%—40%的水平,同时其他部门的短期外债占整个短期外债很大的比例。2001年起,直接投资与证券投资的流入规模逐年上升而其他投资的流出规模逐年下降。2005年至2006年,由于持久和大规模的资本不断地流入泰国,加之2006年资本账户和经常账户同时出现盈余,导致泰铢过度升值。2006年年底,泰国央行对短期资本流入进行管制,使得 2006 年和 2007 年表内表外的短期资本出现外流。2008 年是泰国短期资本流动方向发生逆转的年份,由于当年年初泰国央行取消了对泰国短期资本流入的限制,使得泰国短期资本内流急剧增加。2008 年是 18 年以来短期资本内流最多的年份,数量达到 340.00 亿美元左右。2009 年受到世界金融危机以及国内政局动荡的影响,泰国的 GDP 增长率为 −2.3%,短期资本大幅度减少,从 344.01 亿美元降到 39.63 亿美元。之后,随着经济增长的恢复,短期资本流动也逐渐增加上升到 2010 年的 100.94 亿美元。

三、泰国国际短期资本流动影响因素的实证分析

(一) 变量的选取

国际短期资本流动带有很大的逐利性和避险性,对一国宏观经济的短期变动比较敏感,而影响短期资本流动的因素有很多。首先,一国的经济状况会影响国际短期资本流动,同时经济增长和资本流动是相互影响的。其次,通货膨胀是衡量经济是否稳定的一个重要指标,当本国和外国的物价差增大时,会减少外国资本的流入,增加国内资本的流出。再次,国际贸易活动引起了资本从一国流向一国。当贸易顺差较低时,短期资本就流入国内,而贸易顺差较高时,短期资本就流出国外。另外,根据定价套利理论,资本流动以利率为导向。利率上升,则资本流入量增加,同时导致股指下降,从而引起本国货币的即期升值。汇率变化的不可预测性往往给投资者带来很大风险。预期本币升值和利率上升双重的驱动因素会更加驱使国际短期资本流入,获利后又迅速撤离,对本国股票市场的发展带来不利影响。

综上所述,本部分的分析选取一些重要的宏观经济指标变量,如汇率波动率、消费物价水平,以及实体经济如泰国贸易额作为解释变量,这样可以增加模型的解释力。因此,在已有文献的基础上,将参考变量设定为 GDP 增长率、泰美两国利率差、通货膨胀率、汇率波动率、股票指数以及泰国贸易等,选取的数据样本为泰国 2001—2010 年季度数据。在此基础上,将泰国国际短期资本流动的影响因素的模型设定为(各个变量指标和意义见表 9-6):

$$SCF_t = C + X_1 IRP_{t-1} + X_2 CPIR_{t-1} + X_3 SIR_{t-1} + X_4 GDPR_{t-1} \\ + X_5 VOL_{t-1} + X_6 TRADE_{t-1} + e \tag{9-1}$$

表 9-6 各个变量指标和意义

标识	指标	说明
SCF	泰国国际短期资本流动	克莱因法资本流动净额
IRP	利率平价变量	$IRP = I - I^* - (F - E)/E$。I 代表泰国汇率,$I^*$ 代表美国利率,F 代表远期汇率,E 代表即期汇率。

(续表)

标识	指标	说明
CPIR	消费物价指数	泰国物价水平同比变动率
SIR	股票指数的收益率	泰国股票 SET 指数同比变动率
GDPR	经济增长率	GDP 增长率
VOL	泰铢汇率波动率	泰铢汇率的标准差
TRADE	贸易总额	泰国贸易总额占国内生产总值的比例

数据来源:泰国中央银行网站(www.bot.or.th),泰国股票交易所(www.set.or.th)和国际货币基金组织网站 www.imf.org/external/index.htm。

(二)实证结果及分析

为了避免伪回归现象的出现,首先对模型中的 7 个变量进行时间序列的平稳性检验。结果显示,每个变量在 1‰ 的置信水平条件下都是平稳的,因此可以直接进行回归分析,回归分析结果见表 9-7 和表 9-8。

表 9-7　单位根检验结果

变量名称	ADF 检验值	1%临界值	5%临界值	10%临界值	结论
Y 水平值	-6.280101^*	-3.610450	-2.938990	-2.607930	平稳
IRP 水平值	-3.461544	-2.625600	-1.949600	-1.611590	平稳
CPIR 水平值	-4.136138^*	-3.621023	-2.943427	-2.610263	平稳
SIR 水平值	-4.697989^*	-3.621023	-2.943427	-2.610263	平稳
GDPR 水平值	-4.296286^*	-3.615590	-2.941150	-2.609070	平稳
VOL 水平值	-7.364703^*	-3.610453	-2.938987	-2.607932	平稳
TRADE 水平值	-4.639014^*	-4.211868	-3.529758	-3.196411	平稳

注:* 表示含有截距项,趋势项、滞后阶数的选择由 Eviews 6.0 根据 AIC 最小化原则自动选取。

表 9-8　泰国国际短期资本流动影响因素的最小二乘回归结果

变量	模型 1	模型 2	模型 3	模型 4
C	0.13093	0.11615	0.10998	0.12476
	(1.45385)	(1.52820)	(2.23719)	(2.85222)
IRP	0.06748^{**}	0.05428^*	0.04247^*	0.03913^*
	(2.11360)	(1.86711)	(1.78389)	(1.69320)
CPIR	-0.03133^{**}	-0.03082^{**}	-0.03193^{**}	-0.03033^{**}
	(-2.31805)	(-2.33140)	(-2.47691)	(-2.41135)
SIR	-0.64997^{***}	-0.67319^{***}	-0.70615^{***}	-0.67763^{***}
	(-2.69066)	(-2.96238)	(-3.22016)	(-3.17236)

(续表)

变量	模型 1	模型 2	模型 3	模型 4
GDPR	0.00515	0.00520	0.00456	
	(0.64949)	(0.71180)	(0.67844)	
VOL	−0.02997	−0.03909		
	(−0.23804)	(−0.32514)		
TRADE	−0.15150			
	(−0.48769)			
调整 R	0.16233	0.182904	0.19451	0.20659
D.W 值	1.84104	2.139583	2.14889	2.12449

注：括号内为 t 值，* 表示在 10% 的置信水平下显著，** 表示在 5% 的置信水平下显著，*** 表示在 1% 的置信水平下显著。

以上的结果显示，IRP、CPIR 和 SIR 在 4 个模型里都显著，并且符号保持一致，说明这三个变量比较稳健，是影响泰国国际短期资本流动的最为关键的因素。而 GDPR、VOL 和 TRADE 对泰国国际短期资本流动没有显著影响。

分析显示：

第一，利率平价变量与短期资本流入有显著的正向关系。预期泰铢升值和泰美利差是吸引国际短期资本流入的原因，泰铢升值的趋势使这些短期资本既可以分享泰国的资本升值，也可以从泰铢升值中获利。而大量短期资本的持续流入，又进一步加剧泰铢升值预期，因此，这是一种自我强化的循环过程。另外，在国际经济交往中，美元货币的使用一直占据很大的比例，因此两国之间的利差是影响国际短期资本流入的一个重要因素，具体情况见图 9-2。

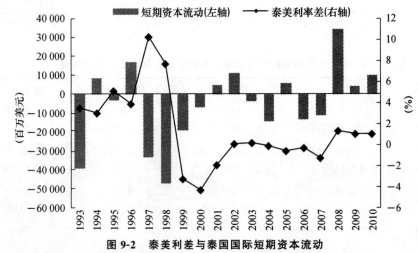

图 9-2　泰美利差与泰国国际短期资本流动

数据来源：泰国中央银行（www.bot.or.th）。

第二,通货膨胀率与短期资本流入有显著的负向关系。影响物价水平的因素可以通过经常账户下的国际贸易和资本账户下的资本流动两个途径发挥作用。泰国进出口贸易在经常账户占有很大的比例,为了减轻泰铢升值的压力,通过降低进出口产品价格可以使得泰国物价水平下降。另外,大规模的短期资本流入会使泰国外汇储备增加,造成泰国货币流动性过剩,使得泰铢升值的压力越来越大,进一步加剧了通货膨胀,具体情况见图9-3。

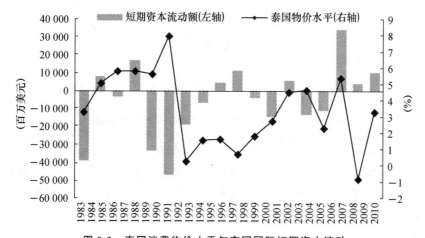

图 9-3 泰国消费物价水平与泰国国际短期资本流动

数据来源:泰国中央银行(www.bot.or.th)。

第三,短期资本流入与股票收益率有显著的负向关系,这是由股市高度的流动性和短期资本的投机套利出逃的动机决定的。泰国股票市场的开放以及高收益率一方面推动了股市上涨,另一方面也形成外国投资者的"羊群效应"。另外,外国投资者对泰国的市场情况不够了解,往往与泰国投资者处于信息不对称的状态。而短期资本在短时间内对投机预期的变化非常敏感,容易发生逆转,难以监管。当这些短期逐利资本意识到泡沫破裂,则迅速逃离泰国,导致股市的下跌,增加了股市的波动。股票收益率与短期资本有一个互相影响的过程,存在内生性问题。短期资本流入的增加导致泰国收益率升高,同时,因为收益率越高,风险越大,这又导致短期资本流出。因此,国际短期资本的流入在活跃泰国股票市场的同时也加剧了股票市场的不稳定性,具体情况见图9-4。

第四,经济增长对短期资本流动只是起着基础性的作用,对资本规模的变动没有很大的影响,资本规模的变动受短期资本流动的逐利性和投机性的影响。

第五,泰国贸易虽然在经常账户占着很大的比例,是拉动经济增长最主要的原因,但是在短期内对期资本流入没有影响,在长期内可能会有促进作用。

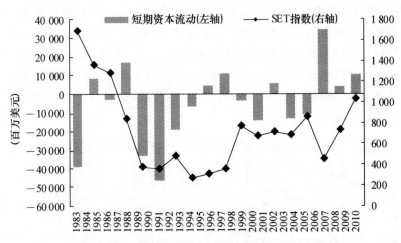

图 9-4 泰国股票价格指数与泰国国际短期资本流动

数据来源:泰国股票交易所(www.set.or.th)。

第六,泰铢汇率波动与短期资本流动没有显著的相关关系。这可能是由于泰国央行对外汇市场进行干预,更加关注泰国货币币值的稳定,从而使得泰铢汇率更加稳定,没有出现很大的波动。

(三) 相关的政策对策及其对中国的启示

资本账户的自由化导致大量国际短期资本通过隐蔽和非法渠道进入泰国。实证结果显示,利率平价变量、通货膨胀率和股票指数收益率是影响泰国国际短期资本流动的重要因素。泰国在逐步融入世界经济体系的过程中,如何使国际短期资本流动为泰国带来更多收益而不是带来更多风险,政府机关部门如何有效建立协调与控制机制以全方位防范国际短期资本的冲击,将是泰国今后发展道路上面临的重大课题。以下政策对策对于泰国可能具有参考价值。

1. 加强宏观经济运行的稳定性

泰国作为一个开放型国家,通过大量吸引外资来拉动经济发展。将国际利率与国内利率保持在合理利差内,有助于减少本国资产对外投资者的吸引力,进而减少资本的过度流入。另外,采取适当的宏观调控政策来控制金融资产的泡沫扩张有助于减轻资产价格的上涨压力。因此,泰国需要保持一个良好的宏观经济基本面和投资环境作为吸引外资的条件,以促进经济平稳运行和持续较快发展。

2. 加强对短期资本流动的管制

泰国的外汇储备从 2000 年的 319.33 亿美元上升到 2010 年的 1 656.56 亿美元,意味着资本流入超过流出。此时进行一定程度的资本账户管制有助于优化资本账户的结构,例如限制外国投资者与商业银行进行的一些与贸易无关的远期交易或者套利活动,对公共和私人短期借款采取一定的限制等。这将降低泰铢的升值压力,增强货币政策的自主性。同时也应该多鼓励国际长期投资的进入。另外,放宽一些资本流出的限制能给予投资者更多的海外资产投资选择,有助于优化国际投资以及证券投资组合,提高投资的收益率。

3. 加强金融监管力度

金融体系的稳定和效率对一国经济的发展具有很大的作用。泰国金融监管的制度应该以风险管理为核心,严格金融机构的市场准入条件,防范短期资本通过银行体系的漏洞对泰国金融稳定形成冲击。另外,各国政府在经济政策实施上有很大的差异性,这可能会引起国际间的套利行为,引发国际游资,因此,各国政府需要与周边国家一起合作与协调,以加强监管的有效性。

4. 完善本国汇率制度

泰国经济对外依赖度比较高,汇率制度深刻影响到泰国的经济发展。为防止泰铢受到外部因素影响而剧烈波动,泰国可以建立一个泰铢汇率动态稳定机制,以"自我调整"的汇率制度改革方式来维持泰株汇率的稳定以及完善泰铢汇率形成机制。另外泰国央行可以对汇率制度中的目标区间和货币篮子实行"周期性管理",根据适应泰国国际贸易模式的变化来调整篮子货币组成及权重。

中国在经济发展的过程中一直保持着经常项目和资本账户"双顺差"。虽然中国对资本流入采取了较宽松的政策,对资本流出采取了较为严格的管制措施,但是总体资本流动规模不断增大。近年来,大规模资本的不断流入导致中国经济过热,人民币不断升值,资产价格上升。总体上来说,中国对资本管制比泰国要严格得多。因此,在吸取泰国的经验方面,为了抑制国际短期资本流动的不利影响,中国政府一方面应该对国际短期资本的流入流出进行有效的管制,以防范影响中国外汇市场的稳定以及金融市场的发展;另一方面也要加强银行体系抵御风险的能力以及完善人民币汇率形成机制;同时,要注意防范国际短期资本的大规模资本外逃的风险。

参 考 文 献

[1] 巴曙松. 借鉴台湾引入 QFII 的市场进程[J]. 中国大陆投资,2003(8).

[2] 毕雯. 国际短期资本流动对中国金融安全的影响及防范——基于泰国金融危机的比较研究[D]. 西南财经大学硕士论文,2008.

[3] 曹贺芳. QFII 制度与我国资本市场发展[J]. 郑州航空工业管理学院学报,2003(2).

[4] 陈依萍. 台湾地区资本账户开放程度之实证研究[D]. 台湾东华大学硕士论文,2002.

[5] 戴志敏,胡剑. 关于中国证券市场实施 QFII 制度的冷思考[J]. 商业研究,2003(20).

[6] 第一银行. 台湾开放外资投资国内证券市场之历程与展望[J]. 第一产经信息,2003(7).

[7] 丁浩,许长新. 泰国1997年金融危机与2006年金融动荡背后的经济模式分析[J]. 亚太经济,2007(4).

[8] 董入芳,赵宝福. 中国实施合格的外国机构投资者制度的利弊与对策[J]. 辽宁工程技术大学学报,2003(2).

[9] 郭晓晶. QFII—中国资本市场开放的前奏[J]. 技术经济,2003(7).

[10] 韩德宗,葛西城. 中国台湾地区的QFII制度及其启示[J]. 国际金融研究,2002(10).

[11] 韩骏,韩继云. 泰国新金融震荡原因分析及对我国的启示[J]. 南方金融,2007(2).

[12] (韩)三星研究院. 2012年韩国经济的主要任务[J]. 当代韩国,2012(1).

[13] 江怡蒨. 由台湾加入WTO论国际资本移动及开放资本市场之影响及因应之道[J]. 产业金融季刊,2000(109).

[14] 李翀. 短期资本流动的成因、效应与风险[M]. 北京:人民出版社,2004:1—8.

[15] 李峰. 金融发展,金融结构变迁与经济增长研究:以泰国为例[D]. 西北大学博士论文,2010.

[16] 李锐. 合格外国机构投资者(QFII):台湾与内地制度之比较[J]. 武汉金融,2003(3).

[17] 刘洁慈. 台湾与大陆开放外国人投资证券之比较[J]. 证券暨期货管理,2003(5).

[18] 刘金钵. 论QFII的有效实施策略[J]. 电子科技大学学报(社科版),2003(4).

[19] 刘金钵. 我国实施QFII制度的对策分析[J]. 嘉兴学院学报,2004(1).

[20] 刘伟生,朱远颂. QFII对我国证券市场影响的深层次思考[J]. 山东纺织经济,2003(6).

[21] 陆娇萍. 试论台湾的QFII制度[J]. 财经论坛,2004(1).

[22] 朴春远. 全球金融危机与短期外债对韩国外汇市场的影响[J]. 企业导报,2011(16).

[23] 钱思敏. 两岸外国人投资现况分析[J]. 台湾经济研究月刊,2003(26,3).

[24] 唐青生. 对我国证券市场实施QFII制度的几点思考[J]. 经济问题探索,2003(11).

[25] 田宝良. 国际资本流动——分析、比较与监管[M]. 北京:国际金融出版社,2003.

[26] 田新时,毛洪云. QFII制度对我国证券市场的影响及对策分析[J]. 科技进步与对策,2003(12).

[27] 王宁. QFII制度与中国证券市场[J]. 南通职业大学学报,2003(4).

[28] 吴芸. 法令松绑,促进外人投资一九十二年度侨外商投资法令之放宽[J]. 国际投资季刊,2004(18).

[29] 张磊. QFII制度与中国渐进资本开放[J]. 金融与经济,2003(7).

[30] 张明. 从泰国金融动荡看资本管制和汇率政策[J]. 中国外汇,2007(3).

[31] 张亚斌,郑军. QFII制度:台湾经验及对中国大陆的启示[J]. 湖南商学院学报,2003(3).

[32] 张亚斌,郑军. QFII制度:台湾经验及对祖国大陆的启示[J]. 国际经济合作,2003(3).

[33] 张在澈. 全球金融危机与韩国经济[J]. 当代韩国,2009(春季号).

[34] 章和杰. 中国开放资本市场发生金融危机的机理研究[D]. 改革,2002(3).

[35] 周济. 金融风暴对亚洲及台湾经济影响[J]. 经济情势暨评论,1998(4).

[36] 周效东,汤书昆,程进. QFII与我国资本市场的渐进式开放[J]. 科学学与科学技术管理,2003(8).

[37] 卓凤莉. 浅析 QFII 制度瓶颈[J]. 科技与管理,2004(1).

[38] Binici, M.; Hutchison, M.; Schindler, M. Controlling Capital? Legal Restrictions and the Asset Composition of International Financial Flows. *Journal of International Money & Finance*, 2010, 29:666—684.

[39] Cline, William R. Introduction and the Problem and Policy Responses. in Donald R. Lessard; John Williamson. , *Capital Flight and Third World Debt*. Institute for International Economics, 1987:28—60.

[40] Cuddington, John T. Capital Flight:Estimate,Issue and Explanations. Princeton Studies in International Finance, 1986(No. 58).

[41] Flemming, J. M. Domestic Financial Policies under Fixed and Floating Exchange Rates. IMF Staff Papers, 1962(9):123—133.

[42] Jongwanich Juthathip. Exchange Rate Regimes, Capital Account Opening and Real Exchange Rates: Evidence from Thailand. Departmental Working Papers, 2010.

[43] Kenneth A. Froot. The Portfolio Flows of International Investors. *Journal of Financial Economics*, 1998, 59(2):151—193.

[44] Kindleberger, C. *International Short-term Capital Movements*, Columbia University Press, 1937.

[45] Kumhof, M. Sterilization of Short-term Capital Inflows—through Lower Interest Rates? *Journal of International Money & Finance*, 2004, 23(7):1209—1221.

[46] Menkhoff Lukas, Suwanaporn Chodechai. 10 Years After the Crisis: Thailand's Financial System Reform. *Journal of Asian Economics*,2007(18,1):4—20.

[47] Sangsubhan Kanit. Managing Capital Flows: The Case of Thailand. ADB Institute Discussion Paper, 2008(No. 95,03).

[48] Suttacheep Nawaporn. *Impact of Capital Account Liberalization on Economic Growth: Case Study of Thailand and Malaysia*. Erasmus University Rotterdam, 2007.

[49] Thaicharoen Yunyong, Ananchotikul Nasha. Thailand's Experience with Rising Capital Flows: Recent Challenges and Policy Responses. BIS Papers, 2009(No. 44).

[50] Thanyakhan,S. The Determinants of FDI and FPI in Thailand: a Gravity Model Analysis. Lincoln University, 2008.

[51] The World Bank. *World Development Report* 1985. World Bank and Oxford University Press, 1985.

第十章

资本项目开放与人民币国际化

本章导读

近年来,人民币国际化发展到了什么程度?我国资本项目开放程度与人民币国际化进程有什么关系?从主要国际货币发行国的经验来看,资本项目开放对实现货币国际化能起到怎样的作用?本章将尝试对这些问题做出回答。第一节介绍了货币国际化的概念以及如何度量货币国际化程度,在此基础上,分析了人民币国际化的现状和前景。第二节从理论角度出发,分析了资本项目开放对实现货币国际化的作用,并分析了我国在资本项目管制下推动人民币国际化的模式的特点和不足。第三节回顾了英镑、美元、德国马克以及日元实现货币国际化的过程,分别对其成功的经验或失败的教训做出了探讨,以此来体现对于货币国际化而言,资本项目开放的重要意义。

第一节 引 言

一、货币国际化概念及国际化货币的度量指标

（一）什么是国际货币

货币的价值是由发行国的法律强制赋予的,在金本位制度下货币当局承诺使用其所发行的货币可以兑换一定数量的黄金,在信用货币制度下法律要求居民必须接受以法定货币所进行的货物交易或债务清偿,然而,如果超越了国境,一国法律不再有效力,在经济活动中使用哪种货币就完全是市场选择的结果。跨越国境使用一国货币,就是该种货币的国际使用,表10-1介绍了主权货币国际使用的主要用途。如果一种货币的国际化使用水平达到了一定的程度,该货币就成为国际货币。

表 10-1　国际货币的主要用途

用途	私人用途	官方用途
交易媒介	外汇市场交易货币，国际贸易、国际金融交易货币	外汇市场干预货币
计价单位	国际贸易和国际金融交易的计价货币	钉住的名义锚
价值储藏	外汇资产	外汇储备

（二）货币国际化水平的度量指标

目前，主要有三种方式可以度量货币国际化的水平。这三种方式各有特点，在国际货币的研究中，主要使用第二种方式。

第一种方式，通过统计境外流通的货币数量以及流通范围来衡量一国货币的国际化程度。这种方法的优点在于形象直观，缺点是数据不易获得，因此在学术研究中很难采用。首先，大量的本国现金往往通过国际旅行、边境贸易等方式流向国外，货币当局难以统计（李瑶，2003）。其次，大量的广义货币是在离岸金融市场中进行交易，所以不在本国银行系统的监控之内，也就无法获得准确的统计数字。由于难以获得统计数字，本国货币在境外的流通数量往往只能通过计量手段进行估算，如 Porter(1993,1996)，Judson(2012)。

第二种方式是统计货币在各个国际领域中的使用水平。国际货币可能被应用于国际贸易、国际借贷、外汇资产计价以及国际外汇市场等多个领域中。首先，在私人使用方面，可以通过计算各种货币在当年全部国际贸易以及各种国际金融交易①中的使用比例来衡量该货币的国际化水平，尤其是国际债券市场计价的数据，由于数值较大、可靠性较高而常被使用。其次，国际货币的私人使用可能会加剧汇率的波动，为了稳定汇率，政府需要储存一定的国际货币，也就形成了该国政府的外汇储备。因此，国际货币外汇储备的数量，反映了各国官方对一国货币稳定程度的认可，也是体现该货币国际化程度的重要指标。此外，外汇市场交易量也是一项重要指标。无论是国际贸易还是国际投资，最终都要到外汇市场上兑换货币，因此外汇市场的交易量综合反映了货币的各种国际使用的总量（张光平，2011）。对各个指标的综合考察，有助于全面衡量各种货币国际化的程度，因此这一方式在国际货币的研究中被广泛使用。

第三种方式是将上述各种指标利用加权平均的方法构造货币国际化指数。如人民银行人民币国际化课题组（2006），Thimann(2008)，中国银行发布的跨境人民币指数（Cross-border RMB Index，CRI）和离岸人民币指数（Off-shore RMB In-

---

① 比如直接投资、国际借贷、国际债券交易等。

dex,ORI 等①。这种方式将多元指标体系浓缩为一个简洁的指数,更加清晰明了,但不利于读者全面了解货币国际化在不同层面的进展。

二、人民币国际化前景及现状

(一)人民币国际化必要性

近年来,我国在国际贸易、对外投资等多个领域均取得了快速发展,在全球市场中的地位越来越重要。根据 BVD-EIU Country Data 宏观经济数据库,若以购买力平价汇率来计算,我国的经济总量早在 2002 年便已经超越日本,按照名义汇率计算也在 2010 年实现了超越,成为世界第二大经济体。在国际贸易方面,目前我国已成为世界第一出口大国以及世界第一贸易大国。在国际投资方面,如图 10-1 所示,按照 Lane(2012)的计算,我国对外净资产占 GDP 的比例也从 20 世纪 90 年代的负值上升到 2011 年的 20%以上。

图 10-1 我国对外净资产占 GDP 比例

尽管如此,我国企业、个人和政府在国际贸易和投资中仍主要以别国货币作为计价和结算工具,这使得我国各方的经济利益受到了主要国际货币发行国货币政策的直接影响。长期来看,由于主要国际货币存在贬值趋势,将给我国企业、个人和政府造成巨大的经济损失,这种损失将随着我国经济的日益崛起和对外融合程度的不断提升而不断加大。在下文中,本文将对损失程度进行一个粗略的估算。

首先,对于我国外贸企业而言,在国际贸易中使用美元产生了巨大的兑换成本。不妨以 2011 年为例进行一个粗略的估算。根据 2012 年《中国统计年鉴》,

---

① 关于中国银行跨境人民币指数和离岸人民币指数的具体介绍和时序数据,可参考中国银行人民币国际化指数网页:http://www.bankofchina.com/fimarkets/cri/。

2011 年全年出口 18 984 亿美元,进口 17 435 亿美元,总量达 36 419 亿美元。根据中国外汇交易中心数据,2011 年人民币相对于美元持续升值,从年初的 100 美元兑换 663.49 人民币升值到年末的 100 美元兑换 630.09 人民币,全年升值幅度约 5.3%。按照 2011 年 12 月 30 日中国银行公布的现汇买入价和现汇卖出价,100 美元兑换人民币成本为 2.515 美元。为了便于计算,做以下假设:(1) 我国进出口贸易完全采用美元来计价及结算;(2) 货币兑换的成本由进出口企业平分[①];(3) 除了兑换价差外不包含其他汇兑手续费。由于无论是进口商还是出口商,都要使用国际货币作为媒介进行交易,都要参与人民币与美元的兑换,因此,2011 年 36 419 亿美元的外贸总量,就为外贸企业带来了 457 亿美元的汇兑成本,约占外贸总额的 1.3%。其次,出口方由于收到了日益贬值的美元,还要承担汇率风险。我们假设:(1) 进出口企业没有使用远期合约进行汇率风险对冲操作[②];(2) 全年的出口额平均分布在每个月的月初。如图 10-2 所示,由于 2011 年人民币全年一路升值,幅度达到 5.3%,对出口商而言,由于收到不断贬值的美元而损失了 18 984×5.3%/12 亿美元,即 83.85 亿美元。总之,由于使用美元作为交易媒介,2011 年我国外贸企业付出了超过 500 亿美元的交易成本。

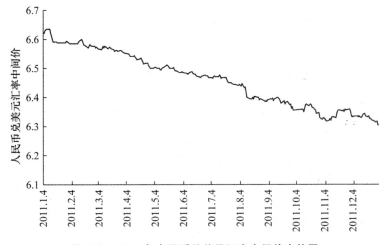

图 10-2　2011 年人民币兑美元汇率中间价走势图

数据来源:中国外汇交易中心。

此外,我国政府所持有的大量外汇储备,由于美元贬值而蒙受了巨额损失。仍以 2011 年为例,从表 10-2 可见,在 2010 年年末中央银行持有 28 473.38 亿美元,按照外汇中间价计算,只考虑美元贬值因素,由于人民币升值 5%,全年损失高达

[①] 货币兑换成本即外汇买入价和卖出价的差价。
[②] 我国许多外贸企业外汇管理的意识还比较淡薄,另外也缺乏相应的知识和技能。

人民币1509.33亿元。

表10-2　我国历年外汇储备

年份	外汇储备（亿美元）
2000年年底	1 655.74
2001年年底	2 121.65
2002年年底	2 864.07
2003年年底	4 032.51
2004年年底	6 099.32
2005年年底	8 188.72
2006年年底	10 663.44
2007年年底	15 282.49
2008年年底	19 460.30
2009年年底	23 991.52
2010年年底	28 473.38
2011年年底	31 811.48
2012年年底	33 115.89
2013年年底	38 213.15
2014年年底	38 430.18
2015年年底	33 303.62

资料来源：国家外汇管理局。

综上所述，随着我国在全球经济中的地位持续上升，有必要促进人民币在国际交易中获得与我国经济实力相称的国际化水平。否则，我国的进出口企业、个人、政府都将不得不承担日益沉重的成本。

（二）人民币国际化前景

现有研究货币国际化的文献，通过理论研究、实证检验等方式，普遍认为以下四项是影响货币国际化程度最主要的因素。

第一，货币发行国经济总量。许多实证文献证实，经济总量的提升与货币国际化程度的提高之间存在正向的关联。例如，Eichengreen(1996)发现，发行国GDP每增长1%，该国货币在各国官方外汇储备中的比例将提高1.33%。Chinn和Frankel(2005)检验了1973年至1998年主要国际货币的数据，发现经济总量与该国货币在官方外汇储备中的比例存在显著的正向关系。李稻葵(2008)也得出了类似的结果。一些经济学家对内在机制进行了分析，普遍认为经济总量对货币国际化程度的影响机制是间接的。例如，Kindleberger(1967)认为纸币是没有价值的，只有当国际使用者对某种货币的发行国的经济实力有信心，才会对该货币的购买力有信心。Krugman(1984)认为只有当某国的经济总量很大的时候,该国才能够广泛地参与国际市场交易,在这种情况下该国货币有可能形成较大的"网络效应",因此较大的经济总量是货币国际化的一个必要条件。

第二,币值稳定性。对于一种国际货币而言,币值稳定性体现在对内稳定性和对外稳定性两方面。反映对内稳定性的指标是通货膨胀率,反映对外稳定性的指标是汇率的波动率。实证文献显示,对外稳定性对于维护货币的国际地位十分重要。例如,Cohen(1971)指出,在19世纪英镑的汇率最为稳定,这对其他国家的使用者而言很有吸引力。Aliber(1966)发现,20世纪中期欧洲主要主权货币汇率频繁波动,这为美元后来居上创造了有利条件。宋敏(2011)通过实证方法研究了1975年至2007年主要国际货币的数据,也得出了类似的结论。对内稳定性也是维护货币国际地位的重要因素。Magee(2010)发现发达国家的通货膨胀率较低,在国际贸易中也多以发达国家货币计价。Devereux(2004)利用一个两国一般均衡模型,指出出口企业倾向于选择货币政策较为稳定的国家货币作为计价货币。Kamps(2006)发现欧盟成员国中通货膨胀率高的国家,以欧元计价的比例越低,而在欧元区成立后,统一、稳健的货币政策降低了欧元区的通货膨胀率,使得欧元作为计价货币的比例显著提升。

第三,金融市场规模和效率。Cohen(2012)指出,金融市场的深度和广度对货币国际化起着极为重要的作用。金融市场的广度体现在金融市场的规模大小,以及金融工具的数量多少;金融市场的深度则体现在金融市场的效率高低,这又取决于相关法律制度的完善程度,以及金融从业机构、人员的业务水平。规模大、效率高的金融市场能够为市场参与者提供丰富的金融投融资证券以及避险工具,而规模小、效率低的金融市场则可能给市场参与者带来更多的系统性风险,增加了交易成本(Tavlas,1992)。菊地悠二(2002)指出,在日元国际化进程中,日本金融市场的发展水平相对滞后于其他主要国际金融市场,并没有能够为日元国际化提供有力支持。

第四,金融市场开放程度。对于货币国际化而言,除了金融市场的广度和深度之外,金融市场的开放度同样重要。Bergsten(1976)指出,资本管制程度低的金融市场能为国际货币持有者提供最大限度的确定性信息,从而降低货币的交易成本,反之,如果金融市场对外开放程度有限,不但会提高国际投资者持有本国货币的成本,而且不利于外国中央银行持有本国货币资产作为外汇储备。

就人民币国际化而言,学界普遍认为,中国的经济规模和长期增长趋势将为人民币国际化提供强大动力。Eichengreen(2011)认为,中国庞大的经济总量有助于中国形成规模庞大、产品丰富的金融市场,这将在未来形成更大的优势。Maziad(2012)指出,随着经济崛起,中国已经成为世界第二大贸易体,这将增强人民币在国际使用中的吸引力。Subramanian(2011)定义了一种考虑了 GDP、贸易和对外债券等因素的广义经济优势,他认为中国的广义经济优势在 2010 年已经超过了美国,由此他认为人民币国际化的条件已经比较成熟。Kessler(2012)认为,随着一国经济的崛起,该国货币也很可能会成为其他国家钉住的"锚货币",他们利用一组包含新兴市场经济体的样本进行了实证分析,结果显示人民币正逐渐成为一种"锚货币",东亚地区正逐渐出现一个"人民币区"。此外,国内外许多学者利用既有国际货币的数据,通过计量工具估算出国际货币地位的估算方程,对人民币未来的国际地位做出了预测,总体来讲,预测的结果普遍比较乐观。Chen(2007)根据全球主要国际货币的历史数据对国际货币的决定因素进行了计量研究,并以此预测人民币未来在储备货币领域可以达到与日元和英镑相近的水平。宋敏(2011)的实证模拟结果认为到 2030 年,人民币在储备货币领域将超过英镑和日元,未来将成为可以与美元、欧元相提并论的第三大国际货币。李稻葵(2008)、曹远征(2013)等也得到了类似的结论。

但也有学者指出,中国金融市场的发展水平依然较低,资本项目开放程度不足,这二者将成为人民币国际化的主要障碍。Cohen(2012)指出,货币国际化的前提包括高度的市场流动性和对资产价值的可预见性,因此一个发育良好、对外开放程度高的金融市场的存在是一项必要条件,此外,他还指出,国际货币必须拥有广泛的交易网络,这要求该国既具有巨大的经济规模,又要与世界市场相连,Cohen 认为由于中国金融市场发展水平和金融开放程度都有所欠缺,只依靠经济规模不足以使人民币具有很高的国际地位。Prasad(2012)、Frankel(2012)、Kawai(2011)、Bottelier(2011)等也提出了类似的观点。

(三)人民币国际化现状

目前,人民币国际化的水平依然较低。在 2009 年之前,人民币国际化基本可以忽略不计,近年来取得了快速发展,特别是在贸易结算方面,已经初具规模,但在国际金融资产计价、官方外汇储备等方面距离美元、欧元、日元等货币仍有明显差距。

首先,在国际贸易结算方面,人民币国际化取得了巨大成绩。在 2009 年之前,人民币跨境使用主要限于边境贸易,数额有限且难以统计。2009 年之后,人民币在国际贸易计价中的使用规模日益增长。中国人民银行最早在《2011 年金融统计数据报告》中发布了跨境贸易人民币结算金额,如图 10-3 所示,2011 年该数字为 2.08 万亿元,到 2015 年激增为 7.23 万亿元。与日元相比,根据闻琳瑞(2011)的统计,自 20 世纪 90 年代以来,日元在日本进口总量中所占的比例在 30% 到 40% 之间,不妨记为 35%,在对外出口总量中所占的比例维持在 40% 左右。按照世界贸易组织的数据,在2013年,日本进口总量为9 342亿美元,出口总量为7 945亿美元,这样分别就有价值约3 270亿美元的进口额和约3 180亿美元的出口额是以日元计价,共计约6 450亿美元,折合人民币约4万亿元左右,不及同期的人民币结算金额。①

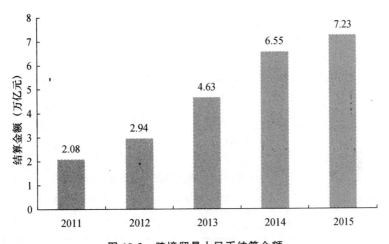

图 10-3　跨境贸易人民币结算金额

数据来源:整理自中国人民银行历年《金融统计数据报告》。

其次,在金融资产计价方面,人民币与主要国际货币相比仍有较大差距。如图10-4 所示,按照保守口径进行估计,2011 年以美元计价的债务达到了约 5.5 万亿美元,以欧元计价的债务价值达到了约 2.8 万亿美元,以日元计价的有 0.676 万亿美元,三者一共占全球总量的 82.6%。而直到 2007 年 7 月,香港市场上才出现了以人民币计价的国际债券,发行金额 50 亿元人民币,此后经历了高速增长,到 2011年年底规模达到了 1 400 亿元人民币,约为同期日元债券规模的三十分之一。

另外,在国家外汇储备方面,人民币同样相形见绌。根据公开报道,马来西亚、菲律宾、韩国、柬埔寨等国将人民币纳入了外汇储备当中,2012 年日本政府也购入了少量中国国债。但截止到 2015 年年底,人民币作为一种国际储备货币,地位一直较低,未能被国际货币基金组织纳入到相关数据库的的公布范围中。人民币作为一种国际储备货币,其地位尚未得到国际普遍认可。

除以上三项指标外,还可考察人民币在国际外汇市场中的交易比例。国际清算银行提供的《三年期央行报告》中提供了相应的数据,由于外汇市场正反方向计算了两次,所以每一栏相加总和为 200%。具体数字请见表 10-3。

---

① 由于日元在没有日本参与的国际贸易中使用程度较低,因此不予考虑。

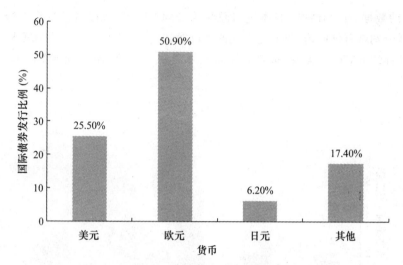

图 10-4　2011 年全球主要货币国际债券发行比例

数据来源：欧洲中央银行报告《The International Role of the Euro：2012》。

表 10-3　国际外汇市场各币种交易比例　　　　　　　　（单位：%）

	1998 年	2001 年	2004 年	2007 年	2010 年	2013 年
美元	86.8	89.9	88.0	85.6	84.9	87.0
欧元	无	37.9	37.4	37.0	39.1	33.0
日元	21.7	23.5	20.8	17.2	19.0	23.0
英镑	11.0	13.0	16.5	14.9	12.9	12.0
人民币	0.0	0.0	0.1	0.5	0.9	2.0

数据来源：国际清算银行。

2009 年前人民币国际化程度很低，2009 年之后取得了长足进步。目前，人民币在跨境贸易结算方面已经达到了较高的国际水平，但与其他主要国际货币相比，在国际金融资产计价、官方外汇储备、国际外汇市场交易等方面还有较大差距。

第二节　资本项目开放是推动人民币国际化的关键因素

一、我国资本项目管制现状

资本项目又称资本和金融账户，包括居民和非居民间资产或金融资产的转移，是财富以资本的形式进出国门的通道。资本项目不是单独的一个账户，按照国际货币基金组织的分类，资本项目包含资本和货币市场工具、衍生工具和其他工具、信贷业务、直接投资、直接投资的清盘、不动产交易、个人资本流动等 7 大类，这 7 大类又可按照不同类别以及资本流入流出两个方向分为 43 项。

第十章 资本项目开放与人民币国际化

各国在具体管理资本项目的过程中，普遍根据当时的本国国情和国际形势做出了制度安排，对资本项目下的货币流动进行管制。管制又可分为是否允许自由兑换，以及允许兑换之后是否对具体交易进行管制，比如征税或者配额限制等。

开放资本项目是一把双刃剑。一方面，资本项目开放有助于一国吸引外资，也有助于该国投资者在全球范围内进行资产配置，从而分散风险和提高收益率；但另一方面，也可能会给本国带来巨大的风险。Magud 和 Reinhart(2006)总结了发展中国家政府对于资本项目开放的"四怕"：害怕大规模资本流入给货币带来升值压力，使得净出口下降、本国就业和产业受损；害怕大规模资本流入导致本国资产泡沫或者信贷泛滥，引发金融体系不稳定；害怕热钱出入无常，大规模资本外逃引发本币遭受贬值危机；害怕资本开放的环境下，若想要稳定汇率，就不得不放弃货币政策自主权。各方面历史证据显示，这样的担心是有道理的，尤其是对于宏观经济不稳定、金融体系欠发达的国家，由于盲目开放资本项目而导致金融危机的教训屡见不鲜。

出于防范金融风险、保持货币政策独立性等多方面的考虑，我国一直实行了比较严格的资本管制措施。在实现了经常项目自由化之后，放松资本项目管制的进程出现了多次波折，目前，资本项目的管制程度依然较高①，具体措施请见表10-4。从该表中我们可以看出，对于规模大、流动性强的"资本和货币市场工具"类、"衍生工具和其他工具"类、"信贷业务"类交易，我国都实行比较严格的控制，特别是对短期流动性很强的"货币市场工具"项，一直实行严格管制。实行这些措施的初衷，就是为了将跨境流动的资金数量和流动速度控制在政府的监控和管理下，防止资本跨境流动过频过大，降低发生金融危机的可能性。

---

① 在计划经济体制下，外汇是稀缺资源，完全在国家掌握当中，自由流动无从谈起。1993年党的十四届三中全会通过了《中共中央关于建立社会主义市场经济体制的若干决定》，其中在第19项"加快金融体制改革"中首次明确提出，"逐步使人民币成为可兑换的货币"。1996年我国接受了国际货币基金组织的第八条款，意味着经常项目的完全开放。但在当时，对于是否在不久之后开放资本项目存在很多的反对意见。时任外汇管理局副局长的吴晓灵(1997)发表文章指出，我国财政、税收制度问题比较多，因此开放资本账户后很可能会有资本大量流动，而且当时还处于转轨阶段，微观经营主体缺乏灵活应对资本流动的机制，开放资本账户对企业经营不利影响较大，另外当时金融机构进行风险管理的能力不足，监管机构的监管水平有限。在这些背景下，实行资本项目可兑换是危险而且不慎重的。可以作为补充的是人民银行的韩启东(1998)发表文章指出，开放资本项目会导致资本大量流入可能性增大，会产生人民币升值压力，影响外贸出口；会增加货币供给；推动股市泡沫；对银行业造成冲击。总之，开放资本项目要审慎选择时机。不久之后，由于爆发了1997年亚洲金融危机，我国明确宣布人民币不贬值，支持亚洲国家渡过难关，当时国内发生了广海投破产、海发行关闭等事件，国内金融形势并不稳定，在这种情况下，资本项目开放的进程被中止了。2002年后经济形势好转，重新开始关注资本项目开放，2003年10月党的十六届三中全会上通过的《中共中央关于完善社会主义市场经济体制若干问题的若干决定》中再一次明确提出："在有效防范风险的前提下，有选择、分步骤地放宽对跨境资本交易活动的限制，逐步实现资本项目可兑换。"2005年的十六届五中全会通过的"十一五"规划中，首次将人民币可兑换的进程纳入到国民经济和社会发展五年规划中。但在2008年世界金融危机的冲击下，开放进程又被延宕，"十一五"期间我国并没有大力推动人民币可自由兑换。

表 10-4　我国资本管制框架

	可兑换	有较少限制	有较多限制	严格限制
一、资本和货币市场工具				
1. 买卖股票或有参股性质的其他证券				
非居民在境内购买			√	
非居民在境内出售或发行			√	
居民在境外购买			√	
居民在境外出售或发行			√	
2. 债券和其他债务性证券				
非居民在境内购买			√	
非居民在境内出售或发行			√	
居民在境外购买			√	
居民在境外出售或发行			√	
3. 货币市场工具				
非居民在境内购买				√
非居民在境内出售或发行				√
居民在境外购买		√		
居民在境外出售或发行		√		
4. 集体投资类证券				
非居民在境内购买			√	
非居民在境内出售或发行			√	
居民在境外购买			√	
居民在境外出售或发行			√	
二、对衍生工具和其他工具的管制				
非居民在境内购买				√
非居民在境内出售或发行				√
居民在境外购买			√	
居民在境外出售或发行			√	
三、对信贷业务的管制				
1. 商业信贷				
居民向非居民提供	√			
非居民向居民提供	√			
2. 金融信贷				
居民向非居民提供			√	
非居民向居民提供			√	

（续表）

	可兑换	有较少限制	有较多限制	严格限制
3. 担保、保证和备用融资便利				
居民向非居民提供			√	
非居民向居民提供			√	
四、对直接投资的管制				
1. 对外直接投资				
A. 创建或拓展完全由自己拥有的企业、子公司或全额收购现有企业		√		
B. 对新建或现有企业的入股			√	
2. 对内直接投资				
A. 创建或拓展完全由自己拥有的企业、子公司或全额收购现有企业	√			
B. 对新建或现有企业的入股		√		
五、对直接投资清盘的管制	√			
六、对不动产交易的管制				
居民在境外购买				√
非居民在境内购买			√	
非居民在境内出售			√	
七、对个人资本流动的管制				
1. 贷款				
居民向非居民提供				√
非居民向居民提供				√
2. 礼品、捐赠、遗赠和遗产				
居民向非居民提供			√	
非居民向居民提供		√		
3. 外国移民在境外的债务结算			√	
4. 资产的转移				
移民向国外的转移			√	
移民向国内的转移		√		
5. 博彩和中奖收入的转移			√	
6. 非居民员工的储蓄		√		

资料来源：李婧（2007）。

随着 2009 年人民币迈出了国际化之路，资本项目开放又成为热议的话题，但依然存在较多的反对声。有的学者担心这会导致资本大量外流，如余永定（2012），也有学者担心投机性境外资本会大量涌入,如林毅夫(2013)。[①]

二、开放资本项目管制是实现货币国际化的必要条件

开放资本项目管制是实现货币国际化的必要条件。从货币流动的角度来讲,经常项目和资本项目共同组成了货币跨境流动的渠道,二者互相补充,缺一不可。从更深层次而言,开放资本项目管制能为境外使用者利用离岸金融市场和本国金融市场提供条件,能够降低使用国际货币在投融资、支付清算等方面的交易成本,提升本国货币的国际吸引力。

(一)货币跨境循环渠道

货币跨境循环渠道对于国际货币而言,既是实现货币国际化的需要,也是维持货币国际地位的必要条件。国际货币既需要能够流出发行国,也需要能够流入发行国。

跨境输出国际货币,是国际货币发行国向其他国家输出流动性的必然要求。从长期来看,国际货币发行国的货币当局为了实现一定的货币政策目标,需要不停增发货币。随着货币供应量的增加,其他使用国所持有的国际货币有贬值趋势,这使得这些国家不得不要求获得更多的国际货币。因此,国际货币需要源源不断地从发行国输往境外。

而境外的国际货币能够流回发行国,是确保货币价值的必然要求。在信用货币制度下,货币本身并没有实际价值,货币的价值体现在货币发行国以法律形式强制要求本国境内的贸易和债务交易等可以无限制地使用本国货币。而在国际交易中,由于没有法律强制要求,交易各方并不能保证一定会接受某种国际货币。只有这种货币能够顺畅地流回发行国进行投资或消费,该货币在国际交易中的价值才是可以被确定的,这样的货币才能够在国际交易中被广泛接受。

货币跨境流动有两种渠道:一种是基于商品、服务交易以及净要素回报基础之上的货币流动,另一种是基于金融资产交易基础之上的货币流动,前者称为经常项

[①] 余永定(2012)指出,中国的资本管制使中国在维持人民币汇率基本稳定的同时维持了宏观经济的基本稳定;资本管制可以影响资本流入的数量、形式和结构,使中国尽量减少因币种错配和期限错配而遭受福利损失,由于中国现行财政体系创造的激励机制的方向错误,地方政府常会费很大周折为地方利益大力引进外资;中国M2对GDP之比超过180%,为世界之最,如果中国居民将储蓄存款的15%换成美元资产,流出中国的资金就将高达1万亿美元。这种情况一旦发生,对中国金融体系的冲击将是致命的。总之,放弃资本管制所能带来的好处十分不确定,风险则显而易见。为求万全,中国首先应该加速国内的改革和调整,资本项目自由化不应在中国的改革和调整日程中占据优先位置。林毅夫(2013)则从由要素禀赋决定的比较优势的角度出发,指出外商直接投资是有利的,也是中国享受了的,但信贷投资和短期投资未必能够投入到我国具有比较优势的领域中去。另外时机上很不合适,因为在未来五年、十年,发达国家可能会陷入像日本那样的迷失的十年、二十年,经济发展非常疲软,政府债务的积累非常快,发达国家一定会采用非常宽松的货币政策。在这种状况下,如果像中国这样即将成为世界最大经济体的国家资本账户不设防的话,短期流动资本就很快进入,大进的结果必然是大出,经济就会出现大的波动,甚至是危机的爆发。他指出,我国要顶住国际国内利益集团的压力,不能因为发展水平不如中国的国家开放了资本项目我们就也要开放。

目下的货币流动,后者称为资本项目下的货币流动。为了实现货币国际化,经常项目下的货币跨境流动和资本项目下的货币跨境流动都是必不可少的。如果只依靠经常项目来进行跨境输出或输入本国货币,无法有效地起到向境外提供流动性和保障国际货币价值的作用。

跨境输出货币不能只依赖经常项目。首先,经常项目下的交易均为以货币交换实际商品、服务或要素回报,由于涉及实物的交易,因此该项目下的交易很可能不能立刻发生,这将导致其他国家不能及时获得国际货币,增加了其他国家的等待成本。其次,不利的贸易结构可能制约新兴国际货币国通过经常项目输出本国货币,以日本为例,由于该国大量的进口产品为能源、原材料等大宗商品,而大宗商品的定价采用了更加强势的美元,因此日本难以在进口中大量使用日元,也就难以通过经常项目输出本国货币,见表10-5。最后,新兴国际货币国往往存在经常项目的顺差,这使得该国难以通过经常项目向外大量输出货币。

表 10-5 日本进出口以日元计价的比例   (单位:%)

	1980	1981	1982	1983	1984	1985	1986	1987	1988	1989	1990
出口	29.9	31.8	33.8	40.5	39.5	39.3	35.5	33.4	34.3	34.7	37.5
进口	2.4	—	—	3.0	—	7.3	9.7	10.6	13.3	14.1	14.5

此外,境外的本国货币流回本国也不能只依赖经常项目。境外的本国货币可以通过经常项目流回发行国,但为了更好地实现保值增值的目的,境外货币流回本国后不只需要购买商品或服务,更多的是要投资于低风险、高回报的金融资产,而这是仅靠经常项目下的货币流动无法实现的。

综上,对于货币国际化而言,资本项目下的货币流动既能够跨境输出充足的流动性,也能够在紧急情况下实现货币回流,以维护本国货币的价值。因此,放松资本项目管制能够为本国货币跨境流动提供往来渠道,具有必不可少的作用。

(二)降低交易成本

开放资本项目管制除了能够为货币跨境流动提供渠道以外,还是降低货币国际使用成本的必要措施。为了解释这点,需要从国际货币存在的根源谈起。纵观全球二百多个国家和地区,用于国际交易的货币仅有十几种,其中又仅有几种得到了广泛使用。为何仅有少数几种货币能成为国际货币?这对各国而言有何好处?

回答这个问题必须从货币的使用成本入手(宋敏、赵廷辰,2016)。由于在国际交易中不存在法律约束,故各国使用者在选择使用何种货币时,会将货币的使用成本作为唯一的选择标准,选择成本较低的货币。一般而言,货币的使用成本包括如下四种:第一,为了进行跨国贸易,会发生货币的支付和清算,因此需要投资建设相关的支付清算设备;第二,为了更有效率地配置资本,人们会进行跨国投融资,因此需要金融部门提供相关金融服务,也就产生了服务费用;第三,如果多种货币同时应用于国际交易中,还会发生货币兑换,从而产生货币兑换费用;第四,使用货币还要承担该货币贬值所带来的成本,因此,相对稳定的币值也是一种货币能否成为国际货币的重要条件。鉴于币值的稳定涉及货币政策,不作为本章讨论的重点,本章着重讨论前三种成本。

这三种成本都具有"规模经济"的共同特点,即提供的服务量越大,平均成本就越低。换言之,如果不存在国际货币,多种货币同时应用于国际交易中,则与各种货币相关的金融服务的数量便会很小,导致以下几种成本升高。首先,外汇兑换成本将升高。由于世界上有150个的国家进行双边贸易和投资,如果没有国际货币,将有11 175个双边外汇市场,因此每个外汇市场的规模必然很小。在外汇市场中,如果某人想用人民币兑换美元,他将不得不等到有人想用美元兑换人民币,且因为市场规模小,他等待的时间会较长,如果存在做市商(例如银行),做市商将会收取很高的兑换费用。其次,国际投融资成本将升高。假如每一种货币都有一个与之相对应的国际投融资市场,则每一个市场的规模都很小,这将导致市场的深度和广度不足,金融资产的流动性很低,买入或卖出金融资产不够便利。最后,各种国际清算设备的重复投资将造成浪费。要想完成全球性的支付清算服务,必须投入巨资建设专业的支付清算系统,打造国际清算的基础设施,而按照清算系统的使用规则,一种货币的清算系统无法兼容其他货币。如果各国货币都在国际交易中得到了使用,将不得不为每一种货币建设一套专用的国际清算设备,这种重复投资将造成巨大的浪费。

国际货币的出现降低了使用成本,解决了上述问题。首先,国际货币的出现使得国际外汇市场的数量锐减至150个,每个市场的规模均相应增大。其次,国际投融资集中于少数几个币种的金融市场当中,市场的深度和广度得以大大提升。最后,由于仅有少数几种国际货币能用于国际交易,故只需建设几套全球支付清算系统即可满足需求,每套系统所承担的服务量很大,整体投资较为经济。例如,进入欧元时代后,欧元委员会着手打造了"欧洲统一支付区",节约了设备投资和维护费用。综上,国际货币的存在提升了货币的规模经济,节约了交易成本,使国际交易中的每个参与者均因此而受益。这就是我们为什么需要国际货币的原因。

由此可以推知,国际货币之争的本质是交易成本之争,在相当程度上是规模经济之争。谁具有更大规模经济的货币,谁就将拥有更高的国际地位。开放资本项目,将离岸金融市场和国内在岸金融市场连接起来,可以提高规模经济。由于法律的约束,国内在岸金融市场是一个天然的本币市场,开放本国金融市场,外国人也可以在该市场中融资或投资,同时本国可以将国内的清算支付设备进行升级改造,运用到跨境支付结算中去,这都能降低货币的交易成本。

还需指出的是,开放资本项目后可使本国货币的规模经济得到多大程度的提升,还取决于离岸金融市场和在岸金融市场的规模。首先,建设本国货币的国际离岸金融市场,能提高该货币的规模经济。如果本国货币已经在国际上得到了使用,建设一个针对外国人的离岸金融市场,为非居民提供本国货币的各项金融服务,能够把境外的本国货币集中起来,从而提升货币的规模经济。例如,欧洲美元市场的发展就明显提升了美元的国际吸引力。其次,大力发展国内金融业,扩大金融市场规模,能够提高本国货币的规模经济。在资本项目开放的条件下,国内金融市场的发展水平越高,市场规模越大,金融产品越丰富,流动性越强,就越能节省外国使用者的交易成本。

三、资本项目管制下的人民币国际化

我国自1996年接受了国际货币基金组织第八条款,实现了经常项目下的货币自由兑换,但还保持对人民币跨境交易的管制,中国的商业银行不经营人民币跨境结算业务。在发生国际经贸和投资时,结算是以外币进行。以人民币计价进行结算仅仅局限在与周边一些国家的边境贸易中,根据中国人民银行人民币现金跨境流动调查课题组的统计,截止到2004年,人民币在境外的滞留量仅为216亿元。2008年全球金融危机之后,跨境贸易人民币结算试点的启动为人民币通过经常项目输出奠定了基础。[①] 通过贸易往来的方式,我国进口商支付货款为境外提供人民币,境外进口商购买人民币计价商品实现人民币回流。

然而,按照前文所述,推动货币走向国际化,资本项目下的货币流动是必不可缺的,但由于各种原因,我国放松资本项目管制的进程不可能一步到位。在这种情况下,为了满足境外对人民币的需求,并为境外人民币提供投资渠道,中国政府采取了两方面的措施,由政府来主导人民币的流入与流出。

措施一是通过货币互换为境外提供人民币流动性。2000年东亚、东南亚国家签署了《清迈协议》,商定互相之间可以进行货币互换,以优化各国的外汇储备,增强抵御外部冲击的能力。这一制度安排为我国政府向外部注入人民币流动性提供了平台,根据人民银行货币政策二司的公开资料,我国自2008年12月以来,陆续与韩国银行、香港金融管理局等十几个货币当局签订了货币互换协议,通过互换的方式将人民币输往境外,截止到2013年9月,累计输出人民币超过2.5万亿元。

措施二是推动在香港市场发行人民币债券。境外闲置的人民币资金缺乏投资

[①] 2008年12月,国务院常务会议决定对广东、长三角地区与港澳地区的货物贸易以及广西、云南与东盟的货物贸易进行人民币结算试点。2009年4月8日,国务院常务会议决定在上海、广州、深圳、珠海、东莞等五市首先进行跨境贸易人民币结算试点。2009年7月2日,人民银行、财政部、商务部、海关总署、国税总局、银监会联合发布《跨境贸易人民币结算试点管理办法》,国家允许指定的、有条件的企业在自愿的基础上可以与任意国家以人民币进行跨境贸易的结算并支持商业银行为企业提供跨境贸易人民币结算服务。2011年8月23日,人民银行、财政部、商务部、海关总署、税务总局和银监又又联合发布《关于扩大跨境贸易人民币结算地区的通知》,跨境贸易人民币结算境内地域范围扩大至全国(资料来源:人民银行货币政策二司),http://www.pbc.gov.cn/huobizhengceersi/214481/214511/214692/1196954/index.html。

工具,必然会阻碍人民币成为有吸引力的国际货币。作为境外人民币的集散地,在资本项目管制下,除了经贸往来,香港的人民币难以流回内地,又缺乏投资工具,只能存入银行,然而,根据国际货币基金组织2008年的划分标准,香港采取了货币局汇率制度安排,同时由于香港资本流动高度开放,货币政策与美国趋同,而近年来美国保持了宽松的货币政策,因此香港的人民币存款利率回报较低,这大大削弱了香港离岸市场上人民币的吸引力。2007年7月,国家开发银行在香港发行了票面年利率3%的两年期人民币债券,规模为50亿元人民币。随后几年,中国进出口银行、中国银行、建设银行等政策性银行或大型国有银行,以及汇丰银行、渣打银行等外资银行陆续在香港发行了人民币债券。香港人民币债券的发行,为香港的人民币提供了更多安全优质的投资机会。2011年8月,时任国务院副总理的李克强同志在香港参加国家"十二五"规划与两地经贸金融合作发展论坛时明确提出,支持香港成为离岸人民币中心,拓展香港与内地人民币资金循环流通渠道,增加香港发行人民币债券的境内金融机构,允许境内企业在香港发行人民币债券,扩大境内机构在香港发行人民币债券规模。中央政府在香港发行人民币国债将作为一种长期制度安排,逐步扩大发行规模。如图10-5所示,近年来,在香港债券二级市场上每月交易的人民币债务工具的价值在400亿元至800亿元间波动,约占债券市场的40%。值得指出的是,目前香港市场人民币债券的发行者,仍然主要是中央政府、大型国有银行及国有企业,以及大型跨国公司。

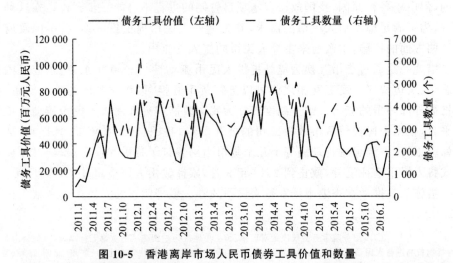

图10-5 香港离岸市场人民币债券工具价值和数量
数据来源:香港金融管理局。

至此,人民币跨境流动的两条渠道已经基本建成:一条是经贸渠道,以香港为结算中心,通过贸易计价结算实现人民币的跨境流动;另一条是资本渠道,通过货币互换输出人民币,在香港建设人民币债券市场吸引境外的人民币向香港债券市场集中,实现人民币回流。在这些措施的推动下,人民币国际化水平取得了长足进步,香港离岸人民币中心建设也有了快速发展。以香港银行系统人民币存款为例,根据香港金融管理局数据,2009年以前存款只有几百亿元,到2014年年底已经达到了约1万亿元,见图10-6。

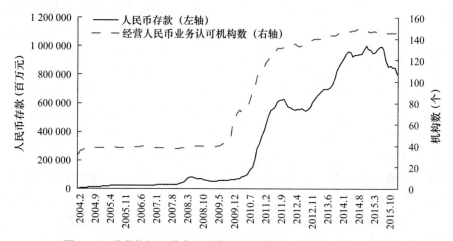

图10-6 香港银行系统人民币存款和经营人民币业务认可机构数
数据来源:香港金融管理局。

四、当前模式的不足

由我国政府主导的,在经常项目下放开跨境贸易人民币结算以及支持香港成为结算中心,在资本项目下推动货币互换并支持建设香港人民币债券市场等措施,推动了人民币国际化的发展。然而,在不开放资本项目管制的情况下,仅仅依靠政府主导,并不能推动人民币实现更深层次的国际化,并且表现出以下几方面的缺陷:

第一,以政府代替市场,可能会导致价格扭曲,资源配置效率低。首先,对于货币互换而言,由于缺乏具有一定规模和流动性的外汇市场,央行之间制定互换利率缺乏市场基础,互换的比率无法真正反映不同货币的稀缺性,作为基准价格就已经产生了扭曲。另外,对于香港人民币债券发行者而言,融资成本可能偏高。2011年时任副总理的李克强访港时表示支持香港建设离岸人民币中心,此后,国有银行发行香港人民币债券除了有融资需要,也有政治需要,这可能使得发行香港人民币债券并不都是利润最大化的市场行为。

第二,规模有限。首先,以2007—2013年为例,央行通过货币互换累计向境外提供了2.34万亿元的人民币流动性,但相比于2012年中国3.6万亿美元进出口总量,二者也不在一个数量级上。另外,对于境外人民币而言,香港人民币债券市场规模有限。财政部、政策性银行、大型国有银行及国有企业能够在境内获得成本较低的资金,没有必要在香港发行大规模债券。2013年4月,香港的人民币债券二级市场交易量达到606亿元人民币,总量有限。境外媒体将香港人民币债券称为"点心债",显示了人民币债券虽有吸引力,但数量不足。

第三,离岸市场发展程度有限,离岸人民币保值增值渠道不足,非居民持有人民币仍以预期人民币升值为主要目的。如图10-7所示,通过观察人民币兑美元汇率与香港银行系统人民币存款量数据可以发现,二者的变化趋势高度一致。2008年上半年人民币升值,同期香港人民币存款数量开始攀升;2008年下半年至2010年上半年人民币汇率相对稳定,同期香港人民币存款数量也维持相对不变;自2010年下半年起人民币进入持续升值轨道,香港人民币存款数量也由不足1 000亿元,升至2014年年底的约1万亿元;但随着2015年人民币的贬值,香港人民币存款总量快速下降,到2016年2月该数字已经跌至约8 000亿元。这一相关关系说明非居民持有人民币仍以获得人民币升值利益为主要目的,侧面说明了境外人民币资产其他的投资渠道相对匮乏。

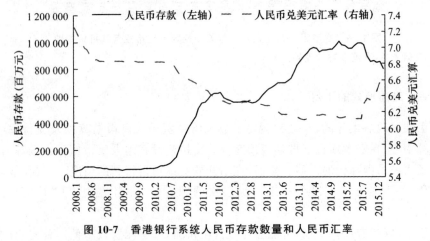

图 10-7　香港银行系统人民币存款数量和人民币汇率

数据来源:香港金融管理局。

第三节　货币国际化历史经验

一、英镑和美元

(一)英镑

英镑的国际化始于1825年英国财政部备忘录,规定英国在殖民地驻扎军队的开支统一采用英镑。英镑的国际化程度在1870年左右达到顶峰(拿破仑三世时期

第十章 资本项目开放与人民币国际化

法郎被英镑抛在后面),直到 1914 年前英镑一直是头号国际货币。第二次世界大战后,随着英国相对国际地位的下滑,英镑也失去了中心国际货币的地位。

在英镑走向国际化并成为头号世界货币的过程中,英国表现出了以下的特点:第一,工业实力强大,是世界最大的经济体和最大的国际贸易国。例如,1860 年,英国的进出口总量占世界的 30%,到 1890 年该数字依然达到 20%。当时英国是海运大国,其海运量占世界海运总量的 60%—80%。第二,金融业发展水平高。1844 年颁布的《银行法》为英国金融业的发展奠定了基础,从此英国的金融行业始终位居世界领先水平,直至今日伦敦依然是与纽约并驾齐驱的世界金融中心。第三,金本位制下英镑币值稳定,可以自由兑换。英国自 1821 年实行金本位制,一盎司纯金值 85 先令,即一英镑含纯金 7.32 克,人们可以按此比例将黄金与英镑自由兑换,对于境外英镑区的人,也可以通过英国金融机构的分支机构实现顺利的回流,这大大增强了人们对英镑的信心,人们认为英镑在价值上与黄金相等,使用却比黄金更加便利(里瓦尔,2001)。

此外,英国开放的资本项目为英镑国际化提供了有力支持。英国一贯奉行自由开放的金融政策,资本能够顺畅地跨境流入流出。例如,在 1913 年之前的 50 年间,英国持有的国外资产价值与全部工商业资本存量相等,这充分显示了英国金融体系高度的对外开放性。而且,英国金融机构广泛地在殖民地开设分支银行,为非居民提供英镑离岸金融服务,英镑离岸金融市场通过资本项目与伦敦金融市场相连,大大提升了英镑的规模经济,降低了英镑的使用成本。

(二) 美元

美元的国际化兴于 1914 年第一次世界大战之后,到 1945 年布雷顿森林体系成立之后达到鼎盛,之后有所下滑,至今仍然是中心国际货币。美元的国际化历程与英国有很大的相似性,也是以强大的经济、金融以及军事实力为后盾,在推行过程中的资本输出和布雷顿森林体系下的美元钉住黄金制度及自由兑换的制度都起到了巨大的推动作用,二者的实现都离不开资本项目的开放。

英镑的国际化过程中遇到了其他货币的有力竞争,尤其是法郎,但在第二次世界大战后一段时期,在布雷顿森林体系下西欧各国普遍保持了严格的资本管制,而德国、法国、日本等国出于各种原因,对货币国际化并不热衷,在经济崛起的过程中并未及时开放资本管制,这都为美元获得并保持中心国际货币的地位提供了良好的条件(Eichengreen,2005)。

进入 20 世纪 80 年代以后,美国的经常项目开始转为赤字,美国由世界上最大的债权国,逐渐转变为世界上最大的债务国。美国通过经常项目赤字,为世界输送了美元流动性,同时通过大规模借债,为境外美元提供了回流的方式,比如建设了庞大的美元国库券市场,由此形成了美元内外循环流通的渠道,美国的国际投资净头寸历史数据见图 10-8。在这个渠道中,美国发达的金融业为美元跨境结算提供了条件,而开放的资本流动是这一渠道的基本保障。

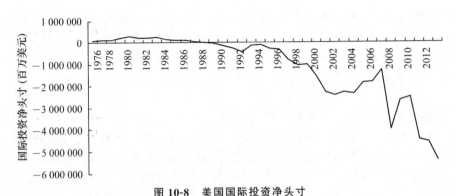

图 10-8　美国国际投资净头寸

数据来源：U.S Bureau of Economic Analysis。

二、德国马克和欧元

欧元是当今世界上的第二大国际货币，地位仅次于美元。欧元的国际化历程要追溯到欧洲货币体系的建立与发展，与德国马克的国际化历史密不可分。

在布雷顿森林体系下，欧洲的对外结算完全使用美元，随着经济实力的复苏，西欧国家试图在国际贸易和投融资中降低对美元的依赖。特别是随着国际资本的流动，美元与马克之间的汇率一度波动较大，外汇市场不稳定性加大。在此背景下，1969 年欧共体国家成立了欧洲经济与货币同盟，1979 年，欧洲货币体系（European Monetary System，EMS）正式成立。EMS 创造了欧洲货币单位（European Currency Unit，ECU），由当时欧共体 12 个成员国的主权货币按照一定权重共同组成，各成员国货币的权重大小由各国经济总量和国际贸易规模所决定。同时，EMS 还建立了稳定汇率的机制，规定成员国以 ECU 为基准，任何两个成员国货币之间的汇率波动不得超过 2.25%。在 EMS 体制下，由于经济总量大，外贸规模大，因此马克在 EMS 一篮子货币中的构成权重最大。又因为币值稳定，钉住马克便成了其他 EMS 货币的最优选择。因此，马克逐渐成为了 EMS 体系的中心货币，自 20 世纪 80 年代后，成为其他 EMS 国家货币的名义锚。在国际社会上，出于同样的原因，国际贸易交易方和国际投资者同样乐意接受马克，国际社会对马克的需求很高，以此为基础发展成当时仅次于美元的第二大国际货币。

当时德国马克的优势主要包括两方面。第一，德国经济实力雄厚，并且是世界第二大贸易体。20 世纪 60 年代，德国 GDP 总量一度跃居资本主义世界第二位，虽然 1968 年之后被日本超过，但一直稳居第三，是西欧经济的火车头。在国际贸易方面，德国在 50 年代超越了日本，长期保持世界第二大贸易体的地位，而且出口产品主要是工业制造品，多样性强。

第二，德国央行具有高度独立性，控制通货膨胀方面的能力被国际广泛认可。早在联邦德国成立前的 1948 年，在《军政府法》关于建立德意志各邦银行的第 1 条中便已明确规定"银行不听命于除法院之外的任何政治团体或者公共部门",在1957年由德国立法机构颁布的《联邦银行法》中,更对央行的决策独立性及人员独立性做出了明确的规定。另外,《联邦银行法》还对德国联邦银行的职责做出了说明,联邦银行协调"货币流通和经济的信贷供给,并以确保货币安全为目标","联邦银行也有义务为联邦政府的一般经济政策提供支持,但前提是这不会影响到其最重要的功能"。20世纪70、80年代,德国通胀率较低,德国马克因其币值稳定而具备了较高的国际吸引力。

但是,德国货币当局对马克国际化的态度并不积极,货币当局认为,德国马克广泛的国际使用应该是金融稳定的副产品,而非一个与之竞争的政策目标。此外,出于对影响货币政策独立性以及对可能造成资产泡沫等情况的担心,德国长期保持着比较严格的资本管制,金融自由化进展缓慢。在此背景下,马克国际化并未取得快速的发展。

然而,20世纪80年代以后,随着全球金融市场自由化的发展,德国的金融市场也逐渐走向开放和现代化。特别是在欧洲各金融市场不断趋于融合,各金融中心竞争加剧的背景下,德国政府采取了一系列开放资本管制、促进金融业发展的措施,有力地提升了德国金融业的开放程度和发展水平,详见表10-6。在这一阶段,德国建立了期货和期权交易市场,便利了国外银行和非银行机构进入德国马克债券市场[1];推出了若干提高德国股市规模和流动性的措施;一些德国股份公司实行国际会计标准,等等。90年代,法兰克福已经成为欧洲最重要的国际金融市场之一,非居民在德国金融市场参与交易的规模[2]和德国居民在国外金融市场参与交易的规模都出现了强劲上升,详见图10-9。

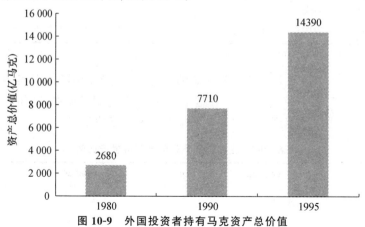

图10-9 外国投资者持有马克资产总价值

数据来源:Frenkel(1999)。

---

[1] 包括授权外国银行在德国的分支机构作为德国的债券发行负责人。
[2] 如非居民对德国货币市场票据、固定收益有价证券和股票的持有量。

表 10-6 德国资本管制措施演变

时间	措施
1971 年 5 月	在美元危机开始之初,重新引入了对在本国货币市场上向非居民出售票据的限制,重新引入了对本国银行向外国存款支付利息的限制
1972 年 3 月	引入了对国外借款的保证金要求
1972 年 6 月	对非居民向居民购买债券进行了限制
1972 年 7 月	将存款准备金率提高到 50%
1973 年 2 月	拓展了对非居民购买本国证券的限制,引入了对居民国外借款的限制
1974 年 2 月	把存款准备金率降低到 20%,解除了对本国居民国外借款的限制
1974 年 9 月	解除了存款准备金要求
1975 年 9 月	解除了对国内银行向非居民存款支付利息的限制,进一步放松了对非居民购买本国债券的管制
1980 年 3 月	允许非居民购买到期日为两年以上的本国债券
1980 年 11 月	允许非居民购买到期日为一年以上的本国债券
1981 年 3 月	允许非居民购买任意的本国债券和货币市场工具
1981 年 10 月	进一步放松了对非居民购买本国债券和货币市场工具的管制
1985 年 5 月	允许在德国的外国银行发行德国马克债券
1985 年 5 月	德国央行允许在资本市场上使用零息债券、浮动利息票据以及互换等金融工具
1986 年 5 月	允许外国银行加入联邦债券财团,向非居民借得外币债务不必再缴纳准备金
1989 年 7 月	德国央行将跨境公开发行证券的最低到期日限制降为两年

资料来源:Tavlas(1991)。

与资本项目管制逐步放松步调一致的是德国马克的国际化程度也在逐渐平稳提高,见表 10-7、表 10-8、表 10-9。在这个过程中,联邦银行原本对德国马克大规模国际使用持有排斥的态度也缓慢而持久地变为不再坚决反对。

表 10-7 主要国际货币国际债券发行比例

	1980 年	1985 年	1990 年	1995 年
德国马克	14.8%	8.3%	12.2%	15.5%
美元	56.9%	63.5%	45.0%	37.9%
日元	3.2%	5.2%	7.8%	12.4%

资料来源:国际清算银行。

表 10-8　主要国际货币国际外汇市场交易比例

	1989 年	1992 年	1995 年
德国马克	27%	40%	37%
美元	90%	82%	83%
日元	27%	23%	24%
英镑	15%	14%	10%
法国法郎	2%	4%	8%
瑞士法郎	10%	9%	7%
其他货币	29%	28%	31%
总计	200%	200%	200%

数据来源：国际清算银行。

表 10-9　德国出口所使用的计价货币比例

	1980 年	1992 年
德国马克	13.6%	15.3%
美元	56.1%	47.6%
日元	2.1%	4.8%
英镑	6.5%	5.7%
法国法郎	6.2%	6.3%
意大利里拉	2.2%	3.4%
荷兰盾	2.6%	2.8%

数据来源：Thygesen(1995)。

三、日元

英镑、美元、德国马克的国际化经验，具有明显的时代特点，很多条件是人民币难以复制的。首先，英镑崛起于金本位制时代，英格兰银行持有充足的黄金储量以维持人们对英镑的信心，第二次世界大战后美国拥有占世界总储量一半以上的黄金储备，这才使得美元钉住黄金、其他货币钉住美元的布雷顿森林体系得以建立，但当今世界进入了信用货币时代，货币国际化不再依赖于黄金储量的多少。其次，第二次世界大战后，美国相对于欧洲的军事和外交实力达到顶峰，这样才能建立布雷顿森林体系，使美元获得统治性的国际地位，这种历史机遇难以重现。此外，德国马克实现国际化离不开欧洲货币体系的建立，而这又离不开欧共体的建立和当时欧洲人希望联合的历史背景，这种与邻国进行货币合作的机遇也是我国很难获得的。与这些货币相比，日元国际化从快速发展再到停滞不前的历史经验更值得我国认真学习。

日元国际化最早起源于 20 世纪第一次世界大战时期。一战爆发后,西欧列强在中国的影响日渐式微,日本趁机于 1910 年(明治四十三年)以业已被其吞并的韩国和"满洲国"为基础,开始推行统一的"满洲"通货。后来日本也曾经推广过"亚洲日元"并取得一定成效,但最终由于日本的战败而彻底瓦解,以军事占领为基础的日元国际化终以失败结束。

目前学术界所研究的日元国际化指的是 1945 年日本战败后的日元国际化过程。二战后,日本实行了一系列民主化改革措施,如制定新宪法、解散财阀、土地改革、教育制度改革、制定劳动三法等,这些措施主要旨在打击军部和财阀,但旧官僚制度和"护送船队"式的旧金融体制依然得以保留。日本奉行资金集中、生产倾斜的经济发展模式,而且抓住了朝鲜战争、经济全球化等历史机遇,积极参与国际贸易,实现了经济奇迹。但是,在强有力的官僚统制下集中配置资源的发展,也导致了日本金融业长期封闭,发展水平滞后于其他发达国家。日本经济发展模式以及金融业的开放程度,共同影响了日本经济的长期走势,也对日元国际化产生了深远的影响。按照时间划分,日元国际化大致可分为三个阶段。

(一) 第一阶段(1945—1980 年)

第二次世界大战后,日本实现了长达 19 年之久的年均 10%的经济增长奇迹,从一个废墟中的战败国一跃成为第二大资本主义强国。行天丰雄(1996)指出,日本经济奇迹得益于政府采取了积极的工业政策,通过推行包括税收特惠和优先分配有限资源在内的各种措施,鼓励战略工业的发展,由此为经济复苏奠定了基础。在此过程中主银行制度和终身雇佣制度逐渐形成,成为日本模式的重要特征。此外,美国的援助也对日本经济复苏发挥了重要作用[①],日本抓住了这一重大历史机遇,采取经济管制的方式,包括税收优惠、金融指导、汇兑管制等,以出口、投资来拉动经济增长。日本在 1973 年成为世界第二经济强国,当年 GDP 规模达到了世界份额的 13.9%。而且在 1964 年,日本接受了国际货币基金组织的第 8 项条款,实现了经常项目下的资本流动的开放,日本也初步放松了对外汇交易的管制,由此开始形成了日元跨境流通的渠道。此外,在布雷顿森林体系解体之后美元的国际地位出现了下降趋势。在这些条件的共同作用下,在 20 世纪 70 年代,日元再次迎来了实现国际化的良机。

[①] 进入 20 世纪 90 年代后,随着相关档案的陆续解密,美国在日本经济中的影响引起了学术界巨大的关注。战后美国占领政策主要目的是惩罚并限制日本,但随着美苏冷战的发展,到 1948 年美国 NSC13/2 号文件的出台时,美国彻底转变了立场,美国政策转向鼓励日本经济自足并实现复兴,以便使得日本能够成为自由世界所需资源的供应者。尽管日本不在马歇尔计划之列,但美国还是提供了各种形式的金融援助,1946—1952 年,援助总额超过 21 亿美元,朝鲜战争爆发后美国通过采购战争物资为日本经济注入了大量资源,1950—1955 年的总额为 35 亿美元。美国对日本的经济扶持不仅仅在大量金融援助上,更关键的是通过推动日本加入关贸总协定,使其成为西方多边贸易体系中的一员。

然而，在这一时期，日本银行（货币当局）和大藏省（日本财政部）一直持有日元国际化将扰乱国内金融政策的观点，对日元国际化持明显的消极态度，对资本项目下的资本流动仍为"原则上禁止"。日本官方对日元国际化持有消极态度主要有两点原因。第一，由于日本独特的政策性金融体制，市场机制并未在日本国内占主导地位，放开资本项目管制将会削弱日本银行货币政策的独立性，并削弱政府开展"窗口指导"的有效性，日本政府担心由此会失去对国内经济的控制能力（李维刚，2001）。

第二，作为当时一个主要的出口导向型经济体，日本表现出强烈的"日元升值恐惧症"，由此对日元国际化产生了抵触。二战后，随着出口导向战略的确立，日本各界广泛相信"日元升值危害论"，普遍认为日本经济的持续增长离不开出口，因此日本应把维持汇率稳定作为一项重要的政策目标。又因日本担心日元国际化可能引起资本频繁出入而造成汇率波动，而且随着外国对日元需求的增加，可能会使日元升值，因此日本政府不鼓励日元实现国际化。

在这样的经济条件与政策环境下，日元国际化取得了一定进展，但整体效果十分有限。首先，在国际贸易中，日本由过去的完全以美元计价，变为部分使用日元计价。特别是在船舶出口方面，几乎所有出口均以日元计价，第一次石油危机后，日本向中东产油国出口也开始使用日元。其次，国际市场中出现了日元债券，当时日元债券仅限于外国国债及国际机构债券，规模较小。例如，1973年日本发行了日元计价的世界银行债券，1975年发行了日元芬兰国债和日元新西兰国债。最后，在外汇储备方面，尼日利亚在1976年以日元替代了英镑，作为其外汇储备，沙特、马来西亚等国相继将日元作为国际储备资产的一部分。但总体来讲，只有少数国家保留日元作为储备资产（陈晖，2011）。

（二）第二阶段（1980—1990年）

作为新兴发达国家，日本从20世纪60年代开始阶段性地推进贸易自由化和资本自由化。1980年12月，日本施行修改后的《外汇及对外贸易管理法》，基本原则由"原则限制"变为了"原则自由，有事规制"[①]。从此，日元初步实现了资本项目下的自由流动，这为日元国际化提供了有利的条件。

但是，东京的外汇市场和资本市场依然不够开放。按照外汇法规定，对内直接投资依然要经过审批，居民之间的外币借贷、对外直接投资、欧洲日元债的发行与募集仍要受到一定程度的限制。由于各项限制的存在，在国际交易中使用日元仍不够便利。

---

① 原则自由：以外国外汇、外国贸易以及其他的对外交易的自由进行为基本；有事规制：对外交易实行必要最小限度的管理或调整。

1984年成立的日元美元委员会,以及随后发布的《关于金融自由化和日元国际化的现状与展望》,进一步推动了日元国际化的发展。日元美元委员会的成立,具有深刻的经济、政治背景。[①] 日元美元委员会主要有四项议题:推动日本金融市场自由化、放松日本国内市场准入条件、扩大欧洲日元市场、促进对日本的直接投资。同时,大藏省提出了《金融自由化及日元国际化的现状及展望》,从此正式将日元国际化作为政策目标,日元历史掀开了新的一页。就日本而言,官方并不愿对金融体制、资本管制等政策做出重大调整,关于日元国际化,大藏省认为应当"积极地、阶段性地、自主性地"推动日元国际化发展,这显示出日本官方并不完全赞同美国的主张。但由于其在政治和经济上依附于美国,在美国的要求下只得做出妥协。例如,美国提出要解禁面向居民的欧洲日元交易并实现欧洲日元短期贷款的自由化,日本银行完全不愿接受这样的要求,但最终仍做出了扩充欧洲日元市场、增加发行日元债券的灵活性、设立银行承兑汇票市场、取消外币兑换日元的限制以及允许外国金融机构进入日本市场等多项政策安排,具体各项措施详见表10-10。

表10-10 欧洲日元市场的扩展和金融自由化措施

A. 欧洲日元市场的扩充	
1. 非居民欧洲日元债券的发行	
（1）对外国民间企业的认可	1984年12月
（2）适合发债标准的缓和	1985年4月
2. 居民欧洲日元债权准则的缓和	1984年4月
3. 对外国金融机构的欧洲日元债券主要承销业务的放开	1984年12月
4. 对非居民取得的居民欧洲日元债券的利息收入的来源征税问题	1984年4月废止
5. 欧洲日元CD发行的认可	1984年12月
6. 欧洲日元贷付	1983年6月
（1）面向非居民短期贷付的自由化	1984年6月面向非居民
（2）面向居民短期贷付的自由化	1985年4月面向居民
（3）中长期贷付的自由化	1989年7月

---

① 自20世纪70年代以后,日美出现了贸易摩擦,到80年代初期,矛盾激化,美国将日本的巨额顺差归结于其市场的封闭性和日元低估。美国政府对日本曾提出过开放市场等解决贸易不均衡问题的要求,但在有关汇率方面并未提出要求。1983年,美国官方认为美元升值削弱了美国企业的竞争力,从而改变了一直以来对汇率自由放任的态度,明确要求日本纠正汇率的偏差。里根总统出于竞选考虑,在1983年11月召开的美日首脑会谈中要求成立旨在解决日本市场封闭以及汇率低估等问题的"日元美元委员会"。

(续表)

B. 金融、资本市场的自由化	
1. 定期存款上限的废除	1985 年 4 月
2. 开展外资银行的国债业务	1984 年 10 月以后对外资银行也认可
3. 创设以日元计价的银行交易票据市场	1985 年 6 月
4. 外币转换成日元的规则废止	1984 年 6 月
5. 以日元计价的外债发行、运营规则更加灵活	1984 年 7 月
6. 以日元计价的对外贷付规则的废除	1984 年 4 月
C. 外国金融机构对日本市场的参与	
1. 信托业务的参与	1985 年实现
2. 东京证券交易会员权的开放	1985 年 1 月对外国 6 家证券公司开放

资料来源:菊地悠二(2002)。

随着资本开放程度的提高、欧洲日元市场的完善以及国内金融市场的发展,日元国际化在 20 世纪 80 年代取得了长足进步。如表 10-11 所示,各项指标均显示,日元的国际使用程度在这一阶段有了显著增长。

表 10-11　日元国际化取得快速进展　　（单位:%）

	出口计价	进口计价	国际债券计价	国际银行贷款计价	官方外汇储备
1975 年	17.5	0.9	0.4	—	0.5
1980 年	29.4	2.4	4.8	2.2	4.4
1985 年	39.3	7.3	7.7	5.7	8.0
1990 年	37.5	14.5	13.5	11.2	9.1

资料来源:Taguchi(1994)。

(三) 第三阶段(1991 年至今)

菊地悠二(2002)指出,虽然日元国际化是日美共识,但双方的真实意图均不在于此。美国只关心东京市场的自由化以及美国金融机构能否进入日本,而日本一方面追求形式上的日元国际化,另一方面又将注意力集中于维持旧的国内金融秩序和税收体系。因此,虽然迫于美国压力而进一步放开了资本项目下的管制,实行了更高程度的金融自由化,但是日本政府并未彻底推动金融体质改革和日元国际化。例如,1985 年日本为了促进在国际贸易中以日元融资,创立了日元汇票市场,用于买卖日元计价的银行承兑(BA)汇票,但并未采取配套措施维护该市场的健康发展，使得该市场的运行存在操作繁琐、利率倒挂和印花税负担沉重等现象，进出口商以短期利率向银行借款成本更低，最终导致该市场在90年代自动消失（鹿野嘉昭，2003）。

1997年亚洲金融危机的爆发和1999年欧元的启动，迫使日本政府开始反省以往的日元国际化进程，积极地探讨日元国际化的新战略。自此日元国际化战略再次发生转变，主要表现在两个方面。第一，日元国际化的功能性战略被区域性战略所取代。过去日元国际化一直是以"日本对世界"为出发点，直接追求日元作为国际货币。调整后转变为区域性战略，侧重于在亚洲地区扩大日元的影响力。[①]为此，日元先后推动建立亚洲货币基金（AMF）、参与清迈倡议（CMI），并推动了亚洲债券市场的建设，提出了创建亚洲货币单位的构想。第二，更加注重完善国内金融资本市场，试图通过促进金融市场的发展来推动日元国际化。日本自1996年起推行了意在彻底改革金融体制的"金融大爆炸"，并在2004年公布了"金融改革计划——面对金融服务立国的挑战"，通过一系列金融改革，完善了日本的金融体系，提高了日本银行的独立性。在此基础上，菊地悠二（2002）认为，在未来五至十年，在东亚能够形成由美元、欧元和日元组成的小三级体系，在未来十至二十年内日元的国际化水平能够与美元、欧元相提并论。

然而，如表10-12所示，从国际清算银行公布的外汇市场交易量来看，日元国际化的水平在1997年之后出现了小幅上升之后，一路下滑，截止到2010年，日元国际化水平尚不及1997年。而从横向比较来说，日元国际化水平比英镑略强，但与欧元尚有明显差距，更无法与美元相比，这与美元、欧元、日元三极体系的设想差距较大。通过分析世界各国外汇储备币种构成比例的数据也可得到同样的结论（见表10-13）。

表10-12 国际外汇市场不同币种交易比例 （%）

	1998年	2001年	2004年	2007年	2010年
美元	86.8	89.9	88.0	85.6	84.9
欧元	无	37.9	37.4	37.0	39.1
日元	21.7	23.5	20.8	17.2	19.0
英镑	11.0	13.0	16.5	14.9	12.9

数据来源：国际清算银行。

---

① 有学者指出，根据以往国际货币经验，在美元霸权下直接谋求全球范围内的日元国际化难以成功，但推动日元成为区域性国际货币则是可行的。

表 10-13　全球官方储备不同币种组成　　　　　　（单位：百万美元）

	2011 年	2012 年
美元	3 517 598	3 764 488
欧元	1 393 909	1 455 137
日元	203 880	239 760
英镑	216 622	243 307

数据来源：国际货币基金组织。

对此，学术界做出了解释，主要包括以下几种。(1)日本欠发达的金融市场不能为在国际贸易中使用日元提供高效的服务，比如 20 世纪 90 年代落后的清算系统、过高的证券交易税等导致过高的交易成本等(Sato,1999)。(2)单一的贸易结构造成了阻碍。日本进口中原油和原材料比重达到 30%，而原材料产品都是按照美元计价，出口中对美国贸易依存度很高，而且日本出口到美国的商品 80% 用美元结算(Sato，1999)。(3)由于历史原因以及日本在亚洲金融危机中放任日元大幅贬值的做法，使得日本试图建立以日元为中心的亚洲货币区的想法得不到亚洲国家和地区的积极响应(Takagi，2009)。(4)宏观经济不振，长期经济增长低迷，如图 10-10 所示，人口老龄化严重，削弱了各国对日本经济和日元的信心。

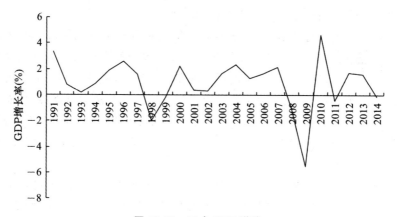

图 10-10　日本 GDP 增速

回顾日元国际化的历史，可以得到许多有益的经验和教训。第一，资本项目开放是货币国际化的必要条件。日元的经验显示，在实施严格资本管制的时期，日元国际化进展有限，而随着资本管制的逐渐放松，日元国际化也实现了快速发展。第二，仅开放资本项目并不够，本国金融业的发展还应当达到较高水平。日本在美国的压力下推动了金融改革，仅仅是为了开放而开放，并未能借此促进本国金融业效率的提升，不能够支撑日元国际化。第三，本国经济实力是根本保障。日元国际化的进展与该国经济的相对规模相关性较高,当日本相对于其他国家经济总量较大时,日元国际化便可得到有力支持,但当日本经济陷入失落的"二十年"从而相对萎缩时,即使采取了各项促进政策,日元国际化依然难有进展。第四,实现货币国际化要抓住历史机遇。20世纪80年代,美国出于各种考虑主动要求日本推动日元实现国际化,这一历史机遇日本并未完全抓住,如果当时日本政府能够采取更大力度的推动措施,使日元尽快形成较大规模经济,可能今日日元的国际化程度将会有所提高。

第四节 总 结

资本项目开放对于推动货币国际化具有重要的作用,其既能够为货币跨境流动提供必要的渠道,也能够使得离岸金融市场与国内在岸金融市场相连,提高本国货币在国际使用中的规模经济,降低货币的交易成本,从而提升本国货币的国际吸引力,推动货币国际化的快速发展。从国际经验来看,英镑、美元、马克、日元等国际货币在实现国际化的过程中,其资本项目均成为货币跨境流动的重要渠道。而且,通过开放的资本项目,已有国际货币的规模经济上升,交易成本下降。历史经验表明,在具备了强劲的宏观经济以及比较健全的金融市场之后,一国货币实现国际化的进度与其开放资本项目的程度密切相关。

我国政府出于多种考虑,一直未能完全放松对资本项目的管制。在这一前提下,通过货币互换、推动国有银行及国企在离岸金融市场发行债券等方式为人民币跨境流通提供渠道,促进了人民币国际化的发展。然而,虽然在形式上人民币跨境流动已经具备了渠道,但是人民币离岸市场与在岸市场无法紧密连接,从而不能发挥国内金融市场规模巨大的优势,不能在国际市场上形成人民币巨大的规模经济,从而导致境外非居民使用人民币的各项成本难以降低。这已经成为制约人民币国际化继续深入发展的瓶颈。

为了推动人民币国际化的不断发展,我国应有计划地逐渐放松对资本项目的管制。作为后发国家所发行的货币,人民币在国际上没有使用规模的积累,而国际货币又具有"惯性",国际使用者不愿换用新兴货币。在这种情况下,要想提升人民币的规模经济,必须充分利用我国国内金融市场规模庞大的优势,开放国内金融市场,使得国内金融市场和离岸金融市场联通起来,这将有助于吸引国际使用者选择人民币。虽然放开资本项目管制可能会带来相应的金融风险,但对于新兴国际货币而言,这是实现国际化十分重要的一步。

此外,我国还应在以下方面做出努力。第一,我国应全力保证经济平稳增长。虽然近年来GDP增速放缓,但相比其他主要国际货币发行国依然较快。如果未来我国的经济总量能够相较于其他国家继续提高,将为人民币国际化提供巨大优势,为其他各项国际化措施的推行奠定基础。

第二,继续推动国内金融业的市场化改革,促进人民币离岸金融市场的进一步发展。首先,只有国内金融市场和离岸金融市场的整体规模在国际上获得了优势,人民币才能具备更强的国际吸引力,否则资本项目的开放并不能够带来实际效果。其次,为了化解资本项目开放所可能产生的风险,国内金融业的市场化改革、汇率形成机制的改革以及金融监管能力的提升都是必不可少的。

参 考 文 献

[1] 曹远征. 国家发展战略研究丛书——人民币国际化战略[M]. 学习出版社,2013.

[2] 陈晖. 日元国际化的经验与教训[M]. 社会科学文献出版社,2011.

[3] 陈雨露,王芳,杨明. 作为国家竞争战略的货币国际化:美元的经验证据——兼论人民币的国际化问题[J]. 经济研究,2005(2).

[4] 韩启东. 关于我国开放资本项目的思考[J]. 金融研究,1998(9).

[5] 今松英悦. 日元国际化:回顾及其新的亚洲战略[M]. 清华大学出版社,2010.

[6] 菊地悠二,陈建. 日元国际化:进程与展望[M]. 中国人民大学出版社,2002.

[7] 高艳平. 人民币边境流通调查[J]. 瞭望东方周刊,2009(4).

[8] 林毅夫. 中国金融四十人论坛双周圆桌内部研讨会上的主题演讲,2013.

[9] 李稻葵,刘霖林. 人民币国际化:计量研究及政策分析[J]. 金融研究,2008(11).

[10] 李婧. 中国外汇市场与资本项目可兑换的协调发展[M]. 首都经济贸易大学出版社,2007.

[11] 李瑶. 非国际货币、货币国际化与资本项目可兑换[J]. 金融研究,2003(8).

[12] 李晓. 日元国际化的发展历程及其战略调整:中国学者的评价[M]. 清华大学出版社,2010.

[13] 里瓦尔. 货币史[M]. 商务印书馆,2001.

[14] 李维刚. 日元国际化:进程、动因、问题[J]. 日本学刊,2001(2).

[15] 鹿野嘉昭. 日本的金融制度[M]. 中国金融出版社,2003.

[16] 人民币国际化研究课题组. 人民币国际化的时机、途径及其策略[J]. 中国金融,2006(5).

[17] 孙海霞. 人民币国际化条件研究[M]. 人民出版社,2013.

[18] 宋敏,曲宏斌,孙增元. 走向全球第三大货币[M]. 北京大学出版社,2011.

[19] 宋敏,赵廷辰. 规模经济与国际货币[J]. 中国金融,2016(7).

[20] 王信. 经济金融全球化背景下国际货币博弈的强与弱[J]. 国际经济评论,2009(4).

[21] 闻琳瑞. 基于国际贸易计价视角下的日元国际化分析[J]. 市场论坛,2011(7).

[22] 余永定. 中国资本项目自由化之我见[J]. 财经杂志,2012.

[23] 吴晓灵. 我国外汇体制改革的进展:人民币实现从经常项目可兑换到资本项目可兑换

[J]. 金融研究,1997(1).

[24] 行天丰雄,沃尔克. 时运变迁——国际货币及对美国领导地位的挑战[M]. 中国金融出版社,1996.

[25] 张光平. 货币国际化程度度量的简单方法和人民币国际化水平的提升[J]. 金融评论,2011(3).

[26] 张振江. 从英镑到美元:国际经济霸权的转移(1933—1945)[M]. 人民出版社,2006.

[27] 周弘. 德国马克与经济增长[M]. 社会科学文献出版社,2014.

[28] Aliber Robert Z. *The Future of the Dollar as an International Currency*. Praeger,1966.

[29] Bersten C. Fred. *The Dilemmas of the Dollar*. New York University Press,1975.

[30] Bottelier, P. The Future of the Renminbi as an International Currency. *International Economic Bulletin*,2011.

[31] Chen, Hongyi; Peng, Wensheng. The Potential of the RMB as an International Currency. HKMA,China Economics Issues,2009.

[32] Chinn, M. D.; H. Ito. A New Measure of Financial Openness. *Journal of Comparative Policy Analysis*, 2008(10,3):309—322.

[33] Chinn, M. D.; H. Ito. What Matters for Financial Development? Capital controls, institutions, and interactions. Santa Cruz Center for International Economics Working Paper, 2005(81,1):163—192.

[34] Chinn, M. D.; J. Frankel. Will the Euro Eventually Surpass the Dollar as Leading International Reserve Currency. Center for Global International & Regional Studies Working Paper,2005(11510).

[35] Cohen B. *The Future of Sterling as an International Currency*. McMillan,1971.

[36] Cohen, B. The Yuan Tomorrow? Evaluating China's Currency Internationalization Strategy. *New Political Economy*, 2012(17,3):1—11.

[37] Devereux, B. Endogenous Exchange Rate Pass-through When Nominal Price Are Set in Advance. *Journal of International Economics*, 2004(63,2):263—291.

[38] Eichengreen, Barry. Sterling's Past, Dollar's Future: Historical Perspectives on Reserve Currency Competition. NBER Working Paper, No. 11336, 2005.

[39] Eichengreen, B.; J. A. Frankel. On the SDR: Reserve Currencies and the Future of the International Monetary System. Center for International & Development Economics Research Working Papers,1996.

[40] Eichengreen, B. The Renminbi as An International Currency. *Journal of Policy Modeling*, 2011(33,5):723—730.

[41] Frenkel,Jacob. The International Role of the Deutsche Mark, in *Fifty Years of the Deutsche Mark*, University Press,1999.

[42] George S. Tavlas. On the International Use of Currencies: The Case of the Deutsche Mark, Essays in International Finance, No. 18, Princeton, 1991.

[43] Jeffrey A. Frankel. 人民币国际化:历史经验. 金融发展评论, 2012(3):1—11.

[44] Judson, R. Crisis and Calm: Demand for U. S. Currency at Home and Abroad from the Fall of the Berlin Wall to 2011. International Finance Discussion Papers,2012.

[45] Kamps, A. The Euro as Invoicing Currency in International Trade. Working Paper, 2006(27,6):697—711.

[46] Kawai, M.; Takagi, S. The Renminbi as a Key International Currency?:Lessons from the Japanese Experience, Notes Prepared for the Asia-Europe Economic Forum, 10—11 January 2011,Paris.

[47] Kindleberger, C. P. The Politics of International Money and World Language. *University Microfilms International*,1967.

[48] Kiyotaka Sato. The International Use of the Japanese Yen: The Case of Japan's Trade with East Asia. *World Economy*, 1999, 22(4):547—584.

[49] Krugman, P. The International Role of the Dollar: Theory and Prospect. Exchange Rate Theory and Practice, *University of Chicago Press*. 1984,261—278.

[50] Krugman, P. Vehicle Currencies and the Structure of International Exchange. *Journal of Money Credit & Banking*, 1980(12,3): 513—526.

[51] Lane, B. P. L.; G. M. Milesiferretti. The External Wealth of Nations Mark II. *Journal of International Economics*. 2006,73(2):223—250.

[52] Magee, S. P. Vehicle and Nonvehicle Currencies in International Trade, *American Economic Review*, 2010(70,70): 368—373.

[53] Magud,N. E.; Reinhart,C. M. Capital Controls: Evaluation. NBER Working Papers 11973, 2006.

[54] Porter, R. D. Estimates of Foreign Holdings of U. S. Currency—An Approach Based on Relative Cross-country Seasonal Variations: appendix. *Proceedings*,1993.

[55] Porter, R. D.; R. A. Judson. Location of U. S. Currency: How Much Is Abroad. The. Fed. res. bull, 1996(82,Oct): 883—903.

[56] Prasad, E. S.; Ye, L. The Renminbi's Role in The Global Monetary System. *Proceedings*, 2012(11): 127—197.

[57] S. Maziad; J. S. Kang. RMB Internationalization: Onshore/Offshore Links. IMF Working Paper No. 12/133, 2012.

[58] Subramanian,A.; Kessler,M. The Renminbi Bloc is Here: Asia Down, Rest of the World to Go?, Peterson Institute for International Economics,Working Paper,2012: 12—19.

[59] Subramanian, A. Renminbi Rules: The Conditional Imminence of the Reserve Currency Transition. Social Science Electronic Publishing,2011.

[60] Thimann, Christian. Global Roles of Currencies. *International Finance*, 2008(11,3): 211—245.

[61] Thygesen, N. The Prospects for EMU by 1999 and Reflections on Arrangements for the Outsiders, EPRU Working Paper 95—17, 1995.